Sicherheit und Terrorismus

Waldemar Hummer (Hrsg.)

Sicherheit und Terrorismus

Rechtsfragen aus universeller
und regionaler europäischer Sicht

PETER LANG

Frankfurt am Main · Berlin · Bern · Bruxelles · New York · Oxford · Wien

Bibliografische Information Der Deutschen Bibliothek
Die Deutsche Bibliothek verzeichnet diese Publikation in der
Deutschen Nationalbibliografie; detaillierte bibliografische
Daten sind im Internet über <http://dnb.ddb.de> abrufbar.

Gedruckt mit Unterstützung des Bundesministeriums
für Bildung, Wissenschaft und Kultur
und des Bundesministeriums für
auswärtige Angelegenheiten in Wien.

Gedruckt auf alterungsbeständigem,
säurefreiem Papier.

ISBN 3-631-52626-1
© Peter Lang GmbH
Europäischer Verlag der Wissenschaften
Frankfurt am Main 2005
Alle Rechte vorbehalten.

Printed in Germany 1 2 3 4 6 7
www.peterlang.de

Einführung

Der gegenständliche Sammelband vereint die Referate, die an dem vom Institut für Völkerrecht, Europarecht und Internationale Beziehungen der Universität Innsbruck ausgerichteten *XXVII. Österreichischen Völkerrechtstag* (ÖVRT) in Meran vom 30. Mai bis 1. Juni 2002 gehalten wurden. Der ÖVRT, eine informelle Vereinigung aller im Fach Völkerrecht tätigen österreichischen Theoretiker und Praktiker, wird einmal im Jahr veranstaltet und dient der wissenschaftlichen Diskussion der wichtigsten internationalen Fragen, die sich seit der letzten Tagung ereignet haben.[1]

Aufgrund der Ereignisse des 11. September 2001 bot sich diesbezüglich für die Tagung in Meran eine sicherheits- und verteidigungspolitische Schwerpunktsetzung geradezu an, mittels derer die neuen Rahmenbedingungen universeller bzw. regionaler (europäischer) Sicherheit und Verteidigung unter den Vorgaben neuer Bedrohungsformen abgeklärt werden sollten. Neben „9/11" war es aber auch die im Schoß des „Verfassungskonvents" in der EU diskutierte neue Ausgestaltung der europäischen Sicherheitsarchitektur, die durch die Ausweitung der „Petersberg-Maßnahmen", die „Solidaritätsklausel" zur Terrorismusbekämpfung, die „strukturierte" sowie die „engere" Zusammenarbeit und die daraus resultierende militärische Beistandsverpflichtung eine neue Qualität erhalten sollte, die inhaltlich einem veritablen Paradigmenwechsel gleichkommt.

Die durch das Aufkommen der neuen Bedrohungsform des internationalen Terrorismus in den internationalen Beziehungen und im Völkerrecht ausgelösten Probleme sind komplex und wurden bisher nur ansatzweise untersucht. Sowohl auf universeller als auch auf regionaler Ebene werden eine Reihe von Anstrengungen unternommen, um diese Form der Gewaltausübung in den Griff zu bekommen, wobei allein schon die beiden Fragen, ob terroristische Akte privater Gruppen das Gewaltverbot verletzen können bzw ob gegen sie eine (präventive) individuelle bzw kollektive Selbstverteidigung iSv Art. 51 SVN zulässig ist, die Komplexität des Problems aufzeigen.

Die Überführung der operativen Kapazitäten der WEU in die „Zweite Säule" der EU sowie die weitere Ausgestaltung der „Gemeinsamen Europäischen Si-

---

1   Für eine nähere Darstellung des ÖVRT siehe *Hummer,* Die österreichische Völkerrechtslehre und ihre Vertreter, in: *Hummer* (Hrsg), Paradigmenwechsel im Völkerrecht zur Jahrtausendwende (2002) 354 (410ff).

cherheits- und Verteidigungspolitik" (GESVP) durch den „Verfassungsvertrag"
werfen ebenso schwierige Fragen auf, vor allem für die dauernd neutralen EU-
Mitglieder Finnland, Österreich, Irland und Schweden. Art 41 Abs 7 des Verfassungsvertrages sieht diesbezüglich sogar eine militärische Beistandsverpflichtung
in der EU vor, die diese zu einem System kollektiver Selbstverteidigung, dh zu
einem Militärpakt iSv Art 51 SVN ausgestalten würde. Österreich und die anderen Neutralen sehen diesbezüglich in der Unberührtheitsbestimmung der sog. „i-
rischen Klausel" eine entsprechende Fluchtklausel und erklärten, in der EU „solidarisch" und außerhalb derselben „neutral" sein zu wollen. Ob dieser neutralitätsrechtliche und -politische „Drahtseilakt" gelingt, wird die Zukunft zeigen – die
Chancen dafür stehen aber keinesfalls so gut, wie die österreichische Bundesregierung vorgibt.

Die neun Autoren der Beiträge sind allesamt Experten auf ihrem Gebiet – sei
es im Völkerrecht[2] oder im Europarecht[3] – und kommen sowohl aus der Lehre
(*Gerhard Hafner, Waldemar Hummer, Hanspeter Neuhold, Theo Öhlinger, Werner Schroeder* und *Karl Zemanek*) als auch aus der einschlägigen Praxis – dh aus
dem Bundesministerium für Landesverteidigung bzw aus dem Bundesministerium für auswärtige Angelegenheiten (*Thomas Desch, Thomas Mayr-Harting* und
Hans Winkler). Die Beiträge befinden sich großteils auf dem Stand von Mitte
2003, aus herstellungstechnischen Gründen konnten einige Beiträge aber bis in
das Frühjahr 2004 fortgeschrieben werden und befinden sich dementsprechend
auch auf dem aktuellsten Stand.

Zuletzt ist Dank zu sagen und zwar auf mehrfache Weise. Zum einen dem Peter Lang Verlag, der die Drucklegung dieses Sammelbandes zu günstigen Konditionen übernommen hat, sowie zum anderen dem *Bundesministerium für Bildung,
Wissenschaft und Kultur* und dem *Bundesministerium für auswärtige Angelegenheiten* für die Leistung von Druckkostenzuschüssen, die das Erscheinen dieser
Publikation überhaupt erst ermöglicht haben. Des weiteren muss Frau VAss Dr.
Jelka Mayr-Singer für die Betreuung und Zusammenstellung der Manuskripte
und der Institutssekretärin Frau *Kathrin Gritsch* für die technische Gestaltung
derselben gedankt werden.

Innsbruck, im Frühjahr 2004   Waldemar Hummer

---

2   Siehe dazu die Kurzcurricula bei *Hummer* (Fn 1).
3   Vgl dazu die Kurzcurricula bei *Hummer,* Die österreichische Europarechtslehre und
     ihre Vertreter, in: *Hummer* (Hrsg), Paradigmenwechsel im Europarecht zur Jahrtau-
     sendwende. Ansichten österreichischer Integrationsexperten zu aktuellen Prob-
     lemlagen. Forschung und Lehre im Europarecht in Österreich (2004) 389.

Inhaltsübersicht

Einführung _____ 5

Teil I
Grundlagen und neue Entwicklungen in der universellen Sicherheitsarchitektur

Hanspeter Neuhold
Grundlagen und Rahmenbedingungen internationaler Sicherheit auf universeller Ebene _____ 21

Gerhard Hafner
Die „neuen" Vereinten Nationen in der internationalen Sicherheitsarchitektur _____ 55

Thomas Mayr-Harting
Die „neue" NATO in der internationalen und europäischen Sicherheitsarchitektur _____ 99

Karl Zemanek
Völkerrechtliche Voraussetzungen, Rahmenbedingungen und Mittel zur Bekämpfung des internationalen Terrorismus _____ 111

Teil II
Grundlagen und neue Entwicklungen in der regionalen (europäischen) Sicherheitsarchitektur

Waldemar Hummer
Grundlagen und Rahmenbedingungen internationaler Sicherheit auf regionaler Ebene – am Beispiel der europäischen Sicherheitsarchitektur _____ 129

Werner Schroeder
Rechtsfragen der „Verschmelzung" der WEU mit der EU _____ 209

Thomas Desch
Militärische und nicht-militärische Krisenbewältigung im Rahmen der
GSVP unter besonderer Berücksichtigung der „Petersberg-Aufgaben" ____ 247

Teil III
Das dauernd neutrale Österreich in der aktuellen universellen und
regionalen Sicherheitsarchitektur – völkerrechtliche,
verfassungsrechtliche und gesetzliche Problemlagen

Karl Zemanek
Dauernde Neutralität und internationale Sicherheit zu Beginn des XXI.
Jahrhunderts ____ 295

Theo Öhlinger
Die österreichische Neutralität aus verfassungsrechtlicher Sicht ____ 307

Hans Winkler
Die einfachgesetzliche Umsetzung der österreichischen Neutralität ____ 321

Abkürzungsverzeichnis ____ 347

Autorenverzeichnis ____ 355

Inhaltsverzeichnis

Einführung _____ 5

Teil I
Grundlagen und neue Entwicklungen in der universellen Sicherheitsarchitektur

Hanspeter Neuhold
Grundlagen und Rahmenbedingungen internationaler Sicherheit auf universeller Ebene _____ 21
I.   Einleitung _____ 21
II.   Der Strukturwandel im internationalen System _____ 22
III. Die derzeitige sicherheitspolitische Lage _____ 23
      A. Die Wertedimension _____ 23
      B. Konfliktbild und -szenarios _____ 26
      C. Der Rüstungsbereich _____ 29
IV.   Der Wandel der internationalen Sicherheitsinstitutionen _____ 32
      A. Die VN _____ 33
      B. Die OSZE _____ 39
      C. Die NATO _____ 43
      D. Die EU _____ 47
V.   Zusammenfassung _____ 52

Gerhard Hafner
Die „neuen" Vereinten Nationen in der internationalen Sicherheitsarchitektur _____ 55
I.   Einleitung _____ 55
II.   Der Begriff der Sicherheit _____ 56
III. Reaktion der VN auf die Sicherheitsbedrohung _____ 58
      A. Die Ausweitung der Tätigkeiten der VN _____ 58
      B. Maßnahmen der VN in Reaktion auf Bedrohungen oder Anwendungen von Gewalt _____ 60
         1. Satzungsbegründete Zwangsmaßnahmen _____ 60
         2. Friedenserhaltende Operationen _____ 62

3. Ermächtigungen durch die Vereinten Nationen, Operationen durchzuführen 64
   a) Die Ermächtigung regionaler Einrichtungen 65
   b) Kampfeinsätze 68
   c) Friedenserhaltende Operationen 70
C. Aus der Ermächtigung resultierende rechtliche Probleme 71
  1. Die Rechtsgrundlage und Satzungskonformität der autorisierten Maßnahmen 72
    a) Satzungskonformität der Autorisierung 72
    b) Initiative 74
  2. Ermächtigung versus Mandatierung 74
  3. Der rechtliche Status der Maßnahmen 75
  4. Beziehungen zwischen den Maßnahmen und dem Sicherheitsrat 76
    a) Der Umfang des Mandats 77
    b) Die zeitliche Befristung 77
    c) Die Berichtspflicht 78
  5. Die Beteiligungs- und Unterstützungsverpflichtungen der Staaten 78
    a) Die Verpflichtung aus den Resolutionen oder der SVN ... 79
      aa) Die mangelnde Verpflichtung aus den Resolutionen ... 79
      bb) Die Verpflichtung zu logistischer Unterstützung aus der Satzung der Vereinten Nationen 80
    b) Die Handlungsverpflichtung aufgrund des allgemeinen Völkerrechts 81
  6. Die Aufteilung der Verantwortlichkeit zwischen den VN und den Staaten 84
    a) Die Verantwortlichkeit der VN 84
    b) Die Verantwortlichkeit der Staaten 86
      aa) Die Organisation der ISAF 86
      bb) Die Verteilung der Verantwortlichkeit der Staaten im Lichte der ISAF Organisation 88
D. Die Emanzipierung der Einzelpersonen aus dem Staatsverband ... 89
  1. Die Entwicklung der „smart" oder „targeted sanctions" 90
  2. Die Entwicklung der individuellen Verantwortlichkeit: ICTY – ICTR – Sierra Leone Special Court – ICC 94
IV. Schlussfolgerungen 96

Thomas Mayr-Harting
Die „neue" NATO in der internationalen und europäischen Sicherheits-
architektur 99
I. Neue sicherheitspolitische Herausforderungen 99
II. Die NATO und der 11. September 2001 101
III. Der Afghanistan-Einsatz 102
IV. Militärische Fähigkeiten 103
V. NATO – Erweiterung 104
VI. Euro-Atlantischer Partnerschaftsrat 105
VII. Beziehungen mit Russland und der Ukraine 106
VIII. Beziehungen NATO – EU 107
IX. Neues sicherheitspolitisches Umfeld für Österreich 108

Karl Zemanek
Völkerrechtliche Voraussetzungen, Rahmenbedingungen und Mittel zur
Bekämpfung des internationalen Terrorismus 111
I. Einleitung 111
II. Was ist internationaler Terrorismus? 112
III. Terrorismusbekämpfung mit militärischer Gewalt 114
A. Entstehungsgründe des Anspruchs auf Selbstverteidigung 114
1. Wann ist ein Angriff „bewaffnet"? 114
2. Wer ist der Angreifer? 116
B. Modalitäten legitimer Selbstverteidigung 118
1. Unmittelbarkeit 118
2. Notwendigkeit 119
3. Proportionalität 120
IV. Die Bekämpfung des Terrorismus mit innerstaatlichen Mitteln auf der
Basis multilateraler Verträge 121
A. Die Unzulänglichkeit der verfügbaren Mittel 121
B. Das schwer fassbare Objekt 122
V. Schlussbemerkungen 124

Teil II
Grundlagen und neue Entwicklungen in der regionalen (europäischen)
Sicherheitsarchitektur

Waldemar Hummer
Grundlagen und Rahmenbedingungen internationaler Sicherheit auf regio-
naler Ebene – am Beispiel der europäischen Sicherheitsarchitektur 129
I. Einführung 129

II.   Begriffsklärung _____ 131
      A. Allgemein _____ 131
      B. Kollektive Formen organisierter Sicherheit _____ 132
      C. Die „Gemeinsame Europäische Sicherheits- und Verteidigungs-
         politik" (GESVP) als sicherheits- und verteidigungspolitische
         „Hybridform" _____ 135
         1. Terrorbekämpfung als eigene Zielsetzung der GESVP? ___ 136
         2. Die GESVP als „Übergangsregime" _____ 137
III. Von der „Europäischen Politischen Zusammenarbeit" (EPZ) zur
      „Gemeinsamen Außen- und Sicherheitspolitik" (GASP) _____ 138
IV.   Von der GASP zur GESVP _____ 140
      A. Die GASP und die Rolle der „Westeuropäischen Union" (WEU)   140
      B. Die Ausweitung der GASP durch die „Petersberg-Aufgaben" ___ 141
      C. Die Auswirkungen der „Petersberg-Aufgaben" auf die GASP ___ 145
      D. Das „EU-Truppenstatut" _____ 147
V.   Die GESVP: Von den „WEU-geführten" zu den „EU-geführten"
      „Petersberg-Maßnahmen" _____ 147
      A. Die „Fusions"- oder „Verschmelzungsthese" zwischen der WEU
         und der EU _____ 148
      B. Die Ausbildung der GESVP durch die Beschlüsse des Euro-
         päischen Rates von Köln (1999) _____ 149
      C. Die Überführung der operativen Kapazitäten der WEU in die EU   150
      D. Die Beschlüsse des Europäischen Rates von Helsinki (1999) –
         Das „headline goal" _____ 151
      E. Der Europäische Rat von Feira (2000) – Verstärkung der nicht-
         militärischen Fähigkeiten zur Krisenbewältigung _____ 152
      F. Der Europäische Rat von Nizza (2000) – Einrichtung ständiger
         politischer/militärischer Gremien im Schoß des Rates _____ 153
      G. Der Europäische Rat von Laeken (2001) – Bisherige Bilanz der
         GESVP und Terrorismusbekämpfung _____ 154
      H. Der Europäische Rat von Sevilla (2002) – „Nationale Erklärung
         Irlands" zu seiner Politik der militärischen Neutralität _____ 157
      I. Der Europäische Rat von Brüssel (2002) – Beteiligung der nicht
         der EU angehörigen NATO-Staaten an EU-geführten Krisenbe-
         wältigungsmaßnahmen _____ 158
      J. Der Europäische Rat von Kopenhagen (2002) – Die „Berlin-Plus-
         Übereinkunft" _____ 159
         1. Politische Einigung auf die „Dauervereinbarung" der EU mit
            der NATO _____ 159
         2. Die Rechtsnatur der „Berlin-Plus-Übereinkunft" _____ 160

K. Der Europäische Rat von Thessaloniki (2003) – Verstärkte Terrorismusbekämpfung und Nichtverbreitung von Massenvernichtungswaffen 162

L. Der Europäische Rat von Brüssel (2003) – Annahme der „Europäischen Sicherheitsstrategie" 163

M. Die ersten militärischen bzw polizeilichen Operationen im Rahmen der GESVP 164

   1. „Berlin-Plus" als Voraussetzung für operative EU-geführte Maßnahmen im Rahmen der GESVP 165

   2. Die „EU-Police Mission" (EUPM) in Bosnien-Herzegowina _ 167

   3. Die Operation „Concordia" in Mazedonien 169

   4. Die Operation „Proxima" in Mazedonien 173

   5. Die Operation „Artemis" im Kongo 174

   6. Die Übernahme der SFOR-Mission in Bosnien-Herzegowina _ 175

N. Gemeinsame NATO-EU-Krisenmanagement-Übung 176

VI. Terrorismusbekämpfung mit zivilen Mitteln 177

VII. Ein neuer „Rat der Verteidigungsminister"? 180

VIII. Die „Agentur für die Bereiche Entwicklung der Verteidigungsfähigkeiten, Forschung, Beschaffung und Rüstung" 182

IX. Die zukünftige Ausgestaltung der GESVP durch den „Verfassungsvertrag" 183

   A. Die Ausweitung der „Petersberg-Aufgaben" und deren kollektive Durchführung durch Gruppen von Mitgliedstaaten 184

   B. Terrorismusbekämpfung mit militärischen Mitteln 185

      1. Indienstnahme von „Petersberg-Maßnahmen" zur Terrorismusbekämpfung in Drittstaaten 185

      2. Die „Solidaritätsklausel" zur Terrorismusbekämpfung in Mitgliedstaaten 186

   C. Die Errichtung eines „Europäischen Amtes für Rüstung, Forschung und militärische Fähigkeiten" 187

   D. Die „strukturierte Zusammenarbeit" als „Eurozone der Verteidigung" 189

   E. Die „engere Zusammenarbeit" als (fakultatives) System „kollektiver Selbstverteidigung" iSv Art 51 SVN 190

X. Die zukünftige Ausgestaltung der GESVP durch das „Konklave" von Neapel 191

   A. Die „ständige" strukturierte Zusammenarbeit 192

   B. Die „engere Zusammenarbeit" als (obligatorisches) System „kollektiver Selbstverteidigung" – die EU als „Militärpakt" iSv Art 51 SVN 194

C. Der gemeinsame Brief der vier Neutralen _____ 195
D. Die Reaktion auf den gemeinsamen Brief der vier Neutralen – die Einfügung der „irischen Klausel" in Art 40 Abs 7 UAbs 1 des Verfassungsvertrages _____ 196
E. „Beistandsverpflichtung" versus „irische Klausel" _____ 198
XI. ATHENA _____ 200
XII. Regierungskonferenz 2003 _____ 202
XIII. Schlussbetrachtungen _____ 204

Werner Schroeder
Rechtsfragen der „Verschmelzung" der WEU mit der EU _____ 209
I. Entwicklung einer ESVP unter Einbeziehung der WEU _____ 209
A. Anfänge einer Europäischen Verteidigung _____ 209
1. Parallele Entwicklung der politischen Integration in Europa __ 211
2. Vertrag von Maastricht und Petersberg-Erklärung _____ 212
B. Vertrag von Amsterdam _____ 214
1. Szenarien für die Weiterentwicklung der WEU _____ 214
2. Dienste der WEU für die EU _____ 216
3. „Verstärkte Zusammenarbeit" zwischen EU und WEU _____ 217
4. Post-Amsterdam: Strukturelle Veränderungen der GASP in Richtung auf eine ESVP _____ 219
II. Paradigmenwechsel im Verhältnis zwischen EU und WEU durch den Vertrag von Nizza _____ 221
A. Änderung der primärrechtlichen Verweisungen auf die WEU __ 221
B. Ausdünnung der Aktivitäten der WEU _____ 222
C. Folgen für eine eigenständige ESVP nach Nizza _____ 224
III. Rechtliche Konsequenzen der Annäherung von EU und WEU _____ 225
A. Gestaltwandel der WEU und der EU? _____ 225
1. Systeme kollektiver Sicherheit und kollektiver Selbstverteidigung _____ 225
2. Die EU als System kollektiver Sicherheit _____ 228
3. Gestaltwandel der WEU _____ 229
B. Verbindliche Neuregelung der Beziehungen zwischen EU und WEU _____ 230
1. Verbindlichkeit für die EU _____ 230
a) Änderung der rechtlichen Grundlagen _____ 230
b) Grenzen für eine vertragliche Umgestaltung im Hinblick auf Kernaufgaben der EU? _____ 232
2. Konsequenzen für die WEU _____ 234
a) Bindung gegenüber den Mitgliedstaaten der WEU _____ 234

b) Rechtsnachfolge der EU? _____ 235
3. Verbindlichkeit aus Sicht des nationalen Verfassungsrechts am
   Beispiel des Grundgesetzes _____ 238
IV. Der Faktor NATO _____ 240
   A. Das Beziehungsgeflecht zwischen EU, WEU und NATO _____ 241
   B. Übernahme der WEU-Kompetenzen durch die EU aus Sicht der
      NATO _____ 242
V. Resümee _____ 243
VI. Anhang _____ 244

Thomas Desch
Militärische und nicht-militärische Krisenbewältigung im Rahmen der
GSVP unter besonderer Berücksichtigung der „Petersberg-Aufgaben"

_____ 247
I. Die verwendeten Begriffe _____ 247
   A. „Gemeinsame Sicherheits- und Verteidigungspolitik" _____ 247
   B. „Krisenbewältigung" und „Konfliktverhütung" _____ 251
   C. „Petersberg-Aufgaben" _____ 253
II. Militärische Krisenbewältigung _____ 255
   A. Ziele _____ 258
   B. Fähigkeiten _____ 259
      1. Erfassung der Fähigkeiten _____ 259
      2. Verbesserung der Fähigkeiten _____ 260
         a) Europäischer Aktionsplan zu den Fähigkeiten _____ 260
         b) Rüstungskooperation _____ 261
         c) Streitkräfte-Überprüfungsmechanismus _____ 263
   C. Einsatzfähigkeit der EU _____ 264
III. Zivile Krisenbewältigung _____ 271
   A. Polizei _____ 272
   B. Rechtsstaatlichkeit _____ 273
   C. Zivilverwaltung _____ 274
   D. Bevölkerungsschutz _____ 275
IV. Strukturen zur Krisenbewältigung _____ 275
   A. Gemeinsame Strukturen (für militärische und zivile Krisenbe-
      wältigung) _____ 277
      1. Politisches und Sicherheitspolitisches Komitee (PSK) _____ 277
      2. Zivil/militärisches Lagezentrum (SITCEN) _____ 278
   B. Militärische Strukturen _____ 279
      1. Militärkomitee (EUMK) _____ 279
      2. Militärstab (EUMS) _____ 281
      3. Satellitenzentrum (SATCEN) _____ 282

4. Institut für Sicherheitsstudien (ISS) _____ 283
C. Zivile Strukturen _____ 283
    1. Komitee für die zivilen Aspekte der Krisenbewältigung (CIVCOM) _____ 283
    2. Polizeistab _____ 283
    3. Koordinierungsmechanismus für die zivilen Aspekte der Krisenbewältigung _____ 284
D. Strukturen für Konsultationen mit Drittstaaten _____ 284
E. Strukturen für Konsultationen mit internationalen Organisationen 287
V. Bewertung und Ausblick _____ 288

Teil III
Das dauernd neutrale Österreich in der aktuellen universellen und regionalen Sicherheitsarchitektur – völkerrechtliche, verfassungsrechtliche und gesetzliche Problemlagen

Karl Zemanek

Dauernde Neutralität und internationale Sicherheit zu Beginn des XXI. Jahrhunderts _____ 295
I. Vom „ius ad bellum" zum universellen Gewaltverbot _____ 295
II. Neutralität versus kollektive Sicherheit _____ 297
III. Neutralität und Ideologisierung der Politik _____ 298
IV. Neutralität in einem unipolaren System _____ 299
V. Neutralität und Gemeinsame Sicherheits- und Verteidigungspolitik der EU _____ 300
VI. Die USA als Hegemon _____ 302
VII. Der Stellenwert der Neutralität im XXI. Jahrhundert _____ 303

Theo Öhlinger

Die österreichische Neutralität aus verfassungsrechtlicher Sicht _____ 307
I. Zur Abänderbarkeit oder Aufhebbarkeit der immerwährenden Neutralität _____ 307
    A. Der verfassungsrechtliche Aspekt _____ 307
    B. Völkerrechtliche Aspekte _____ 308
II. Der Inhalt der dauernden Neutralität _____ 309
    A. Das Neutralitäts-BVG als dynamische Verweisung auf das Völkerrecht _____ 309
    B. Der Wandel der Interpretation der dauernden Neutralität _____ 310
III. Dauernde Neutralität und Mitgliedschaft in der EU _____ 311
    A. Die ursprüngliche Auffassung _____ 311

B. Vorkehrungen im Rahmen des EU-Beitritts _____ 312
C. Verfassungsrechtliche Vorkehrungen _____ 313
IV. Ist Österreich noch ein dauernd neutraler Staat? _____ 315
A. Die völkerrechtliche Perspektive _____ 315
B. Die verfassungsrechtliche Perspektive _____ 316
V. Die Verpflichtung zur „geistigen" Verteidigung der Neutralität _____ 318

Hans Winkler
Die einfachgesetzliche Umsetzung der österreichischen Neutralität _____ 321
I. Vorbemerkung _____ 321
II. Einleitung _____ 322
III. Die einzelnen Regelungsmaterien _____ 323
A. Neutralitätsgefährdung _____ 323
B. Truppenentsendung _____ 329
C. Kriegsmaterialgesetz _____ 332
D. Truppenaufenthaltsgesetz _____ 341
E. Andere Gesetze _____ 344
IV. Schlussbemerkung _____ 345

Abkürzungsverzeichnis _____ 347

Autorenverzeichnis _____ 355

Teil I

Grundlagen und neue Entwicklungen in der universellen Sicherheitsarchitektur

Hanspeter Neuhold

Grundlagen und Rahmenbedingungen internationaler Sicherheit auf universeller Ebene

I. Einleitung

Das Ende des Ost-West-Konflikts, das 1989 voll einsetzte, bedeutete eine welt-politische Zäsur, die vor allem auch für die internationale Sicherheit weit-reichende Folgen nach sich zog. Einen weiteren historischen Einschnitt stellten die Terrorattentate gegen das World Trade Center in New York und das Penta-gon in Washington am 11. September 2001 dar. Die Überzeugung, die Welt sei nach den Angriffen auf die Symbole der wirtschaftlichen und militärischen Macht der Vereinigten Staaten nicht mehr wie vorher, ist zwar weit verbreitet, das inter-nationale System ist jedoch keineswegs völlig auf den Kopf gestellt worden; vielmehr sind verschiedene bereits vorhandene, aber häufig nicht genug beachtete Trends nach dem „Schwarzen Dienstag" verstärkt und deutlicher sichtbar gewor-den.

In der Folge sollen einige bedeutsame strukturelle Änderungen in den inter-nationalen Beziehungen nach der so genannten Wende am Ende der achtziger Jahre des vergangenen Jahrhunderts aufgezeigt werden. Sodann wird das derzei-tige sicherheitspolitische Bedrohungs- und Gefahrenbild in groben Zügen nach-gezeichnet werden. Schließlich soll ein Befund der wichtigsten sicherheitspoliti-schen Institutionen – der Vereinten Nationen (VN), der Organisation für Sicher-heit und Zusammenarbeit in Europa (OSZE), der North Atlantic Treaty Organiza-tion (NATO) und der Europäischen Union (EU) – erstellt werden.[1] In allen drei Bereichen stehen gute weniger guten Nachrichten gegenüber. Auch der völker-rechtliche Niederschlag dieser Entwicklungen, der in der politischen und politik-wissenschaftlichen Diskussion in der Regel zu kurz kommt, soll in die Betrach-tung einbezogen werden.

---

1   Diese Institutionen werden zwar in eigenen Beiträgen in diesem Band behandelt. Im vorliegenden Aufsatz sollen die VN, NATO, OSZE und EU jedoch in einer verglei-chenden Betrachtung in den vom Verfasser vorher skizzierten sicherheitspolitischen Kontext eingeordnet werden.

II. Der Strukturwandel im internationalen System

Mit der Implosion der „sozialistischen" Regime in Osteuropa endete der Ost-West-Konflikt, der die internationalen Beziehungen nach dem Zweiten Weltkrieg geprägt hatte. Dieser Zusammenbruch des „Sozialismus" ging Hand in Hand mit einem Machtverfall der Sowjetunion bzw der Russländischen Föderation.[2] Damit wurde das bipolare internationale System der Nachkriegsära, das in Europa besonders ausgeprägt war, aus den Angeln gehoben. Nach der Wende blieben die USA als einzige Supermacht übrig. Eine derartige Macht ist als Staat mit weltweiten Interessen und Anliegen zu definieren, der die erforderlichen Mittel besitzt und bereit ist, diese Interessen und Anliegen auch gegen Widerstände durchzusetzen. Die Dominanz der Vereinigten Staaten beruht auf mehreren Faktoren: ihrem eklatanten und wachsenden militärischen Übergewicht, ihrem technologischen Vorsprung in verschiedenen, vor allem auch für das Militär relevanten Bereichen, aber auch auf dem Gebiet der „soft power":[3] Die USA bestimmen maßgeblich die Inhalte weltweiter Information und kulturelle Trends, von der Mode, der Pop-Musik und im Film bis zu „fast food"; nicht zu Unrecht ist von der „CCNization" und der „Coca-Colonization" der Welt die Rede. Im nichtmilitärischen wirtschaftlichen Gebiet könnte dagegen die EU den Vereinigten Staaten in näherer Zukunft Paroli bieten, falls sie ihre Ressourcen bündelt und optimal einsetzt.

Die bipolare Struktur wurde von einem System abgelöst, das *Samuel Huntington* als „uni-multipolar" bezeichnet.[4] Es ist dadurch gekennzeichnet, dass die USA globale Probleme – von der Sicherheit bis zum Umweltschutz – nicht allein lösen können, sondern dazu die Mitarbeit anderer größerer Mächte, wie Russland, China, Japan oder die EU, brauchen. Der Rest der Welt kann umgekehrt keine dieser Herausforderungen ohne die Mitwirkung der Vereinigten Staaten bewältigen.

Das Ende des Ost-West-Konflikts ermöglichte ferner die zunehmend engere Zusammenarbeit zwischen den früheren Gegnern auf zahlreichen Gebieten, dar-

---

2   Diese statt „Russische Föderation" verwendete Bezeichnung soll zum Ausdruck bringen, dass in diesem Staat nicht nur Russen leben.

3   *Nye Jr*, Soft Power, Foreign Policy 80 (1990) 153.

4   *Huntington*, The Lonely Superpower, Foreign Affairs 78 (2/1999) 35; vgl auch *Lindley-French*, The terms of engagement: The paradox of American power and the transatlantic dilemma post-11 September, Chaillot Paper Nr. 52 (2002); *Miller*, The End of Unilateralism or Unilateralism Redux?, The Washington Quarterly 25 (1/2002) 15; *Nye Jr*, The Paradox of American Power: Why the World's Only Superpower Can't Go It Alone (2002).

unter nicht zuletzt im sicherheitspolitischen Bereich; dafür werden in der Folge in diesem Beitrag Belege zu erbringen sein.

Der zweite „Megatrend", der im Rahmen der Thematik dieses Aufsatzes hervorgehoben werden soll, ist die Globalisierung.[5] Seine Merkmale und Auswirkungen sind gerade in *der* staatlichen Domäne, der Sicherheitspolitik, festzustellen. Auch in diesem Bereich lässt sich das Vordringen nichtstaatlicher transnationaler Akteure mit weltweiten Aktionsfeldern nicht übersehen. Sie nützen die technischen Fortschritte auf den Gebieten der Information und Verkehrsmittel, vor allem das Internet, oft besser als die Staaten, die sie bedrohen und herausfordern. Dies gilt für den internationalen Terrorismus ebenso wie für die organisierte grenzüberschreitende „gewöhnliche" Kriminalität. In gewisser Hinsicht kann auch bei der Gewaltanwendung von Privatisierung und Deregulierung, also zwei weiteren Charakteristika der Globalisierung, gesprochen werden.

III. Die derzeitige sicherheitspolitische Lage

A. Die Wertedimension

Vor diesem Hintergrund sind im Bereich der internationalen Sicherheit positive Entwicklungen zu verzeichnen, denen freilich weniger erfreuliche Neuerungen gegenüberstehen. Die „Wende", die das „kurze 20. Jahrhundert" beendete, [6] läutete keine „Neue Weltordnung" ein, die Präsident *George H. Bush sen.* in Aussicht gestellt hatte.[7]

Auf der sicherheitspolitischen Habenseite ist zunächst zu verbuchen, dass die gemeinsame Plattform westlicher Werte in der Welt an Boden gewonnen hat. Die Zahl der Staaten, die sich zur pluralistischen Demokratie, zu den auf das Individuum ausgerichteten Menschenrechten, zum Rechtsstaat und zur Marktwirtschaft bekennen, ist gestiegen.

Vor allem im transatlantischen/europäischen Rahmen mangelt es dafür auch nicht an völkerrechtlich relevanten Belegen. Diese Werte finden sich im „soft law" der OSZE mit ihren 55 Teilnehmerstaaten, insbesondere schon in der 1990 unterzeichneten Charta von Paris für ein neues Europa. Sie schlagen sich in der Zunahme der Mitgliederzahl des Europarates auf 44 nieder, der politischen europäischen Regionalorganisation mit westlicher Ausrichtung par excellence aus der

---

5   *Beck*, Was ist Globalisierung? Irrtümer des Globalismus – Antworten auf Globalisierung[3] (1997); *Keohane/Nye Jr*, Globalization – What's New? What's Not?, Foreign Policy 118 (2000) 104.

6   *Hobsbawm*, Age of Extremes: The Short Twentieth Century 1914-1991 (1994).

7   In seiner Rede vor dem US-Kongress am 11. September (!) 1990.

Zeit des „Kalten Krieges"; dies bedeutete weiters die Erweiterung des Kreises der Parteien der Europäischen Menschenrechtskonvention und deren Zusatzprotokolle. Aber auch die NATO nahm 1999 drei ehemalige Gegner – Polen, die Tschechische Republik und Ungarn – als Mitglieder auf und fasst eine zweite Erweiterung ins Auge.[8] In diesem Zusammenhang sei in Erinnerung gerufen, dass die Atlantische Allianz kein bloßes Militärbündnis, sondern darüber hinaus gleichfalls eine Wertegemeinschaft darstellt. Die erwähnten westlichen Grundwerte sind in der Präambel und in Art 2 des Gründungsvertrages von Washington 1949 nachzulesen. Diese Grundsätze sind schließlich für die 15 Mitgliedstaaten der EU vor allem in Art. 6 des Vertrages über die Europäische Union (EUV) verankert, der mit gewissen Sanktionen in Art 7 verbunden ist – Bestimmungen, die vor allem in Österreich im Zusammenhang mit den Maßnahmen der übrigen 14 Mitglieder gegen die ÖVP/FPÖ-Koalitionsregierung im Jahre 2000 in lebhafter Erinnerung sind.

Die Verdichtung der Gemeinschaftselemente hat aber auch im universellen Völkerrecht ihren Niederschlag gefunden.[9] Die Verfestigung, insbesondere jüngst in der Endfassung des Entwurfs der International Law Commission über die Staatenverantwortlichkeit, von ius cogens und von Pflichten erga omnes, ist ebenfalls in diesem Sinne zu verstehen[10]. Dies gilt auch für die Durchbrechung kollektiven Einstehenmüssens für Völkerrechtsverletzungen durch die Einführung individueller Verantwortlichkeit und strafrechtlicher Verfolgung für schwere Verstöße gegen das internationale Humanitätsrecht, wie sie durch die Ad-hoc-Tribunale für das ehemalige Jugoslawien und Ruanda sowie den ständigen Internationalen Strafgerichtshof verwirklicht wurde; das Statut dieses Gerichts ist kürzlich nach Erreichung der Zahl von 60 Konsenserklärungen in Kraft getreten.[11]

---

8   Siehe nachstehend auf S. 45.

9   *Tomuschat*, Die internationale Gemeinschaft, AVR 33 (1995) 1; *Simma*, From Bilateralism to Community Interest in International Law, RdC 250 (1994) 217; *Paulus*, Die internationale Gemeinschaft im Völkerrecht. Eine Untersuchung zur Entwicklung des Völkerrechts im Zeitalter der Globalisierung (2001).

10   Dazu jüngst *Buffard*, Was wurde aus den internationalen Verbrechen? „Serious Breaches of Obligations under Peremptory Norms of General International Law" als Ersatz für „International Crimes" im endgültigen Entwurf der ILC über die Staatenverantwortlichkeit, in: *Marboe/Reinisch/Wittich* (Hrsg), Österreichischer Völkerrechtstag (2001). Zwangsarbeiter und Restitution. Streitbeilegungsverfahren im internationalen Wirtschaftsrecht. Dialog der Zivilisationen. Staatenverantwortlichkeit, Favorita Papers 02/2002 (2002) 144; *Wittich*, Das Konzept des verletzten Staates: Die Feststellung der Aktivlegitimation im Entwurf der ILC über die Staatenverantwortlichkeit insbesondere im Fall der Verletzung von Verpflichtungen erga omnes, ebd, 167.

11   *Arsanjani*, The Rome Statute of the International Criminal Court, AJIL 93 (1999) 22; *Kirsch/Holmes*, The Rome Conference on an International Criminal Court: The

Eine derartige Wertegemeinschaft ist aber auch sicherheitspolitisch relevant. In diesem Zusammenhang ist insbesondere die Theorie des „demokratischen Friedens" zu erwähnen, die in der Wissenschaft der Internationalen Beziehungen viel diskutiert worden ist. Danach führen – jedenfalls gefestigte – Demokratien nicht Krieg gegeneinander.[12] Dafür wird eine Reihe von Gründen ins Treffen geführt. In einer Demokratie können im Gegensatz zu einem autoritären Regime jene, die in der Regel unter den Folgen eines Krieges am stärksten leiden, nämlich die „einfachen" BürgerInnen, wenigstens indirekt die Entscheidung über Krieg und Frieden beeinflussen; sie tun dies dadurch, dass sie VertreterInnen ins Parlament wählen, die der gewaltfreien Konfliktaustragung den Vorzug geben. Die Anhänger dieser Theorie weisen ferner darauf hin, dass eine auf demokratische Wahlen gestützte Regierung ausreichende Legitimität genießt; sie braucht daher keine Kriege, um die Bevölkerung gegen einen äußeren Feind hinter sich zu scharen. Zudem werden in Demokratien Streitigkeiten friedlich geregelt; es liegt nahe, diese Praxis auch auf die internationalen Beziehungen zu übertragen. Außerdem steht in einer Demokratie das Militär unter ziviler Kontrolle, die es von Abenteuern mit Waffengewalt abhält. Schließlich geht Demokratie zumeist Hand in Hand mit Marktwirtschaft, die für möglichst viele Personen ein möglichst hohes Maß an Wohlstand sichern sollte. Damit sinkt aber die Zahl derer, die in einem Krieg „nichts zu verlieren haben". Mögen sich gegen diese Argumente auch Einwände erheben lassen, und mag es an ausreichenden empirischen Belegen für die Erhärtung dieser Theorie auch noch mangeln, die Festigung und die Verbreitung der Demokratie sollten auf jeden Fall auch als Friedensstrategie vorangetrieben werden.

Negotiating Process, ebd 2; *Triffterer*, Commentary on the Rome Statute of the International Criminal Court (1999); *Nisi*, The International Criminal Court (2000); *Blanke*, Der Internationale Strafgerichtshof, AVR 39 (2001) 142; *Schäfer*, Der Internationale Strafgerichtshof (2001); *Hafner*, Souveränität versus Ordre Public: Der Internationale Strafgerichtshof, in: *Hummer* (Hrsg), Paradigmenwechsel im Völkerrecht zur Jahrtausendwende (2002) 326.

12　Zu den Verfechtern dieser Theorie zählen *Doyle*, Liberalism and World Politics, APSR 80 (1986) 1151; *Levy*, Domestic Politics and War, JIH 18 (1988) 653; *Russett*, Grasping the Democratic Peace (1993); *Owen*, How Liberalism Produces Democratic Peace, International Security 19 (2/1994) 87; mit Einschränkungen *Mansfield/Snyder*, Democratization and War, Foreign Affairs 74 (3/1995) 79, und International Security 20 (1/1995) 5; *Czempiel*, Kants Theorem. Oder: Warum sind die Demokratien (noch immer) nicht friedlich?, ZIB 3 (1996) 79; ablehnend ua *Layne*, Kant or Cant: The Myth of Democratic Peace, International Security 19 (2/1994) 5; *Spiro*, The Insignificance of Liberal Peace, ebd 50; *Waltz*, Structural Realism after the Cold War, International Security 25 (1/2000) 5; vgl ferner die quantitative Untersuchung von *Gartzke*, Preferences and the Democratic Peace, International Studies Quarterly 44 (2000) 191.

Gerade im Wertebereich sind aber auch negative Entwicklungen nicht zu übersehen. Die erwähnte, von westlichem Gedankengut geprägte Werteplattform wird keineswegs weltweit bejaht. Vielmehr stellen sie „fundamentalistische" Vertreter religiöser Bewegungen, insbesondere des Islam, sowie Anhänger anders ausgerichteter gesellschaftsphilosophischer Strömungen wie des Konfuzianismus in Frage. Im Völkerrecht schlagen sich diese Meinungsverschiedenheiten beispielsweise in Vorbehalten islamischer Staaten zu Verträgen über Menschenrechte zugunsten des Vorrangs der Scharia, also des in ihr geltenden islamischen Rechts, nieder.[13] _Samuel Huntingtons_ These vom „clash of civilizations" lässt sich gewiss als vereinfachend und deterministisch kritisieren – auf ein wichtiges Problem hat er damit aber ebenso sicher hingewiesen.[14]

Verschärft werden diese Gegensätze noch durch die weltweite Kluft zwischen Arm und Reich, eine weitere Folge der Globalisierung. Sie liefern den ideologischen und sozioökonomischen Nährboden für den innerstaatlichen und internationalen Terrorismus. Zu den Konflikten über Werte kommen noch internationale Streitigkeiten über „handfeste" machtpolitische und wirtschaftliche Interessen.

B. _Konfliktbild und -szenarios_

Eine positive Wirkung der „Wende" besteht darin, dass das Schreckgespenst des „Kalten Krieges", ein verheerender Schlagabtausch zwischen den beiden Machtblöcken mit Kernwaffen, zwar nicht völlig gebannt ist; wohl aber ist es in den Hintergrund getreten und hat an Wahrscheinlichkeit verloren.

Zu den unerfreulichen Nachrichten zählt die Rückkehr des räumlich und auf konventionelle Waffen begrenzbaren Krieges auch in Europa. Er erschien jedenfalls politischen Führern vom Zuschnitt eines _Slobodan Milošević_ und _Radovan Karadzic_ als „praktikables" Mittel der Politik.

Weiters ist bei bewaffneten Konflikten[15] eine wesentliche Schwerpunktverlagerung festzustellen. Nicht mehr die Auseinandersetzung zwischen Staaten mit regulären Streitkräften, sondern der innerstaatliche Konflikt mit der Gefahr der Ausweitung über die Staatsgrenzen hinweg steht heute im Vordergrund. Diese Ausweitung kann von Flüchtlingsströmen bis zum Übergreifen der Kampfhandlungen auf andere Staaten reichen. Betrüblich ist dabei die besondere Brutalität,

---

13 _Kriebaum,_ Menschenrecht und Scharia, in: _Marboe/Reinisch/Wittich_ (Fn 10) 113; _Marboe,_ Völkerrecht und islamisches Recht: unvereinbare Gegensätze? Ebd 88.
14 _Huntington,_ The Clash of Civilizations and the Remaking of World Order (1997).
15 Bewaffnet sind die Konfliktparteien und nicht die Konflikte, doch wird auch im vorliegenden Beitrag der gängige Ausdruck „bewaffneter Konflikt" statt der langatmigen Formulierung „mit Waffengewalt ausgetragener Konflikt" verwendet.

mit der gerade Auseinandersetzungen innerhalb eines Staates ausgetragen werden. Außerdem haben nichtmilitärische Bedrohungen und Gefahren seit dem Ende des Ost-West-Konflikts an Bedeutung gewonnen. Zunächst sind in diesem Zusammenhang Terrorismus[16] und das organisierte Verbrechen hervorzuheben. Zwar handelt es sich dabei keineswegs um neue Phänomene;[17] sie haben jedoch in jüngster Zeit zusätzliche, besonders folgenschwere Dimensionen angenommen. Einerseits haben Terroristen und „gewöhnliche" Verbrecher Zugang zu neuen Instrumenten erlangt: sowohl zu Massenvernichtungswaffen als auch zur Nutzung moderner Informationstechnologie für ihre verwerflichen Zwecke. Die heutigen Industriegesellschaften, die auf den verschiedensten Gebieten, vom Verkehrs- bis zum Bank- und Gesundheitssektor, immer mehr auf die Steuerung durch Computernetze angewiesen sind, erweisen sich in der Tat gegenüber „cyber-terrorism" und „cyber-crime" zunehmend verwundbar.[18] Ein amerikanischer Nachrichtenfachmann brachte das beunruhigende Problem auf den Punkt: Mit einer Milliarde US-Dollar und 20 erfahrenen „Hackern" ließen sich die gesamten Vereinigten Staaten stilllegen![19]

Andererseits haben terroristische und kriminelle Organisationen eine weltweite Reichweite erlangt und sind zu markanten Erscheinungen der Globalisierung geworden. So wird angenommen, dass die für die Anschläge am 11. September verantwortlich gemachte Al Qaida über Zellen von „Schläfern" in etwa 60 Staaten und 5.000 ausgebildete Kämpfer verfügt. Deren Ausbildung soll nicht nur verschiedene Tötungstechniken, sondern auch das jahrelange unauffällige Leben in westlichen Gesellschaften umfassen. Die Mitgliederzahl der großen Verbrechersyndikate wie der italienischen und der russischen Mafia, der chinesischen Triaden, der japanischen Yakuzas und der kolumbianischen Drogenkartelle wird jeweils in Zehntausenden geschätzt. Auch die finanziellen Mittel dieser Organisa-

---

16 *Kushner*, The Future of Terrorism: Violence in the New Millenium (1998); *Harmon*, Terrorism Today (2000); *Lia/Hansen*, Globalisation and the Future of Terrorism (2002).

17 So reicht die Liste prominenter Opfer terroristischer Attentate von *Julius Cäsar* über Erzherzog *Franz Ferdinand* zu *John F.* und *Robert Kennedy*.

18 Besonders beunruhigend ist die Perspektive des „Cyber-tech"-Terrorismus, der Verbindung von Computer- mit Biotechnologie zu terroristischen Zwecken. „Biochip"-Implantate könnten zB einerseits die Leistungsfähigkeit des menschlichen Gehirns erhöhen; andererseits wäre zu befürchten, dass „Hacker" Menschen, welche diese Möglichkeit nutzen, terrorisieren oder zu Helfern von Terroristen „umfunktionieren" könnten. *Stephens*, Cyber-Biotech Terrorism: Going High Tech in the 21st Century, in: *Kushner* (Fn 16) 195.

19 So ein nicht genannter US-Nachrichtenexperte. *Laqueur*, Postmodern Terrorism, Foreign Affairs 75 (5/1996) 24.

tionen sind mehr als beachtlich. Das Vermögen von Al Qaida wird mit mindestens fünf Milliarden US-Dollar beziffert. Allein der jährliche Umsatz des kriminellen Drogenhandels beläuft sich auf ungefähr 500 Milliarden US-Dollar und damit auf ein Achtel des Welthandels. Drogen sind nach dem Erdöl das wichtigste Handelsgut.[20] Überdies haben terroristische und kriminelle Organisationen Kooperation und „Arbeitsteilung" untereinander vereinbart, statt sich gegenseitig zu bekämpfen.[21]

Die Zusammenarbeit innerhalb der Staatengemeinschaft und die von ihr entwickelten Instrumente gegen Terrorismus und organisiertes Verbrechen hinken dagegen hinterher.[22] Im Rahmen der VN wurde zwar ein Dutzend Antiterror-Konventionen angenommen. Sie erfassen aber nur Teilaspekte der Bedrohung durch den internationalen Terrorismus und sind zumeist gegen die jeweils letzte Form bzw den Schutz des jüngsten Zieles terroristischer Anschläge gerichtet. Eine Stärke der Terroristen besteht aber gerade in ihrem Einfallsreichtum, so dass sie ihre Opfer immer wieder durch neue Varianten ihrer Angriffe überraschen. So unterscheidet sich das Vorgehen von Al Qaida vom „traditionellen" Terror nicht nur durch den Einsatz gekaperter Zivilflugzeuge als zur Zerstörung großer Gebäude wirksames Mittel und die drastisch höhere Zahl der Opfer. Im Gegensatz zu früheren Verhaltensmustern übernahm außerdem niemand die Verantwortung für die Angriffe am 11. September 2001. Auch wurde kein Programm verkündet und keine konkreten Forderungen wie etwa bei Geiselnahmen erhoben. Die internationale Gemeinschaft muss bei ihren halbherzigen Maßnahmen gegen den Terror durch Schockerlebnisse wie Flugzeugentführungen, die Kaperung der „Achille Lauro" oder die Geiselnahme im Gebäude der US-amerikanischen Botschaft in Teheran aufgerüttelt werden, statt zugegebenermaßen schwer berechenbaren künftigen Bedrohungen zuvorzukommen.

Aber auch die im regionalen Rahmen[23] ausgearbeiteten Verträge gegen den Terrorismus haben sich als wenig wirksam erwiesen. Dabei könnte man im klei-

---

20 Sofern man in diesem Zusammenhang von „Gut" sprechen kann.
21 Zu Wert und Unwert mathematischer Ansätze im Zusammenhang mit der Terrorismusforschung siehe *Enders/Sandler*, Patterns of Transnational Terrorism, 1970-1999: Alternative Time-Series Estimates, International Studies Quarterly 46 (2002) 145.
22 *Guillaume*, Terrorisme et droit international, RdC 215 (1989) 287; *Gilbert*, The „Law" and „Transnational Terrorism", NYIL 26 (1995) 3; *Migliorino*, La Dichiarazione delle Nazioni Unite sulle misure per eliminare il terrorismo internazionale, RDI 78 (1995) 962; *Higgins/Flory* (Hrsg), Terrorism and International Law (1997); *Friedlander*, Terrorism, und *Marauhn*, Addendum 1999, EPIL IV (2000) 845; *Bassiouni*, Legal Control of International Terrorism: A Policy-Oriented Assessment, Harvard International Law Journal 43 (2002) 83.
23 ZB jenem des Europarates.

neren Kreis der homogeneren Staaten einer Region weniger heftige Meinungsverschiedenheiten über die Unterscheidung zwischen Terroristen und Freiheits-
kämpfern oder die Einbeziehung des „Staatsterrorismus" als auf globaler Ebene
erwarten.

Als weitere nichtmilitärische Sicherheitsprobleme sind an dieser Stelle grenzüberschreitende Umweltkatastrophen,[24] Massenflüchtlings- und -migrationsbe-
wegungen, welche die Zielstaaten nicht absorbieren können,[25] sowie die Unter-
brechung der Lieferung wichtiger Wirtschaftsgüter[26] wenigstens zu erwähnen.
Mehr denn je ist heute ein umfassender Sicherheitsbegriff anzuwenden, der nicht
auf Waffengewalt beschränkt ist.

Eine zielführende Sicherheitspolitik hat schließlich auch die Ursachen der
Bedrohungen und Gefahren, denen es zu begegnen gilt, zu erfassen. Diese liegen
in Konflikten, deren Wurzeln in Europa zum Teil tief in die Vergangenheit zu-
rückreichen. „Sozialismus" und sowjetische Vorherrschaft hatten entgegen ihren
Versprechungen ethnische, territoriale und religiöse Gegensätze nicht bereinigt,
sondern während des „Kalten Krieges" bloß „eingefroren". Nach der Wende sind
sie vor allem auf dem Gebiet des ehemaligen Jugoslawien mit großer Heftigkeit
erneut ausgebrochen. In diesem Zusammenhang ist also nicht vom Ende, sondern
vielmehr von einer Rückkehr der Geschichte zu sprechen.[27]

C. Der Rüstungsbereich

Auf der positiven Seite der Bilanz ist einzutragen, dass die Annäherung zwischen
den USA und Russland Erfolge nicht nur bei der Rüstungskontrolle, sondern
Schritte hin zu echter Abrüstung ermöglichte. Darunter ist die Beseitigung militärisch bedeutsamer Mengen militärisch relevanter Waffen(systeme) zu verstehen.

Bereits 1987 einigten sich die beiden Supermächte unter dem Einfluss des
„Neuen Politischen Denkens" des sowjetischen Präsidenten *Michail Gorbat-*

---

24 Für die der Störfall im Kernkraftwerk von Tschernobyl, vor allem für Europa, das
    beunruhigendste Bespiel lieferte.
25 Indem sie den Neuankömmlingen ein menschenwürdiges Dasein, vor allem auch
    Wohnung und Arbeit, bieten können.
26 Aus europäischer Sicht vor allem Erdöl und Erdgas.
27 Für *Fukuyama* war die Geschichte in dem Sinn am Ende angelangt, als sich die end-
    gültige Überlegenheit des westlichen liberalen Modells der Mehrparteiendemokratie
    und der Marktwirtschaft erwiesen hat. *Fukuyama*, The End of History and the Last
    Man (1992). Mittlerweile hat sich *Fukuyama* den Gefahren der Biotechnologie für
    die Demokratie zugewendet und ruft nunmehr zur Abwehr dieser Gefahren nach ei-
    nem starken Staat. *Fukuyama*, Our Posthuman Future: Consequences of the Bio-
    technology Revolution (2002).

schow[28] im INF-Vertrag[29] auf den völligen Abbau einer überaus „attraktiven" Kategorie von Waffen, der landgestützten Mittel- und Kurzstreckenraketen und Marschflugkörper mit einer Reichweite von 500 bis 5.500 Kilometer. Im Rahmen von START[30] vereinbarten die Vereinigten Staaten und die Sowjetunion bzw die Russländische Föderation 1991 zunächst die Verringerung der Zahl ihrer strategischen Trägersysteme[31] auf 1.600 und ihrer nuklearen Gefechtsköpfe auf 6.000 sowie 1993 auf 3.000 bis 3.500. Am 24. Mai 2002 unterzeichneten die Präsidenten *George W. Bush* und *Wladimir Putin* bei ihrem Moskauer Gipfeltreffen START III; dieser Vertrag sieht bis Ende 2012 eine weitere Senkung der Obergrenze für nukleare Gefechtsköpfe auf 1.700 bis 2.200 vor.

1996 gelang überdies im Rahmen der VN die Annahme des Comprehensive Test Ban Treaty (CTBT), der die Lücke der Zulässigkeit von Versuchen unter der Erde im Moskauer Teststoppvertrag 1963 schloss. Positiv sind auch die vertraglichen Verbote von Chemiewaffen 1993[32] und Antipersonenminen 1997[33] zu vermerken.

Im konventionellen Bereich verdient in Europa das dreistufige KSE-Regime[34] besondere Erwähnung. Im Pariser KSE-Vertrag 1990 wurden vorerst auf dem Gebiet zwischen dem Atlantik und Ural für die beiden „Gruppen von Vertragsstaaten", dh die damals 16 Mitglieder der NATO und der aus sechs Mitgliedstaaten noch bestehenden Warschauer Vertragsorganisation (WVO), gemeinsame kollektive Höchstgrenzen für fünf bei Offensivoperationen besonders wichtige Waffenkategorien festgesetzt.[35] Auf der OSZE-Gipfelkonferenz in Istanbul 1999 wurde dieser Vertrag an die neuen Gegebenheiten angepasst: Nunmehr gelten individuelle zahlenmäßige Plafonds für die Arsenale dieser Waffen in der Hand der einzelnen Vertragsparteien; zudem wurde der Vertrag für sämtliche Teilnehmerstaaten der OSZE geöffnet. Die Formel einzelstaatlicher Höchstzahlen wurde be-

---

28 *Gorbachev*, Perestroika: New Thinking for Our Country and the World (1987) 135.
29 Intermediate-Range Nuclear Forces.
30 Strategic Arms Reduction Treaty bzw Talks.
31 Der landgestützten Interkontinentalraketen (Intercontinental Ballistic Missiles – ICBM), seegestützten ballistischen Raketen (Submarine-Launched Ballistic Missiles – SLBM) sowie schwerer Bomber. Zudem verpflichteten sich beide Vertragsparteien zum völligen Abbau ihrer besonders destabilisierenden ICBMs mit Mehrfachsprengköpfen, die rußländische Seite zu jenem ihres Monopols bei „schweren" ICBMs.
32 BGBl III 1997/38.
33 BGBl III 1999/38.
34 Konventionelle Streitkräfte in Europa.
35 Kampfpanzer (je 20.000), gepanzerte Kampffahrzeuge (je 30.000), Artilleriewaffen (je 20.000), Kampfflugzeuge (je 20.000) und Angriffshubschrauber (je 6.800).

reits 1992 in der „KSE-1 A"-Vereinbarung von Helsinki für die konventionellen Landstreitkräfte angewendet.[36]

Vor allem bei näherem Hinsehen mangelt es aber auch keineswegs an weniger erfreulichen Befunden auf dem Gebiet der Rüstung. Trotz START behalten die beiden Hauptkernwaffenmächte ihre „overkill capabilities", also die Fähigkeit, die Menschheit mehr als einmal auszulöschen – dies schon deshalb, weil die Verträge die Modernisierung der Waffensysteme nicht erfassen. Der von den beiden Parteien als historisch hochgelobte START III-Vertrag ist bei genauerer Betrachtung weniger epochal als auf den ersten Blick.[37] Die Plafonds entsprechen den Zahlen, welche die USA in ihrem jüngsten Nuclear Posture Review ohnehin einseitig angepeilt hatten. Außerdem müssen die abzubauenden Sprengköpfe nicht zerstört werden, sondern dürfen auch lediglich gelagert werden, so dass sie für künftige Einsätze in Betracht kommen.[38] Ferner bestimmt jede Partei den Zeitplan und die sonstigen Modalitäten der Reduzierung. Schließlich läuft der Vertrag Ende 2012 aus, wenn seine Laufzeit nicht verlängert oder er nicht durch ein neues Abkommen ersetzt wird.

Ob der CTBT je in Kraft treten wird, ist fraglich. Dazu ist nämlich die Ratifikation des Vertrages durch alle 44 Staaten erforderlich, die über nukleare Technologie verfügen.[39] Nun lehnte aber der US-Senat 1999 die Genehmigung ab, und in der derzeitigen politischen Konstellation in den Vereinigten Staaten erscheint eine Zustimmung weniger wahrscheinlich denn je. Damit liefern die USA Staaten wie China, Indien, Israel, Nordkorea und Pakistan einen Vorwand, ihrem Beispiel zu folgen.[40]

Besonderen Anlass zu Sorge gibt die Weiterverbreitung von Massenvernichtungswaffen „in großem Stil". Seit 1998 hat sich der Kreis der deklarierten

---

36 Diese Abmachung stellt übrigens keinen völkerrechtlichen Vertrag, sondern „soft law", eine „bloße" politische Absichtserklärung dar. Der Wirksamkeit von Vereinbarungen tut der Mangel an Rechtsverbindlichkeit in der Regel keinen Abbruch. Denn auch bei ihnen geht von den Mechanismen der Reziprozität auf die Parteien Druck zur Einhaltung aus. Außerdem ist auch den meisten Politikern und Experten die „völkerrechtliche Minderwertigkeit" von „Soft-law"-Instrumenten gar nicht bekannt.

37 Auch für die amerikanische nationale Sicherheitsberaterin *Condoleezza Rice* stellt der Vertrag freilich nicht den ersten US-russischen Vertrag des 21. Jahrhunderts, sondern den letzten Vertrag des vergangenen Jahrhunderts dar. *Sanger/Wines*, U.S. and Russia sign pact for huge nuclear cutback, International Herald Tribune, 25.-26. Mai 2002, 1 (4).

38 Präsident *Putin* meinte, ein Jagdgewehr könne weniger Schaden anrichten, wenn es nicht geladen und weggesperrt sei. Die Presse, 25. Mai 2002, 4.

39 Darunter auch Österreich.

40 Von den genannten Staaten haben nur China und Israel den Vertrag wenigstens unterzeichnet.

Kernwaffenmächte um Indien und Pakistan erweitert. Die Eskalation des Kaschmir-Konflikts zwischen diesen Nachbarstaaten im Mai und Juni 2002, in dem beide Gegner ihre militärischen Muskeln spielen ließen, rief daher vor allem die Großmächte USA, Russland und China als Vermittler auf den Plan. Die Entwicklung von Nuklearwaffen erfordert allerdings gewisse finanzielle Mittel, spaltbares Material, beträchtliche technische Kenntnisse und Tests. Dagegen ist der Zugriff auf radiologische Kampfmittel, die aus nuklear verseuchtem konventionellen Sprengstoff bestehen, ebenso wie auf chemische und biologische Waffen immer weniger eine Frage materieller und intellektueller Ressourcen, sondern vielmehr der politischen Entscheidung. Damit wächst die Gefahr, dass Massenvernichtungswaffen in die Hände von Akteuren gelangen, für die sie nicht in erster Linie Instrumente der Abschreckung darstellen, sondern die auch zu ihrem Ersteinsatz bereit sind. Der Bogen spannt sich von „rogue states"[41] über terroristische und sonstige kriminelle Organisationen bis hin zu Einzeltätern.

Auch diese Problematik weist eine völkerrechtliche Dimension auf. Die Staatengemeinschaft hat sich auf Verträge geeinigt, mit denen dem Übel der Massenvernichtungswaffen begegnet werden soll: den Vertrag über die Nichtweiterverbreitung von Atomwaffen 1968,[42] das Verbot bakteriologischer (biologischer) Waffen und Toxinwaffen 1972[43] sowie das Verbot von chemischen Waffen 1993.[44] Diese Verträge vermochten jedoch die Proliferation derartiger Waffen ganz offensichtlich nicht zu verhindern.

IV. Der Wandel der internationalen Sicherheitsinstitutionen

Die Annäherung zwischen den feindlichen Führungsmächten im Ost-West-Konflikt einerseits und der Strukturwandel im internationalen System hin zu Unipolarität andererseits wirkten sich zwangsläufig auch auf die Institutionen der internationalen Sicherheitspolitik aus. Diese mussten sich auf die neue sicherheitspolitische Bedrohungs- und Gefahrenkonstellation einstellen, wollten sie bzw. ihre Mitgliedstaaten ihre Relevanz, ja ihren Bestand, erhalten. Diese funktionale

---

41 Den von den USA so bezeichneten „Schurkenstaaten", die vor allem auf der von Präsident *George W. Bush* proklamierten „Achse des Bösen" (Irak, Iran, Nordkorea) angesiedelt sind.

42 BGBl 1970/258. Gemäß Art VI des Vertrages verpflichten sich alle Parteien, also auch die Kernwaffenmächte unter ihnen, wenigstens Verhandlungen über einen Vertrag betreffend eine allgemeine und vollständige Abrüstung unter einer strengen und wirksamen internationalen Überwachung zu führen.

43 BGBl 1975/432.

44 Vgl Fn 32.

Anpassung führte zur Übertragung neuer Aufgaben und zur Entwicklung neuer Instrumente. Eine weitere Herausforderung bestand in einer sinnvollen Arbeitsteilung: Jede Institution sollte diejenigen Funktionen übernehmen, welche sie am besten erfüllen kann, statt mit den anderen auf einem Gebiet, in dem sie weniger gut qualifiziert ist, in Konkurrenz zu treten. Schließlich galt es in Europa das institutionelle Vakuum, das vor allem durch die Auflösung der WVO entstanden war, durch immer engere Zusammenarbeit mit den ehemaligen Feindländern mit dem Endziel der Mitgliedschaft in der betreffenden Institution zu schließen. Damit sollte in Osteuropa eine Renationalisierung der Sicherheitspolitik vermieden werden, die zur Aufrüstung mit der Gefahr der gewaltsamen Austragung von Konflikten geführt hätte.

Das wichtigste „Labor" für sicherheitspolitische Experimente und Innovationen lieferten übrigens die Konflikte auf dem Balkan. Aus nahe liegenden Gründen war der Westen, die USA ebenso wie die westeuropäischen, aber auch die übrigen Länder des Kontinents dort zum stärksten Engagement bereit. Das trug ihnen den Vorwurf eines „doppelten Standards" durch Vernachlässigung anderer Erdteile ein. Aber auch in Südosteuropa ist die Bilanz der involvierten Institutionen eher gemischt ausgefallen.

A. Die VN

Während des Ost-West-Konflikts war das System kollektiver Sicherheit der VN durch die Gegensätze zwischen den ständigen Mitgliedern des Sicherheitsrates (SR) weitestgehend blockiert. Die wenigen Fälle seines Funktionierens fielen kaum ins Gewicht: die Ermächtigung zur Verwendung der UN-Flagge unter einem von den USA geführten gemeinsamen Kommando 1950 in Korea und nichtmilitärische Sanktionen gegen die Apartheid-Regime in Südrhodesien und Südafrika.[45]

Die bedeutsamste Neuerung bestand in den in der Satzung der Vereinten Nationen (SVN) nicht vorgesehenen friedenserhaltenden Operationen.[46] Mit diesen

---

45 Selbst für die in Grundsatzfragen gespaltene Staatengesellschaft des „Kalten Krieges" war rassische Diskriminierung nicht akzeptabel. Staaten, die sie systematisch praktizierten, stempelten sich dadurch zu Außenseitern und entsprachen den heutigen „rogue states" aus der Sicht der USA. Siehe vorstehend auf S. 32.

46 Das Fehlen einer diesbezüglichen Kompetenz in der Charta bedeutet keineswegs die Rechtswidrigkeit der „peacekeeping operations". Ihre Rechtmäßigkeit lässt sich entweder mit den „implied powers" der VN bzw. einer funktionellen Auslegung der Satzung, mit im Laufe der Zeit entstandenem Völkergewohnheitsrecht oder dem argumentum a maiore ad minus begründen: Wenn die VN nach Art 42 der Charta so-

Missionen wurden Waffenstillstandsvereinbarungen in erster Linie dadurch stabilisiert, dass Militärpersonal nicht beteiligter Staaten die Einhaltung dieser Abkommen überwachte oder Truppen zur Trennung der Konfliktparteien zwischen diesen stationiert wurden. Im Gegensatz zu Sanktionen mit Waffengewalt nach Art 42 SVN besteht also das Ziel friedenserhaltender Einsätze in einer Hilfestellung zugunsten aller Streitparteien und nicht in der Unterstützung des Opfers gegen den Aggressor. Als Maßnahmen kooperativer Sicherheit bedürfen sie der Zustimmung aller Beteiligten: des SR der VN, der bei einer UN-Mission das Mandat erteilt; der Konfliktparteien, insbesondere jener, auf deren Gebiet die Operation stattfinden soll; sowie jener Staaten und allenfalls Organisationen, welche Personal zur Verfügung stellen.[47] „Peacekeepers", die sich strikter Unparteilichkeit zu befleißigen haben, dürfen von ihren Waffen nur in Notwehr Gebrauch machen.[48]

Das System kollektiver Sicherheit der VN hat zwar nach dem Wegfall des Hauptgrundes für seine Lähmung einiges an Effektivität gewonnen. So hat der SR einerseits nach der „Wende" häufiger als vorher in den bestehenden Bahnen agiert, andererseits auch neue Maßnahmen ergriffen. Dennoch sind Staaten weiterhin schlecht beraten, sich in ihrer Sicherheitspolitik ausschließlich auf die schützende Hand des Rates zu verlassen. Auch nach der „Wende" hat dieser noch keine Sanktionen nach Art 42 ergriffen, obwohl es an Anlassfällen dafür nicht gefehlt hat. Damit der SR selbst Waffengewalt anwenden kann, müssten ihm Mitgliedstaaten gemäß Art 43 SVN vertraglich Streitkräfte und sonstige militärische Unterstützung zur Verfügung stellen. Kein einziges derartiges Abkommen wurde jedoch bisher geschlossen, und derartige Zusagen erscheinen auch in Zukunft kaum wahrscheinlich. Worauf sich die Mitglieder des SR dagegen verständigen konnten, war die Erteilung der Ermächtigung zur Gewaltanwendung an dazu bereite Mitgliedstaaten.[49] Das eindrucksvollste Beispiel dafür stellte die „Operation Desert Storm" unter Führung der USA zur Befreiung Kuwaits von irakischen Invasionstruppen in der Res 678 (1990) dar.

---

gar militärische Zwangsmaßnahmen gegen Friedensstörer ohne deren Einwilligung ergreifen dürfen, dann umso eher Operationen, die der Zustimmung aller Konfliktparteien bedürfen.

47 Dagegen erfordern militärische Zwangsmaßnahmen kollektiver Sicherheit im Rahmen von Kap VII SVN bloß einen entsprechenden Beschluss des SR; klarerweise bedarf es jedoch dazu nicht der Einwilligung des Staates/der Staaten, gegen die sie gerichtet sind, aber auch nicht jener Mitglieder, die der Rat dazu auffordert.

48 Friedenserhaltende Einheiten sind nur leicht bewaffnet und daher den Konfliktparteien in der Regel militärisch unterlegen. Sie sollten daher bewaffnete Auseinandersetzungen von vornherein so weit wie möglich vermeiden.

49 *Sicilianos*, L´autorisation par le Conseil de sécurité de recourir à la force: une tentative d'évaluation, RGDIP (2000) 5.

Ferner verhängte der SR häufiger als während des Ost-West-Konflikts nicht-militärische Zwangsmaßnahmen. Diese reichten von auf bestimmte Bereiche begrenzten Sanktionen, wie einem Waffenembargo oder Reisebeschränkungen, bis zu einem umfassenden Wirtschaftsboykott. Derartige Schritte der Weltorganisation werfen einerseits politische Probleme auf. Sie erweisen sich häufig wegen der lukrativen Möglichkeit ihrer Umgehung als wenig oder allenfalls nur nach längerer Zeit echt wirksam. Falls wirtschaftliche Zwangsmaßnahmen greifen, treffen sie in erster Linie die Masse der Bevölkerung. Statt die politische Führung zu schwächen, bewirken Sanktionen unter Umständen das Gegenteil: Das betreffende Regime kann durch den Aufruf zur nationalen Einheit gegen den gemeinsamen äußeren Feind seine Stellung sogar festigen. Die innenpolitischen Gegner lassen sich nunmehr als Verräter brandmarken und noch erbarmungsloser verfolgen als vorher.

Andererseits stellte sich in jüngster Zeit die Frage, ob dem Ermessen des SR bei der Verhängung von Zwangsmaßnahmen nicht menschen- bzw. humanitätsrechtliche Grenzen gezogen sind. Eine derartige Beschränkung lässt sich vor allem aus Art 24 Abs 2 SVN ableiten; nach dieser Bestimmung hat der Rat bei der Erfüllung seiner Pflichten zur Aufrechterhaltung des Weltfriedens und der internationalen Sicherheit gemäß den Zielen und Grundsätzen der VN zu handeln. Zu diesen Zielen zählt gemäß Art 1 Abs 3 der Charta die Achtung der Menschenrechte und Grundfreiheiten. Das elementarste Menschenrecht ist jenes auf Leben.[50] Sanktionen nach Art 41 SVN, welche dieses Recht durch Lebensmittelmangel[51] oder Gefährdung lebenswichtiger medizinischer Versorgung gefährden, sind dem SR daher untersagt.[52]

Außerdem entwickelte der SR die erwähnten friedenserhaltenden Operationen „der ersten Generation" aus der Ära des Ost-West-Konflikts zu solchen „der zweiten Generation" mit umfassenden militärischen, politischen und humanitären

---

50   Wie es etwa in Art 6 UN-Pakt über bürgerliche und politische Rechte 1966 oder in Art 2 EMRK 1950 verankert ist.

51   Art 11 UN-Pakt über wirtschaftliche, soziale und kulturelle Rechte 1966 enthält das Recht eines jeden auf ausreichende Ernährung; Art 54 Zusatzprotokoll zu den Genfer Abkommen 1949 über den Schutz der Opfer bewaffneter Konflikte 1977 verbietet Aushungern der Zivilbevölkerung als Mittel der Kriegführung.

52   Ausführlicher zu dieser Problematik *Starck*, Die Rechtmäßigkeit von UNO-Wirtschaftssanktionen in Anbetracht ihrer Auswirkungen auf die Zivilbevölkerung. Grenzen der Kompetenzen des SR am Beispiel der Maßnahmen gegen den Irak und die Bundesrepublik Jugoslawien (2000); *Gowlland-Debbas*, United Nations Sanctions and International Law (2001); darin insbesondere der Beitrag von *Angelet*, International Law Limits to the Security Council, 71; *Reinisch*, Developing Human Rights and Humanitarian Law Accountability of the Security Council for the Imposition of Economic Sanctions, AJIL 95 (2001) 851.

Aufgaben weiter. Die Mandate solcher Missionen schlossen zB den Einsatz von Waffengewalt über Notwehr hinaus, etwa zur Durchsetzung von Flugverboten oder zum Schutz von „safe areas", mit ein. Außerdem enthielten sie den Auftrag zur Aufrechterhaltung von Ruhe und Ordnung, zur Vorbereitung und Durchführung demokratischer Wahlen sowie zur Versorgung mit Lebensmitteln und zu medizinischer Hilfeleistung. Nicht immer lag dazu die Einwilligung aller Konfliktparteien vor. Der Erfolg dieser „Megaoperationen", an denen Tausende von Soldaten und Zivilisten mitwirkten, im ehemaligen Jugoslawien, in Kambodscha und Somalia[53] ließ allerdings zu wünschen übrig. Dies lag insbesondere daran, dass es an den zur Erfüllung der weitreichenden Aufgaben nötigen Mitteln vor allem im militärischen Bereich fehlte. Eine von UN-Generalsekretär *Kofi Annan* eingesetzte Expertengruppe unter dem Vorsitz des ehemaligen algerischen Außenministers *Lakhdar Brahimi* formulierte in einem im Jahre 2000 vorgelegten Bericht wichtige Lehren aus jenen Erfahrungen. Insbesondere empfahl sie „robuste" Regeln für den Einsatz von militärischen Einheiten, die ausreichend zahlenstark und gerüstet sein sollten.

Diese Schwächen sind bei Operationen, die sich als „enforcement by consent" bezeichnen lassen, beseitigt. Sie unterscheiden sich von friedenserhaltenden Missionen dadurch, dass die an ihnen beteiligten Truppen nicht bloß in Notwehr von ihren Waffen Gebrauch machen dürfen; außerdem sind sie den Konfliktparteien im Einsatzgebiet militärisch überlegen. Im Gegensatz zu militärischen Zwangsmaßnahmen im Rahmen kollektiver Sicherheit erfolgt die allfällige Gewaltanwendung gegen die Parteien jedoch mit deren spezieller Zustimmung.[54] Diese haben sich damit einverstanden erklärt, dass Verstöße gegen ihre Zusagen zur Konfliktbeendigung, wie die Einwilligung zu einem Waffenstillstand oder zum Abzug ihrer Streitkräfte, durch die internationale Streitmacht nötigenfalls manu militari abgestellt werden. Die ersten derartigen Einsätze fanden im ehemaligen Jugoslawien statt und wurden von der NATO und deren Partnern getragen. Die Implementation Force (IFOR), die von der Stabilization Force (SFOR) abgelöst wurde, wurde vom SR in Res 1031 (1095)[55] gemäß Kapitel VII SVN zu allen zur Durchsetzung der militärischen Bestimmungen der Dayton/Pariser Abkommen erforderlichen Maßnahmen ermächtigt. Ein ähnliches Mandat erhielt die Kosovo Force (KFOR) in Res 1244 (1998) bezüglich des vom jugoslawischen Präsiden-

---

53   United Nations Protection Force (UNPROFOR), United Nations Operation in Somalia (UNOSOM), United Nations Transitional Authority in Cambodia (UNTAC).

54   Als Parteien der SVN haben sich die Mitglieder der VN in allgemeiner Form pro futuro den Regeln des Systems kollektiver Sicherheit auch für den Fall unterworfen, dass dann, wenn sie einen der Tatbestände des Art 39 SVN verwirklichen, der SR Sanktionen gegen sie ergreift.

55   Die Ermächtigung an SFOR erging in Res 1088 (1996).

ten *Milošević* schließlich im Kosovo-Konflikt 1998/99 angenommenen Friedens-
planes. Diese Regelung war von den in der G-8 zusammengeschlossenen Groß-
mächten nach dem Ende der „Operation Allied Force" der NATO-Staaten ausgearbeitet worden; dieser westliche Militäreinsatz hatte den Schutz der albanischen
Mehrheit im Kosovo vor weiteren massiven Menschenrechtsverletzungen durch
jugoslawische bzw serbische Einheiten zum Ziel gehabt.[56] Beide Streitmächte –
IFOR/SFOR und KFOR – bilden im Übrigen den militärischen Pfeiler der internationalen Verwaltung Bosnien-Herzegowinas und des Kosovo, die von manchen
als „neue Treuhandschaft" bezeichnet wird.[57] Eine ähnliche Lösung wurde in
Ost-Timor angewendet, wobei die International Force in East Timor
(INTERFET) die militärische Komponente beisteuerte.[58]

Wenn sich die ständigen Mitglieder des SR zu einigen vermögen, weiten sie
den Bereich der Maßnahmen kollektiver Sicherheit noch in andere Richtungen
aus.[59] So qualifizierte der Rat auch die Verhältnisse innerhalb von Staaten als
Friedensbedrohung nach Art 39 SVN und beschloss entsprechende Maßnahmen
nach Kapitel VII der Charta.[60] Dabei lagen in Somalia, Bosnien-Herzegowina
und Ruanda zwar massive Verletzungen der Menschenrechte vor; es bestand jedoch kaum die Gefahr einer Ausweitung der humanitären Katastrophen zu internationalen bewaffneten Konflikten. Außerdem setzte der SR zur individuellen

---

56 Weitere Einzelheiten der „Operation Allied Force" nachstehend auf S. 38f.
57 Daran sind mehrere internationale Institutionen – neben den VN vor allem auch die
    NATO, die EU und die OSZE – beteiligt, deren Tätigkeit es nach dem Konzept der
    „interlocking institutions" zur Vermeidung von Doppelgleisigkeit und Rivalitäten
    („interblocking institutions") zu koordinieren gilt. Dazu *Arnekleiv*, Governing the
    Balkans? Interlocking institutions and „neo-protectorates" in the former Yugoslavia,
    ÖJIP 2001 (2002) 7.
58 Auf Grundlage der Res des SR 1264 (1999); diese sah in Abs 10 die frühest mög-
    liche Ablösung der Streitmacht durch eine „echte" friedenserhaltende Operation der
    VN vor. Zu verschiedenen Aspekten der neuen internationalen Verwaltung *Chopra*,
    The UN's Kingdom of East Timor, Survival 42 (3/2000) 27; *Griffin-Jones*, Building
    Peace Through Transitional Authority: New Directions, Major Challenges, Interna-
    tional Peacekeeping 7 (4/2001) 75; *Matheson*, United Nations Governance of Post-
    conflict Societies, AJIL 95 (2001) 76; *Strohmeyer*, Collapse and Reconstruction of a
    Judicial System: The United Nations Missions in Kosovo and East Timor, ebd, 46;
    Wilde, From Danzig to East Timor and Beyond: The Role of International Territorial
    Administration, ebd 583; *Caplan*, A New Trusteeship? The International Admini-
    stration of War-torn Territories, Adelphi Paper Nr 341 (2002).
59 Sind die „Großen Fünf" handelseins, bereitet die Erlangung der Zustimmung von
    mindestens vier nichtständigen Mitgliedern des SR zur Erreichung des in Art 27 (3)
    SVN vorgeschriebenen Quorums von neun Stimmen keine Schwierigkeiten.
60 Den Mitgliedstaaten ist durch Art 2 (7) SVN bei Anwendung von in Kapitel VII
    vorgesehenen Zwangsmaßnahmen die Berufung auf ihren vorbehaltenen inner-
    staatlichen Wirkungsbereich verwehrt.

Aburteilung von Personen, die für grobe Verstöße gegen das Humanitätsrecht auf dem Gebiet des ehemaligen Jugoslawien und in Ruanda verantwortlich sind, internationale Ad-hoc-Strafgerichtshöfe ein. Auch hier wurde in der wissenschaftlichen Diskussion die Frage gestellt, ob der Rat nicht die Grenzen seiner – in der Charta zwar weit gezogenen – Kompetenzen überschritten und ultra vires gehandelt habe, zB weil keine Friedensbedrohung mehr vorliege.[61] Die Staatengemeinschaft hat die Errichtung dieser Tribunale jedoch offenkundig akzeptiert.

Konnten sich die ständigen Mitglieder des SR dagegen nicht einigen, oder war Übereinstimmung unter ihnen nicht zu erwarten, kam die zweite erwähnte tief greifende Änderung in den internationalen Beziehungen, der Trend zur Unipolarität, zum Tragen. Westliche Staaten, allen voran die USA, entschlossen sich dann gelegentlich zu einem eigenmächtigen gewaltsamen Vorgehen ohne rechtliche Rückendeckung durch den Rat. Aufgrund ihrer militärischen Überlegenheit konnten sie nämlich damit rechnen, dass sich die anderen Großmächte bei aller Sympathie für den angegriffenen Staat zu dessen Verteidigung nicht auf eine Konfrontation mit Waffengewalt einlassen, sondern es bei Protesten und politischen Gesten der Missbilligung bewenden lassen würden. Dies traf auf die Luftangriffe der USA, Großbritanniens und eine Zeit lang auch Frankreichs gegen den Irak zu; sie dienten dem Schutz der schiitischen und kurdischen Minderheiten in diesem Land durch die Schaffung von Flugverbotszonen bzw sollten vermutete irakische Bemühungen um die Erlangung von Massenvernichtungswaffen vereiteln.[62] Im spektakulärsten Fall von militärischen Schlägen ohne Ermächtigung durch den SR, in dem auch keine Selbstverteidigungssituation vorlag, nämlich der erwähnten „Operation Allied Force", hatten die NATO-Staaten in dieser Hinsicht ebenfalls leichtes Spiel. Aufgrund seiner traditionell proserbischen Haltung verurteilte Russland zwar die westlichen Luftangriffe, ließ es aber nicht auf eine militärische Kraftprobe an der Seite des Regimes von Präsident *Milošević* ankommen. Auch wenn das Einschreiten der Mitglieder der Atlantischen Allianz aus humanitären Gründen zur Verhinderung einer „ethnischen Säuberung" der Mehrheitsbevölkerung im Kosovo erfolgte, lässt es sich nach geltendem Völkerrecht dennoch kaum rechtfertigen.[63] So sehr eine „humanitäre Intervention" moralisch vertretbar und politisch geboten sein mag, als dritte Ausnahme von Gewaltverbot findet sie im geltenden Völkerrecht weder eine vertrags- noch eine

---

61   *Zemanek*, The Legal Foundations of the International System: General Course on Public International Law, RdC 266 (1997) 13.

62   Der irakische Diktator *Saddam Hussein* verweigerte ferner die in der Res des SR 687 (1991) geforderten Inspektionen.

63   Dazu *Neuhold*, Die „Operation Allied Force" der NATO: rechtmäßige humanitäre Intervention oder politisch vertretbarer Rechtsbruch?, in: *Reiter* (Hrsg), Der Krieg um das Kosovo 1998/99 (2000) 193, mit zahlreichen Literaturangaben.

gewohnheitsrechtliche Grundlage.[64] Ohne Zweifel ist die zunehmende Bedeutung der Achtung der Menschenrechte im modernen Völkerrecht, ihre Aufwertung durch die Aufnahme unter die Normen zwingenden Rechts und die Pflichten mit Wirkung erga omnes, nachdrücklich zu begrüßen. Diese Qualitäten kommen aber auch dem Gewaltverbot zu. Das Völkerrecht enthält zwar keine Regel für den Vorrang unter den beiden Prinzipien. Im Zeitalter der Massenvernichtungswaffen ist jedoch vor allem wegen bedenklicher Präzedenzwirkungen Zurückhaltung bei der Aufweichung des Gewaltverbots angebracht.

B. Die OSZE

Während des „Kalten Krieges" bot der Prozess der Konferenz über Sicherheit und Zusammenarbeit in Europa (KSZE) ein gesamteuropäisches Forum[65] einerseits für die Zusammenarbeit und andererseits für die Konfrontation zwischen Ost und West.[66] Die umfassend angelegte, in ihren Ergebnissen freilich beschränkte Kooperation erstreckte sich auf mehrere Gebiete, die Sicherheit ebenso wie die Wirtschaft, Wissenschaft und Technik sowie Umwelt und den humanitären und andere Bereiche. Die Auseinandersetzung zwischen den beiden Lagern wurde nicht gewaltsam, sondern auf ideologisch-politischer Ebene ausgetragen und hatte ihren Schwerpunkt auf den unterschiedlichen Auffassungen über die Menschenrechte. Die eigentliche KSZE fand von 1973 bis 1975 in drei Phasen in Helsinki und Genf statt und endete mit der Unterzeichnung der Schlussakte auf einer Gipfelkonferenz der 35 Teilnehmerstaaten[67] in der finnischen Hauptstadt. In der Folge entwickelte sich aus dieser Konferenz ein multilateraler diplomatischer Prozess. In seinem Rahmen fanden so genannte Folgetreffen über alle Be-

---

64   Auch andere Argumente wie das eines allgemeinen Rechtsgrundsatzes der Nothilfe oder der Ersatzvornahme bei Untätigkeit des SR vermögen nicht zu überzeugen. Dazu *Neuhold* (Fn 63) 202.

65   An dem aber auch die USA und Kanada teilnahmen. Das „KSZE-Europa" reichte daher von Vancouver bis Wladiwostok.

66   Zwischen den beiden Blöcken spielten die neuen neutralen und blockfreien (neutral and non-aligned – N+N) Teilnehmerstaaten, unter ihnen auch Österreich, durch gute Dienste, Koordination und Vermittlung für den Erfolg des Prozesses eine Rolle, die ihr materielles Machtpotential überstieg. Dazu *Neuhold* (Hrsg), CSCE: N+N Perspectives: The Process of the Conference on Security and Co-operation in Europe from the Viewpoint of the Neutral and Non-Aligned Participating States (1987).

67   Zu den Teilnehmern zählte auch der Heilige Stuhl.

reiche des Schlussdokuments wie auch Expertentagungen zu Einzelthemen statt.[68]

Der sicherheitspolitische „Korb"[69] der Schlussakte bestand aus zwei durchaus unterschiedlichen Elementen. Einerseits enthielt er eine Erklärung, in der zehn völkerrechtliche Prinzipien für die Beziehungen der Teilnehmerstaaten untereinander kodifiziert wurden. Darunter finden sich sowohl Grundsätze, die auf die Erhaltung des territorialen und politischen Status quo abzielen und von den „sozialistischen" Teilnehmerstaaten bevorzugt wurden, wie die Unverletzlichkeit der Grenzen, die territoriale Integrität der Staaten oder die Nichteinmischung in innere Angelegenheiten; in diesen „Dekalog" wurden aber auch dynamische, auf Veränderung (im Osten) gerichtete Prinzipien aufgenommen, an denen dem Westen gelegen war, nämlich die Achtung der Menschenrechte sowie Gleichberechtigung und Selbstbestimmung der Völker. Ein derartiger Katalog näher umschriebener[70] Grundsätze des Völkerrechts vermag einen allerdings bescheidenen Beitrag zur Sicherheit zu leisten: Es fällt einem Staat nämlich leichter, einen Verstoß gegen eine Regel zu bestreiten, wenn diese nicht detailliert ausgestaltet ist, als dann, wenn dies der Fall ist. Bei einer eindeutigen Normverletzung sollten auch deren rechtliche und politische Kosten steigen. Ein Prinzipienkatalog wie der in der Schlussakte von Helsinki sollte daher die Wahrscheinlichkeit seiner Einhaltung durch die betreffenden Staaten und damit der Zusammenarbeit zumindest ein wenig erhöhen und die Gefahr eines für die internationale Sicherheit und Stabilität negativen Verhaltens entsprechend verringern.

Zweitens wurden in der KSZE-Schlussakte erste vertrauensbildende Maßnahmen von zunächst geringer militärischer Tragweite vereinbart und sodann im Dokument der Stockholmer Konferenz über vertrauens- und sicherheitsbildende Maßnahmen und Abrüstung (1984-86) ausgebaut.[71] „Subjektive" Vertrauensbil-

---

68   Im Verlauf des dritten Folgetreffens, das von 1986 bis Anfang 1989 in Wien abgehalten wurde, begann sich insbesondere durch die neue Außenpolitik des sowjetischen Präsidenten *Gorbatschow* die „Wende" bereits abzuzeichnen.

69   Diese Bezeichnung der Kapitel des Schlussdokuments geht auf Körbe zurück, in welche die schweizerische Delegation die von den Teilnehmern eingebrachten Vorschläge während des Vorbereitungstreffens auf Botschafterebene 1972/73 in Dipoli (Helsinki) einordnete. *Maresca*, To Helsinki: The Conference on Security and Cooperation in Europe, 1973-1975 (1985) 16.

70   Viele dieser Formulierungen fielen freilich ambivalent oder inhaltsleer aus, weil für Beschlüsse der KSZE Konsens erforderlich war.

71   *Lutz/Müller* (Hrsg), Vertrauensbildende Maßnahmen. Zur Theorie und Praxis einer sicherheitspolitischen Strategie (1982); *Birnbaum* (Hrsg), Confidence-Building and East-West Relations (1983); *Larrabee/Stobbe* (Hrsg), Confidence-Building Measures in Europe (1986); *Borawski*, Avoiding War in the Nuclear Age: Confidence-Building Measures for Crisis Stability (1986); *Mahncke*, Vertrauensbildende Maß-

dung wird durch die Erhöhung von Transparenz und Vorhersehbarkeit im militärischen Bereich durch Information und deren Verifikation angestrebt.[72] „Objektive" vertrauensbildende Maßnahmen bestehen im Verzicht auf bestimmte militärische Optionen auf eigenem Staatsgebiet.[73]

Nach dem Ende des Ost-West-Konflikts wandelte sich der Prozess der KSZE, die ab 1995 in OSZE umbenannt wurde, zu einer gesamteuropäischen Institution kooperativer Sicherheit mit mittlerweile 55 Teilnehmerstaaten. Sie wird von einem umfassenden Sicherheitsbegriff geleitet; ihr Tätigkeitsfeld reicht von der Konfliktverhütung über Krisenmanagement und friedliche Streitbeilegung bis zu „post-conflict rehabilitation", dh vor allem dem Aufbau demokratischer Strukturen in Krisengebieten.

Die OSZE verfügt über ein dichtes institutionelles Netz, ohne aber eine zwischenstaatliche internationale Organisation und damit ein Völkerrechtssubjekt zu sein.[74] Da den in ihrem Rahmen gefassten Beschlüssen in der Regel keine Rechtsverbindlichkeit zukommt,[75] kann sie als „soft international institution producing soft law in the area of soft security" bezeichnet werden. Ihre institutionelle Struktur auf einer hierarchischen Stufenleiter ist einerseits an jener der EU ausgerichtet: Treffen der Staats- und Regierungschefs, Ministerrat auf Ebene der Außenminister, Hoher Rat auf der Stufe der Politischen Direktoren der Außenministerien, Ständiger Rat der Ständigen Vertreter im Botschafterrang mit Sitz in Wien zur Erledigung der laufenden Angelegenheiten. Neben einem Sekretariat gleichfalls mit dem Hauptsitz in Wien[76] besitzt die OSZE zur Erhöhung ihrer demokratischen Legitimität eine Parlamentarische Versammlung. Als besondere ständige Einrichtungen sind andererseits das Büro für Demokratische Institutionen und Menschenrechte in Warschau, das Forum für Sicherheitskooperation in Wien, der Hohe Kommissar für nationale Minderheiten sowie der Beauftragte für

---

nahmen als Instrument der Sicherheitspolitik. Ursprung – Entwicklung – Perspektiven (1987).

72 Wie mit der in der Schlussakte von Helsinki enthaltenen vorherigen Ankündigung von größeren militärischen Manövern und dem in diesem Dokument gleichfalls vorgesehenen Austausch von Manöverbeobachtern.

73 Als Beispiele solcher „operational constraints" lassen sich Beschränkungen der Truppenstärken in Grenzgebieten oder Höchstzahlen für an militärischen Aktivitäten beteiligte Streitkräfte anführen.

74 Die KSZE wurde 1992 auf dem Gipfeltreffen von Helsinki zu einem „regional arrangement" nach Kapitel VIII SVN erklärt und besitzt seit 1993 Beobachterstatus bei der GV der VN (Res der GV 48/5).

75 Ausnahmen stellen der KSE-Vertrag und der in der Folge erwähnte Vergleichs- und Schiedsgerichtsvertrag dar. Siehe vorstehend auf S. 30f und nachstehend auf S. 42.

76 Und einer Außenstelle in Prag.

Medienfreiheit hervorzuheben. Außerdem wurde im Rahmen der OSZE ein Vergleichs- und Schiedsgerichtshof mit Sitz in Genf errichtet.

Zur Erfüllung ihrer Aufgaben entwickelten die Teilnehmerstaaten mehrere so genannte Mechanismen. Ihre Anwendungsgebiete reichen von der „Menschlichen Dimension" über ungewöhnliche militärische Aktivitäten bis zum Krisenmanagement in dringlichen Situationen. Diesen Mechanismen ist ein Stufenverfahren gemeinsam: Zunächst sollen die betreffenden Teilnehmerstaaten ihre Probleme allein, durch Information und bilaterale Treffen, lösen. Bleiben diese Bemühungen erfolglos, wird der Konflikt im Kreise aller OSZE-Staaten behandelt, wobei zum Teil auch Vergleichsverfahren vorgesehen sind. Das Konsensus-Erfordernis besteht zwar nicht für die Auslösung, wohl aber für den erfolgreichen Abschluss der Mechanismen. Neben diesen „Soft-law"-Verfahren wurde auch ein völkerrechtlich verbindlicher Vertrag über ein Vergleichs- und Schiedsgerichtsverfahren geschlossen. Mit Ausnahme der „Mechanismen der Menschlichen Dimension" zur Zeit der „Wende" erwiesen sich diese Verfahren als von geringer praktischer Bedeutung.

Positiver fällt die Bilanz der zahlreichen OSZE-Missionen auf dem Balkan und dem Gebiet der ehemaligen Sowjetunion aus. Auch wenn die Einzelheiten ihrer Mandate variieren, liegt ihr gemeinsamer Schwerpunkt auf der Demokratisierung, insbesondere der Vorbereitung, Durchführung und Überwachung von Wahlen, dem Aufbau rechtsstaatlicher Strukturen und der Achtung der Menschenrechte. Die Zahlen des eingesetzten Personals variieren beträchtlich, von einer Handvoll bis zu etwa 2000 im Kosovo. Vor allem im ehemaligen Jugoslawien leistete die OSZE mit ihren Missionen im Verbund vor allem mit den VN, der NATO und der EU nützliche Dienste in den erwähnten Bereichen, aber auch auf den Gebieten der Vertrauens- und Sicherheitsbildung[77] und der Rüstungskontrolle bzw Abrüstung. So wertvoll die Dienste der OSZE jedoch auch sein mögen, als sicherheitspolitische „Schönwetterinstitution" ist sie mit ihrem Latein bzw ihren sechs offiziellen Sprachen[78] am Ende, sobald eine Konfliktpartei ihre Zustimmung verweigert[79] und vor allem sobald die ersten Schüsse fallen.

---

77   Einschließlich „objektiver" vertrauens- und sicherheitsbildender Maßnahmen.

78   Die vier UN-Sprachen Englisch, Französisch, Russisch und Spanisch sowie Deutsch und Italienisch.

79   Bei einer eindeutigen, groben und nicht behobenen Verletzung im Bereich der „Menschlichen Dimension" können die übrigen Teilnehmerstaaten gegen den Verletzerstaat auch ohne dessen Zustimmung („Konsensus minus eins") Maßnahmen ergreifen. Diese Sanktionen sind jedoch auf politische Erklärungen und andere politische Schritte außerhalb des Gebietes des betreffenden Teilnehmerstaates beschränkt und deshalb nur wenig wirksam. Auf dieser Grundlage wurde Jugoslawien 1992-2000 suspendiert.

C. Die NATO

Die 1949 gegründete NATO wurde ihrer Aufgabe während des Ost-West-Konflikts als Defensivallianz vollauf gerecht. Obwohl 1952 mit Griechenland und der Türkei, 1955 mit der Bundesrepublik Deutschland sowie 1982 mit Spanien zu den zwölf Gründungsmitgliedern weitere Staaten in zum Teil exponierter geostrategischer Lage aufgenommen wurden, gelang es der Atlantischen Allianz, durch erfolgreiche Abschreckung den Bündnisfall zu vermeiden: Kein einziges Mitglied musste je gegen einen Angriff vor allem durch den hochgerüsteten Militärblock der WVO verteidigt werden. Mit dem Wegfall der Bedrohung durch die Sowjetunion und deren Verbündete schien die NATO ihren Zweck erfüllt zu haben. Es wurden daher Stimmen laut, denen zufolge zwar nicht die Tage, wohl aber die Jahre auch der westlichen Allianz gezählt waren.[80]

Diese Vorhersagen haben sich indessen nicht bewahrheitet. Vor die Wahl „out of area or out of business (or action)"[81] gestellt, entschieden sich die NATO-Mitglieder für die erste Option. Im Sinne der oben erörterten funktionalen Anpassung übernahm die Atlantische Allianz eine Reihe zusätzlicher Aufgaben, die ihren sicherheitspolitischen Stellenwert sogar erhöhten. So wurde die NATO auf dem Gebiet der kooperativen Sicherheit tätig – dem angesichts des Erfordernisses der Zustimmung aller Beteiligter, vor allem auch sämtlicher allenfalls betroffener Konfliktparteien, dem am wenigsten problematischen „Neuland" für das westliche Bündnis.[82] Das umfassendste Projekt stellte die 1994 lancierte „Partnerschaft für den Frieden"[83] dar, zu der auch alle anderen OSZE-Teilnehmerstaaten, die nicht der NATO angehörten, eingeladen wurden. Diese Initiative, in deren Rahmen durch bilaterale Abkommen zwischen der Allianz und den Partnern[84] deren besondere Anliegen berücksichtigt werden können, sieht vor allem auch gemeinsame friedenserhaltende, Such- und Rettungs- und humanitäre Operationen vor.[85]

---

80 *Waltz,* The Emerging Structure of International Politics, International Security 18 (2/1993) 44 (76).

81 Eine Formulierung, die sowohl dem republikanischen US-Senator *Richard Lugar* als auch NATO-Generalsekretär *Manfred Wörner* zugeschrieben wird.

82 Ihre ursprüngliche Funktion, als Organisation kollektiver Selbstverteidigung die Sicherheit ihrer Mitglieder gemäß Art 5 des Vertrags von Washington zu gewährleisten, behielt die NATO auch in ihrem jüngsten, 1999 auf der Jubiläumsgipfelkonferenz in der Hauptstadt der USA beschlossenen strategischen Konzept bei.

83 Partnership for Peace (PfP).

84 Auch Österreich schloss nach einigem, durch neutralitätspolitische Bedenken in der größeren Regierungspartei SPÖ verursachten Bedenken 1995 ein derartiges Abkommen ab.

85 Sowie die für diese Missionen erforderliche gemeinsame Planung, Ausbildung und gemeinsamen Übungen.

Falls sich die Partner der NATO direkt bedroht fühlen, sagt ihnen die Allianz ferner Konsultationen, nicht aber militärischen Beistand zu.[86] 1997 wurde durch die „Enhanced Partnership for Peace" die Mitwirkung der Partnerstaaten bei der Planung, Beschlussfassung und Durchführung von gemeinsamen Operationen ausgebaut und die Palette dieser Einsätze durch die nicht näher definierten „Peace Support Operations" erweitert.[87] Als institutioneller Rahmen wurde gleichfalls 1997 der Euro-Atlantische Partnerschaftsrat geschaffen.

„PfP" ermöglicht jenen Partnern, welche die Mitgliedschaft in der NATO anstreben, die Vorbereitung darauf. Den anderen Partnerländern, die – wie die dauernd neutralen und bündnisfreien Staaten – (noch) kein Interesse an der Aufnahme in die Allianz haben, eröffnet sie die Beteiligung an für sie attraktiven sicherheitspolitischen Aktivitäten, bei denen das Potenzial des Atlantischen Bündnisses zum Tragen kommt. Die Friedenspartnerschaft bewährte sich insbesondere als Plattform für „enforcement by consent" durch IFOR/SFOR und KFOR im ehemaligen Jugoslawien.

Die NATO half den VN ferner bei der Durchsetzung von Zwangsmaßnahmen kollektiver Sicherheit, welche der SR im Rahmen von Kapitel VII SVN beschloss. Als Beispiel sei die „Operation Sharp Guard" genannt, die mit der Überwachung der Einhaltung des Waffenembargos beauftragt wurde, das der Rat gegen die Staaten auf dem Gebiet des ehemaligen Jugoslawien verhängt hatte. Außerdem führt die Atlantische Allianz unter Mitwirkung von „PfP"-Partnern die erwähnten „Enforcement-by-consent"-Operationen in Bosnien und Herzegowina sowie im Kosovo durch.

Die umstrittenste zusätzliche Aktivität der NATO bestand in der Ausnützung der militärischen Überlegenheit des Westens im uni-multipolaren System ohne Ermächtigung durch den SR: in der „humanitären Intervention" mit Waffengewalt mittels der gleichfalls bereits erörterten „Operation Allied Force" zum Schutz der albanischen Kosovaren vor „ethnischer Säuberung" durch das Regime von Präsident *Milošević*.[88]

---

86 Sie kommen damit in den Genuss des Art 4, nicht jedoch des entscheidenden Art 5 des Washingtoner Vertrages.

87 Die jedoch vermutlich über kooperative Sicherheit hinausgehen und ähnlich den „friedensschaffenden Aufgaben" der Westeuropäischen Union (WEU)/EU auch nichtdefensive militärische Gewalt mit einschließen. Dazu nachstehend auf S. 48f.

88 Siehe vorstehend auf S. 37. Die 1999 angenommene strategische Doktrin lässt offen, ob diese Operation einen Sonderfall darstellte, oder ob die NATO auch in Hinkunft notfalls auch ohne Ermächtigung durch den SR offensive Militäreinsätze ins Auge fasst. Ebenso bleibt unklar, ob ihre Operationen auf Europa und allenfalls dessen näheres Umfeld wie den Nahen Osten und Nordafrika beschränkt bleiben sollen, oder ob sie als „Weltpolizist" aufzutreten gedenkt.

Durch die Aufnahme dreier neuer Mitglieder – Polens, der Tschechischen Republik und Ungarns – im Jahre 1999 setzte die Atlantische Allianz gegen den Widerstand Russlands zudem Schritte zur endgültigen Schließung des sicherheitspolitischen Vakuums im Osten Europas.

Nach den Terroranschlägen am „Schwarzen Dienstag" zeichnet sich ein erneuter struktureller Wandel der NATO, nicht unbedingt in Richtung ihrer weiteren Stärkung, ab.

Einen Tag nach den Attentaten auf das World Trade Center und das Pentagon wurde zum ersten Mal in der Geschichte der Allianz der Bündnisfall gemäß Art 5 des Vertrages von Washington ausgerufen.[89] Die Konstellation, in der dies geschah, unterschied sich grundlegend von den Annahmen der Gründungsväter der NATO im Jahre 1949. Sie gingen von einem Angriff auf einen oder mehrere europäische Verbündete durch einen oder mehrere Staaten, in erster Linie die Sowjetunion und deren „Satelliten", mit regulären Streitkräften aus. Es waren die USA, von denen militärische Hilfe an die Aggressionsopfer erwartet wurde.

Im September 2001 wurden dagegen die Vereinigten Staaten von einer transnationalen Terroristenorganisation mit „unorthodoxen", freilich überaus wirksamen Mitteln überfallen.

Die Regierung in Washington brauchte und wollte den Beistand der europäischen Alliierten allerdings nicht. Sie benötigte ihn nicht, weil die Europäer für die Form der auf Hochtechnologie gestützten Kampfführung, welche die USA in Afghanistan wählten, kaum etwas beizutragen hatten.[90] Die Vereinigten Staaten wollten keine europäische Beteiligung, weil sie die mühsame Entscheidungsfindung wie bei der „Operation Allied Force" zu vermeiden suchten.[91]

Mittlerweile sieht sich die NATO mehreren neuen Herausforderungen gegenüber. Nach dem 11. September 2001 kommt der gemeinsamen Bekämpfung des internationalen Terrorismus und der Verhinderung der Verbreitung von Massenvernichtungswaffen Priorität zu. Dazu sind besondere Streitkräfte, Waffen und Gerät sowie seitens der europäischen Verbündeten eine Erhöhung der Verteidigungsausgaben erforderlich.[92] Ein von den Vereinigten Staaten gegen den Irak ohne ausreichende rechtliche Deckung durch den UN-SR geführter militärischer Schlag könnte den Zusammenhalt und die Relevanz der Atlantischen Allianz auf eine folgenschwere Probe stellen. Mit der Russländischen Föderation, die sich als wichtiges Mitglied der Antiterrorkoalition erwiesen hat, strebt die NATO, allen

---

89   Die Initiative dazu wurde allerdings nicht von den USA, sondern vom Generalsekretär der NATO, *Sir George Robertson,* ergriffen.

90   Die USA waren in erster Linie an Geheimdienstinformationen, an der Benützung von Stützpunkten und an Transit- und Überflugrechten interessiert.

91   Als „war by committee" bezeichnet.

92   *Binnendijk/Kugler,* Transforming European Forces, Survival 44 (3/2002) 117.

voran die Führungsmacht USA, ein neues, verbessertes Verhältnis an. Präsident *Putin* soll durch westliches Entgegenkommen gegen die Kritik an seiner Hinwendung zum Westen im eigenen Land der Rücken gestärkt werden. Dazu zählt der im Mai 2002 in Rom vereinbarte neue NATO-Russland-Rat[93] als Institution sicherheitspolitischer Zusammenarbeit ebenso wie der bereits erwähnte START III-Vertrag.[94] Im Gegenzug fiel die russische Reaktion auf die Kündigung des ABM-Vertrages durch die USA gemäßigt aus.[95] Ebenso wird von Russland erwartet, dass es sich mit der Aufnahme ehemaliger Sowjetrepubliken, der drei baltischen Staaten, in das westliche Bündnis abfindet. In der Tat steht eine neue Runde der Osterweiterung der NATO, möglicherweise ein „big bang" mit sieben Kandidaten, bevor. Die Allianz dürfte in der Folge mit der Integration der neuen Mitglieder beschäftigt sein und könnte wegen der zunehmenden Heterogenität ihrer Mitglieder an militärischem Gewicht sogar verlieren. Die NATO, die ebenfalls zu den Verlierern des „Schwarzen Dienstags" zählte, könnte zu einer „OSZE mit integrierten Militärstrukturen" werden.[96]

Aus völkerrechtlicher Sicht lässt sich die Atlantische Allianz auf dem Gebiet des „hard law" im Gegensatz vor allem zur Europäischen Gemeinschaft (EG)/EU, die zu rechtlicher Überregulierung neigt, als „Minimalistin" bezeichnen. Die NATO beruht nach wie vor auf einem Vertrag, der aus nicht mehr als 14 Artikeln besteht. Nur einer davon, Art 9, ist der Organstruktur des Bündnisses gewidmet. Diese Bestimmung sieht lediglich einen aus allen Mitgliedstaaten bestehenden Rat vor, der allenfalls nötige Hilfsorgane, insbesondere einen Vertei-

---

93 Dieser ersetzt den durch die Grundakte über gegenseitige Beziehungen, Zusammenarbeit und Sicherheit 1997 errichteten NATO-Russia Permanent Joint Council. Im Gegensatz zu diesem soll das neue Gremium nicht nach der Formel „19+1", sondern als Forum der 20 beteiligten Staaten funktionieren. Die Tätigkeitsbereiche und Strukturen beider Räte decken sich allerdings weitestgehend, so dass der Fortschritt nicht im materiellen, sondern im politisch-atmosphärischen Bereich liegt. Auch beim neuen Rat, für dessen Beschlüsse es ebenfalls des Konsensus bedarf, wird es vom politischen Willen der NATO-Staaten und Russlands abhängen, ob substantielle Ergebnisse erzielt werden.
94 Siehe vorstehend auf S. 30.
95 *Heintschel v. Heinegg*, Der Rücktritt der USA vom ABM-Vertrag: Völkerrechtliche Würdigung unter besonderer Berücksichtigung einer alternativen Anpassung an die Erfordernisse einer multipolaren Welt, Die Friedenswarte 76 (2001) 417.
96 *Forster/Wallace*, What is NATO for?, Survival 43 (4/2001), 107. Zusätzliche Probleme werfen die weitere militärische Präsenz der NATO-Staaten, vor allem der weltweit engagierten USA, auf dem Balkan sowie die Regelung des Verhältnisses zwischen den Vereinigten Staaten und den Europäern innerhalb der Allianz vor dem Hintergrund der Bestrebungen der EU zum Aufbau einer eigenen Kriseneingreiftruppe, auf. Dazu nachstehend auf S. 49f.

digungsausschuss, errichten kann.[97] Die entscheidende Weiterentwicklung des Bündnisses erfolgte durch „soft law", das nicht der oft langwierigen und manchmal ungewissen parlamentarischen Genehmigung seitens aller Mitgliedstaaten bedurfte und sofort angewendet werden konnte. Dabei ging es auch um so entscheidende Weichenstellungen wie die Grundakte mit Russland 1997 und deren erwähnter Nachfolgevereinbarung 2002 oder die Partnerschaft für den Frieden, vor allem aber um strategische Doktrinen. Da diese auch den Einsatz von Kernwaffen betreffen, hing und hängt von diesen Konzepten jedoch – die pathetische Formulierung ist angebracht – unter Umständen das Überleben der gesamten Menschheit ab. Die Effektivität des „soft law" der NATO ist jedenfalls beträchtlich.

D. Die EU

Die EG waren von Anfang an als sicherheitspolitisches Projekt angelegt: Durch die Unterstellung der damaligen kriegswirtschaftlichen Schlüsselsektoren, der Kohle- und der Stahlindustrie Frankreichs und der Bundesrepublik Deutschland unter eine supranationale Behörde sollte nach dem 1950 verkündeten *Schuman*-Plan ein weiterer Krieg zwischen diesen beiden „Erzfeinde" verhindert werden. Nach der Errichtung der Europäischen Gemeinschaft für Kohle und Stahl wurde die westeuropäische Integration mit der Gründung der Europäischen Wirtschaftsgemeinschaft und der Europäischen Atomgemeinschaft weiter vorangetrieben. Im Bereich der Sicherheitspolitik setzten die Mitglieder der Gemeinschaften mit Ausnahme des neutralen Irland jedoch auf den Schutzschild der NATO, dh in erster Linie der USA. Nachdem der Versuch der Schaffung einer Europäischen Verteidigungsgemeinschaft 1954 gescheitert war, konnte die EG mit der Rolle als wirtschaftlicher „Riese", aber außenpolitischer und militärischer „Zwerg" ganz gut leben. Immerhin wurde aber die Europäische Politische Zusammenarbeit (EPZ) auf der Grundlage des *Davignon*-Berichts ab 1970 schrittweise vorangetrieben und schließlich 1986 in der Einheitlichen Europäischen Akte (EEA) vertraglich verankert. Die intergouvernemental und nicht supranational angelegte EPZ umfasste bloß die Koordination der politischen und wirtschaftlichen, nicht aber der militärischen Aspekte der Sicherheit.[98]

Die Umwälzungen in Europa nach 1989 und ihre Folgen, insbesondere die sich abzeichnenden Konflikte im ehemaligen Jugoslawien und die Ungewissheit

---

97 Mittlerweile haben freilich auch die Mitgliedstaaten der NATO eine komplexe – sowohl nichtmilitärische als auch militärische – institutionelle Struktur aufgebaut.
98 Art 30 Abs 6 lit a EEA.

über das weitere, vor allem auch militärische Engagement der USA in Europa,
veranlassten die zwölf Mitgliedstaaten der EG zu einem freilich beschränkten
Handeln in der Außen- und Sicherheitspolitik.[99] Sie fügten 1992 in das Maastrichter Vertragswerk als „zweite Säule" der neuen EU die Gemeinsame Außen-
und Sicherheitspolitik (GASP) ein.[100] Deren gleichfalls intergouvernementale
Struktur bedeutete vor allem die Dominanz des Europäischen Rates und des Rates gegenüber den übrigen Hauptorganen der Union[101] sowie das Erfordernis der
Einstimmigkeit bei der Fassung von Beschlüssen.[102] Der neue Anlauf in der Sicherheitspolitik führte zu keinen weiten Sprüngen. Die GASP schließt nunmehr
alle Fragen der Sicherheit, also auch die militärische Dimension, mit ein.[103] Eine
gemeinsame Verteidigungspolitik und eine gemeinsame Verteidigung sind allerdings lediglich als Optionen für die Zukunft erwähnt.

Die Bilanz der GASP in der Praxis, vor allem bei der Bewältigung der für Europa wichtigsten sicherheitspolitischen Herausforderungen, der Krisen im früheren Jugoslawien, fiel eher kläglich aus. Aber auch die Neuerungen, welche die
mittlerweile 15 EU-Mitglieder im Lichte dieser Erfahrungen im Vertrag von
Amsterdam einführten, lassen sich nicht eben als Qualitätssprünge bezeichnen.
Der Hauptfortschritt lag in der Aufnahme der so genannten Petersberg-Aufgaben
in Art 17 EUV. Diese Missionen – humanitäre Aufgaben und Rettungseinsätze,
friedenserhaltende Aufgaben sowie Kampfeinsätze bei der Krisenbewältigung
einschließlich friedensschaffender Maßnahmen – hatten die Außen- und Verteidigungsminister der Mitgliedstaaten der WEU, des nunmehrigen „militärischen
Armes" der EU, 1992 bei einem Treffen auf dem Petersberg bei Bonn als Aufgaben „der kleinen Schwester der NATO" beschlossen.[104] Die institutionellen und

---

99   Zu den folgenden Ausführungen die Beiträge in: *Neuhold* (Hrsg), Die GASP: Ent-
     wicklungen und Perspektiven. La PESC: Évolution et Perspectives, Diplomatische
     Akademie, Occasional Papers Nr 4/2000, und die dort zitierte Literatur.
100 Die „dritte Säule", die Zusammenarbeit in den Bereichen Justiz und Inneres, ist für
     die innere Sicherheit der Mitgliedstaaten bedeutsam.
101 Die Kommission teilt das Initiativrecht mit den Mitgliedstaaten und hat daher kein
     Monopol auf diesem Gebiet; das Europäische Parlament besitzt kein Mitentschei-
     dungsrecht, sondern hat bloß beratende Funktion; der Europäische Gerichtshof
     bleibt überhaupt ausgeschaltet.
102 Eine freilich unbedeutende Ausnahme enthält Art 13 (2) für die Durchführungs-
     phase gemeinsamer Aktionen, allerdings gemäß Art 14 nicht für den Sicherheitsbe-
     reich.
103 Um die Ausarbeitung und Durchführung von Entscheidungen und Aktionen der EU
     mit verteidigungspolitischen Bezügen soll nach Art 14 (2) EUV die WEU ersucht
     werden.
104 Der WEU gehören alle Mitglieder der EU mit Ausnahme der vier neutralen oder
     bündnisfreien (Finnland, Irland, Österreich, Schweden) sowie Dänemark an. Dä-

prozeduralen Neuerungen – der Hohe Vertreter für die GASP und die ihm unterstellte Strategieplanungs- und Frühwarneinheit bzw. die allerdings nur marginale Aufweichung des Einstimmigkeitsprinzips[105] – fallen dagegen kaum ins Gewicht. Die Union erwies sich auch 1998 in der Kosovo-Krise als unfähig, Ordnung im europäischen Haus zu halten. Vor diesem Hintergrund forderten im Dezember 1998 auf einem britisch-französischen Gipfeltreffen in Saint-Malo Premierminister *Tony Blair* sowie Präsident *Jacques Chirac* und sein Partner in der „cohabitation", Premierminister *Lionel Jospin*, die Fähigkeit der EU zu autonomem Handeln, das auf glaubwürdige militärische Kräfte gestützt sein müsse, und die Mittel zur Entscheidung über deren Einsatz sowie die Bereitschaft dazu, um auf internationale Krisen zu reagieren.[106] Die Europäer würden dabei im institutionellen Rahmen der EU operieren. Die übrigen 13 Mitgliedstaaten der Union schlossen sich dieser bilateralen Initiative für eine Gemeinsame Europäische Sicherheits- und Verteidigungspolitik (GESVP)[107] bei den Treffen des Europäischen Rates in Wien noch im Dezember 1998 und in Köln im Juni 1999 an. In Köln wurde vereinbart, dass der Schwerpunkt des Krisenmanagements der EU auf den Petersberg-Aufgaben liegen solle.[108] Ein halbes Jahr später machten die Staats- und Regierungschefs der 15 dann auch „Nägel mit Köpfen", indem sie sich in der finnischen Hauptstadt auf die so genannten Helsinki Headline Goals einigten: Bis zum Jahr 2003 müssen militärische Kräfte in der Stärke von 50.000-60.000 Personen innerhalb von 60 Tagen und für mindestens ein Jahr zur Erfüllung sämtlicher Petersberg-Aufgaben verfügbar sein.[109] Im November 2000 kam es zur weitgehenden Liquidation der WEU, deren materielle Aktiva wie das Satelliten-

---

nemark ist in seiner Sicherheitspolitik „atlantisch", dh auf die Mitgliedschaft in der NATO und damit den Schutz durch die USA, orientiert.

105 Von Mehrheitsentscheidungen bei Durchführungsmaßnahmen sind Beschlüsse mit militärischen und verteidigungspolitischen Bezügen ausgenommen. Aber auch sonst kann jeder Mitgliedstaat durch seine Gegenstimme Grundsatzbeschlüsse im Bereich der GASP weiterhin verhindern.

106 „...the Union must have the capacity for autonomous action, backed up by credible military forces, the means to decide to use them and a readiness to do so, in order to respond to international crises." *Rutten*, From St-Malo to Nice: European defence: core documents, Chaillot Paper Nr 47 (2001) 8.

107 Das Wort „Gemeinsame" wird auch weggelassen, so dass auch von einer Europäischen Sicherheits- und Verteidigungspolitik (ESVP) die Rede ist.

108 Ferner beschloss der Europäische Rat in Köln für die GESVP die Schaffung neuer Organe: eines Politischen und Sicherheitspolitischen Ausschusses, eines Militärausschusses und eines Militärstabes.

109 In Santa Maria da Feira fügte der Europäische Rat ebenfalls bis 2003 ein Headline Goal für Polizeikräfte in der Höhe von 5.000 Personen hinzu, von denen 1.000 binnen 30 Tagen einsetzbar zu sein haben; vgl den Beitrag von *Hummer* in diesem Band auf S. 152f.

zentrum in Torrejón an die EU übertragen wurden; der WEU-Vertrag mit der Beistandszusage in Art V blieb jedoch in Kraft. Später noch im selben Monat konkretisierten die Mitgliedstaaten mit Ausnahme Dänemarks ihre individuellen Beiträge zu einer Kriseneingreiftruppe der EU. Insgesamt wurden mehr als 100.000 Mann sowie etwa 400 Kampfflugzeuge und 100 Militärschiffe zugesagt.[110]

Positiv ist also zu vermerken, dass alle EU-Mitglieder bis auf eines[111] in kurzer Zeit im Kernbereich staatlicher Souveränität konkrete Maßnahmen ergriffen haben. Bevor jedoch eine „rasche Eingreiftruppe", die im Übrigen keine stehende Armee bilden soll, in der gesamten Bandbreite der Petersberg-Aufgaben effektiv einsatzfähig sein wird, bleibt eine Reihe nicht eben einfacher Probleme zu lösen.[112] Diese reichen von der ungenügenden Zahl der zugesagten Einheiten[113] und Ausrüstungsdefiziten[114] über die Klärung des Verhältnisses zur NATO,[115] aber auch von Meinungsverschiedenheiten innerhalb der EU[116] bis zum Fehlen eines strategischen Konzepts[117] und vor allem auch zur Bereitstellung der erforderlichen finanziellen Mittel.

Auch nach dem „Schwarzen Dienstag" trat die EU alles andere als eindrucksvoll auf. Zwar beteuerten die Staats- und Regierungschefs der 15 Mitgliedstaaten, die Präsidenten der Kommission und des Europäischen Parlaments sowie der Hohe Vertreter für die GASP in einer gemeinsamen Erklärung am 14. September 2001 nicht nur ihre volle Solidarität und Zusammenarbeit mit der US-Regierung und dem amerikanischen Volk. Sie wollten auch dafür Sorge tragen,

---

110 Die Zusagen bei dieser Capabilities Commitment Conference im November 2000 in Brüssel wurden ein Jahr später auf der Capabilities Improvement Conference ebenfalls in Brüssel angereichert.

111 Mehr als bei der Teilnahme an der Währungsunion oder dem Schengen-Regime.

112 *Heisbourg*, Europe's Strategic Ambitions: The Limits of Ambiguity, Survival 42 (2/2000) 5.

113 Für den Einsatz von 50.000-60.000 Mann während mindestens eines Jahres bedarf es ebenso vieler Kräfte für logistische und sonstige Unterstützung sowie für Rotation.

114 Vor allem bei Langstreckengroßraumflugzeugen sowie Satellitenaufklärung und sonstiger Hochtechnologie.

115 Kritiker in den USA warnen vor unnötiger Verdoppelung durch die ESVP und einer Aushöhlung der Allianz. Sie fordern daher, dass die Erstentscheidung über einen Einsatz zur Krisenbewältigung bei der NATO liegen müsse.

116 Insbesondere zwischen Frankreich und Großbritannien über das Ausmaß der Autonomie gegenüber der NATO.

117 Einschließlich einer verbindlichen, inhaltlichen und geographischen Definition der Petersberg-Aufgaben, vor allem der friedensschaffenden Maßnahmen. Unter diesen sind trotz ihrer wohlklingenden Bezeichnung wohl Kampfeinsätze zu nichtdefensiven Zwecken zu verstehen.

dass die EU mit einer Stimme sprechen und die ESVP möglichst bald operationell tätig sein werde.[118]

Beide Absichtserklärungen wurden jedoch nicht in die Tat umgesetzt. Jede der drei Hauptmächte der Union, Deutschland, Frankreich und Großbritannien, versuchten sich einerseits als der beste Verbündete der Vereinigten Staaten zu profilieren. Andererseits gaben sie den übrigen EU-Mitgliedern zu verstehen, dass diese im sicherheitspolitischen Konzert der Union nur die zweite Geige spielten.[119]

Die Bemühungen um die Einsatzfähigkeit von Kriseneingreifeinheiten reichten nicht dazu aus, dass EU-Truppen im Herbst 2001 die NATO-Operation „Essential Harvest" in Mazedonien ablösten. Dabei ging es lediglich um eine friedenserhaltende Mission mit einer Stärke von etwa 1.000 Mann zum Schutz von unbewaffneten OSZE- und EU-Beobachtern in dem kleinen Balkanstaat; dort hatten die EU und die NATO eine friedliche Regelung des Konflikts zwischen der slawischen Mehrheit und der albanischen Minderheit vermittelt und einen Bürgerkrieg verhindert. Als der belgische Außenminister *Louis Michel* beim Treffen des Europäischen Rates in Laeken im Dezember 2001 vorschnell verkündete, eine EU-Streitmacht werde zur Friedenserhaltung nach Afghanistan entsandt werden, musste er sich von Sprechern anderer Mitgliedstaaten korrigieren lassen. In den Schlussfolgerungen von Laeken findet sich der kryptische Satz, die EU sei nunmehr in der Lage, einige Krisenmanagement-Operationen durchzuführen, ohne dass präzisiert wurde, welche. Es wurden ferner Zweifel laut, ob der Beschluss des Rates Allgemeine Angelegenheiten in Cáceres im Februar 2002, in diesem Jahr im zweiten Anlauf die „Operation Amber Fox" der NATO[120] in Mazedonien durch eine EU-Operation abzulösen, umgesetzt werden kann.[121]

Auch wenn die EU nicht unbeachtliche Schritte im Bereich der „dritten Säule" zur Bekämpfung des internationalen Terrorismus wie die Einführung eines Europäischen Haftbefehls gesetzt hat, hat die Union in der Sicherheitspolitik

---

118 Der Europäische Rat bekräftigte die Entschlossenheit zum gemeinsamen Handeln seiner Mitglieder erneut bei einem außerordentlichen Treffen am 21. September 2001.

119 Die politischen Führer der drei europäischen Großmächte taten dies dadurch, dass sie kurz vor dem Europäischen Rat in Gent im Oktober 2001 ein Treffen untereinander abhielten. Eine zweite Zusammenkunft dieses „Direktoriums" in London im folgenden Monat stieß auf so heftigen Widerstand, dass dazu auch die Ministerpräsidenten Belgiens, Italiens, der Niederlande und Spaniens sowie *Javier Solana*, der Hohe Vertreter für die GASP, eingeladen wurden.

120 Die Nachfolgerin der erwähnten „Operation Essential Harvest".

121 Dieser Beschluss wurde vom Europäischen Rat in Sevilla im Juni 2002 bekräftigt; vgl den Beitrag von *Hummer* in diesem Band auf S. 169ff.

nach dem 11. September 2001 vor allem gegenüber den USA nicht an Terrain aufgeholt, sondern jedenfalls bisher verloren.

V. Zusammenfassung

Die Welt ist nach der „Wende" nicht sicherer und friedfertiger geworden. Es haben sich bloß die Gewichte der Bedrohungen und Gefahren verschoben. Die Staaten hinken wie üblich mit ihren Konzepten und Maßnahmen gegen diese Herausforderungen hinterher. Dies gilt auch für den völkerrechtlichen Bereich; auch hier mangelt es an Normen, die gesetzt werden, bevor zu erwartende Probleme in der Wirklichkeit auftreten.

Ein paradoxes Ergebnis des „Schwarzen Dienstags" besteht darin, dass einerseits durch die Attentate am 11. September 2001 die Verwundbarkeit auch der USA drastisch aufgezeigt wurde. Andererseits ist der Machtunterschied zwischen den Vereinigten Staaten und ihren Rivalen mit Großmachtambitionen jedoch größer als je. Die *Bush*-Regierung sieht denn auch entgegen manchen Erwartungen nach den Terroranschlägen keinen Grund, von ihrem unilateralen Kurs nicht nur in der Sicherheitspolitik abzugehen. Besonders ärgerlich ist für die übrigen Staaten dabei der von den USA praktizierte doppelte Standard: Was die Vereinigten Staaten für sich selbst ablehnen, erwarten sie sehr wohl vom Rest der Welt. Der Bogen reicht von der strafrechtlichen Verfolgung von Personen, die für schwere Verstöße gegen das Humanitätsrecht verantwortlich sind, über den Freihandel bis zum Umweltschutz.[122] Völkerrechtliche Überlegungen spielen vor allem für die derzeitige Regierung in Washington in ihrer Außen- und Sicherheitspolitik eine untergeordnete Rolle. Ob das Völkerrecht zu den „Gewinnern" des „Schwarzen Dienstags" zählt, ist daher mehr als fraglich.

Dabei haben die Anschläge auf das World Trade Center und das Pentagon sowie die Reaktion darauf zahlreiche interessante völkerrechtliche Fragen aufgeworfen.[123] Einige sollen hier zum Abschluss nur gestellt und nicht beantwortet werden, weil die meisten davon in diesem Band in eigenen Beiträgen behandelt werden. Sie betreffen vor allem Aspekte des Selbstverteidigungsrechts, das als Rechtsgrundlage für die „Operation Enduring Freedom" ins Treffen geführt wur-

---

122 Diese Haltung schlägt sich in den drei erwähnten Gebieten in der Weigerung, das Statut des Internationalen Strafgerichtshofes zu ratifizieren, in der Verhängung von Zöllen auf die Einfuhr von Stahl zum Schutz der amerikanischen Stahlindustrie (mit dem Blick auf Wählerstimmen) und der Ablehnung des Kyoto-Protokolls nieder.

123 *Schrijver*, Responding to international terrorism: moving the frontiers of international law for 'Enduring Freedom'?, NILR XLVIII (2001) 271; *Tomuschat*, Der 11. September 2001 und seine rechtlichen Konsequenzen, EuGRZ 28 (2001) 535.

de.[124] Sind gekaperte Zivilflugzeuge, die in Gebäude geflogen werden und hohe Verluste an Menschenleben anrichten, Waffen, mit denen ein bewaffneter Angriff gemäß Art 51 SVN durchgeführt werden kann? Ist Selbstverteidigung auch nach abgeschlossenen Terroristenattentaten zulässig, obwohl gewichtige Argumente gegen die Rechtmäßigkeit präventiver Selbstverteidigung nach der Charta sprechen?[125] Dürfen Selbstverteidigungshandlungen auch gegen Staaten gesetzt werden, auf deren Gebiet sich für Angriffe im Sinn von Art 39 SVN verantwortliche Terroristen aufhalten, die aber nicht als Organe oder im Auftrag dieses Staates handeln? Ist das Kriegs- und Humanitätsrecht in Kampfhandlungen gegen die Streitkräfte eines nicht anerkannten Regimes, denen grobe Verletzungen dieses Rechts vorgeworfen werden, sowie auf Angehörige terroristischer Organisationen anzuwenden?[126] Gebührt ihnen insbesondere der Status von Kriegsgefangenen?

Eingehende Erörterung verdienen auch die zahlreichen völkerrechtlichen Instrumente im Kampf gegen den internationalen Terrorismus, insbesondere im Hinblick auf ihre Wirksamkeit. Zu diskutieren ist gerade aus österreichischer Sicht aber auch die Relevanz der (dauernden) Neutralität in einer internationalen Konstellation, die als Kampf des Guten gegen das Böse definiert wird.[127]

---

124 *Charney*, The Use of Force Against Terrorism and International Law, AJIL 95 (2001) 835; *Franck*, Terrorism and the Right of Self-Defense, ebd 839; *Corten/ Dubuisson*, Opération „Liberté immuable": une extension abusive du concept de légitime défense, RGDIP (2000) 51; *Krajewski*, Selbstverteidigung gegen bewaffnete Angriffe nicht-staatlicher Organisationen – Der 11. September 2001 und seine Folgen, AVR 40 (2002) 183.

125 Wie die Formulierung „if an armed attack *occurs*" (Hervorhebung durch den Verfasser) im englischen Text des Art 51, eine teleologische Auslegung der Charta, deren Hauptziel in der Beschränkung der Gewaltanwendung besteht, sowie der Grundsatz, dass Selbstverteidigung als Ausnahme vom Gewaltverbot restriktiv zu interpretieren ist.

126 *Roberts*, Counter-terrorism, Armed Force and the Laws of War, Survival 44 (1/2002) 7.

127 So Präsident *Bush jun.* in seiner Rede an den US-Kongress vom 20. September 2001.

Gerhard Hafner

Die „neuen" Vereinten Nationen in der internationalen Sicherheits-architektur

I. Einleitung

In der Welt der Computer wird unter dem Begriff „Sicherheitsarchitektur" „die Gesamtheit aller in den Unternehmens- oder Behördenbereichen realisierten Sicherheitskonzepte und die daraus abgeleiteten IV-technischen Sicherheitsmaßnahmen"[1] verstanden.[2] In ähnlich umfassender Weise wird in den internationalen Beziehungen von der internationalen Sicherheitsarchitektur gesprochen.

 Dieser umfassende Charakter ergibt sich aus der Vielfältigkeit des Begriffs der Sicherheit selbst. Zumal die internationalen Beziehungen heute auch grenzüberschreitende nicht-staatliche Interaktionen umfassen, wird der Begriff der Sicherheit zu vielfältig, als dass er als ein vorgegebener Begriff iwS zielführend im Hinblick auf die zu ihrem Schutz und Festigung errichteten Instrumente untersucht werden könnte. Für die Zwecke des Völkerrechts ist umgekehrt vorzugehen, indem der Begriff der Sicherheit lediglich von dem zu ihrem Schutz und Wahrung errichteten Instrumentarium oder zumindest von der Perzeption der Staaten, die bei der Schaffung dieses Instrumentariums durchklingt, her erschlossen wird. Somit kann lediglich das von den Staaten geschaffene Instrumentarium, einschließlich die Vereinten Nationen, untersucht werden, mittels dessen Hilfe die Staaten die ihrer Ansicht nach bestehenden Bedrohungen der internationalen Sicherheit verhindern oder ausschalten wollen.

---

1 Siehe Lexikon der Informations-Sicherheit, Auszug aus dem Sicherheits-Jahrbuch des SecuMedia-Verlags, *Pohl*, (ISIS) Institut für InformationsSicherheit, Köln, http://www.kes.info/lexikon/lexdata/sicherheitsarchitektur.htm.

2 Eingeschlossen sind „die Maßnahmen in heterogenen Client/Server-Systemen sowie in Netzen und beim Anschluss an öffentliche Netze, die Maßnahmen der Aufbau-und Ablauforganisation und mit der gesamten sicherheitsrelevanten Dokumentation – dazu gehören die entsprechenden Planungen sowie die Kontrollen auf Einhaltung der Konzepte, Richtlinien zum Einsatz der Maßnahmen und die Maßnahmen selbst sowie der Schutz der Maßnahmen."

II. Der Begriff der Sicherheit

Der hier zugrunde liegende Begriff der Sicherheit ist somit aus den unterschiedlichen Arten jener Vorgänge ableitbar, welche die Staaten als Bedrohung der Sicherheit empfinden. Das von den Staaten empfundene Bedrohungsbild hat sich gewandelt, da sich der Mensch auch über die Umwelt oder über die wirtschaftlichen Tätigkeiten bedroht sieht. Im vorliegenden Zusammenhang wird – schon aus dem zu beschreibenden rechtlichen Instrumentarium – diese Bedrohung auf die Bedrohung der Staatlichkeit sowie auf die unmittelbare Bedrohung von Leib und Leben des einzelnen durch Gewalt eingeschränkt.

In diesem Bereich können unterschiedliche Bedrohungen der Sicherheit konstatiert werden:

Grundsätzlich ist zu differenzieren zwischen jener Gewaltausübung, in welche die Staaten involviert sind, und jener, die von Privatpersonen ausgeht.

Soweit jene Gewaltausübung betroffen ist, in die Staaten involviert sind, kann wieder differenziert werden zwischen:

- zwischenstaatlicher, den Staaten eindeutig zurechenbarer Gewalt, die die territoriale Integrität und politische Unabhängigkeit eines anderen Staates, dadurch aber auch den einzelnen gefährdet; es handelt sich hier um die klassische Situation der zwischenstaatlichen Waffengewalt (als Beispiele seien aus jüngerer Zeit der Konflikt Irak – Kuwait 1990 genannt);
- innerstaatlicher Gewalt (Bürgerkrieg), wobei sich jedoch in jüngerer Zeit die Abgrenzung zur zwischenstaatlichen Gewalt verliert, wie sich an den gewaltsamen Auseinandersetzungen auf dem Territorium des früheren Jugoslawien manifestierte; sowie
- zwischenstaatlicher, den Staaten jedoch nicht eindeutig zurechenbare Gewalt, wie sie sich in den terroristischen Aktivitäten dokumentierte, die vom Taliban-Regime in Afghanistan ausgingen. Als dem Staat vorwerfbare Delikte sind mehrere Situationen denkbar: Der Staat wird wegen des Unterlassens von Abwehrhandlungen (Taliban) oder für den Staatsterrorismus als dem Staat zurechenbare, auf Einzelpersonen bezogene Gewaltausübung verantwortlich.

Die von Privatpersonen ausgehende Gewaltausübung, die ebenfalls schon Reaktionen von Seiten der Staatengemeinschaft hervorgerufen hat, kann wieder rein nationale, oder – wie es sich ua im Terrorismus oder den organisierten Verbrechen verwirklicht – internationale Dimensionen aufweisen. In jüngerer Zeit haben die Staaten in vermehrtem Maße auf diese Art der Bedrohung reagiert und sie in die internationale Sicherheitsarchitektur einbezogen. Diese internationale Reaktion resultiert daraus, dass die Aufgabe, Sicherheit und Überleben der Einzelmenschen zu gewährleisten, immer mehr in die internationale Kooperation einbezogen wird; dh diese Aufgaben werden auf die internationale Ebene externalisiert, da einzelne Staaten allein nicht mehr imstande sind, sie effizient wahrzunehmen. Diese internationale Kooperation, die schon bei zwischenstaatlicher Gewaltausübung die Form der kollektiven Selbstverteidigung annahm, wird nun, wenn auch in unterschiedlicher Art und Weise, für andere Bedrohungsszenarien angesprochen. Nicht mehr nur die Sicherheit der Staaten gilt als *common good*, sondern auch die Sicherheit der Individuen. Dadurch gerät aber die Sicherheit der Einzelpersonen ins Zentrum der internationalen Politik, selbst außerhalb der Instrumente zum Schutz der Menschenrechte.

Diese grundlegende Unterscheidung zwischen der unmittelbar gegen Staaten gerichteten Gewalt und jener gegen Einzelpersonen ist aber heute ebenfalls schon undeutlich geworden, da einerseits die Abgrenzung zum Staatsterrorismus flexibel ist, andererseits die Gewalt gegen Einzelpersonen stellvertretend für die gegen den Staat gerichtete Gewalt ausgeübt wird und schließlich nationale Vorgänge in internationale Zusammenhänge eingebettet sind.

Die Staatengemeinschaft wurde sich dieser verschwimmenden Abgrenzungen zwischen den einzelnen Bedrohungsszenarien schon bewusst; sie reagiert darauf zB im *Römischen Statut* des Internationalen Strafgerichtshofes (ICC) dadurch, dass sie unter dem klassischen Begriff der Kriegsverbrechen nicht nur jene Verbrechen einschließt, die in internationalen bewaffneten, sondern auch in nicht-internationalen bewaffneten Konflikten gesetzt wurden[3], wobei die zweite Kategorie auch Konflikte selbst zwischen nicht-staatlichen Einheiten umfasst.[4] Auch die Vorgänge im Zusammenhang mit den Maßnahmen gegen das Taliban-Regime in Afghanistan ließen keine genaue Kategorisierung zu, da hier Aspekte der Terrorismusbekämpfung mit jenen eines Eingriffs in bürgerkriegsähnliche Zustände sowie der legitimen Selbstverteidigung im Sinne des Art 51 SVN verwoben waren.[5]

Als die gegenwärtigen internationalen Beziehungen charakterisierende Elemente der Sicherheitspolitik seien vor allem die Praxis der VN zur Ermächtigung

---

3   Artikel 8 des ICC-Statuts.

4   Siehe für nicht-internationale, bewaffnete Konflikte Artikel 8 § 2 f) in Verbindung mit e) des Statuts.

5   *Byers*, Terrorism, the Use of Force and International Law after 11 September 2001, ICLQ 51 (2002), 401; *Greenwood*, International law and the ‚war against terrorism' International Affairs 78 (2002) 301; *Katoh*, The Aftermath of 11 September, has Everything really changed?" Int'l L. FORUM 4 (2002) 69; *Ruffert*, Terrorismusbekämpfung zwischen Selbstverteidigung und kollektiver Sicherheit, ZRP 2002, 247.

von kollektiven Maßnahmen einzelner Staaten, daneben aber auch die Tendenz zu einer Emanzipierung des einzelnen aus dem Staatsverband durch die Entwicklung der „smart" oder „targeted sanctions"[6], sowie des Ausbaus der völkerrechtlichen individuellen Verantwortlichkeit herausgegriffen.

III. Reaktion der VN auf die Sicherheitsbedrohung

A. *Die Ausweitung der Tätigkeiten der VN*

Während sich die klassische Version der völkerrechtlichen Instrumente zur Herstellung und zum Schutz der Sicherheit allein auf die zwischenstaatliche militärische Gewaltausübung bezog, wurde sich die Staatengemeinschaft derzeit schon der Notwendigkeit bewusst, auch die anderen Bedrohungsbilder in die internationale Kooperation einzubeziehen, insbesondere soweit, als internationale Anknüpfungspunkte bestehen. Bezeichnend für diese weite Konzeption sind die Aktionen der VN, die in jüngerer Zeit das gesamte Kontinuum sicherheitsbezogener, einschließlich präventiver Politik, umspannen.

Vor allem seit Ende des Kalten Krieges haben sich die sicherheits- und friedensbezogenen Tätigkeiten der VN ausgeweitet; Berichte des Generalsekretärs wie etwa die „Agenda for Peace"[7] aber auch spätere – wie solche über die notwendigen Reformen der VN[8] – haben wesentlich dazu beigetragen. Dadurch kommen die VN zweifellos in das Dilemma der erhöhten Kosten, zumal einerseits auch die Notwendigkeit der entsprechenden Ausstattung zur Erzielung einer größeren Einsatzeffizienz betont wird (zB durch den „*Brahimi* Report"[9]), andererseits aber auch die großen Ausstände bei den Beitragsleistungen die finanzielle Situation erschweren. Entlastung kann aber nicht nur durch eine Reorganisation des Managements der VN erfolgen, sondern auch durch Externalisierung der Kosten durch Einbeziehung anderer Akteure.

---

6   Zur Entwicklung der „smart" oder „targeted sanctions" nachstehend auf S. 90ff.
7   An Agenda for Peace – Preventive diplomacy, peacemaking and peace-keeping, Bericht des Generalsekretärs gemäß der am 31. Januar 1992 auf dem Gipfeltreffen des Sicherheitsrats verabschiedeten Erklärung, A/47/277-S/24111, 17. Juni 1992. Siehe auch Ergänzung zu der Agenda für den Frieden, Supplement to an Agenda for Peace: Position Paper of The Secretary-General on the Occasion of the Fiftieth Anniversary of the United Nations, 03.01.1995, A/50/60 – S/1995/1.
8   ZB Renewing the United Nations: a programme for reform, 14.07.1997, A/51/950.
9   Bericht der Sachverständigengruppe für die Friedensmissionen der Vereinten Nationen, 21.08.2000, A/55/305-S/2000/809.

Die VN betreiben nunmehr ein umfassendes Konfliktmanagement („conflict prevention and peacemaking; peacekeeping; and peace-building"), wie es von den Generalsekretären *Boutros Ghali* und *Kofi Annan* vor allem in der „Agenda for peace"[10] konzipiert ist.[11]

Die Definition der hier angesprochenen Aktivitätsfelder der VN beweist die große Spannbreite der Tätigkeit der VN in diesem Bereich:

Unter „preventive action"[12] werden die Maßnahmen zur Verhinderung menschlichen Leids als Alternative zu kostspieligen politisch-militärischen Operationen verstanden. Sie reichen von präventivem Einsatz, präventiver Abrüstung, präventiver humanitärer Aktion bis zu präventiver friedensschaffender Aktion, die sich auf „good governance", Menschenrechte oder wirtschaftliche und soziale Entwicklung ausrichten können.[13] „Peacemaking" bezieht sich auf den Einsatz diplomatischer Mittel zur Beendigung von Feindseligkeiten ohne Einsatz von militärischen Mitteln.[14]

„Peace-building" umfasst Maßnahmen zur Sicherung des postkonfliktären Friedens,[15] während „preventive Peace-building" die politische Leitung und den

---

10 Vgl Fn 7.

11 Siehe auch den Bericht des Generalsekretärs über die Verhütung bewaffneter Konflikte von 7. Juni 2001, A/55/985-S/2001/574.

12 "Although preventive diplomacy is a well-tried means of preventing conflict, and is still the primary political measure for preventing and resolving conflicts, the United Nations' experience in recent years has shown that there are several other forms of action that can have a useful preventive effect, including: preventive deployment; preventive disarmament; humanitarian action; and peace-building undertaken in preventive context. These can involve, with the consent of the Government or Governments concerned a wide range of actions in the fields of good governance, human rights and economic and social development. For this reason, the Secretary-General has used the concept of preventive action rather than ‚preventive diplomacy' when addressing the root causes of conflict.", UN, Department of political affairs, Preventive action and peacemaking, http://www.un.org/Depts/dpa/prev_dip/fst_prev_dip. htm.

13 Siehe Australia's Role in United Nations Reform, Bericht 101 des Joint Standing Committee on Foreign Affairs, Defence and Trade des Australischen Parlament präsentiert am 25.06.2001 vor dem Parlament, Kapitel 6 über Preventive Action and Aid, 4, http://www.aph.gov.au/house/committee/jfadt/U_Nations/UNchap6.pdf.

14 Peacemaking refers to the use of diplomatic means to persuade parties in conflict to cease hostilities and to negotiate a peaceful settlement of their dispute. As with preventive action, the United Nations can play a role only if the parties to the dispute agree that it should do so. Peacemaking thus excludes the use of force against one of the parties to enforce an end to hostilities, an activity that in United Nations parlance is referred to as ‚peace enforcement', UN, Department of political affairs, vgl Fn 12.

15 Peace-building refers to activities aimed at assisting nations to cultivate peace after conflict, UN Department of political affairs, vgl Fn 12.

Einsatz von Beauftragten des Generalsekretärs für politische Aufgaben einschließlich der Partnerschaft mit Fonds, Programmen und anderen VN-Einrich-
tungen, Wahlunterstützung und Zusammenarbeit mit regionalen Organisationen
wie auch Vertretern der Zivilgesellschaft umfasst.

In der gegenwärtigen Entwicklung unterstützen die VN so genannte Track II-
Initiativen, wonach auch andere Akteure in diese Maßnahmen einbezogen werden, soweit die VN selbst dazu nicht imstande sind. Die hier einbezogenen Akteure können sowohl Staaten, wie auch zuständige NGOs sein; die NGOs können
hierbei insoweit beitragen, als sie Frühwarnberichte erstellen, mögliche Reakti-
onsmaßnahmen erarbeiten, das öffentliche Problembewusstsein wecken und die
öffentliche Meinung beeinflussen. Dadurch können derartige Maßnahmen auf
drei Ebenen erfolgen: jener der VN, der Staaten und der NGO, wo jeweils unterschiedliche Interessenkonstellationen vorherrschen können. Wegen der aus dieser
Verschränkung unterschiedlicher Ebenen und Interessenlagen resultierenden
Probleme ist die Koordinationsfunktion der VN in besonderem Maße gefordert;
darin besteht auch nunmehr die wesentliche Aufgabe der VN.

Diese große Spannungsbreite der sicherheitsorientierten Maßnahmen schließt
jedoch ihre umfassende Betrachtung und Erörterung aus, so dass nur eine selekti-
ve Betrachtung möglich ist. Die hier zu erörternde „Sicherheitspolitik" der VN
kann sich nur auf einen Teil dieses gesamten Konfliktmanagements beziehen und
selbst in diesem Bereich lediglich einige damit verbundene völkerrechtliche
Probleme diskutieren.

B. Maßnahmen der VN in Reaktion auf Bedrohungen oder Anwendungen von Gewalt[16]

1. Satzungsbegründete Zwangsmaßnahmen

Das idealtypische System der VN, wie es sich insbesondere in Kapitel VII SVN
präsentiert, ist darauf ausgerichtet, die Gewaltanwendung aus den zwischenstaatlichen Beziehungen weitgehend auszuschalten und die militärische Reaktion
auf eine Bedrohung oder einen Bruch des Friedens oder eine Angriffshandlung
(Art 39) den VN selbst vorzubehalten, mit Ausnahme der Selbstverteidigung sowie im Rahmen der Übergangsbestimmungen der Bedingungen des Art 106. Dieses System ist im Wesentlichen bestimmt durch

---

16   Es bleibt hier außer acht, inwieweit Kapitel VII SVN auch in anderen Situationen
     als Gewaltausübung oder -androhung angewendet werden kann. Maßgebend ist hie-
     für die Interpretation der in Art 39 angeführten Tatbestände.

Art 2 (4), der die Androhung oder Anwendung militärischer Gewalt in den zwischenstaatlichen Beziehungen verbietet,

Art 42, der dem Sicherheitsrat das Recht vorbehält, entsprechende militärische Maßnahmen zu ergreifen, wofür jedoch Abkommen mit den VN gemäß Art 43 erforderlich sind,

Art 51, der den Staaten im Fall eines bewaffneten Angriffs das Recht der individuellen oder kollektiven Selbstverteidigung bis zur Aktion des Sicherheitsrats vorbehält,

Art 53, aufgrund dessen der Sicherheitsrat regionale Abmachungen oder Einrichtungen zur Durchführung von Zwangsmaßnahmen unter seiner Autorität in Anspruch nehmen kann,

Art 106, wonach die Parteien der am 30. Oktober 1943 in Moskau unterzeichneten Viermächte-Erklärung und Frankreich gemeinsam alle etwa erforderlichen Maßnahmen zur Wahrung des Weltfriedens und der internationalen Sicherheit im Namen der Organisation treffen können, sofern noch keine Abkommen nach Art 43 geschlossen sind,

Art 53 und 107, die es den Staaten erlauben, gegen die Feindstaaten des Zweiten Weltkrieges militärisch vorzugehen (wobei allerdings durch eine Resolution die Berufung darauf schon ausgeschlossen wurde[17]).

Den Maßnahmen in Reaktion auf jene Bedrohungen, deren Tatbestände in Art 39 genannt sind, liegt aufgrund ihrer kollektiven Natur der Gedanke der Solidarität zugrunde. Bestimmte Ausnahmen von dieser Solidarität bestehen lediglich in der Möglichkeit des Sicherheitsrats, einen einzelnen Staat mit der Durchführung von Maßnahmen gemäß Art 48 zu beauftragen; da jedoch auch dieses Mandat durch eine vorhergehende Entscheidung des Sicherheitsrats bedingt ist, ist die im Rahmen dieses Mandats getroffene Maßnahme nicht zur Gänze dem kollektiven System entzogen. Gleichzeitig unterliegt dieses System der Durchführung von Zwangsmaßnahmen (ausgenommen die Art 51 und 106) – zum Unterschied vom System des Völkerbundes – einer zentralen Steuerung durch den Sicherheitsrat.

In diesem Rahmen erübrigt sich eine weitere Diskussion dieses Systems nicht zuletzt schon deswegen, weil es – wie auch in der „Agenda for Peace" festgehalten[18] – in vollem Umfang bislang nie realisiert wurde.[19]

---

17   Siehe die Res A/RES/50/52, worin die Feindstaatenregelung schon als obsolet erklärt wird.
18   Vgl Fn 7.
19   Para 42 seq der Agenda (Fn 7).

2. Friedenserhaltende Operationen

Außerhalb des idealtypischen Systems der VN hat sich in breitem Umfang bereits der Mechanismus der Friedenserhaltenden Operationen entwickelt, der sich im Wortlaut der SVN nicht findet und von *Dag Hammarskjöld* deshalb als von Kapitel 6 ½ SVN getragen bezeichnet wurde.[20] Dieser Mechanismus basiert auf der Annahme, dass eine unparteiische Präsenz der VN im Konfliktgebiet Spannungen mildern und Verhandlungslösungen erleichtern kann. Einer solchen Mission in ihrer traditionellen Form ist vorausgesetzt, dass die Kämpfe beendet sind und die Konfliktparteien ihre Zustimmung zu diesem Einsatz geben. Über längere Zeit unterteilten sich diese Missionen weithin in zwei Kategorien, die militärischen Beobachtermissionen und die aus nationalen Kontingenten zusammengesetzten friedenserhaltenden Kontingente, die meist als Puffer zwischen den Konfliktparteien eingesetzt wurden.

Zwischen Juni 1948 und August 2000 führten die VN 53 friedenserhaltende Operationen mit einem geschätzten Budget von 23,3 Mrd US $ durch. Im Jahre 2002 waren 46.799 Personen in 16 Missionen eingesetzt, davon 46.445 Militär- und Zivilpolizeipersonal aus 87 Staaten.

Vier dieser Operationen werden in Afrika durchgeführt (Demokratische Republik Kongo – MONUC; Äthiopien und Eritrea – UNMEE; Sierra Leone – UNAMSIL; Westsahara – MINURSO), zwei in Asien (Osttimor – UNMISET; Indien-Pakistan – UNMOGIP), fünf in Europa (Bosnien und Herzegowina – UNMIBH; Zypern – UNFICYP, Georgien – UNOMIG; Kosovo – UNMIK, Halbinsel Prevlaka – UNMOP) und vier im Nahen Osten (Golan Höhen – UNDOF; Irak – Kuwait – UNIKOM, Libanon – UNIFIL, Naher Osten – UNTSO).

Als Voraussetzung dieser Operationen gelten der Wille der Konfliktparteien zu einer friedlichen Konfliktbereinigung, ein klares Mandat, eine starke politische Unterstützung durch die internationale Gemeinschaft und die für die Zielerreichung notwendigen Mittel.

In jüngerer Zeit hat sich dieser Mechanismus über die zweite Kategorie zu einer dritten Kategorie entwickelt, zu einem System komplexer, Militärpersonal, Zivilpolizei sowie anderes ziviles Personal umfassender Operationen, die auf ein breites Mandat in Zusammenarbeit mit Regierungen, NGOs und Bürgerbewegungen gestützt sind. Sie bieten Notstandshilfe an, demobilisieren Kämpfer und integrieren sie in die Gesellschaft, organisieren Wahlen, unterstützen Bestrebungen zur Konsolidierung des Friedens und fördern eine nachhaltige Entwicklung. Teilweise ergehen die Mandate hiezu sogar ohne Zustimmung der betreffenden

---

20   http://www.un.org/Depts/dpko/dpko/intro/1.htm.

Parteien und sehen den Einsatz von Waffengewalt nicht nur zur Selbstverteidigung, sondern auch zur Durchsetzung des Mandates vor, wie etwa bei der Einrichtung von Schutzzonen, sog „safe areas", im Fall Bosnien-Herzegowinas und Somalias. Diese Einsätze sind aber mehr als die anderen darauf angewiesen, mit entsprechenden Ressourcen ausgestattet zu sein.

Wenn nun *Hammarskjöld* von Kapitel 6 ½ sprach, so hat sich die Situation mittlerweile insofern geändert, als nunmehr derartige Operationen auch unter Berufung auf Kapitel VII eingesetzt werden: Eine Durchsicht der Resolutionen, mit denen PKO eingesetzt wurden, zeigt folgendes Bild betreffend eine Berufung auf Kapitel VII:

Von den bisherigen Operationen beriefen sich nicht auf Kap VII:

- *MONUC* (Kongo), eingesetzt durch Resolution S/RES/1279 (1999);
- *UNMEE* (Äthiopien), eingesetzt durch S/RES/1320 (2000) sowie S/RES/1312 (2000);
- *UNAMSIL* (Sierra Leone), in Resolution S/RES/1270(1999);
- *MINURSO* (West Sahara) eingesetzt durch Resolution S/RES/690 (1991);
- *UNMOGIP* (Indien – Pakistan), eingesetzt durch Resolution S/RES/47 (1948);
- *UNFICYP* (Zypern) eingesetzt durch Resolution S/RES/186 (1964);
- *UNOMIG* (Georgien) eingesetzt durch Resolution S/RES/858 (1993);
- *UNDOF* (Golan) eingesetzt durch Resolution S/RES/350 (1974);
- *UNIFIL* (Libanon) eingesetzt durch Resolution S/RES/425 (1978).

Demgegenüber beriefen sich auf Kapitel VII oder speziell auf Art 39 SVN folgende Operationen:

- *UNMISET* (Ost-Timor), eingesetzt durch Resolution S/RES/1410 (2002);
- *UNAMSIL* (Sierra Leone) Resolution S/RES/1289 (2000);
- *UNMIBH* (Bosnien-Herzegowina) in den Resolutionen S/RES/1035 (1995) und 1357 (2001);
- *UNMIK* (Kosovo) in Resolution S/RES/1244 (1999);
- *UNMOP* (Prevlaka Halbinsel) in den Resolutionen 779 (1992-VIII); S/RES/981 (1995) und 1038 (1996);
- *UNIKOM* (Irak/Kuwait) in Resolution S/RES/689 (1991) sowie
- *UNTSO* (Naher Osten) in Resolutionen S/RES/50 (1948) und S/RES/54 (1948), wo sich der Sicherheitsrat auf Art 39 berief.

Diese unterschiedliche Begründung aus der SVN lässt den Schluss zu, dass die Berufung auf Kapitel VII in der Resolution zur Einrichtung oder der Unterstützung derartiger Operationen nicht ausschließt, dass es sich um eine PKO handelt. Die Einordnung in Kapitel VII wird offensichtlich dort für notwendig gehalten, wo die Operationen bereits zum Waffeneinsatz ermächtigt sind, es sich somit um Operationen der dritten Generation handelt. Damit verlieren aber diese Maßnahmen nicht ihren Charakter als PKO, nicht zuletzt schon deswegen, weil sie nicht als Zwangsmaßnahmen im Sinne von Art 42 konzipiert sind. Somit kann es sich bei Maßnahmen, die unter Kapitel VII lediglich autorisiert werden, der Substanz nach auch um PKO handeln.

3. *Ermächtigungen durch die Vereinten Nationen, Operationen durchzuführen*

Das Ergreifen von Maßnahmen im Rahmen der Vereinten Nationen hat sich in der Praxis vom idealtypischen Fall der zentralisierten Entscheidung und des zentralisierten Einsatzes weit entfernt: Begünstigt durch das Ende des Kalten Krieges stützen sich die VN seit 1990 nicht auf den zentralen Einsatz, sondern auf die Ermächtigung oder Autorisierung von anderen Akteuren, Gewalt in Antwort auf einen von Art 39 erfassten Sachverhalt einzusetzen. Die Gründe liegen nicht zuletzt darin, dass mit dieser „Externalisierung" der Aufgaben die Kostenlast der VN vermindert wird. Die Notwendigkeit der finanziellen Entlastung zeigt sich an den Budgetzahlen, da jene allein der PKO der VN im Umfang von 2.756.779.589 US $[21] in der Größenordnung des gewöhnlichen Budgets der VN liegen.[22]

Diese Autorisierung ist dem VN System nicht vollständig fremd, da in dieser Hinsicht Kapitel VIII als Modell dienen kann. Schon in der Vergangenheit wurde immer wieder die Berufung auf dieses Kapitel der Satzung in Erwägung gezogen und diskutiert, wobei die dabei erörterten Probleme durchaus jenen, die im Zusammenhang mit der jüngeren Praxis ans Tageslicht treten, gleichen. Die Praxis der Ermächtigung regionaler Einrichtungen wurde vor allem in der „Agenda for Peace"[23] durch den damaligen Generalsekretär *Boutros Ghali* betont, der selbst ein führender Autor im Bereich der Regionalorganisationen war.

In der gegenwärtigen Praxis der VN lassen sich drei verschiedene Situationen der Ermächtigung durch die VN unterscheiden:

- Die Ermächtigung regionaler Einrichtungen gem Kapitel VIII
- Die Ermächtigung zu Kampfeinsätzen
- Die Ermächtigung zu PKO

---

21 A/C5/57/22.
22 Siehe Basic Facts about the United Nations; für das Jahr 2000 wurden 2 Mrd US $ veranschlagt.
23 Vgl Fn 7.

a) Die Ermächtigung regionaler Einrichtungen

Kapitel VIII SVN berechtigt den Sicherheitsrat, regionale „arrangements or a-gencies" heranzuziehen, um Zwangsmaßnahmen unter seiner Autorität durchzuführen.[24] Schon in früheren Jahren wurde diese Möglichkeit vor allem im Zusammenhang mit Maßnahmen der Organisation der Amerikanischen Staaten (OAS) im Kontext der Vorgänge in der Dominikanischen Republik diskutiert,[25] doch wurde dieses Verfahren nie ausdrücklich in Anspruch genommen. Erst Generalsekretär *Boutros Ghali* berief sich auf diese Möglichkeit in der „Agenda for Peace", wodurch nicht nur die Last des Sicherheitsrates erleichtert werden könnte, sondern auch mittels Dezentralisierung, Delegierung und Zusammenarbeit mit den VN ein größeres Maß an Demokratisierung erzielt werden könnte.[26] Die Ergänzung zur „Agenda for Peace" nennt als Möglichkeit der Zusammenarbeit von regionalen Einrichtungen mit den VN[27]

- die Konsultation (Austausch von Informationen über regionale und subregionale Konflikte auf periodischer oder informeller Basis);
- die diplomatische Unterstützung (Unterstützung der PKO der VN durch diplomatische Initiativen wie zB derartige Schritte der OAU, der Arabischen Liga und der Organisation der Islamischen Konferenz in Somalia; Maßnahmen der OSZE in Georgien und Tadschikistan, Maßnahmen der VN zur Unterstützung der OSZE in Nagornij Karabach);
- Operationelle Unterstützung (so zB die Unterstützung der UNPROFOR durch die NATO[28] in Jugoslawien; die Unterstützung der „United Nations Transitional Administration in Eastern Slavonia, Baranja and Western Sirmium"

---

24   Art 53 SVN: „(1) Der Sicherheitsrat nimmt gegebenenfalls diese regionalen Abmachungen oder Einrichtungen zur Durchführung von Zwangsmaßnahmen unter seiner Autorität in Anspruch. Ohne Ermächtigung des Sicherheitsrats dürfen Zwangsmaßnahmen auf Grund regionaler Abmachungen oder seitens regionaler Einrichtungen nicht ergriffen werden; ausgenommen sind Maßnahmen gegen einen Feindstaat im Sinne des Absatzes 2, soweit sie in Artikel 107 oder in regionalen, gegen die Wiederaufnahme der Angriffspolitik eines solchen Staates gerichteten Abmachungen vorgesehen sind; die Ausnahme gilt, bis der Organisation auf Ersuchen der beteiligten Regierungen die Aufgabe zugewiesen wird, neue Angriffe eines solchen Staates zu verhüten."

25   Siehe dazu insbesondere Repertory of the Practice of the Security Council, 1964 – 1965, 208.

26   Agenda for Peace, para 63-65 (Fn 7).

27   Supplement to an Agenda for Peace, para 86 (Fn 7).

28   Allerdings betrachtet sich die NATO selbst nicht als regionale Einrichtung im Sinne des Kapitels VIII SVN.

(UNTAES) zur Errichtung gesicherter Gebiete in Kroatien durch die von der NATO geführten multinationalen Einsätze der IFOR/SFOR; operationelle Unterstützung der GUS-Kräfte in Tadschikistan; Maßnahmen der EU in Ost-slawonien, Bosnien und Liberia, die Entminungsaktionen der WEU im Kontext des Irak/Kuwait Konflikts);

- Gleichzeitige Einsätze („co-deployment"; Einsätze der VN und der ECOWAS in Liberia und Sierra Leone; mit der GUS in Georgien und Tadschikistan; Maßnahmen in Bosnien und Herzegowina, wo die Einsätze mit gleichem Zweck, aber unter verschiedenen Mandaten erfolgten, wie etwa der UNMIBH gemeinsam mit der IPTF,[29] der IFOR/SFOR, der OSZE, dem UNHCR und der EU);
- Gemeinsame Operationen (zB in Haiti, wo die International Civilian Mission (ICM), gemeinsam von den VN und der OAS unter Aufteilung der Kosten durchgeführt wurde).

Obwohl die Darstellungen der VN alle diese Aktivitäten in den Rahmen des Kapitels VIII einordnen, haben sich die VN jedoch bisher dabei eher selten aus-drücklich auf Kapitel VIII berufen: So zB in S/RES/917 (1994)[30] betreffend die Maßnahmen in Haiti und in S/RES/1132 (1997), in der sie die regionale Organi-sation ECOWAS zu Maßnahmen ermächtigte.

Ungeachtet der fehlenden ausdrücklichen Berufung auf Kapitel VIII sowie auch des Umstands, dass Regionaleinrichtungen einer Autorisierung der VN für nicht-militärische Einsätze gar nicht bedürfen,[31] listen die VN folgende in Zu-sammenarbeit mit PKO oder „peace-related" Operationen der VN vorgenom-mene Maßnahmen von regionalen, subregionalen oder inter-regionalen Organisa-tionen oder Einrichtungen als solche unter Kapitel VIII auf – und zwar Maßnah-men

---

29 International Police Task Force.

30 Unter ausdrücklicher Berufung auf Kapitel VIII: "Member States cooperating with the legitimate Government of Haiti, acting nationally or through regional agencies or arrangements, to use such measures commensurate with the specific circumstances as may be necessary under the authority of the Security Council to ensure strict im-plementation of the provisions of the present resolution and earlier relevant resolu-tions, and in particular to halt outward as well as inward maritime shipping as neces-sary in order to inspect and verify their cargoes and destinations and also to ensure that the Committee established pursuant to resolution 841 (1993) is kept regularly informed."

31 *Walter* in einem Vortrag über die Kontrolle des Sicherheitsrats über Regionalorga-nisationen, Kolloquium über Völkerrecht und Bürgerkrieg, *Max-Planck*-Institut für ausländisches öffentliches Recht und Völkerrecht Heidelberg, 30./31.10.1996; http://www.virtual-institute.de/en/hp/taet1996_2.cfm.

- der OAU im Rahmen der präventiven Diplomatie, der Friedenschaffung, Friedenserhaltung in Angola, Burundi, den Komoren, Kongo, der Demokratischen Republik Kongo, Eritrea/Äthiopien, Guinea Bissau, Liberia, Ruanda, Sierra Leone, Somalia und West Sahara, des Einsatzes einer neutralen militärischen Beobachtergruppe (NMOG) in Ruanda und einer militärischen Beobachtergruppe in Burundi, auf den Komoren, einer Beobachtergruppe in Südafrika aufgrund von S/RES/772 (1992);
- der ECOWAS im Rahmen der Friedenschaffung und Friedenserhaltung in Guinea Bissau, Liberia und Sierra Leone;
- der ASEAN im Konflikt von Kambodscha;
- der OSZE im Rahmen der präventiven Diplomatie, der Friedenschaffung, der Wahlbeobachtung, der Menschenrechtsbeobachtung, wie zB solche der Friedensschaffung in Südossetien (Georgien), Nagornij Karabach, Republik Moldova, der politischen Konfliktbereinigung in Abchasien (Georgien) und Tadschikistan, Beobachtermissionen in FYROM, Estland, Lettland und Bosnien und Herzegowina, Wahlbeobachtung und Menschrechtsbeobachtung in Bosnien und Herzegowina, Beobachtung der lokalen Polizei in Ostslawonien, in Zusammenarbeit mit der EU Sanktionenassistenz in Albanien, Bulgarien, Kroatien, Ungarn, FYROM, Rumänien und Ukraine;
- der EU im Rahmen der Konfliktverhütung oder präventiven Diplomatie und der post-konfliktären Unterstützung wie Beobachtermissionen in Südafrika aufgrund von S/RES/772 (1992), Friedensschaffung im früheren Jugoslawien, Sanktionsassistenz für Albanien, Bulgarien, Kroatien, Ungarn, FYROM, Rumänien und Ukraine sowie humanitäre Assistenz über ECHO;
- der WEU im Rahmen von Friedenserhaltung und Friedensschaffung wie zB Entminungsoperationen im Russischen Golf während des Konflikts zwischen Iran und Irak 1987 – 1988, Entminungsoperationen und Durchsetzung von Waffenembargos in der Adria, sowie Kontrolle und Durchsetzung von Sanktionen gegen das frühere Jugoslawien auf der Donau;
- der GUS im Rahmen von Friedensschaffung und –sicherung durch den Einsatz von Truppen in Abchasien und Tadschikistan;
- der OAS im Rahmen präventiver Politik, Friedensschaffung und –aufbau sowie Menschenrechtsbeobachtung durch Beteiligung an der MICIVIH (Mission Civile Internationale en Haiti) sowie Entminungsaktionen;
- der Liga der arabischen Staaten im Rahmen von präventiver Politik und Friedensschaffung in Mogadischu;
- der NATO im Rahmen von Friedenserhaltung und –unterstützung mittels maritimer Embargos gegen das frühere Jugoslawien, Durchsetzung der „no-flight" Zone über Bosnien und Herzegowina, Luftunterstützung für UNPROFOR, Unterstützung der Errichtung einer sicheren Zone in Ost-

slawonien, Durchführung des militärischen Annexes des Dayton-Abkommens durch IFOR und SFOR, Unterstützung der OSZE Kosovo Mission;
- der Organisation der islamischen Konferenz im Rahmen der präventiven Politik und Friedensschaffung in Somalia, Bosnien und Herzegowina und Afghanistan.

Die VN qualifizieren somit umfassende Tätigkeitsfelder regionaler Einrichtungen als solche, auf die sich Kapitel VIII SVN bezieht, ohne dass sich jedoch die dafür relevanten Dokumente der VN ausdrücklich darauf berufen oder sich die betreffende Institution tatsächlich als regionale Einrichtung im Sinne des Kapitels VIII SVN begreift.[32] Offensichtlich reflektiert diese weitgespannte Qualifizierung die Intention der VN, einerseits die friedens- und sicherheitsbezogenen Maßnahmen zu diversifizieren, um sich selbst sowohl arbeitsmäßig wie auch finanziell zu entlasten, andrerseits aber auch, um einen Konnex dieser Maßnahmen mit den VN zu dokumentieren.

b) Kampfeinsätze

Ein neuer Aktivitätsbereich wurde dadurch eröffnet, dass die VN Staaten ermächtigte, sämtliche Maßnahmen, einschließlich solcher mit Waffengewalt, zu treffen. Es werden zwar schon die Resolutionen S/RES/82 (1950) und folgende betreffend Korea als erste dieser Art genannt; sie unterscheiden sich allerdings von den Ermächtigungsresolutionen der jüngeren Zeit dadurch, dass sie den Staaten empfahlen, Korea in der Abwehr des Angriffs zu unterstützen. Die „Autorisierung" bezog sich lediglich auf die Benützung der VN Embleme. Als erste echte dieser Ermächtigungsresolutionen erging S/RES/678 (1990), in Operativparagraph 2:

„2. *Authorizes* Member States co-operating with the Government of Kuwait, unless Iraq on or before 15 January 1991 fully implements, as set forth in paragraph 1 above, the foregoing resolutions, to use all necessary means to uphold and implement resolution 660 (1990) and all subsequent relevant resolutions and to restore international peace and security in the area".

Unter Berufung auf diese Resolution bekämpften die verbündeten Staaten unter Einsatz von Gewaltmaßnahmen den Irak und befreiten Kuwait.[33]

---

32 Dies gilt zB für die NATO.
33 Dieser Paragraph wurde in S/RES/1441 (2002) wiederholt: "Recalling that its resolution 678 (1990) authorized member States to use all necessary means to uphold and implement its resolution 660 (1990) of 2 August 1990 and all relevant resolutions subsequent to resolution 660 (1990) and to restore international peace and security in the area."

Als weitere Resolutionen, die Staaten zum Gewalteinsatz ermächtigten, nennt *Blokker*:[34]

- Resolutionen 770, 787, 816, 836, 908, 1031, 1088, 1174, 1244, 1247 (früheres Jugoslawien)
- Resolution 794 (Somalia);
- Resolution 875 und 940 (Haiti);
- Resolution 929 (Ruanda);
- Resolution 1080 (Region der Großen Seen);
- Resolutionen 1101 and 1114 (Albanien);
- Resolutionen 1125, 1136, 1152, 1155 and 1159 (Zentralafrikanische Republik);
- Resolution 1132 (Sierra Leone);
- Resolution 1216 (Guinea-Bissau);
- Resolution 1264 (Ost-Timor);
- Resolution 1386 (Afghanistan)

Die rechtliche Einordnung dieser Autorisierung hat bereits zu einer weiten Diskussion sowohl in der völkerrechtlichen Doktrin wie auch Praxis geführt. Die Argumente zur Einordnung in das System der SVN reichen von der Rückführung auf Art 39, Art 42, Art 48 und sogar Art 106 bis zur Qualifizierung als Maßnahme der kollektiven Selbstverteidigung unter Berufung auf Art 51. Ohne alle diese Argumente im Detail nachzuzeichnen, sei festgehalten, dass dieses Verfahren der Autorisierung das ursprünglich angepeilte System des in den VN zentralisierten Gewaltmonopols durch ein dezentralisiertes Verfahren ersetzte. Auf diese Weise wird die Gewaltanwendung durch Staaten selbst außerhalb von Art 51 oder Art 106 legalisiert, wenn es auch offen bleibt, welcher Staat davon Gebrauch macht.

Wie sehr die von einer Ermächtigung durch den Sicherheitsrat getragenen Maßnahmen drohen, sich zu verselbständigen, ist am besten am Fall der Maßnahmen der Koalition unter der Führung der USA gegen den Irak im Frühjahr 2003 ersichtlich, als diese Staaten unter Berufung auf die erste Ermächtigungsresolution S/RES/678 (1990) ungeachtet der durch die Resolution S/RES/1441 (2002) gestellten Bedingungen und des Widerstandes von drei der ständigen Mitglieder des Sicherheitsrates zur Waffengewalt schritten. Die weitere Ent-

---

Dadurch wurde festgehalten, dass diese ursprüngliche Autorisierung rechtlich noch als aufrecht anzusehen sei, deren Wahrnehmung jedoch lediglich durch bestimmte Bedingungen gehemmt sei.

34   *Blokker*, Is the Authorization Authorized? Powers and Practice of the UN Security Council to Authorize the Use of Force by Coalitions of the Able and Willing, EJIL 11 (2000) 541 (544).

wicklung wird erweisen müssen, ob diese Verselbständigung einmalig bleibt oder zur völkergewohnheitsrechtlichen Norm erstarkt.

c) Friedenserhaltende Operationen

Diese Ermächtigung betrifft nicht nur Maßnahmen zum Einsatz von Gewalt, in welcher Abstufung auch immer, sie kann auch für Maßnahmen ergehen, die ihrem Mandat nach typische PKO sind. In diesem Sinne ist S/RES/1386 (2001) anzusehen, die Staaten zur Teilnahme an der ISAF ermächtigt.[35] Hierbei handelt es sich nicht um Maßnahmen, mittels derer Staaten Gewalt gegen einen anderen wegen des Vorliegens eines nach Art 39 SVN gegebenen Sachverhalts anwenden, sondern um Maßnahmen lediglich zu dem Zweck, Sicherheit für VN-Operationen zu gewährleisten, um es den VN zu ermöglichen, ihr Mandat zu erfüllen.

Dieser Autorisierungsvorgang erfolgt in unterschiedlicher Weise. Allerdings ist eine Kategorisierung der Maßnahmen, zu denen der Sicherheitsrat bislang eine Ermächtigung erteilt hat, schwierig, da die Übergänge zwischen den einzelnen Kategorien fließend sind. Wie *Freudenschuß* nachweist, lässt der jeweilige Wortlaut der Resolutionen keine eindeutige derartige Kategorisierung zu:[36]

- In einigen Resolutionen wird die Wendung „calls on States" (Resolutions 665, 770, 787, 886) verwendet,
- in anderen „authorizes them" (Resolutions 678, 816, 929, 940),
- wieder in anderen „authorizes States and the Secretary-General" (Resolution 794),
- andere ermächtigen zu einer PKO (Resolutionen 836, 871) oder
- bestätigen die Ermächtigung des General-Sekretärs (Resolution 837),
- akzeptieren ein Mandat einer PKO unter Einsatz von Waffengewalt (Resolution 814),

---

35　In dieser Resolution ermächtigt (authorizes) der Sicherheitsrat:
"1. *[...]* as envisaged in Annex 1 to the Bonn Agreement, the establishment for 6 months of an International Security Assistance Force to assist the Afghan Interim Authority in the maintenance of security in Kabul and its surrounding areas, so that the Afghan Interim Authority as well as the personnel of the United Nations can operate in a secure environment;
2. *Calls* upon Member States to contribute personnel, equipment and other resources to the International Security Assistance Force, and invites those Member States to inform the leadership of the Force and the Secretary-General;
3. *Authorizes* the Member States participating in the International Security Assistance Force to take all necessary measures to fulfil its mandate."

36　*Freudenschuß*, Between Unilateralism and Collective Security: Authorizations of the Use of Force by the UN Security Council, EJIL 5 (1994) 492 (523).

- erneuern es (Resolution 886),
- bestätigen die Weitergeltung der Ermächtigung durch vorhergehende Resolutionen (Resolution 686),
- bestätigen die Verantwortlichkeit einiger Staaten (Resolution 787),
- entscheiden, dass Staaten alle notwendigen Maßnahmen treffen können (Resolution 908),
- entscheiden, dass die VN selbst die notwendigen Maßnahmen treffen (Resolution 687),
- betonen (Resolution 773) oder
- betonen und bestätigen diese Entscheidung (Resolution 833).

Zwei dieser Resolutionen wurden nicht einmal unter Berufung auf Kapitel VII angenommen (Resolutionen 665, 773), drei enthalten keine Bestimmung über eine Friedensbedrohung oder einen Friedensbruch (Resolutionen 665, 687, 908).

Wenn auch diese unterschiedliche und vielfältige Terminologie sowie die Entwicklung der PKO bis zum Einsatz von Waffengewalt in der dritten Generation eine klare Einteilung der betreffenden Operationen ausschließen, reflektieren sie gleichzeitig aber eine Flexibilität der VN, die durch die Vielfalt der Konfliktarten bedingt ist. Doch ungeachtet dieser Schwierigkeiten werfen die von den VN autorisierten Operationen, sei es insbesondere für militärische Einsätze, sei es für die friedenserhaltenden Operationen, ähnliche Probleme auf, die hier allerdings nur angerissen werden können.

C. Aus der Ermächtigung resultierende rechtliche Probleme

Die von der Autorisierung aufgeworfenen Probleme umfassen Fragen

- ihrer Rechtsgrundlage und Satzungskonformität, einschließlich der Frage der Initiative
- sowie jener, wieweit hier eine Mandatierung oder Autorisierung vorliege,
- betreffend den rechtlichen Status der Maßnahmen,
- betreffend die Beziehungen zum Sicherheitsrat,
- betreffend die Beteiligungs- und Unterstützungsverpflichtungen der Staaten
- nach der Aufteilung der Verantwortlichkeit zwischen den VN und den Staaten, einschließlich des Subjekts der Zurechenbarkeit der Handlungen.

1. Die Rechtsgrundlage und Satzungskonformität der autorisierten Maßnahmen

a) Satzungskonformität der Autorisierung

Die SVN enthält in Kapitel VII keinen Verweis auf die Möglichkeit der Ermächtigung, so dass sich die Frage ihrer Rechtsgrundlage stellt. Unterschiedliche Antworten werden geboten; sie reichen von Art 42, einem „Art 42 ¾" bis hin zu *implied powers*. Eine weitere Rechtfertigung könnte darin gesehen werden, dass der Sicherheitsrat mit dieser Ermächtigung zwar außerhalb der SVN operierte, dieser Legitimitätsmangel jedoch durch nachfolgende Billigung durch die Staatengemeinschaft kompensiert wurde. Gemäß dieser Konzeption, die auch im Fall der Einrichtung des ICTY bemüht wurde, erhielte der Sicherheitsrat keine allgemeine Kompetenz zu derartigen Ermächtigungen, sondern müsste in jedem Einzelfall auf die rechtliche Sanktionierung durch die Mitgliedstaaten warten.[37] Soweit es sich um Maßnahmen der Gewaltanwendung handelt, ergibt sich schließlich eine Möglichkeit der Rechtfertigung durch die Resolution A/RES/3314 (XXIX), da ihr Artikel 2 den Sicherheitsrat berechtigt, Gewaltanwendung, die *prima facie* nicht als Selbstverteidigung zu qualifizieren ist, als gerechtfertigt zu erklären.[38]

Angesichts der bereits ausufernden Praxis derartiger Autorisierungen kann jedoch kaum mehr bezweifelt werden, dass der Sicherheitsrat diese Kompetenz rechtmäßig besitzt.[39] Auch ist der Wortlaut des Art 42 SVN dermaßen offen, dass er eine Berufung darauf zur Rechtfertigung der Ermächtigungen zulässt, auch wenn es nicht dem ursprünglich dieser Bestimmung unterlegten Sinn entspricht, so dass die Kompetenz zur Autorisierung mit dem *implied-powers*-Konzept gerechtfertigt werden kann, wodurch aber auch gleichzeitig die Grenzen der *implied powers* zur Geltung kommen. Beide Kategorien der Autorisierung, der PKO sowie der militärischen Maßnahmen, lassen sich in die allgemeine Zielsetzung der VN einordnen; jene der PKO schon deswegen, weil die VN schon bisher derartige Maßnahmen setzte, jene der militärischen Maßnahmen deswegen, weil sie sich

---

37   Diese Frage der möglichen *ultra vires* Entscheidungen des Sicherheitsrates wurde insbesondere im Fall *Tadic* im Einzelnen geprüft. Siehe The Prosecutor vs *Tadic*, ICTY IT-94-1-AR72, Decision of 2 october 1995, para 13-48.

38   Art 2 lautet: "The First use of armed force by a State in contravention of the Charter shall constitute prima facie evidence of an act of aggression although the Security Council may, in conformity with the Charter, conclude that a determination that an act of aggression has been committed would not be justified in the light of other relevant circumstances, including the fact that the acts concerned or their consequences are not of sufficient gravity."

39   *Blokker* (Fn 34) 554.

in die allgemeine Zielsetzung der Wahrung des Weltfriedens und der internationalen Sicherheit (Art 1 Abs 1 SVN) einordnen lassen. Eine eher politische Begründung kann darin gefunden werden, dass angesichts der Unmöglichkeit, die ursprüngliche Konzeption der VN als jene eines zentralisierten Systems zu realisieren, allein ein auf dazu fähige und willige Staaten gestütztes, dezentralisiertes System möglich ist. Ein Aspekt der Dezentralisierung kam schon bisher bei den PKO zur Geltung, als es nämlich den Staaten selbst überlassen war, über ihre Beteiligung an kollektiven Maßnahmen zu entscheiden. An die Staaten erging lediglich eine Einladung, sich an solchen Maßnahmen zu beteiligen, und es hing von ihrer Bereitschaft ab, ob sie dann tatsächlich daran teilnahmen.

Allerdings besteht nunmehr der Unterschied zwischen dem Autorisierungssystem und dem traditionellen System der PKO zum einen darin, dass die der Autorisierung unterliegenden Operationen nicht den VN zuzurechnen sind und zum anderen darin, dass diese Vorgangsweise im Fall militärischer Zwangsmaßnahmen auch der Verpflichtung aus Art 24 SVN entsprechen müsste.

Doch zeigt sich in letzterer Hinsicht eindeutig die Grenze der rechtlichen Verpflichtung in der politischen Machbarkeit insofern, als der Sicherheitsrat einer Verpflichtung dann nicht entsprechen kann, wenn die Staaten nicht bereit sind, ihm die entsprechenden Mittel – zB durch den Abschluss von Abkommen gemäß Artikel 43 SVN – zu gewähren. Insoweit kann dann der Grundsatz *ultra posse nemo tenetur* auch für den Sicherheitsrat geltend gemacht werden, wonach kein Staat ihm eine Verletzung seiner Obliegenheiten vorwerfen darf, wenn die Staaten selbst ihm die Mittel für die Verpflichtungserfüllung nicht zur Verfügung stellen. Die in jüngster Zeit ergangene Resolution zum Irak lässt sich ebenfalls in dem Sinne verstehen, dass insofern eine Autorisierung erfolgt sei, als der Sicherheitsrat in der Präambel anerkennt („recognizing") „the specific authorities, responsibilities, and obligations under applicable international law of these states as occupying powers under unified command (the ‚Authority')"[40]. Wie immer diese Textstelle ausgelegt wird, bewirkt sie einen Legalisierungeffekt, da zumindest der Sicherheitsrat nunmehr gehindert ist, eine Rechtswidrigkeit dieser Autorität zu behaupten.

Von der in dieser Weise erfolgten Autorisierung der ISAF ist jedoch die Rechtfertigung der Operation „Enduring Freedom" in Afghanistan zu unterscheiden, die nicht auf einer Ermächtigung des Sicherheitsrates, sondern auf dem Recht zur kollektiven Selbstverteidigung gem Art 51 SVN basiert.[41]

---

40   Res S/RES/1483 (2003).
41   Vgl Res S/RES 1368 (2001) und 1386 (2001).

b) *Initiative*

Im ursprünglichen VN-System ist es Sache des Sicherheitsrats die Initiative zum Einsatz militärischer Operationen zu ergreifen, da er die betreffenden Beschlüsse zum Einsatz zu fassen hat.[42] Mit einer Ermächtigung überlässt der Sicherheitsrat es aber den Ermächtigten, selbst zu entscheiden, wann der Einsatz erfolgen soll, womit ihm die Initiative genommen ist. Dadurch entledigt er sich aber auch seiner Verpflichtung aus Art 24, wonach ihm die Hauptverantwortlichkeit für die Friedenserhaltung zukommt. Wenn diese Verantwortlichkeit im Sinne einer Obliegenheit aufgefasst wird, so kann eine Ermächtigung zu einem Handeln, die keine Verpflichtung umfasst, nicht als Erfüllung dieser Verpflichtung aufgefasst werden. Doch selbst im Lichte einer Interpretation, wonach diese primäre Verantwortlichkeit lediglich als eine Kompetenz des Sicherheitsrates verstanden wird, ist zu fragen, ob eine Autorisierungsentscheidung diese Kompetenz überhaupt aktivieren kann. Denn es ist argumentierbar, dass der Sicherheitsrat mit einer derartigen Ermächtigung gar nicht imstande ist, die Friedenserhaltung zu erzielen, da andere Akteure über diese Operationen zu entscheiden berechtigt sind. Die verschiedenen Entscheidungen von der Resolution des Sicherheitsrats zur Ermächtigung bis zu der nationalen Entscheidung über das Ergreifen von Maßnahmen folgen nicht rechtlich zwangsläufig aufeinander, da die Staaten nicht verpflichtet werden, ihre Entscheidungen zu treffen, so dass es nicht der Sicherheitsrat ist, der die Maßnahmen zur Friedenserhaltung trifft, sondern die ermächtigten Akteure.

2. *Ermächtigung versus Mandatierung*

Die inzwischen zu diesen Problemen ergangene Literatur erblickt in dieser Ermächtigung durch den Sicherheitsrat oft eine Art Mandatsübertragung.[43] Die Übertragung eines Mandats wirft die Frage der *potestas delegata* und damit zugleich auch die weitere Frage danach auf, wieweit der Sicherheitsrat überhaupt die ihm in Art 24 übertragene *potestas* weiter übertragen dürfe bzw wieweit eine derartige Übertragung tatsächlich unter die Regel *potestas delegata non delegatur* fiele.

Werden diese Ermächtigungen als *Mandat* verstanden, so müssten sie auch ein Mandatsverhältnis zwischen Mandatar und Mandanten konstituieren. Als

---

42   Siehe Art 39 und 42; selbst im Fall der PKO geht im Allgemeinen die Initiative vom SR aus.

43   In diesem Sinn *Bothe*, Peace-keeping, in: *Simma* (Hrsg), The Charter of the United Nations[2] (2002) 648.

Mandat wird verstanden „a direction or request"[44]. Im Zivilrecht ist es dem *Auftrag* gleichzusetzen und bedeutete im römischen Recht „die vertragliche Übernahme der unentgeltlichen Besorgung eines fremden Geschäfts"[45]. Unabhängig von der Frage, wieweit auch Entgeltlichkeit gegeben sein kann, entsteht doch zwischen dem Mandatar und dem Mandanten eine Verpflichtungsstruktur, die aber bei der Ermächtigung fehlt.[46] Im Völkerrecht hat sich eine Verpflichtungsstruktur auch im Mandatssystem des Völkerbundes manifestiert, da der Mandatar verpflichtet wurde, sein Mandat nicht nur durchzuführen, sondern nur in einer durch den Mandatsvertrag bestimmten Weise.[47] Die Praxis der Ermächtigungen durch die VN mündet jedoch in keine Verpflichtung, die Maßnahmen, zu denen die jeweiligen Staaten ermächtigt wurden, auch durchzuführen. Diese Staaten oder, im Fall der Maßnahmen nach Kapitel VIII, auch die Regionaleinrichtungen, werden lediglich dazu berechtigt, wobei die Autorisierung den Rahmen dazu abgibt. Wenngleich die jüngeren Ermächtigungen mit bestimmten Pflichten behaftet sind, handeln die Staaten oder Regionaleinrichtungen dabei *ex sponte sua*, nicht jedoch aus dem Willen der VN heraus. Inwieweit sie aus ihrem eigenen Interesse oder aus einem kollektiven Interesse der gesamten Staatengemeinschaft heraus handeln,[48] hat keinen Einfluss auf die rechtliche Struktur.

3. Der rechtliche Status der Maßnahmen

Durch die Autorisierung werden die Aktionen der innerhalb der Ermächtigung agierenden Staaten mit dem Mantel der Rechtmäßigkeit umgeben. Allerdings bewirkt diese Autorisierung lediglich eine Rechtfertigung im Verhältnis zur SVN, nicht jedoch gegenüber anderen völkerrechtlichen Verpflichtungen, soweit sie nicht in der Satzung reflektiert sind. Wenn auch das allgemeine Völkergewohnheitsrecht ein eigenständiges Gewaltverbot enthält,[49] so beseitigt die Autorisierung die Rechtswidrigkeit sowohl gegenüber Artikel 2 (4), als auch gegenüber dem im allgemeinen Völkergewohnheitsrecht verankerten Gewaltverbot. Allerdings kann diese Autorisierung nicht zum Vorrang der Maßnahmen gegenüber

---

44 *Burke, Jowitt's* Dictionary of English Law (1977) 1140.
45 *Kaser*, Römisches Privatrecht (1960) 169.
46 Siehe *Gschnitzer*, Schuldrecht. Besonderer Teil und Schadenersatz (1963) 100.
47 Siehe *Lauterpacht*, International law – A treatise, in: *Oppenheim* (Hrsg) I (1947) 195; siehe auch International Status of South-West Africa; Advisory Opinion, 11.07.1950, ICJ 1950, 128.
48 *Simma*, From bilateralism to community interests in international law, 250 Recueil des Cours (1994) 221 (267).
49 Vgl Urteil des IGH 22.06.1986, Paramilitary activities in and against Nicaragua, ICJ 1986, 96.

allen anderen vertraglichen Pflichten der betreffenden Staaten führen, da Art 103 nur für *Verpflichtungen* aus der Satzung, jedoch *nicht* für *Berechtigungen* gilt. Soweit die Staaten außerhalb der Autorisierung handeln, sind sie daher nach dem allgemein anwendbaren Völkerrecht zu beurteilen. Diese Rechtmäßigkeit besteht nicht nur dem Sicherheitsrat – dem es deshalb verwehrt ist, diesen Staaten dann eine Verletzung der SVN vorzuwerfen – sowie den anderen Mitgliedstaaten der VN gegenüber, sondern auch gegenüber jenem Staat, demgegenüber die Maßnahmen ergriffen werden. Denn die Satzungskonformität der Ermächtigung impliziert die Satzungskonformität der auf ihrer Grundlage ergriffenen Maßnahmen; der Staat, gegen den sie ergriffen werden, ist ebenso an die Satzung gebunden und muss die Rechtmäßigkeit auch jener Maßnahmen anerkennen, die durch diese Resolution als rechtmäßig erklärt werden.

4. Beziehungen zwischen den Maßnahmen und dem Sicherheitsrat

Die Beziehungen dieser Maßnahmen zum Sicherheitsrat schneiden verschiedene Probleme an, wie die Frage des Umfangs des Mandats in sachlicher sowie zeitlicher Hinsicht und der Kontrolle dieser Maßnahmen durch den Sicherheitsrat. Die in diesem Bereich aufgetretene Entwicklung zeigt deutlich das Spannungsverhältnis zwischen den autorisierten Staaten und dem Sicherheitsrat, nämlich zwischen dem Wunsch nach verstärkter Kontrolle und verstärktem Einfluss auf diese Maßnahmen und dem Bestreben, Aktionen außerhalb der Ingerenz des Sicherheitsrats zu setzen.

Die erste Resolution dieser Art, die S/RES/678 (1990), ermächtigte Staaten zur Ergreifung von Maßnahmen gegen den Irak mit einem sehr weiten Umfang; sie waren lediglich durch ihren Zweck begrenzt „to uphold and implement resolution 660 (1990) and all subsequent relevant resolutions and to restore international peace and security in the area". Diese Resolution enthielt keine präzise Begrenzung, weder *ratione loci, ratione materiae,* noch *ratione temporis,* ebenso wie auch die Kontrolle lediglich auf eine Berichtspflicht in nicht näher definierten regelmäßigen Abständen beschränkt war. Wie sehr diese sehr allgemein gehaltene Diktion politische Schwierigkeiten bereitete, erwies sich an den Maßnahmen der USA gegenüber dem Irak im März 2003, die unter Berufung auf die Resolution des SR S/RES/1441 (2003) eben wieder auf diese Resolution aus dem Jahr 1990 mit der Rechtfertigung gestützt wurde, dass jene frühere Resolution noch immer in Kraft gewesen sei[50] und lediglich in ihrer Anwendbarkeit durch die Res S/RES/687 (1991) gehemmt worden wäre.

50　Die Res S/RES/1441 (2002) wiederholte in ihrer Präambel den Operativparagraph 2 der Res S/RES/678 (1990).

a) Der Umfang des Mandats

Die sachlich weitgespannte Ermächtigung der Resolution S/RES/678 (1990) hat schon bald zu Interpretationsschwierigkeiten geführt, da versucht wurde, auch Maßnahmen im Norden Iraks, die mit der Befreiung Kuwaits nicht unmittelbar verbunden waren, mit dieser Bestimmung zu rechtfertigen. Wie *Blokker* nachweist, enthielten die späteren Resolutionen des Sicherheitsrats enger gefasste Zielsetzungen der Ermächtigungen;[51] sie reichten von „to facilitate the departure from Haiti of the military leadership, consistent with the Governors Island Agreement, the prompt return of the legitimately elected President and the restoration of the legitimate authorities of the Government of Haiti, and to establish and maintain a secure and stable environment that will permit implementation of the Governors Island Agreement" im Fall Haiti[52] bis zu „to facilitate the safe and prompt delivery of humanitarian assistance, and to help create a secure environment for the missions of international organizations in Albania, including those providing humanitarian assistance" im Fall Albaniens[53]. Erst aufgrund dieser Eingrenzung lässt sich auch versuchen, die unterschiedlichen Maßnahmen insbesondere danach zu kategorisieren, wieweit sie noch Gewaltmaßnahmen sind oder sich bereits dem Charakter der PKO annähern. Auch kann der Sicherheitsrat erst durch diese eingegrenzte Zweckbestimmung sicherstellen, dass in der Durchführung das Interesse der VN stärker zur Geltung kommt. Erfolgt keine derartige Eingrenzung, sind die Staaten, sofern sie sich lediglich im Rahmen der Autorisierung halten, an sonstige, in der Autorisierung oder Satzung nicht reflektierte Zielsetzungen der VN nicht gebunden, da sie weder als VN noch im Auftrag der VN agieren.

b) Die zeitliche Befristung

Das zweite Instrument zur Eingrenzung dieser Maßnahmen besteht in der zeitlichen Begrenzung. Auch hier ist die Resolution S/RES/678 (1990) Ausgangspunkt der Kritik, da sie keinerlei zeitliche Begrenzung für die Maßnahmen gegen den Irak vorsah, so dass sie auch mehr als zehn Jahre nach ihrer Verabschiedung noch als Rechtgrundlage für derartige Aktionen dienen konnte. Demgegenüber sehen die jüngeren Resolutionen zeitliche Befristungen vor, die von 11 Tagen bis zu eineinhalb Jahren reichen, oder eine funktionelle Befristung ent-

---

51 *Blokker* (Fn 34) 561.
52 Res S/RES/940.
53 Res S/RES/1101.

halten.[54] So befristet die Resolution, mit der die ISAF in Afghanistan autorisiert wurde, diese Maßnahmen mit einer Dauer von sechs Monaten.[55] Eine bestimmte zeitliche Flexibilität ist jedenfalls durch die Möglichkeit der Verlängerung gewahrt, wodurch jedoch dem Sicherheitsrat ein entscheidender Einfluss auf die Gestaltung der Maßnahmen eingeräumt ist, da von seiner Beurteilung der bisherigen Maßnahmen die Verlängerung dann abhängt.

c) Die Berichtspflicht

Die Verlängerung der Ermächtigung ist eng mit dem System des Monitoring der Maßnahmen durch die VN verbunden: Dieses Monitoring kann sich allein in einem zur Kenntnisnahme eines unregelmäßig und sehr kursorisch erstatteten Berichts erschöpfen, es kann aber auch bis zu einer kurzfristigen Berichtspflicht und einer Bewertung durch den Generalsekretär der VN führen. Zu Recht vergleicht *Blokker* diese Kontrollmöglichkeit mit der Berichtspflicht verschiedener Organe der Europäischen Union;[56] so hat auch das Europäische Parlament vor allem durch diese Berichtspflicht und die auf diesen Bericht folgende Diskussion ein wesentliches Instrument der Kontrolle zur Verfügung, wenn auch rechtlich stringentere Möglichkeiten der Ingerenz fehlen.

Auch die jüngste Resolution S/RES/1483 (2003) sieht eine besondere Berichtspflicht nicht nur des Sonderbeauftragten für den Irak vor,[57] sondern lädt auch die Staaten, welche die Gebietshoheit im Irak ausüben – die USA und Großbritannien – ein, dem Sicherheitsrat Bericht zu erstatten.[58]

5. Die Beteiligungs- und Unterstützungsverpflichtungen der Staaten

In diesem Zusammenhang stellt sich die Frage, ob die Staaten verpflichtet sind, diese Ermächtigung wahrzunehmen sowie die Maßnahmen zu unterstützen. Diese

---

54 So etwa bis eine bestimmte Aufgabe erfüllt ist, wie zB bei Res S/RES/940; *Blokker* (Fn 34 und 39) 562.

55 S/RES/1386, Operativparagraph 1.

56 *Blokker* (Fn 34) 563.

57 Operativparagraph 8 lautet: "*Requests* the Secretary-General to appoint a Special Representative for Iraq whose independent responsibilities shall involve reporting regularly to the Council on his activities under this resolution."

58 Operativparagraph 24 lautet: "*Requests* the Secretary-General to report to the Council at regular intervals on the work of the Special Representative with respect to the implementation of this resolution and on the work of the International Advisory and Monitoring Board and *encourages* the United Kingdom of Great Britain and Northern Ireland and the United States of America to inform the Council at regular intervals of their efforts under this resolution."

Verpflichtung kann aus zweierlei rechtlichen Regimen resultieren: zum einen aus dem der SVN, zum anderen aus dem allgemeinen Völkerrecht.

a) Die Verpflichtung aus den Resolutionen oder der SVN

Die Ermächtigungsresolutionen enthalten keine klare Verpflichtung zur Beteiligung an den Operationen, sie fordern regelmäßig lediglich die anderen, dh die an den Operationen nicht unmittelbar beteiligten Staaten auf, diese Operationen zu unterstützen. Da sich aber aus dem System der VN keine Verpflichtung ableiten lässt, die Maßnahmen zu setzen, verbleibt die Initiative dazu bei den Staaten selbst. Die VN handeln hier somit lediglich in Reaktion auf die Intention von „able and willing" Staaten, indem sie solche Maßnahmen als rechtmäßig erklären.

Aus den entsprechenden Resolutionen oder der SVN könnte sich eine Mitwirkungspflicht an diesen Maßnahmen ergeben. Eine derartige auf die SVN oder entsprechenden Resolutionen des Sicherheitsrates gestützte Unterstützungspflicht der Staaten würde gem Artikel 103 allen anderen völkerrechtlichen Pflichten vorgehen.

aa) Die mangelnde Verpflichtung aus den Resolutionen

Die bisherigen Autorisierungsresolutionen enthalten lediglich eine Unterstützungsaufforderung und keine Mitwirkungspflicht. Beispielhaft sei die Resolution S/RES/678 zitiert, worin der Sicherheitsrat

„3. Requests all States to provide appropriate support for the actions undertaken in pursuance of paragraph 2 of the present resolution;"

Resolution S/RES/1088, die die Operationen in Bosnien Herzegowina autorisiert, sieht im Operativparagraph 22 folgendes vor:

„Invites all States, in particular those in the region, to continue to provide appropriate support and facilities, including transit facilities, for the Member States acting under paragraph 18 above".

Mit den Begriffen „requests" oder „invites" allein wird keine stringente Verpflichtung begründet, selbst wenn die Resolution unter Anwendung von Kapitel VII SVN angenommen wurde. Es werden dadurch aber auch die Handlungen jener Staaten, welche die Operationen lediglich unterstützen, für rechtmäßig erklärt, da die Staaten, wenn sie auch dadurch keiner eindeutigen Verpflichtung zur Unterstützung unterliegen, allgemein aufgefordert werden, diese Operationen zu unterstützen.

bb) Die Verpflichtung zu logistischer Unterstützung aus der Satzung der Vereinten Nationen

Schon die allgemeine Loyalitätsverpflichtung aus dem Prinzip der Vertragstreue heraus verbietet eine isolierte Position eines Mitgliedstaates der Vereinten Nationen; so wäre es zB kaum einzusehen, dass ein VN-Mitglied womöglich vom Sicherheitsrat autorisierte Truppen interniert.[59] Diese Verpflichtung folgt bereits aus der Pflicht, die Effizienz des Systems nicht zu behindern. Da in jüngerer Zeit die gewalteinsetzende Aktivität der VN von derartigen Autorisierungen geprägt ist, ist dieser Mechanismus bereits als Teil des VN-Systems zu bewerten. Diese Verpflichtung entspricht dem Frustrationsverbot, resultiert aus der Mitgliedschaft und findet sich reflektiert in Art 2 Abs 2, soweit unter Kapitel VII autorisierte militärische Maßnahmen erfasst sind, in Art 2 Abs 5, der lautet:

„Alle Mitglieder leisten den Vereinten Nationen jeglichen Beistand bei jeder Maßnahme, welche die Organisation im Einklang mit dieser Charta ergreift; sie leisten einem Staat, gegen den die Organisation Vorbeugungs- oder Zwangsmaßnahmen ergreift, keinen Beistand."

Wenn Art 2 Abs 5 erster Halbsatz SVN von einer „action" der Vereinten Nationen spricht, so sind – wie *Frowein* und *Krisch* ausdrücklich anführen – darunter auch derartige Autorisierungsaktionen zu verstehen, da die Praxis der Autorisierung bereits als Bestandteil des Systems der Vereinten Nationen zu gelten hat.[60] Schließlich könnte der Sicherheitsrat einem Staat, der Maßnahmen, die auf derartige Autorisierungen gestützt sind, verhindert oder erschwert, sogar satzungswidriges Verhalten vorwerfen.

Eine weitere Unterstützungsverpflichtung kann aus Art 49 abgeleitet werden. Aufgrund dieser Bestimmung besteht eine Zusammenarbeitsverpflichtung der Mitglieder der VN hinsichtlich der vom Sicherheitsrat bestimmten Maßnahmen:

„Bei der Durchführung der vom Sicherheitsrat beschlossenen Maßnahmen leisten die Mitglieder der Vereinten Nationen einander gemeinsam handelnd Beistand."

Es lässt sich auch hieraus folgern, dass bei vom Sicherheitsrat autorisierten Maßnahmen von VN-Mitgliedern eine gegenseitige Unterstützungspflicht besteht, ähnlich jener des Art 2 Abs 5. Wenn diese Bestimmung auch autorisierte Maßnahmen einbezieht, so muss diese weite Fassung auch für jene Bestimmung des Art 49 gelten. Mit gleicher Rechtfertigung kann dann diese Verpflichtung auch für die vom Sicherheitsrat autorisierten Maßnahmen zur Geltung kommen,

---

59   Dies könnte unter Berufung auf allfällige Neutralitätspflichten geschehen.
60   *Frowein/Krisch*, Article 2 (5), in: *Simma* (Hrsg), The Charter of the United Nations, A commentary (2002) 138.

da in beiden Fällen die Maßnahmen auf freiwilliger Beteiligung basieren, unge-
achtet dessen, dass im ersten Fall im Gegensatz zum zweiten ein Hilfsorgan der
VN gebildet wird. Schließlich hat die Praxis der VN diese Bestimmung auch auf
PKO ausgedehnt.[61]

Diese Haltung zu verweigern könnte zwar formell damit begründet werden,
dass das Einleitungswort „requests" oder „invites" keine stringente Verpflichtung
bewirkt, doch verursacht dieser Paragraph einen starken politischen Druck, ein
dementsprechendes Verhalten zu setzen, der von Art 2 (5) und 49 auch rechtlich
untermauert wird.

Diese Aufforderung entspricht der genannten Verpflichtung eines Systemmit-
glieds zum Systemerhalt, in diesem Fall der VN, die eine Loyalität begründet,
aus der heraus keine Aktionen zur Vereitelung des Zwecks der VN gesetzt werden dürfen.

b) Die Handlungsverpflichtung aufgrund des allgemeinen Völkerrechts

Eine Unterstützungsverpflichtung kann nicht nur aus dem System der VN, sondern auch aus dem allgemeinen Völkerrecht abgeleitet werden. Wenn auch das
allgemeine Völkerrecht keinen Staat verpflichtet, Rechtsverletzungen ihm gegenüber geltend zu machen, so kann sich eine derartige Pflicht aber dann ergeben,
wenn grundlegende Interessen der Staatengemeinschaft berührt sind.

Hiebei kann Kapitel III der Artikel über die Staatenverantwortlichkeit maßgebend werden, wie sie von der ILC der Generalversammlung im Jahre 2001
vorgelegt und von dieser mit Konsensus zur Kenntnis genommen wurden
(A/RES/56/83). Diese Artikel sehen besondere Folgen für einen „serious breach
by a State of an obligation arising under a peremptory norm of general international law" vor (Art 40). Hiefür sind zwei Bedingungen zu erfüllen:

- es muss sich um die Verletzung einer aus dem *ius cogens* resultierenden Verpflichtung handeln und
- diese Verletzung muss gravierend sein, dh „it involves a gross or systematic
  failure by the responsible State to fulfil the obligation" (Art 40 Abs 2).

Zur ersten Bedingung ist festzuhalten, dass es keine Definition der Normen
des *ius cogens* außer jener in Art 53 des Wiener Übereinkommens über das
Recht der Verträge (VWK) gibt[62]:

---

61   *Bryde/Reinisch*, Article 49, in: *Simma* (Fn 60) 783.
62   BGBl 40/1980.

„For the purposes of the present Convention, a peremptory norm of general international law is a norm accepted and recognized by the international community of States as a whole as a norm from which no derogation is permitted and which can be modified only by a subsequent norm of general international law having the same character".

Sofern die Handlungen, welche die Ermächtigung auslösen, als Verletzungen von *ius cogens* zu qualifizieren sind, kommt dieses Kapitel aus der Staatenverantwortlichkeit zur Anwendung. Als Beispiele für derartige Normen gelten neben Aggression Völkermord und Folter. Es sind allgemein Normen, wie sie im Kommentar zu Art 40 der Artikel über die Staatenverantwortlichkeit beschrieben sind:

„The obligations referred to in article 40 arise from those substantive rules of conduct that prohibit what has come to be seen as intolerable because of the threat it presents to the survival of States and their peoples and the most basic human values."

Die zweite Bedingung, jene der „serious violation" ist eine Tatsachenfrage, die Beweise erfordert.

Sofern jedoch diese Bedingungen erfüllt sind, treten besondere Rechtsfolgen für Drittstaaten ein, die in Artikel 41 der Artikel über die Staatenverantwortlichkeit angegeben sind:

„Particular consequences of a serious breach of an obligation under this chapter

1. States shall cooperate to bring to an end through lawful means any serious breach within the meaning of article 40.
2. No State shall recognize as lawful a situation created by a serious breach within the meaning of article 40, nor render aid or assistance in maintaining that situation.
3. This article is without prejudice to the other consequences referred to in this Part and to such further consequences that a breach to which this chapter applies may entail under international law."

Der Kommentar zu dieser Verpflichtung führt dazu aus:

„(2) Pursuant to paragraph 1 of article 41, States are under a positive duty to cooperate in order to bring to an end serious breaches in the sense of article 40. Because of the diversity of circumstances which could possibly be involved, the provision does not prescribe in detail what form this cooperation should take. Cooperation could be organized in the framework of a competent international organization, in particular the United Nations. However, paragraph 1 also envisages the possibility of non-institutionalized cooperation.

(3) Neither does paragraph 1 prescribe what measures States should take in order to bring an end to serious breaches in the sense of article 40. Such cooperation must be through lawful means, the choice of which will depend on the cir-

cumstances of the given situation. It is, however, made clear that the obligation to cooperate applies to States whether or not they are individually affected by the serious breach. What is called for in the face of serious breaches is a joint and coordinated effort by all States to counteract the effects of these breaches. It may be open to question whether general international law at present prescribes a positive duty of cooperation, and paragraph 1 in that respect may reflect the progressive development of international law. But in fact such cooperation, especially in the framework of international organizations, is carried out already in response to the gravest breaches of international law and it is often the only way of providing an effective remedy. Paragraph 1 seeks to strengthen existing mechanisms of cooperation, on the basis that all States are called upon to make an appropriate response to the serious breaches referred to in article 40."

Diese Auslegung der Verpflichtung aus Art 41 fügt sich in das Ermächtigungsregime des Sicherheitsrates insofern ein, als die Ermächtigung die in ihrem Rahmen ergriffenen Maßnahmen als rechtmäßig („lawful") erklärt, so dass kein rechtliches Hindernis für die Staaten besteht, ihrer Verpflichtung aus Art 41 der Staatenverantwortlichkeit zu entsprechen.

Dementsprechend verpflichtet eine derartige Verletzung schon aus dem Solidaritätsgedanken heraus alle Staaten, an der Beendigung der Rechtswidrigkeit mitzuarbeiten.[63] Diese Bestimmung rief während ihrer Entstehungsgeschichte keinerlei Protest seitens der Staatengemeinschaft hervor, so dass argumentiert werden kann, dass heute bereits aufgrund des allgemeinen Völkerrechts eine allgemein gültige Verpflichtung besteht, an der Beendigung der Rechtswidrigkeit mitzuarbeiten. Die ILC allerdings geht davon aus, dass es sich dabei um eine fortschreitende Entwicklung („progressive development") handelt.[64] Wieweit aber die Staaten bei der Umsetzung in die Praxis tatsächlich dieser Verpflichtung in vollem Ausmaß folgen werden, lässt sich noch nicht feststellen. Zumindest

---

63 Wie weit diese Verpflichtung wirkt, folgt daraus, dass in der ersten Lesung dieser Text kein Epitheton „lawful" enthielt: „Obligations for all States –
An international crime committed by a State entails an obligation for every other State:
(a) not to recognize as lawful the situation created by the crime;
(b) not to render aid or assistance to the State which has committed the crime in maintaining the situation so created;
(c) to cooperate with other States in carrying out the obligations under subparagraphs (a) and (b); and
(d) to cooperate with other States in the application of measures designed to eliminate the consequences of the crime." Siehe die Gegenüberstellung in *Hafner*, The Draft Articles on the Responsibility of States for Internationally Wrongful Acts, ARIEL (2000) 189.
64 Siehe oben den zitierten Absatz 3 des Kommentars zu Artikel 40.

lässt sich aber schon derzeit ein den Staaten auferlegtes Verbot konstatieren, Maßnahmen zur Beendigung einer derartigen graviden Rechtsverletzung zu behindern. Daraus folgt, dass auch die Unterstützung einer Tätigkeit zur Beendigung der Rechtswidrigkeit nicht nur rechtskonform, sondern auch verpflichtend ist.

Es könnte dagegen lediglich argumentiert werden, dass die Staaten ihre Verpflichtung bereits durch Art 24 wahrgenommen haben, worin sie ihre Handlungsverpflichtung dem Sicherheitsrat wieder übertragen haben.[65] Wenn dann allerdings dieser wieder die Staaten ermächtigt, diese Maßnahmen zu treffen, dann würde diese ursprüngliche Verpflichtung als solche der Staaten wieder aufleben.

6. Die Aufteilung der Verantwortlichkeit zwischen den VN und den Staaten

Die Frage der Verantwortlichkeit für Handlungen im Kontext der Maßnahmen, zu denen die VN einzelne Staaten autorisieren,[66] erfordert erst eine Klarstellung der Zurechnung der Handlungen zu den jeweiligen Völkerrechtssubjekten.

a) Die Verantwortlichkeit der VN

Es ist unbestritten, dass diese Handlungen den VN selbst nicht zugerechnet werden können; ihnen kann lediglich die Ermächtigungsresolution zugerechnet werden. Der VN kann somit eine Verantwortlichkeit lediglich für diese Resolution auferlegt werden, womit das komplexe Problem der Bindung der VN an die SVN und das allgemeine Völkerrecht angesprochen wird oder, in allgemeiner Formulierung, jenes der accountability von internationalen Organisationen[67] – dies ungeachtet dessen, dass die Satzungskonformität der bisherigen Ermächtigungsresolutionen bereits dargelegt wurde.

---

65   Art 24 SVN lautet:
      „(1) Um ein schnelles und wirksames Handeln der Vereinten Nationen zu gewährleisten, übertragen ihre Mitglieder dem Sicherheitsrat die Hauptverantwortung für die Wahrung des Weltfriedens und der internationalen Sicherheit und erkennen an, dass der Sicherheitsrat bei der Wahrnehmung der sich aus dieser Verantwortung ergebenden Pflichten in ihrem Namen handelt.
      (2) Bei der Erfüllung dieser Pflichten handelt der Sicherheitsrat im Einklang mit den Zielen und Grundsätzen der Vereinten Nationen. Die ihm hierfür eingeräumten besonderen Befugnisse sind in den Kapiteln VI, VII, VIII und XII aufgeführt.
      (3) Der Sicherheitsrat legt der Generalversammlung Jahresberichte und erforderlichenfalls Sonderberichte zur Prüfung vor."
66   Es sei betont, dass die VN in ihren Ermächtigungsresolutionen regelmäßig davon ausgehen, dass mehrere Staaten an derartigen Maßnahmen teilnehmen.
67   Siehe ILA Bericht New Delhi, 2002, 772.

Weder die Maßnahmen, noch die einzelnen in Ausführung dieser Maßnahmen gesetzten Aktionen können den VN zugerechnet werden, so dass ihnen auch keine Verantwortlichkeit auferlegt werden kann. Da es sich nicht um Handlungen von Organen der VN wie bei den PKO handelt, können auch nicht die Privilegien und Immunitäten, die den VN kraft Art 105, dem allgemeinen Privilegien- und Immunitätenabkommen von 1946[68], einzelnen Amtssitzabkommen mit verschiedenen Staaten oder „Status of Forces Agreements" zukommen, zur Anwendung gelangen. Auf diese Handlungen kann auch das Übereinkommen über die Sicherheit von Personal der Vereinten Nationen und beigeordnetem Personal von 1994[69] nicht angewendet werden. Dieses findet lediglich auf das Personal der VN selbst sowie diesen zur Verfügung gestelltes oder mit ihnen in vertraglicher Beziehung stehendes Personal Anwendung.[70] Soweit es sich um militärische Maßnahmen handelt, kommt dieses Übereinkommen schon deswegen nicht zur Geltung, da auch Einsätze der Vereinten Nationen nicht darunter fallen, bei denen „Angehörige des Personals als Kombattanten gegen organisierte bewaffnete Verbände eingesetzt sind und auf die das Recht der internationalen bewaffneten Konflikte anwendbar ist".[71]

---

68 BGBl 1957/126.
69 BGBl III 2000/180.
70 Gemäß Art 1 dieses Übereinkommens
    „a) bedeutet „Personal der Vereinten Nationen"
    i) Personen, die vom Generalsekretär der Vereinten Nationen als Angehörige militärischer, polizeilicher oder ziviler Bestandteile von Einsätzen der Vereinten Nationen eingestellt oder eingesetzt werden,
    ii) andere Bedienstete und Sachverständige im Auftrag der Vereinten Nationen oder ihrer Spezialorganisationen oder der Internationalen Atomenergie-Organisation, die sich in amtlicher Eigenschaft in dem Gebiet aufhalten, in dem ein Einsatz der Vereinten Nationen durchgeführt wird,
    b) bedeutet „beigeordnetes Personal"
    i) Personen, die von einer Regierung oder einer zwischenstaatlichen Organisation mit Zustimmung des zuständigen Organs der Vereinten Nationen zur Verfügung gestellt werden,
    ii) Personen, die vom Generalsekretär der Vereinten Nationen oder von einer Spezialorganisation oder der Internationalen Atomenergie-Organisation beschäftigt werden,
    iii) Personen, die von einer humanitären nichtstaatlichen Organisation oder Einrichtung im Rahmen einer Vereinbarung mit dem Generalsekretär der Vereinten Nationen oder mit einer Spezialorganisation oder der Internationalen Atomenergie-Organisation eingesetzt werden, um Tätigkeiten zur Unterstützung der Erfüllung des Mandats eines Einsatzes der Vereinten Nationen durchzuführen."
71 Art 2 des Übereinkommens.

b) Die Verantwortlichkeit der Staaten

Mangels Zurechenbarkeit zu den VN sind Staaten oder allenfalls Regionaleinrichtungen (sofern ihnen Deliktsfähigkeit zukommt) verpflichtet, die Verantwortlichkeit für diese Maßnahmen zu übernehmen. Es hängt somit von der Struktur
und Organisation dieser Maßnahmen ab, wieweit die Verantwortlichkeit zwischen den teilnehmenden Staaten verteilt ist. Sofern nicht eine Organisations-
struktur die Aktionen der handelnden Staaten überlagert, sind die Handlungen
jeweils den einzelnen Staaten zuzurechnen, da die agierenden Personen als Organe der sie entsendenden Staaten handeln. Damit sind sie Hoheitsträger und setzen
Tätigkeiten *iure imperii*. Die Legalität ihrer Handlungen richtet sich somit nach
Völkerrecht wie auch nach dem auf sie anzuwendenden nationalen Recht. Es
hängt von der jeweiligen Maßnahme und den rechtlichen Beziehungen zu dem
Gebietsstaat ab, wieweit die Organe der entsendenden Staaten auch dessen natio-
nalem Recht unterworfen sind. Soweit die Handlungen nicht kraft einer Ermächtigung zur Gewaltanwendung auch gegen den Willen des jeweiligen Gebietsstaa-
tes gesetzt werden dürfen, benötigen sie jedenfalls die Zustimmung dieses Staates.

aa) Die Organisation der ISAF

Die Organisation derartiger Missionen lässt sich am ehesten anhand der International Assistance Forces Afghanistan illustrieren:

Mit der Resolution S/RES/1386 (2001) ermächtigte der Sicherheitsrat im
Kontext des Bonner Abkommens[72] den Einsatz der ISAF:

„1. *Authorizes*, as envisaged in Annex 1 to the Bonn Agreement, the establishment for 6 months of an International Security Assistance Force to assist
the Afghan Interim Authority in the maintenance of security in Kabul and its surrounding areas, so that the Afghan Interim Authority as well as the personnel of
the United Nations can operate in a secure environment;

2. *Calls upon* Member States to contribute personnel, equipment and other resources to the International Security Assistance Force, and invites those Member
States to inform the leadership of the Force and the Secretary-General;

3. *Authorizes* the Member States participating in the International Security
Assistance Force to take all necessary measures to fulfil its mandate;

---

72   Agreement on Provisional Arrangements in Afghanistan Pending the Re-Estab-
     lishment of Permanent Government Institutions vom 5. Dezember 2001; Text in:
     http://www.uno.de/frieden/afghanistan/talks/agreement.htm.

4. *Calls upon* the International Security Assistance Force to work in close consultation with the Afghan Interim Authority in the implementation of the force mandate, as well as with the Special Representative of the Secretary-General;

5. *Calls upon* all Afghans to cooperate with the International Security Assistance Force and relevant international governmental and non-governmental organizations, and welcomes the commitment of the parties to the Bonn Agreement to do all within their means and influence to ensure security, including to ensure the safety, security and freedom of movement of all United Nations personnel and all other personnel of international governmental and non-governmental organizations deployed in Afghanistan".

Diese Mission hat drei hauptsächliche Aufgaben:

- die Interimsregierung bei der Entwicklung nationaler Sicherheitsstrukturen zu unterstützen,
- den Wiederaufbau des Landes zu fördern
- sowie die Entwicklung und die Ausbildung zukünftiger Afghanischer Sicherheitskräfte zu unterstützen.

Die „Rules of Engagement" stützen sich auf das militärisch-technische Abkommen zwischen dem britischen Kommandanten und der Interimsregierung von Afghanistan vom 31. Dezember 2001, wonach die ISAF „complete and unimpeded freedom of movement throughout the territory and airspace of Afghanistan" genießt.[73] Die Sicherheitstruppe ist zur Durchsetzung der Resolution 1386 (2001) autorisiert, dh alle erforderlichen Maßnahmen einschließlich der Anwendung militärischer Gewalt zu ergreifen, um den Auftrag durchzusetzen. Die Wahrnehmung des Rechts zur individuellen und kollektiven Selbstverteidigung bleibt davon unberührt. Den im Rahmen dieser Operation eingesetzten Kräften wurde auch die Befugnis zur Wahrnehmung des Rechts auf bewaffnete Nothilfe zugunsten Jedermann erteilt.[74]

Diese Kräfte stehen unter der allgemeinen Führung der „lead nation", deren Funktion ab Sommer 2003 von der NATO übernommen wird. Dadurch soll vermieden werden, dass wie bisher halbjährlich eine andere „lead nation" bestimmt werden muss.[75]

Die rechtliche Stellung der Truppen der teilnehmenden Staaten in Afghanistan ist somit zu beurteilen nach der rechtlichen Beziehung

---

73 http://www.cdi.org/terrorism/isaf.cfm.
74 http://www.bundesregierung.de/Themen-A-Z/Sicherheitspolitik-,8912/ISAF-Afghanistan.htm.
75 http://www.nato.int/docu/update/2003/04-april/e0416a.htm.

- zwischen der „lead nation" und Afghanistan
- zwischen den einzelnen truppenstellenden Staaten und Afghanistan sowie
- zwischen der „lead nation" und den einzelnen truppenstellenden Staaten.

Während die erstgenannten Beziehungen durch das militärisch-technische Abkommen näher erfasst sind, sind jeweils einzelne Abmachungen zwischen den einzelnen Staaten und Afghanistan schon aus politischen Gründen nicht anzunehmen, da ansonsten die Einheitlichkeit des Vorgehens der ISAF nicht erreicht werden könnte. Soweit bekannt besteht jedoch ein „Memorandum of Understanding" zwischen der „lead nation" und den einzelnen Staaten, wodurch der in der mit Afghanistan erzielten Vereinbarung verankerte Rechtsstatus auch auf die Truppen der anderen Staaten ausgedehnt wird.

bb) Die Verteilung der Verantwortlichkeit der Staaten im Lichte der ISAF Organisation

Diese Organisation wirft mehrere Probleme hinsichtlich der zu übernehmenden Staatenverantwortlichkeit auf, die jedoch mangels Einsicht in die einzelnen Regelungen nicht beantwortet, sondern lediglich in ihren Ansatzpunkten skizziert werden können.

Abhängig von der Kommandostruktur stellt sich die Frage, wieweit den einzelnen Staaten allein oder in Zusammenhang mit der „lead nation" Staatenverantwortlichkeit zukommt. Maßgebend ist hier insbesondere, ob die Organe der teilnehmenden Staaten als der „lead nation" zur Verfügung gestellt zu qualifizieren sind. In diesem Fall würde Art 6 aus den Artikeln über die Verantwortlichkeit der Staaten für völkerrechtswidrige Handlungen zur Anwendung gelangen[76] und die Verantwortlichkeit der „lead nation" begründen. Liegt jedoch eine derartige Situation nicht vor, müssten die einzelnen teilnehmenden Staaten selbst die Verantwortlichkeit übernehmen. Es stellt sich lediglich die Frage, inwieweit die von Art 16 oder Art 17 dieser Artikel geregelten Situationen, dh eine Beihilfe oder Unterstützung bei der Begehung einer völkerrechtswidrigen Hand-

---

76   Art 6 lautet:
      „*Verhalten von Organen, die einem Staat von einem anderen Staat zur Verfügung gestellt werden.*
      Das Verhalten eines Organs, das einem Staat von einem anderen Staat zur Verfügung gestellt wird, ist als eine Handlung des ersteren Staates im Sinne des Völkerrechts zu werten, wenn das Organ in Ausübung hoheitlicher Befugnisse des Staates handelt, dem es zur Verfügung gestellt wird.*", Text in: Res A/RES/56/83. Es handelt sich dabei um eine inoffizielle Übersetzung durch die VN.

lung (Art 16)[77] oder die Leitung oder Kontrolle bei der Begehung einer völkerrechtswidrigen Handlung (Art 17)[78] vorliegen. Der Unterschied zwischen diesen beiden letztgenannten Situationen besteht darin, dass im Fall des Art 16 die anderen teilnehmenden Staaten angesprochen sind, während in jenem des Art 17 vor allem die „lead nation" zur Verantwortung gezogen werden kann. Von dieser begleitenden Verantwortlichkeit bleibt aber die selbständige Verantwortlichkeit der jeweiligen Staaten unberührt, so dass sich ein Staat nicht seiner Verantwortung mit der Berufung darauf entschlagen kann, dass er von einem anderen Staat dazu angeleitet worden sei.

Eine besondere Akzentuierung erfährt diese Problematik noch dadurch, dass die NATO ab Sommer 2003 die Funktionen der „lead nation" übernimmt, sodass zusätzlich zur Staatenverantwortlichkeit noch die Verantwortlichkeit internationaler Organisationen zur Geltung kommen wird, ein völkerrechtlicher Bereich, der bisher keine fest gefügte einheitliche Praxis erfahren hat. Die ILC ist derzeit erst im Begriff, sich dieses rechtlichen Problems anzunehmen.[79]

D. Die Emanzipierung der Einzelpersonen aus dem Staatsverband

Als Reaktion auf die Sicherheitsgefährdung hat die internationale Staatengemeinschaft, verkörpert vor allem durch die VN, das Individuum aus der Mediatisierung durch den Staat herausgelöst und als selbständigen Adressaten der Sanktionen und der völkerrechtlichen Verantwortlichkeit gestaltet. Dadurch ist es

---

77 Art 16 lautet:
„*Beihilfe oder Unterstützung bei der Begehung einer völkerrechtswidrigen Handlung.*
Ein Staat, der einem anderen Staat bei der Begehung einer völkerrechtswidrigen Handlung Beihilfe leistet oder Unterstützung gewährt, ist dafür völkerrechtlich verantwortlich,
a) wenn er dies in Kenntnis der Umstände der völkerrechtswidrigen Handlung tut und
b) wenn die Handlung völkerrechtswidrig wäre, wenn er sie selbst beginge." Ibid.
78 Art 17 lautet:
„*Leitung und Kontrolle bei der Begehung einer völkerrechtswidrigen Handlung.*
Ein Staat, der einen anderen Staat bei der Begehung einer völkerrechtswidrigen Handlung leitet und ihn kontrolliert, ist dafür völkerrechtlich verantwortlich,
a) wenn er dies in Kenntnis der Umstände der völkerrechtswidrigen Handlung tut und
b) wenn die Handlung völkerrechtswidrig wäre, wenn er sie selbst beginge." Ibid.
79 Siehe Report of the ILC on the work of its fifty-fourth session, A/57/10 (2002) Kapitel 8, 228.

möglich, jene Staatsbürger, die nicht unmittelbar in die Völkerrechtswidrigkeiten involviert sind, aus einer Art Geiselhaft ihres Staates zu lösen.

1. Die Entwicklung der „smart" oder „targeted sanctions"

Die im Rahmen des Kapitels VII SVN auf der Basis von Art 41 angenommenen Sanktionen waren in der früheren Praxis der VN gegen die jeweiligen Staaten in ihrer Gesamtheit gerichtet. Die Staaten mussten etwa Wirtschaftssanktionen jeweils gegen den gesamten Staat ergreifen,[80] sei es dass das Definitionskriterium die Staatsbürgerschaft (zB von juristischen Personen) oder das gesamte Territorium war.

Dass die „klassische Form" der gegen einen Staat gerichteten Sanktionen[81] mehr negative als positive Effekte aufweisen könnte – zumindest auch die unbeteiligte Bevölkerung davon schwer betroffen werden könnte[82] – wurde ab der Mitte der 90er Jahre öfters festgestellt,[83] als die VN immer häufiger zum Mittel der Wirtschaftssanktionen griffen und sich der negativen Folgen für die Bevölkerung des Zielstaates wie auch der umgebenden Staaten bewusst wurden.[84] Selbst die VN stellte fest:

„One of the ways to minimize the adverse humanitarian impact of sanctions is to direct them at specific targets, something that the Council is doing more often in recent times. It should also be borne in mind that broad economic sanctions might not be effective in non-democratic states or in intra-state conflicts where the population has no power to induce a change of conduct on the part of the Government or faction leaders."[85]

Schließlich stellte schon die „Agenda for Peace" fest, dass derartige Sanktionen einen „backfiring-Effect" bewirken könnten, da sie dazu führten, dass sich

---

80   Vgl beispielhaft Res S/RES/661 (1990), worin gegen den gesamten Irak Sanktionen verhängt wurden.

81   Zu der Entwicklung des Sanktionenregimes siehe *Stephanides*, A Brief Overview of United Nations Applied Sanctions; Informal Background Paper prepared by the United Nations Sanctions Secretariat, in: *Swiss Federal Office for Foreign Economic Affairs*, Department of Economy, Expert seminar on targeting UN financial sanctions, 17/19.03.1999, Interlaken, Switzerland, 53.

82   In that respect, sanctions should be used not as a tool for collective punishment but as a device aimed at facilitating the solution of a particular crisis, ibid 65.

83   So zB Bericht von *Koenraad Van Brabant*, Sanctions: The Current Debate (1999), abrufbar unter http://www.smartsanctions.ch.

84   *Paul/Akhtar*, Sanctions: An Analysis (1998), abrufbar unter http://www.globalpolicy.org.

85   Operativparagraph (Fn 81) 66.

die Bevölkerung des Zielstaates hinter ihren Führern scharte.[86] Aus diesen Gründen wandten sich die VN, gestützt auf den Interlaken-Bericht, den „smart" oder „targeted sanctions"[87] zu. Der *Bossuyt*-Bericht stellt hiezu fest:

„54. In response to the tragic consequences of comprehensive economic sanctions on civilians, an increasingly concerted public discourse has arisen around „targeted" or „smart" sanctions. These targeted sanctions are conceived of as directly affecting the political leaders or those responsible for the breach of peace, while leaving the innocent civilian population alone. Properly targeting sanctions, it is hoped, can eliminate civilian suffering while putting significant pressure on the Government itself, thus bringing sanctions regimes into compliance with human rights and humanitarian law and increasing their chances of success (…).

56. Targeted economic sanctions may target the personal foreign assets and access to foreign financial markets of members of the Government, the ruling elite, or members of the military. The assets of government-owned businesses may also be frozen and investment in those businesses prohibited. Imports of luxury goods and other goods generally only consumed by the ruling elite can be banned. It is generally advised that lists be drawn up with the names of political and/or military leaders whose assets are to be frozen and who are subject to travel restrictions".[88]

Solche „targeted sanctions" können umfassen:

- Das Einfrieren von überseeischen Guthaben der Regierung und von Regierungsmitgliedern,
- Die Suspendierung von Krediten und Hilfen von Regierungen und internationalen Organisationen wie den VN, der IBRD und dem IWF,
- Verbot oder Beschränkung des Zugangs zu überseeischen Finanzmärkten,
- Spezielle Handelsembargos auf Waffen und Luxusgüter,
- Flug- oder Reiseverbote,
- Politische Sanktionen zur Stigmatisierung des Zielregimes, wie diplomatische Isolierung und Aberkennung der Akkreditierung,

---

86 Supplement to an Agenda for Peace (Fn 7) para 70.

87 Der Begriff „targeted sanctions" statt „smart sanctions" wurde gewählt, da keine Sanktion „smart" sein könne. Des weiteren wird auch unterschieden zwischen targeted und selective sanctions: „Selective sanctions are less than comprehensive sanctions involving restrictions on particular products or financial flows. Targeted sanctions are a subset of selective sanctions that specifically aim for narrow or targeted effects.", siehe *Elliott*, Analysing the Effects of Targeted Financial Sanctions, in: *Swiss Federal Office for Foreign Economic Affairs*, Department of Economy in cooperation with the United Nations Secretariat, 2nd Interlaken seminar on targeting UN financial sanctions, 29/31.03.1999, Interlaken, Switzerland, 190.

88 UN Doc E/CN4/Sub2/2000/33, 14.

- Verweigerung von Auslandsreisen, von Bildungsmöglichkeiten für Regime-
mitglieder und ihre Familien.[89]

Als Beispiel für derartige Sanktionen sei die Resolution S/RES/1267 (1999)
zitiert, deren Operativparagraph 4 lautet:
„*Decides further* that, in order to enforce paragraph 2 above, all States shall:
(a) Deny permission for any aircraft to take off from or land in their territory
if it is owned, leased or operated by or on behalf of the Taliban as designated by
the Committee established by paragraph 6 below, unless the particular flight has
been approved in advance by the Committee on the grounds of humanitarian
need, including religious obligation such as the performance of the Hajj;
(b) Freeze funds and other financial resources, including funds derived or
generated from property owned or controlled directly or indirectly by the Taliban, or by any undertaking owned or controlled by the Taliban, as designated by
the Committee established by paragraph 6 below, and ensure that neither they nor
any other funds or financial resources so designated are made available, by their
nationals or by any persons within their territory, to or for the benefit of the Taliban or any undertaking owned or controlled, directly or indirectly, by the Taliban, except as may be authorized by the Committee on a case-by-case basis on
the grounds of humanitarian need".
Ungeachtet ihrer Vorteile, reduzierten Kosten und geringeren Auswirkungen
auf die Nachbarstaaten,[90] bringen derartige Sanktionen aber auch Schwierigkeiten mit sich: So erfordern sie eine genaue Kenntnis der Umstände und der
Zielpersonen, da sie anderenfalls leicht umgangen werden und kaum den ge-
wünschten Erfolg zeitigen könnten. In der Praxis werden diese Sanktions-
resolutionen konkretisiert, indem der Sicherheitsrat in einer Liste, der „New con-
solidated list pursuant to Security Council Resolutions 1267 (1999), 1333 (2000),
1390 (2002) and 1455 (2003)", die Namen der von den Sanktionen betroffenen
Personen und Einrichtungen nennt. Staaten sind verpflichtet, die Guthaben dieser
Personen und Einrichtungen einzufrieren, die Einreise oder den Transit zu verweigern und zu verhindern, dass ihnen Waffen und anderes Kriegsmaterial ver-
kauft wird.[91] Diese Liste enthält die Namen von 98 mit den Taliban verbundenen

---

89   UN Sanctions: How Effective? How Necessary? Strategic Planning Unit, Executive
     Office of the Secretary General, in: *Swiss Federal Office for Foreign Economic Af-
     fairs* (Fn 87) 112.
90   *Wallensteen/Staibano/Eriksson* (Hrsg), Making Targeted Sanctions Effective.
     Guidelines for the Implementation of UN Policy Options, Results from the Stock-
     holm Process on the Implementation of Targeted Sanctions (2003) 8.
91   http://www.un.org/Docs/sc/committees/1267/1267ListEng.htm.

Einzelpersonen, acht Taliban Institutionen, vier mit der Al Qaida verbundenen Personen und drei Al Qaida Institutionen.[92]

Wenn auch die Vorteile derartiger „targeted sanctions" nicht zu leugnen sind, drohen sie aber in rechtlicher Hinsicht – neben der SVN und dem humanitären Recht – mit menschenrechtlichen Standards in Konflikt zu geraten,[93] da nunmehr unter dem Schutz der Menschenrechte stehende Einzelpersonen unmittelbar verantwortlich gestellt werden. Denn diese Liste enthält keinerlei Beweise für ein rechtswidriges Verhalten dieser Personen, aufgrund dessen die Unschuldsvermutung aufgehoben und Strafmaßnahmen gegen sie verhängt werden dürften. Die Staaten laufen somit Gefahr, folgender Konfliktsituation zu unterliegen: einerseits sind sie aufgrund der Sicherheitsratsresolutionen verpflichtet, die Maßnahmen gegen Einzelpersonen zu ergreifen, andererseits müssen sie aus menschenrechtlichen Verpflichtungen, wie etwa Art 6 EMRK[94], den betroffenen Personen

---

92   http://www.un.org/Docs/sc/committees/1267/pdflist.pdf.

93   Siehe dazu den *Bossuyt*-Bericht, Operativparagraph (Fn 88) 7.

94   BGBl 1958/210 idgF, „Artikel 6 – Recht auf ein faires Verfahren
(1) Jedermann hat Anspruch darauf, dass seine Sache in billiger Weise öffentlich und innerhalb einer angemessenen Frist gehört wird, und zwar von einem unabhängigen und unparteiischen, auf Gesetz beruhenden Gericht, das über zivilrechtliche Ansprüche und Verpflichtungen oder über die Stichhaltigkeit der gegen ihn erhobenen strafrechtlichen Anklage zu entscheiden hat. Das Urteil muss öffentlich verkündet werden, jedoch kann die Presse und die Öffentlichkeit während der gesamten Verhandlung oder eines Teiles derselben im Interesse der Sittlichkeit, der öffentlichen Ordnung oder der nationalen Sicherheit in einem demokratischen Staat ausgeschlossen werden, oder wenn die Interessen von Jugendlichen oder der Schutz des Privatlebens der Prozeßparteien es verlangen, oder, und zwar unter besonderen Umständen, wenn die öffentliche Verhandlung die Interessen der Rechtspflege beeinträchtigen würde, in diesem Fall jedoch nur in dem nach Auffassung des Gerichts erforderlichen Umfang.
(2) Bis zum gesetzlichen Nachweis seiner Schuld wird vermutet, dass der wegen einer strafbaren Handlung Angeklagte unschuldig ist.
(3) Jeder Angeklagte hat mindestens (englischer Text) insbesondere (französischer Text) die folgenden Rechte:
in möglichst kurzer Frist in einer für ihn verständlichen Sprache in allen Einzelheiten über die Art und den Grund der gegen ihn erhobenen Beschuldigung in Kenntnis gesetzt zu werden;
über ausreichende Zeit und Gelegenheit zur Vorbereitung seiner Verteidigung zu verfügen;
sich selbst zu verteidigen oder den Beistand eines Verteidigers seiner Wahl zu erhalten und, falls er nicht über die Mittel zur Bezahlung eines Verteidigers verfügt, unentgeltlich den Beistand eines Pflichtverteidigers zu erhalten, wenn dies im Interesse der Rechtspflege erforderlich ist;

Rechtsschutz gegen diese Maßnahmen gewähren und im Fall, dass der Verdacht nicht substantiiert werden kann, die Maßnahmen wieder aufheben.

Der Sicherheitsrat wird gefordert sein, entsprechende Verfahren selbst vorzusehen, sofern nicht den Staaten entsprechende Freiräume zum Schutz seiner Rechtsstandards eingeräumt sind. Jedenfalls durchbricht diese Tendenz zur Individualisierung der Sanktionen die Staatlichkeit sowohl der Zielstaaten wie auch der zur Umsetzung verpflichteten Staaten und deutet die Entwicklung des Völkerrechts von einer ausschließlich auf Staaten ausgerichteten zu einer auch Einzelpersonen unmittelbar erfassenden Rechtsordnung an. In diesem Sinn weist die universelle Völkerrechtsordnung Aspekte auf, wie sie dem europäischen Gemeinschaftsrecht zu Eigen ist, in dem sowohl die Staaten als auch die Einzelnen Rechtssubjekte[95] sind.

2. Die Entwicklung der individuellen Verantwortlichkeit: ICTY – ICTR – Sierra Leone Special Court – ICC

Diese Tendenz zur Individualisierung und Emanzipation des Einzelnen vom Staat (wenn auch in negativer Weise) ist auch in der Entwicklung der völkerrechtlichen individuellen Verantwortlichkeit reflektiert. Auch sie schränkt die das bisherige Völkerrecht dominierende und tragende staatliche Souveränität ein und kennzeichnet das Abweichen von einer staatsorientierten Konstruktion des Völkerrechts, wenn diese individuelle Verantwortlichkeit auch von einzelnen Staaten wahrgenommen wird.[96] Soweit diese individuelle Verantwortlichkeit durch eine internationale zentrale Institution wahrgenommen wird, müssen Staaten elementarste Teile der staatlichen Souveränität, die eigene Strafgerichtsbarkeit nämlich, einer internationalen Institution überantworten. Doch selbst ohne eine derartige Institution wird das Ermessen der Staaten bei der Strafverfolgung derartiger Verbrechen („serious crimes under international law" wie Kriegsverbrechen, Verbrechen gegen die Menschlichkeit, einschließlich Völkermord und schwere Verletzungen des humanitären Rechts) eingeschränkt, da die VN ihnen eine völ-

---

Fragen an die Belastungszeugen zu stellen oder stellen zu lassen und die Ladung und Vernehmung der Entlastungszeugen unter denselben Bedingungen wie die der Belastungszeugen zu erwirken;

die unentgeltliche Beiziehung eines Dolmetschers zu verlangen, wenn der Angeklagte die Verhandlungssprache des Gerichts nicht versteht oder sich nicht darin ausdrücken kann."

95 Siehe EuGH Rs 26/62, *Van Gend & Loos/Niederländische Finanzverwaltung*, 05.02.1963, in: *Fischer/Hafner*, Europarecht, Texte und Fälle² (1998) 386.

96 Siehe den Fall *Arrest Warrant* vor dem IGH, 14.02.2002, *Demokratische Republik Kongo vs Belgien*, ICJ 2002, sowie den neuen Fall *Certain Criminal Proceedings in France, Kongo vs Frankreich*.

kerrechtliche Pflicht der Vermeidung der „impunity" auferlegt, die sie weitgehend in den Menschenrechten verankert ansieht.[97]

Die Entwicklung dieser Institutionen führt – abgesehen vom historischen Fall des *Hagenbach*-Prozesses im 15. Jh – insbesondere von den beiden Kriegsverbrechertribunalen von Nürnberg und Tokio nach 1945 über die beiden vom Sicherheitsrat eingerichteten Ad-hoc Tribunal für das frühere Jugoslawien (ICTY) und Ruanda (ICTR) bis zur Errichtung des Internationalen Strafgerichtshofes (ICC), neben dem aber andere Institutionen wie der Sierra Leone Special Court[98] nicht ausgeschlossen sind.[99] Gemeinsames Merkmal aller dieser Einrichtungen ist die Verantwortlichkeit von Einzelpersonen vor einer Institution, die der ausschließlichen staatlichen Ingerenz – wenn auch in unterschiedlichem Maße – entzogen ist. Die größte Verselbständigung von den Staaten genießt zweifellos der ICC, da der Ankläger dort Verfahren auch *proprio motu* einleiten kann. Das ICTY und das ICTR sind noch insofern staatlichem Einfluss ausgesetzt, da sie – als Hilfsorgane des Sicherheitsrats – diesem in bestimmter Weise unterstellt sind, wenngleich dieser auch ihre Funktion als Gerichtsorgane zu achten hat.

Die Gründe für ein Vordringen internationaler Instanzen sind vielerlei: So entsteht in Situationen besonderer Grausamkeiten eine Interesse am Schutz fundamentaler humanitärer Grundsätze durch internationale Instanzen, da eine Verfolgung durch staatliche Organe nicht garantiert ist. Nicht zuletzt ist dies einer der Gründe, die zur Errichtung der Internationalen Militärtribunale von Nürnberg und Tokio[100] sowie zur Errichtung des Ad-hoc Tribunals der Vereinten Nationen für das frühere Jugoslawien sowie Ruanda führten.[101] Staaten scheinen außerdem wenig Vertrauen in die Ausübung der Strafgerichtsbarkeit durch andere Staaten zu besitzen – vor allem dann, wenn die Staatlichkeit zusammengebrochen ist, wollen aber gleichzeitig eine Straflosigkeit von bestimmten Verbrechen verhindern – nicht zuletzt deswegen, weil sie indirekt auch davon betroffen sein können. Die Vereinten Nationen sind derzeit sehr in der Bekämpfung der „impunity" engagiert und stellen sogar ein Recht der Einzelpersonen auf Strafverfolgung der

---

97 Siehe *Joinet*, Bericht von 02.10.1997, The administration of justice and the human rights of detainees. Question of the impunity of perpetrators of human rights violations (civil and political), UN DocE/CN4/Sub2/1997/20/Rev1, para 26.

98 http://www.sierra-leone.org/specialcourtstatute.html.

99 Siehe allgemein dazu *Turns*, Internationalised or ad-hoc Justice for International Criminal Law in a Time of Transition: The Cases of East Timor, Kosovo, Sierra Leone and Cambodia, in: ARIEL 6 (2001) 123.

100 Siehe *Clark*, Nuremberg and Tokyo in Contemporary Practice, in: *McCormack/ Simpson* (Hrsg), The Law of War Crimes (1997) 171.

101 *Cassese*, On the Current Trends towards Criminal Prosecution and Punishment of Breaches of International Humanitarian Law, EJIL 9 (1998) 5.

gröbsten Menschenrechtsverletzungen fest.[102] Kleinere Staaten sind interessiert, ihre eigene Strafrechtspflege wegen der Kosten zu externalisieren, die für sie zu hoch sind; so waren insbesondere die karibischen Staaten an der Errichtung eines Internationalen Strafgerichtshofs mit der Zuständigkeit für Drogenverbrechen und terroristische Akte interessiert.[103] Diese Institutionen erlauben es den Staaten, ihre eigenen Organe durch eine Drittinstanz aburteilen zu lassen – dies vor allem dann, wenn sich die Frage der Strafverfolgung der früheren Staatsorgane stellt.[104] Schließlich erwartet die Gemeinschaft eine verstärkte Präventivwirkung von einer permanenten zentralen Institution, da dadurch der Vorwurf der Siegerjustiz ausgeräumt werden kann.

Der gewandelte Sicherheitsbegriff und die geänderte Konfliktnatur, die nicht mehr rein zwischenstaatliche bewaffnete Konflikte erfasst, bewirkte auch eine Änderung des anzuwendenden Rechts: Das ICC-Statut versteht unter „Kriegsverbrechen" nicht mehr nur die in einem internationalen (zwischenstaatlichen) bewaffneten Konflikt, sondern auch die in einem nicht-internationalen Konflikt begangenen Verbrechen, wobei in den Konflikt selbst lediglich nichtstaatliche Einheiten involviert sein können.[105]

Unabhängig davon, ob der ICC diesen Erwartungen gerecht werden kann, lässt sich auch anhand des Bestehens derartiger Institutionen eine vor allem von den VN getragene Tendenz im Völkerrecht erkennen, die dem rechtlichen Rahmen und den internationalen Institutionen, vor allem den VN, im Interesse verstärkter Sicherheit neue Dimensionen verleiht.

IV. Schlussfolgerungen

Mehrere Faktoren bedingten eine Änderung der Sicherheitsarchitektur der VN. Das Ende des Kalten Krieges ließ die Konflikthäufigkeit anschwellen, die Konflikte erstreckten sich von einer rein zwischenstaatlichen Ebene auf eine parastatale Ebene, so dass sie vom klassischen auf rein zwischenstaatliche bewaffnete Konflikte ausgerichteten Humanitätsrecht nicht mehr erfasst werden konnten. Die zivile Gesellschaft in der Form der NGOs engagierte sich vermehrt in der Bewältigung internationaler Probleme. Die VN, insbesondere der Sicherheitsrat wurden

---

102 Vgl zB den oben zitierten Bericht von *Joinet* (Fn 97).
103 *Lee*, Preface, in: *Lee* (Hrsg); The International Criminal Court (1999) 2.
104 Vgl die Diskussion um die Aburteilung *Pinochets*, siehe die darin involvierten Probleme: *Buffard/Kriebaum*, Der Fall *Pinochet*: Für und wider die Immunität, in: *Karl/Brandl*, Völker- und Europarecht, 24. Österreichischer Völkerrechtstag (2000) 25.
105 Siehe Art 8 des Statuts.

in der Bekämpfung der Sicherheitsbedrohungen aktiver – mit der Folge, dass sie einem erhöhten Kostendruck ausgesetzt wurde, zugleich aber auch an die Grenzen ihrer Kompetenzen und Kapazität stießen. Die vermehrte Verhängung von Sanktionen ließ auch die Nachteile der klassischen, allein gegen Staaten gerichteten Sanktionen zutage treten.

Die VN reagierten in der Weise, dass sie ein rechtliches Instrumentarium für eine flexiblere Reaktionsmöglichkeit auf Sicherheitsgefährdungen entwickelten und unterschiedliche Ebenen internationaler Aktionen und unterschiedliche Akteure einbezogen: die Staaten, andere internationale Organisationen und NGOs. Ihre eigene Kapazitätsgrenze bewältigten die VN durch die Ermächtigungspraxis. Dadurch besteht derzeit die wesentliche Aufgabe der VN bei *nicht-militärischen* Aktivitäten in einer Steuerungs- und Koordinierungsfunktion, bei *militärischen* Aktivitäten in einer Legalisierungsfunktion und Transmissionsriemenfunktion. Obwohl diese Praxis dem strikten Wortlaut der SVN nicht entspricht, hat sich die SVN bisher doch als flexibel genug gezeigt, um auch hiefür eine rechtliche Basis zu liefern.

Thomas Mayr-Harting

Die „neue" NATO in der internationalen und europäischen Sicherheitsarchitektur

I. Neue sicherheitspolitische Herausforderungen

Manche Beobachter stellten bereits im Zeitpunkt des Verschwindens des Eisernen Vorhangs 1989 die Frage nach der Sinnhaftigkeit eines Weiterbestands der NATO. War diese doch mit dem Ziel gegründet und weiterentwickelt worden, den Westen gegen eine sowjetische Bedrohung zu schützen. Diese Aufgabe ist mit der Wende der Jahre 1989 – 1991, dem Ende der Sowjetunion und dem Zerfall des Sowjetimperiums, de facto weggefallen.

Auch während des Golfkriegs 1991 sprachen einige Kommentatoren von einer „Krise der NATO", da die Allianz beim Militäreinsatz zur Befreiung Kuwaits keine Rolle spielte und sich die USA auf eine „Koalition der Willigen" stützten.

In der Realität zeigte die NATO ab Beginn der 90-er Jahre aber eine große Wandlungsfähigkeit. Sie blieb nicht nur deshalb bestehen, weil die bisherigen Mitgliedstaaten und auch jene Länder Zentral- und Osteuropas, welche davor dem untergegangenen gegnerischen Bündnis angehört hatten, der Allianz nunmehr so rasch wie möglich beitreten wollten. Die NATO blieb auch deshalb eine relevante und einflussreiche Sicherheitsorganisation, weil es ihr gelang, die eigene Rolle unter dem Eindruck veränderter sicherheitspolitischer Herausforderungen neu zu definieren.

Seit dem Beginn der neunziger Jahre war Europa nämlich mit einem neuartigen Bedrohungspotential konfrontiert, welches von regional begrenzten Konflikten ausging. Am Balkan zeigte sich auf besonders markante Weise, dass nationalistischer Extremismus regionale Konflikte hervorrufen kann, die hunderttausende Menschenleben kosten und millionenfache Fluchtbewegungen auslösen – und damit auch über das eigentliche Konfliktgebiet hinaus zu einer universellen Bedrohung für Frieden und Stabilität werden können.

Die NATO-geführten Einsätze in Bosnien, Albanien, im Kosovo und in der ehemaligen jugoslawischen Republik Mazedonien waren Ausdruck einer neuen Philosophie des Krisenmanagements; sie waren von der Überzeugung getragen, dass die Zukunft der Allianz von der Fähigkeit abhänge, Sicherheit und Stabilität erforderlichenfalls auch mit militärischen Mitteln in Regionen außerhalb des eigentlichen Bündnisgebietes „exportieren" zu können, um nicht von dort Unsicherheit und Instabilität „importieren" zu müssen. Die gesamte Entwicklung stand nach Meinung vieler Beobachter unter dem Motto: „NATO must go out of area or it will go out of business".

Die NATO war aber auch überzeugt, dass diese neue Aufgabenstellung eine neue Form der Kooperation mit Nichtmitgliedern („Partnern") erfordere. Aus dieser Einsicht erwuchs die „Partnerschaft für den Frieden" (PfP), in deren Rahmen heute 46 Alliierte und Nichtmitglieder aus Nordamerika, Europa, dem Kaukasus und Zentralasien kooperieren.

Dieses sehr flexible Netzwerk gibt auch nicht-alliierten Staaten wie Österreich die Möglichkeit, den eigenen Streitkräften aufgrund frei gewählter Vorgaben (Prinzip der „Selbstdifferenzierung") jene „Interoperabilität" zu verschaffen, die für die Mitwirkung an internationalen Einsätzen des Krisenmanagements unabdingbar sind.

Vor diesem Hintergrund ist die Arbeit im NATO-PfP-Rahmen für das bündnisfreie Österreich inzwischen auch zu einer wichtigen Voraussetzung für eine effektive Mitwirkung österreichischer militärischer Verbände an der Gemeinsamen Sicherheits- und Verteidigungspolitik (GSVP) der Europäischen Union geworden. Die EU hatte nämlich beschlossen, selbst keine eigenen militärischen Standards für eine effiziente internationale Zusammenarbeit der Streitkräfte zu entwickeln, sondern diesbezüglich die jahrzehntelange Erfahrung der NATO zu nutzen. Nur über den Umweg über den PfP-Planungs- und Überprüfungsprozess („Planning and Review Process"/PARP) sind Österreich (aber auch Schweden, Finnland und Irland) die benötigten Standards zugänglich.

Eine weitere sicherheitspolitische Herausforderung, mit der sich die NATO-Staaten seit der zweiten Hälfte der neunziger Jahre zunehmend befassen, stellt der Terrorismus dar. Im „Strategischen Konzept" der NATO von 1999 wird dieser als „ernste Bedrohung für Frieden, Sicherheit und Stabilität, welche die territoriale Integrität von Staaten bedrohen kann" qualifiziert.[1] Unter dem Eindruck der Ereignisse vom 11. September 2001 hat NATO-Generalsekretär Lord *Robertson* den Terrorismus mehrmals als die größte Herausforderung für die Sicherheit im XXI. Jahrhundert bezeichnet.[2] Der Gefahr, dass terroristische Grup-

---

1   Washington Summit Communiqué, An Alliance for the 21st Century, Issued by the Heads of State and Government, participating in the meeting of the North Atlantic Council in Washington, D.C. on 24th April 1999: „42. Terrorism constitutes a serious threat to peace, security and stability that can threaten the territorial integrity of States. We reiterate our condemnation of terrorism and reaffirm our determination to combat it in accordance with our international commitments and national legislation. The terrorist threat against deployed NATO forces and NATO installations requires the consideration and development of appropriate measures for their continued protection, taking full account of host nation responsibilities."

2   Secretary General, *Lord Robertson*, 20 June 2002; „Tackling Terror: NATO's New Mission" – Speech by NATO Secretary General, *Lord Robertson* at the American

pen in Zukunft nicht bloß über Massenvernichtungswaffen, sondern auch über ballistische Trägersysteme zu deren Einsatz verfügen, wurde und wird in diesem Kontext besondere Aufmerksamkeit zugemessen.

Die neue Situation hat in der Allianz zu einer heftigen Diskussion geführt, inwieweit diese mit ihrem „Abschreckungspotential" aus der Zeit des Ost-West-Konflikts auf die „neuen Bedrohungsbilder" vorbereitet ist.

II. Die NATO und der 11. September 2001

Die Terroranschläge vom 11. September 2001 auf New York und Washington haben sich auch auf die NATO und die Diskussionen über deren weitere Entwicklung nachhaltig ausgewirkt.

Am 12. September 2001 beschloss der Nordatlantikrat – das höchste Entscheidungsgremium der NATO – zum ersten Mal in der Geschichte der Allianz, den Art 5 des Washingtoner Vertrages 1949 („Beistandsgarantie") anzurufen. Die 19 NATO-Mitglieder machten damit klar, dass die Anschläge nicht nur als ein (von außen kommender) Angriff gegen die USA gewertet, sondern auch als gegen alle Mitglieder des Bündnisses gerichtet angesehen wurden.

Dies war insofern bemerkenswert, als Art 5 des Washingtoner Vertrages während des Kalten Krieges unter der Annahme konzipiert worden war, dass sich einmal für die USA die Notwendigkeit ergeben könnte, den europäischen Verbündeten zu Hilfe zu kommen. Dass der erste – und bislang einzige – Fall einer Anrufung des Art 5 die Form eines Beistandsangebots der europäischen Verbündeten an die Vereinigten Staaten annehmen würde, war zum Zeitpunkt der Gründung der NATO und in den Jahren des Kalten Krieges sicherlich nicht vorhergesehen worden.

Ebenso wenig vorhersehbar war aber auch der Umstand, dass die – erstmalige – Anrufung des Art 5 NATO-V für das Bündnis in militärischer Hinsicht de facto ohne praktische Konsequenzen bleiben würde. Die USA haben sich nach dem 11. September bekanntermaßen entschlossen, von der Beistandszusage ihrer Verbündeten im „Krieg gegen den Terror" mit Ausnahme einiger weniger Aktivitäten (wie etwa der Überwachung des amerikanischen Luftraums durch AWACS-Flugzeuge aus NATO-Beständen) keinen unmittelbaren Gebrauch zu machen. Was das eigentliche Kampfgeschehen in Afghanistan betraf, verließen sich die USA auf eine Koalition, die außerhalb der NATO-Strukturen geschlossen wurde.

Enterprise Institute's New Atlantic Initiative, Washington, DC; http://www.nato.int/docu/speech/sp2002.htm.

III. Der Afghanistan-Einsatz

Angesichts der soeben beschriebenen Reaktion der USA stellten sich viele die Frage, ob sich die Allianz und ihre Beistandsverpflichtung nach dem 11. September 2001 nicht als „Papiertiger" erwiesen hätten.

Es wurde gemutmaßt, dass sich die USA auch in Zukunft in Konflikten von globaler Bedeutung viel lieber „coalitions of the willing" unter ihrer eigenen Führung bedienen und die NATO als Organisation dauerhaft aus dem Spiel lassen könnten. In diesem Zusammenhang wurde daran erinnert, dass sich manche militärische Führungspersönlichkeit in den USA schon während des Kosovo-Konflikts über die – teils sehr detaillierten – politischen Konsultationsprozesse in der NATO alteriert und recht abschätzig über „war by committee" gesprochen hatte.[3]

Selbst wenn die NATO als solche in Afghanistan keine formelle Rolle spielte, so bleibt es doch ein Faktum, dass sich die Mehrzahl der 19 Alliierten mit Kampftruppen, Flugzeugen und unterstützenden Kontingenten am Kampf gegen Al Qaida und die Taliban (Operation „Enduring Freedom") beteiligten. Die Zusammenarbeit im Rahmen von „Enduring Freedom" wurde zweifelsohne dadurch maßgeblich erleichtert, dass das militärische Zusammenwirken der nationalen Kontingente durch jahrelange Übungen innerhalb der NATO hergestellt worden war.

Hiezu kommt, dass bis dato fast alle Verbündeten und auch eine Reihe von „Partnern" (wie zB Österreich) an der UN-mandatierten Afghanistan-Friedensoperation „International Security Assistance Force" (ISAF) mitgewirkt haben – und auch hier die im NATO- bzw PfP-Rahmen erreichte Interoperabilität für den Erfolg dieser anspruchsvollen Operation maßgeblich war.

Richtig dürfte allerdings auch sein, dass manche Teilnehmer an der Partnerschaft für den Frieden (zB Usbekistan) für die USA während des Konflikts in Afghanistan in praktischer Hinsicht größere Bedeutung hatten, als etliche der Bündnispartner. Dennoch konnte US-Außenminister *Colin Powell* mit einer gewissen Berechtigung die Feststellung treffen, dass „nach Afghanistan zwar nicht die NATO, aber immerhin die NATO-Erfahrung gegangen" sei.

---

3   Das Buch des früheren NATO-Oberbefehlshabers für Europa General *Wesley Clark*, „Waging Modern War" (2001), ist in diesem Punkt eine sehr aufschlussreiche Quelle.

IV. Militärische Fähigkeiten

In der NATO wird inzwischen eine intensive Diskussion darüber geführt, über welche (zusätzlichen) militärischen Fähigkeiten die Allianz verfügen sollte, um bestmöglich auf die geschilderten neuen Bedrohungsbilder vorbereitet zu sein. Seitens der USA wird laufend auf den „capability gap" im Verhältnis zu den europäischen Verbündeten und auf die Notwendigkeit eines überzeugenderen transatlantischen „burden sharing" verwiesen. Die USA drängen insbesondere auf eine Debatte über die Umgestaltung bestehender und den Aufbau neuer militärischer Kapazitäten für den „Krieg gegen den Terror". Die Bush-Administration will dieses Thema an die Spitze der Beratungen des Prager NATO-Gipfels im November 2002[4] stellen. Der weitere Verlauf dieser Debatte – und die Bereitschaft der europäischen Verbündeten, auf die amerikanischen Vorstellungen einzugehen – wird sicherlich Einfluss darauf haben, welchen Stellenwert die USA der NATO in Zukunft in ihren globalen sicherheitspolitischen Konzepten beimessen.

Für viele europäische Alliierte bedeutet die Entwicklung der relevanten Fähigkeiten einen Quantensprung in der militärischen Planung und Beschaffung. Vier kritische militärische Fähigkeiten sind dabei von besonderer Bedeutung: sichere Kommunikations- und Informationssysteme, die Möglichkeit zur raschen und weiträumigen Truppenverlegung, die weitere Verbesserung der Interoperabilität und die Verteidigung gegen chemische, biologische, radiologische und nukleare Angriffe (bzw der Schutz vor solchen).

Bei der Entwicklung der Kapazitäten gelten als Prinzipien länderspezifische Beiträge („nation-specific commitments"), Spezialisierung und die gemeinsame Beschaffung und Finanzierung von wichtigem Einsatzmaterial (wie etwa die AWACS-Flugzeuge).

Die zivile Notfallplanung hat durch das neue Bedrohungspotenzial gleichfalls an Bedeutung gewonnen (verbesserter Schutz der Zivilbevölkerung und der kritischen Infrastruktur vor terroristischen Angriffen – insbesondere solchen mit chemischen, biologischen, radiologischen und nuklearen Waffen).

Zur institutionellen Absicherung dieser Reformen sollten interne Anpassungen die Kommandostruktur der NATO und die Entscheidungsfindung in der Allianz straffen. Ein verstärkter Austausch von vertraulichen Informationen („intelligence sharing") ist ein weiteres Ziel der Alliierten untereinander und der NATO mit den Partnerländern. Es geht dabei in erster Linie um den Austausch von Wissen und Erfahrungen im Kampf gegen den Terrorismus. Hier gilt es al-

---

4 Für den Text der Gipfelerklärung der Staats- und Regierungschefs des NATO-Gipfeltreffens in Prag, siehe AdG vom 20. November 2002, 45960.

lerdings noch beträchtliche Hürden zu überwinden – auch hinsichtlich eines verbesserten Informationsflusses zwischen Strukturen der militärischen Aufklärung und Sicherheitsdiensten polizeilichen Ursprungs.

V. NATO – Erweiterung

Die Erweiterungsprozesse der NATO und der Europäischen Union verlaufen nach jeweils eigenen Verfahren, politischen Prioritäten, Entscheidungskriterien und Zeitplänen. In der Praxis gibt es hinsichtlich des Kandidatenkreises und der Terminkalender freilich beträchtliche Parallelitäten – schon deshalb, weil die Länder Zentral- und Osteuropas den Beitritt zur Union und der NATO als zwei komplementäre Aspekte ihrer „Rückkehr nach Europa" bzw ihrer „Zugehörigkeit zum Westen" ansehen.

Von den 12 Staaten, mit denen die EU Beitrittsverhandlungen führt, sind nur zwei (Malta und Zypern) keine NATO-Beitrittswerber; drei sind seit 1999 bereits Mitglieder der Allianz (Polen, Tschechische Republik und Ungarn); sieben (Slowenien, die Slowakei, die drei baltischen Republiken, Rumänien und Bulgarien) haben Kandidatenstatus.

Es wird erwartet, dass sich die Verbündeten in Prag für eine „große" Erweiterungsrunde entscheiden und die soeben erwähnten sieben Beitrittskandidaten zur Mitgliedschaft in der Allianz einladen werden.[5] Das Bündnis würde dadurch voraussichtlich ab Mitte 2004 von 19 auf 26 Länder anwachsen. In „Warteposition" würden in Bezug auf die NATO in der Folge lediglich drei Beitrittswerber, nämlich die ehemalige jugoslawische Republik Mazedonien, Albanien und das erst kürzlich in den Kandidatenstatus aufgerückte Kroatien, verbleiben.

Aus der Perspektive der Europäischen Union betrachtet heißt dies, dass aus heutiger Sicht 21 Mitgliedstaaten der bis 2007 in Aussicht genommenen „Union der 27" auch der NATO angehören dürften.

Durch die Aufnahme von sieben Ländern, die – mit Ausnahme Sloweniens – alle bis vor Kurzem dem Warschauer Pakt bzw. der Sowjetunion selbst angehört hatten, wird die NATO in Prag die Chance haben, die sicherheitspolitische Landkarte Europas nachhaltig zu verändern.

Es könnte aber auch die Debatte um die Zukunft der europäischen Sicherheits- und Verteidigungspolitik durch die de facto parallel verlaufende Erweiterung von EU und NATO beeinflusst werden, da etliche neue Mitglieder – etwa Polen oder die baltischen Staaten – gerade in Fragen europäischer Sicherheit eine

---

5   Vgl dazu nachstehend auf S. 108f.

wesentlich „transatlantischere" Sichtweise als viele der bisherigen EU-Staaten vertreten dürften.

Was Russland anlangt, ist nicht zuletzt auf Grund der Schaffung enger institutioneller Verbindungen (Einsetzung des „NATO-Russland-Rates"[6]) damit zu rechnen, dass dieses die angesprochene nächste NATO-Erweiterungsrunde ohne nennenswerte Proteste hinnehmen wird.

VI. Euro-Atlantischer Partnerschaftsrat

Auch für den größeren Kreis des „Euro-Atlantischen Partnerschaftsrates" [EAPR bzw „Euro-Atlantic Partnership Council" (EAPC)], der aus den NATO-Staaten und den PfP-Partnern besteht, würde das skizzierte Erweiterungsszenario eine beachtliche Veränderung mit sich bringen. Heute gehören 19 der 46 EAPR-Mitglieder der NATO an; nach der NATO-Erweiterung dürfte eine deutliche Mehrheit der aktuellen EAPR-Mitglieder, nämlich 26 von 46, zur Gruppe der Alliierten gehören.

Die Nicht-Mitglieder unter den EAPR-Teilnehmern würden sich im Wesentlichen auf fünf Untergruppen mit relativ begrenzten gemeinsamen Interessen verteilen:

- europäische Nicht-Alliierte (Finnland, Irland, Österreich, Schweden, Schweiz),
- Kandidatenländer Südosteuropas (Albanien, Kroatien, Mazedonien),
- osteuropäische GUS-Staaten (Russland, Ukraine, Belarus, Moldau),
- Kaukasus-Länder (Armenien, Aserbaidschan, Georgien) und
- zentralasiatische Republiken (Kasachstan, Kirgisistan, Tadschikistan, Turkmenistan, Usbekistan).

Angesichts dieses eher heterogenen Bildes der künftigen Partnerschaft ist es in der NATO und im EAPR im Vorfeld von Prag zu einer Diskussion über eine stärkere „Regionalisierung" der Arbeiten im EAPR sowie über eine zunehmende Bildung von Untergruppen mit regionalen und thematischen Schwerpunkten in den Gremien der Partnerschaft gekommen.

Unter den Partnern nehmen – gerade auch aus der Sicht der USA – insbesondere die Länder Zentralasiens eine wachsende Rolle ein, da sie in der Nähe von potentiell instabilen Regionen liegen und im Kampf gegen den Terrorismus

---

6   Vgl dazu nachstehend auf S. 106.

und gegen die Verbreitung von Massenvernichtungswaffen wichtige Verbündete sein können.

Neuzuwachs an Mitgliedern kann der EAPR aus derzeitiger Sicht nur aus dem südosteuropäischen Raum erwarten (Bundesrepublik Jugoslawien[7], Bosnien und Herzegowina). Für diese Länder gibt es allerdings eine Reihe von Voraussetzungen, welche vor einer Aufnahme in die Partnerschaft für den Frieden erfüllt sein müssen: die Kooperation mit dem Internationalen Strafgerichtshof in Den Haag,[8] die demokratische Reform und Kontrolle ihrer Armee, sowie die vollständige Umsetzung der Vereinbarungen von Dayton.[9] Aus einer österreichischen Perspektive wäre es im Interesse der Stabilität Südosteuropas allerdings besonders wichtig, dass der EAPR den Balkan weiterhin als ein Schwerpunktthema seiner Arbeiten ansieht – und dies auch durch seine Zusammensetzung nachdrücklich demonstriert.

VII. Beziehungen mit Russland und der Ukraine

Bereits jetzt hat der neue US-Schwerpunkt „Krieg gegen den Terror" sehr konkrete Auswirkungen auf die Beziehungen zwischen den USA – aber auch der NATO – und Russland gehabt.

Die Schaffung eines neuen NATO-Russland-Rates kann die Beziehungen zwischen der Allianz und der Russischen Föderation qualitativ verändern. Diese Entscheidung wurde russischerseits von Präsident *Putin* offenbar gegen manche Widerstände im außenpolitischen Apparat aktiv befürwortet. Die Einsetzung dieses Rates wurde bei einem Gipfel der Staats- und Regierungschefs der NATO-Mitgliedstaaten in Rom am 28. Mai 2002 formalisiert. Ohne ein Veto in allianzinternen Angelegenheiten zu bekommen, erhält Russland bei wichtigen Themen (zB Kampf gegen den Terrorismus, Krisenmanagement, Waffenkontrolle, Raketenabwehr) Sitz und Stimme in diesem neuen – unter dem Vorsitz des NATO-Generalsekretärs stehenden und aus Vertretern der 19-NATO-Staaten und Russland gebildeten – Gremium.

Mit der Zusage, mit den Alliierten künftig zu definierten Themen gleichberechtigt – dh „zu 20" (also ohne eine NATO-intern vorabgestimmte Position der 19) – verhandeln zu können, erhält Russland in seinen Beziehungen zur NATO einen Status, der über den eines jeden anderen Nicht-Mitglieds deutlich

---

7   Durch die am 4. Februar 2003 angenommene Verfassung wurde die bisherige BR Jugoslawien in eine besonders ausgestaltete staatenbündische Union umgewandelt.

8   Vgl den Beitrag von *Hafner* in diesem Band auf S. 95f.

9   Das Dayton-Abkommen wurde am 14. Dezember 1995 in Paris unterzeichnet.

hinausgeht. Auch die im Verhältnis zur Ukraine bestehende NATO-Ukraine-Kommission kennt keine Möglichkeit der Beschlussfassung „zu 20"; immerhin verfügt die Ukraine mit diesem Gremium aber über ein spezifisches bilaterales Konsultationsforum, welches sie in den institutionellen Strukturen der NATO gleichermaßen zu einem Fall „sui generis" macht.

VIII. Beziehungen NATO – EU

Mit offenen Fragen behaftet bleiben bisher die – für die weitere Gestaltung der europäischen Sicherheitspolitik sehr wichtigen – Beziehungen zwischen der NATO und der Europäischen Union.

Die EU hat sich – im Rahmen ihrer Gemeinsamen Sicherheits- und Verteidigungspolitik (GSVP) – zwar dafür entschieden, zu Zwecken des Krisenmanagements im Spektrum der „Petersberg Aufgaben" iSv Art 17 Abs 2 EUV[10] schnell verfügbare Eingreifkräfte von bis zu 60.000 Mann aufzubauen;[11] eine „unnötige Duplizierung" zu bestehenden Kapazitäten der NATO soll aber vermieden werden. Dies setzt allerdings voraus, dass die Europäische Union die Möglichkeit erhält, erforderlichenfalls auf die relevanten Kapazitäten der NATO zurückzugreifen. Die Zugriffsmöglichkeit soll sich insbesondere auch auf die operativen Planungskapazitäten und Kommandostrukturen der NATO erstrecken.

Der entscheidende Zugriff der Europäischen Union auf „assets and capabilities" der Allianz ist vom Abschluss von Vereinbarungen zwischen den beiden Organisationen abhängig, die in der NATO – in Erinnerung an erste (damals noch die Kooperation mit der WEU betreffende) Beschlüsse beim Berliner Außenministertreffen der NATO vom Juni 1996 – unter dem Begriff „Berlin plus" zusammengefasst werden. Der Abschluss dieser Vereinbarungen ist bis dato trotz aktiver Bemühungen der USA, Großbritanniens und anderer wichtiger NATO-Staaten an sukzessiven Einwänden der Türkei und Griechenlands gescheitert.[12] An einer Regelung des „Berlin plus"-Pakets wird aber weiter intensiv gearbeitet.

Eine Lösung dieser Frage wäre nach übereinstimmender Auffassung aller EU-Staaten außerdem eine Voraussetzung für die Übernahme des Mazedonien-Einsatzes der NATO („Task Force Amber Fox", später in „Allied Harmony" umbenannt) durch die Union als deren erste militärische Operation im Rahmen der

---

10   „Headline Goal" gemäß den Schlussfolgerungen des Vorsitzes des Europäischen Rates von Helsinki vom 10./11.12.1999.
11   Vgl den Beitrag von *Hummer* in diesem Band auf S. 151, 155f.
12   Vgl den Beitrag von *Hummer* in diesem Band auf S. 165f.

GSVP. Diese Operation „Allied Harmony" wurde am 31. März 2003[13] unter dem neuen Codenamen „Concordia" durch Einsatzkräfte der EU übernommen. Die nähere Ausgestaltung dieser militärischen Operation der EU in der ehemaligen jugoslawischen Republik Mazedonien wurde zum einen durch eine *Gemeinsame Aktion*[14] sowie zum anderen durch ein *Abkommen* zwischen der EU und der FYROM[15] vorgenommen.

IX. Neues sicherheitspolitisches Umfeld für Österreich

Die beschriebenen Entwicklungen innerhalb der NATO, ihre neuen Aufgaben, ihre neuen Fähigkeiten und ihre neuen institutionellen Strukturen haben auch Einfluss auf die sicherheitspolitische Situation Österreichs. Mit Abschluss des Beitrittsprozesses dürften voraussichtlich ab Mitte 2004 alle Nachbarn Österreichs – mit Ausnahme der Schweiz und Liechtensteins – NATO-Alliierte sein.

Aus österreichischer Sicht wird im Gefolge des Prager Gipfeltreffens der Allianz vom November 2002 insbesondere zu beobachten sein, inwieweit

- sich die Beziehungen zwischen der Europäischen Union und der Allianz weiter intensivieren,
- die Allianz im europäischen Krisenmanagement auch selbst weiter engagiert bleibt,
- sich die USA innerhalb der NATO mit ihren globalen „Anti-Terror"-Vorstellungen durchsetzen,
- die NATO-Erweiterung zu einer Stärkung oder „Verwässerung" der Allianz führt (neue NATO als eine Art „robustere OSZE"?),
- sich die Kooperation im „NATO-Russland-Rat" entwickelt, und
- sich die Zusammenarbeit von Alliierten und Partnern im Rahmen von EAPR und PfP verändert.

---

13 Im Anhang zum Beschluss 2003/202/GASP des Rates vom 18. März 2003 über den Beginn der Militäroperation der EU in der ehemaligen jugoslawischen Republik Mazedonien; ABl 2003 L 76 S 43.

14 Gemeinsame Aktion 2003/92/GASP über die militärische Operation der EU in der ehemaligen jugoslawischen Republik Mazedonien, ABl 2003 L 34 S 26.

15 Beschluss 2003/222/GASP des Rates vom 21. März 2003 betreffend den Abschluss des Abkommens zwischen der EU und der ehemaligen jugoslawischen Republik Mazedonien über den Status der EU-geführten Einsatzkräfte (EUF) in der ehemaligen jugoslawischen Republik Mazedonien; ABl 2003 L 82 S 46.

Von Interesse sind weiters die Entwicklungen im *Verfassungskonvent der Europäischen Union.* Dessen Stellungnahmen zur Zukunft der europäischen Sicherheits- und Verteidigungspolitik[16] können zweifelsohne auch auf das künftige Verhältnis von Europäischer Union und NATO ausstrahlen.

---

16   Vgl den Beitrag von *Hummer* in diesem Band auf S. 183ff.

Karl Zemanek

Völkerrechtliche Voraussetzungen, Rahmenbedingungen und Mittel zur Bekämpfung des internationalen Terrorismus

I. Einleitung

Ich möchte mit zwei Sachverhaltsschilderungen beginnen:

Am 28. September 1974 überfielen palästinensische Terroristen in Marchegg einen Transport jüdischer Emigranten aus der Sowjetunion und nahmen drei Emigranten und einen österreichischen Zollwachebeamten als Geiseln. Für deren Freilassung verlangten sie die Schließung des Durchgangslagers Schönau. Nachdem Bundeskanzler *Kreisky* diese zugesagt hatte – die Transporte wurden aber nie ganz eingestellt – ließen die Terroristen die Geiseln frei und wurden ausgeflogen.

Am 21. Dezember 1975 überfiel ein Terrorkommando unter dem jetzt in Frankreich einsitzenden notorischen Terroristen *Carlos* das OPEC Hauptquartier vis-à-vis der Wiener Universität. Drei Menschen, darunter ein österreichischer Polizist, wurden dabei getötet und die zu diesem Zeitpunkt tagenden OPEC Minister als Geiseln genommen. Terroristen und Geiseln wurden am nächsten Tag nach Algier ausgeflogen, wo am 23. Dezember schließlich die letzten Geiseln freigelassen wurden. Wie inzwischen bekannt geworden ist, hatte *Carlos* den Auftrag, den iranischen und den saudiarabischen Ölminister zu töten, hat diesen Auftrag aber nicht ausgeführt.

Ich wollte mit diesen kurzen Schilderungen nur ins Gedächtnis rufen, dass Aktionen des internationalen Terrorismus auch in Österreich nicht unbekannt sind. Wie kürzlich eine Studie in der *Österreichischen Militärischen Zeitschrift* aufgezeigt hat,[1] handelt es sich beim Terrorismus um ein Phänomen mit langer Geschichte.

Das mir gestellte Thema ist daher komplex. Obwohl ich mich schon einige Zeit mit ihm beschäftige, habe ich mir zu manchem seiner Aspekte noch keine mich selbst befriedigende Meinung bilden können. Ich muss mich daher auf den Versuch beschränken, die Probleme so präzise wie möglich zu beschreiben und die mir gegenwärtig möglichen Antworten darauf zu geben. Manche von ihnen haben provisorischen Charakter und könnten sich im Zuge weiterer Überlegungen ändern.

---

1 *Mader/Micewski/Wiesner*, Terror und Terrorismus, ÖMZ (2002) 131.

II. Was ist internationaler Terrorismus?

Meiner Meinung nach sind hauptsächlich zwei Ursachen für die Schwierigkeit verantwortlich, den Gegenstand dieser Untersuchung zu bestimmen, geschweige denn – was ich vorläufig für unmöglich halte – ihn zu definieren.[2] Eine Ursache sind die vielen Gestalten in denen Terrorismus auftritt, die andere ist die Voreingenommenheit, mit der seine Taten, je nach der Sympathie des Betrachters, bewertet werden. Am prägnantesten hat diesen zweiten Aspekt meiner Ansicht nach der amerikanische Botschafter *Charles W. Yost* kurz nach dem Attentat auf israelische Sportler bei den Olympischen Spielen in München 1972 formuliert:

„The fact is, of course, that there is a vast amount of hypocrisy on the subject of terrorism. We all righteously condemn it – except when we ourselves or friends of ours are engaging in it. Then we ignore it or gloss it over or attach to it tags like „liberation" or „defense of the world" or „national honor" to make it seem something other than what it is."[3]

Mit anderen Worten: Die einer Seite oder ihrem Anliegen entgegengebrachte Sympathie und die sich aus ihr fast zwangsläufig ergebende Antipathie gegenüber der anderen Seite verdunkeln den Blick. Vereinfacht gesagt ist der Terrorist des einen der Held oder Märtyrer des anderen. Diese hochgradig emotionale Bewertung des jeweiligen „terroristischen" Anliegens erwies und erweist sich als eines der gewichtigsten Hindernisse für eine allgemeingültige, dabei aber rechtlich akzeptable Definition des internationalen Terrorismus.

Doch zurück zur ersten Ursache, der Vielzahl der Formen, in denen Terrorismus auftritt. Ich kann das in der Kürze der zur Verfügung stehenden Zeit nicht in allen Einzelheiten darstellen, will aber wenigstens anhand der Elemente, die bei einer Bestimmung des Gegenstandes berücksichtigt werden müssen, die Schwierigkeit deutlich machen.

(a) Organisationsform: Sie reicht vom Einzeltäter, etwa dem Anarchisten des 19. und frühen 20. Jahrhunderts, über viele Zwischenstufen bis zur global planenden und agierenden Organisation. Letztes Endes kann auch der Staat terroristisch handeln.

---

2   Zum Überblick vgl *Guillaume*, Terrorism et droit international, RdC 215 (1989, II) 295; *Skubiszewski*, Definition of Terrorism, Israel YYearbook on Human Rights 19 (1989) 46; *Gilbert*, The Law and International Terrorism, NYIL 26 (1995) 3 und neuerdings *Wehner*, Terrorismus und Bekämpfungsversuche nach dem 11. 9. 2001, in: *Zehetner* (Hrsg), FS für *Hans-Ernst Folz* (2003) 379.

3   Zitiert nach *Mani*, International Terrorism. Is a Definition Possible?, Indian JIL 18 (1978) 206.

(b) Operationsobjekt: Angriffe können gegen Militärpersonen und militärische Einrichtungen gerichtet sein, wie etwa die Aktionen einer Widerstandsbewegung gegen die Besatzungsmacht, sie können sich aber auch auf andere Organe der öffentlichen Gewalt (Polizei, Miliz, etc) und letztlich auch auf politische Repräsentanten erstrecken. In seiner verabscheuungswürdigsten Form zielt der Terrorismus unterschieds- und wahllos auf friedliche und unbeteiligte Zivilisten.

(c) Operationszweck: Der Operationszweck ist entweder die Erfüllung einer Forderung der Terroristen oder, ganz allgemein, die Erzeugung von Terror. Dabei geht es nicht um die Tötung oder Verletzung bestimmter Personen, wie bei einem Attentat, sondern um die Erzeugung einer bestimmten Stimmung, einer Stimmung von Angst und Schrecken in breiten Bevölkerungskreisen. Diese Stimmung kann auch als Mittel des politischen Drucks auf Entscheidungsträger gedacht sein, den Forderungen der Terroristen nachzukommen.

(d) Operationsraum: Terroristen können im eigenen Land agieren, über eine Grenze hinweg von einem Nachbarstaat aus (transnationaler Terrorismus), oder global (internationaler Terrorismus).

Alle diese Elemente zu einer allgemeingültigen, jede seiner Formen einschließenden Definition des Terrorismus zu verbinden und gleichzeitig legitime Erscheinungsformen, wie etwa eine organisierte Widerstandsbewegung gegen eine *occupatio bellica*, auszuschließen, erscheint unmöglich, es sei denn, man akzeptierte ein in seiner Allgemeinheit unbrauchbares Ergebnis.

Zur Illustration sei als zeitlich letztes Beispiel der Gemeinsame Standpunkt des Rates der EU zur Bekämpfung des Terrorismus[4] angeführt. Er zählt im Art 1 Abs 3 UAbs 1 „terroristische Handlungen" kasuistisch auf die, obwohl sie grundsätzlich auch aus anderen Motiven begangen werden könnten, dann als „terroristisch" zu qualifizieren sind, wenn sie mit dem Ziel unternommen werden, die Bevölkerung einzuschüchtern, öffentliche Stellen zu erpressen, oder die gesellschaftliche Grundstruktur eines Staates zu zerstören. Eine „terroristische Vereinigung" wird gem UAbs 2 dann unter Bezug auf diese „terroristischen Handlungen" bestimmt als ein auf längere Dauer angelegter organisierter Zusammenschluss von mehr als zwei Personen zur Begehung jener „terroristischen Handlungen". Der „organisierte Zusammenschluss" wiederum wird relativierend beschrieben, indem weder „förmlich festgelegte Rollen für seine Mitglieder", noch

---

4   Gemeinsamer Standpunkt 2001/931/GASP des Rates vom 27. Dezember 2001 über die Anwendung besonderer Maßnahmen zur Bekämpfung des Terrorismus, ABl 2001 L 344 S 93; vgl Gemeinsamer Standpunkt des Rates 2001/930/GASP vom 27. Dezember 2001 über die Bekämpfung des Terrorismus, ABl 2001 L 344 S 90.

„eine kontinuierliche Mitgliedschaft oder eine ausgeprägte Struktur" als notwendige Begriffsbestandteile verlangt werden.

Ich glaube, dass dieses Beispiel die von mir behauptete Schwierigkeit, den Gegenstand allumfassend zu bestimmen, erkennbar macht. Ich kann das gestellte Thema also nur pragmatisch angehen. Was ich weiterhin untersuche, sind gewaltsame Akte global organisierter und agierender Gruppen, die außerhalb des Rahmens legaler Gewaltanwendung absichtlich Zivilisten töten und zivile Objekte zerstören, mit der Absicht, dadurch einem Staat Schaden zuzufügen oder Forderungen, auf die sie keinen rechtlichen Anspruch haben, durchzusetzen. Ich unterstreiche nochmals, dass dies kein Definitionsversuch sein soll – dazu wäre er zu unvollständig – sondern bloß eine pragmatische Umschreibung des Gegenstandes der weiteren Überlegungen.

III. Terrorismusbekämpfung mit militärischer Gewalt

Hier geht es offensichtlich um die Frage, ob Selbstverteidigung im Sinne des Art 51 der Satzung der Vereinten Nationen gegen terroristische Akte zulässig sei. Ich möchte diese Frage anhand der Ereignisse des 11. September 2001 behandeln, nicht nur weil diese Ereignisse uns noch frisch im Gedächtnis sind und ich mich daher nicht lange mit Tatsachen aufhalten muss, sondern auch, weil diese Ereignisse vorher noch nicht dagewesene Aspekte aufweisen, die somit in früheren Untersuchungen nicht berücksichtigt werden konnten. [5]

A. Entstehungsgründe des Anspruchs auf Selbstverteidigung

1. Wann ist ein Angriff „bewaffnet"?

In erster Linie denkt man dabei sicherlich an die Verwendung militärischer Waffen, aber selbst die Arsenale der Streitkräfte umfassen heute neben konventionellen Waffen oft auch ABC-Waffen. Ich meine daher, dass der gezielte Einsatz von Bakterien oder Viren, um einen Staat Schaden zuzufügen, ein „bewaffneter" An-

---

5   Für eine breitere Diskussion vgl *Zemanek*, Self Defence against Terrorism: Reflexions on an Unprecedented Situation, in: *Mariño Menéndez* (Hrsg), El Derecho internacional en los albores del siglo XXI, Homenaje al profesor *Juan Manuel Castro-Rial Canosa* (2002) 695 und *Stender-Vorwachs*, Terrorismusbekämpfung, Sicherheitsrat und Selbstverteidigung, in: *Zehetner* (Hrsg), FS *Hans-Ernst Folz* (2003) 329.

griff im Sinne des Art 51 SVN wäre.[6] Aber selbst das ist noch zu eng. Grundsätzlich muss jedes Mittel, das geeignet ist, Menschen zu verletzen oder zu töten oder Objekte zu zerstören, und zu diesem Zweck bewusst eingesetzt wird, als „Waffe" im Sinne des Art 51 SVN angesehen werden. Der Angriff auf die Türme des World Trade Centers hätte anstatt mit gekaperten Zivilluftfahrzeugen mit gleicher Wirkung auch durch Bomben durchgeführt werden können, die als konventionelle Waffen eingestuft worden wären.

Weniger eindeutig ist die Frage nach der Dauer des Angriffs zu beantworten. Reicht ein einmaliges, abgeschlossenes Ereignis oder muss der Zustand einige Zeit anhalten? Im Zusammenhang mit Terrorismus muss man wohl von abgeschlossenen Ereignissen ausgehen, gegen die es mangels Vorwissen, außer durch ein zufälliges Zusammentreffen, keine „Selbstverteidigung" im klassischen Sinn geben kann und wird. Leider hilft die Rechtsprechung des Internationalen Gerichtshofs in dieser Frage nicht weiter, da er im *Teheraner Geisel* Fall[7] und im *Nicaragua* Fall[8] zu unterschiedlichen Aussagen gelangt ist. Andererseits muss man bei Terrorismus davon ausgehen, dass – im Fall, dass die Organisation weiter besteht und ihre Drohungen aufrechterhält – weiter Angriffe in Form von abgeschlossenen Ereignissen stattfinden werden. Unter dieser Voraussetzung ist der Terrorismus einer solchen Organisation ein Dauerzustand. Dagegen muss man meines Erachtens Selbstverteidigung zulassen, denn kein Staat wird bereit sein, als „sitting duck" zu fungieren.

Nun werden einige vielleicht meinen, dass ich damit die These eines allgemeinen Rechts auf „vorwegnehmende" Selbstverteidigung (anticipatory self-defence) stützen will. Das will ich nicht. Selbst die eingeschworensten Verteidiger einer vorwegnehmenden Selbstverteidigung halten sie nur für rechtmäßig gegen einen unmittelbar bevorstehenden (imminent) Angriff.[9] Obwohl es in der Natur des Terrorismus liegt immer wieder zuzuschlagen, solange die Organisation nicht zerstört wird, ist doch nicht vorhersehbar, wann der nächste Anschlag „unmittelbar" bevorstehen wird. Die These kommt daher nicht in Frage, denn mir geht es um die Beseitigung der Quelle nach einem Anschlag, der also schon stattgefunden hat, und auch das nur beschränkt auf terroristische Angriffe.

Auf der anderen Seite ist nicht zu leugnen, dass man hier in ein schwieriges Abgrenzungsproblem gerät. Vor dem 11. September haben viele Kommentatoren gemeint, dass Grenzüberfälle oder andere sporadische Ereignisse nicht unter Art

---

6   In diesem Sinn schon *Brownlie*, The Use of Force in Self-Defence, BYIL 37 (1961) 255.

7   ICJ, Reports 1980, 29 (para 57) und 42 (para 91).

8   ICJ, Reports 1986, 101 (para 191).

9   Siehe zB *Bowett*, Self-Defence in International Law (1958) 191.

51 SVN fielen. Israelische und israelfreundliche Autoren[10] haben aber immer darauf hingewiesen, dass solche Ereignisse nicht isoliert, sondern im Zusammenhang gesehen werden müssten und sprachen von einer „Nadelstichtaktik". Es sind diese Meinungsverschiedenheiten, die die Abgrenzung erschweren. Das zeigt sich an dem kürzlichen Vorgehen Israels in den autonomen Palästinensergebieten. Es sind weniger Zweifel am Recht Israels auf Selbstverteidigung gegen Terroranschläge, die einem das Urteil schwer machen, als das gewählte Vorgehen und die angewandten Mittel. Aber das sind Fragen der Modalitäten bei der Ausübung des Selbstverteidigungsrechts, auf die ich später zu sprechen kommen werde.

2. Wer ist der Angreifer?

Angesichts des Fehlens eines Terrorismusbewusstseins im Jahre 1945 erstaunt es nicht, dass man Art 51 SVN ursprünglich nur auf den direkten Angriff eines anderen Staates bezogen hat, was terroristische Angriffe ausschloss, da sie bestenfalls als indirekte bewaffnete Angriffe verstanden werden konnten. Allerdings beschränkt der Wortlaut des Art 51 SVN, „...wenn ein Angriff mit Waffengewalt gegen ein Mitglied der Vereinten Nationen erfolgt", das Selbstverteidigungsrecht weder auf Angriffe von Staaten, noch auf direkte Angriffe. Die Charakterisierung des Selbstverteidigungsrechtes als „inhärent" zeigt überdies, dass es sich um ein präpositives Rechts handelt, das von der Satzung der Vereinten Nationen nur anerkannt wird. Wollte man das staatliche Selbstverteidigungsrecht auf eine bestimmte Art von Angreifer beschränken, so käme das der Beschränkung des individuellen Selbstverteidigungsrechts auf männliche – oder, wenn man will, auf weibliche – Angreifer gleich.

In der Tat hat sich das ursprüngliche Verständnis, vor allem unter dem Einfluss des *Nicaragua* Urteils[11] des Internationalen Gerichtshofs, dahin gewandelt, dass indirekte Angriffe dann eine Aggression darstellen, wenn sie von einer bewaffneten Gruppe ausgeführt werden, die von einem Staat angestiftet, geleitet oder kontrolliert wird und der Angriff von einer Schwere ist, die ihn zum „bewaffneten Angriff" machte, wäre er von regulären Streitkräften unternommen worden. Diese Auffassung ist auch in Art 3 g der Agressionsdefinition der Generalversammlung der VN[12] und im Art 8 des Entwurfs der ILC zur Staatenverantwortlichkeit[13] reflektiert. In einem solchen Fall ist Selbstverteidigung nach Art 51

---

10 ZB *Blum*, State Response to Acts of Terrorism, GYIL 19 (1976) 233.
11 Fn 8, 50 (para 86) und 103 (para 195).
12 GV Resolution 3314 (XXIX) (1974)
13 Report of the ILC on the Work of its 53rd Session (2001), GAOR 56th Session, A/56/10, 103.

SVN zulässig, vorausgesetzt die übrigen Bedingungen eines „bewaffneten Angriffs" sind erfüllt.

Wie ist aber ein Angriff zu beurteilen, bei dem eine solche Verbindung nicht besteht oder jedenfalls nicht nachgewiesen werden kann? Anders gefragt: Gegen wen besteht das Recht auf Selbstverteidigung, wenn man nur eine terroristische Organisation als Urheber des Angriffs kennt, aber keinen Staat unmittelbar oder mittelbar verantwortlich machen kann?

Schon im *Korfu-Kanal* Fall[14] hat der Internationale Gerichtshof festgestellt, dass „no State has the right to allow knowingly the use of its territory for acts contrary to the rights of other States". Ein Staat, der dieser Pflicht nicht nachkommt, ist für die Unterlassung verantwortlich. Das gilt auch für einen Staat, der eine terroristische Organisation auf seinem Territorium trotz des Wissens duldet, dass sie in einem anderen Staat terroristische Handlungen setzen wolle. Werden solche Handlungen tatsächlich gesetzt und es besteht die Gefahr weiterer Angriffe, so kann der angegriffene Staat vom Zufluchtstaat die Ausschaltung der Terrororganisation verlangen. Kommt dieser Staat der Aufforderung nicht durch effektive Maßnahmen nach, so wäre es unrealistisch, dem Opfer des ursprünglichen Angriffs das Recht zu bestreiten, die Gefahr, notfalls mit militärischer Gewalt, selbst zu beseitigen. Da es sich dabei um einen Akt der Selbstverteidigung handelte, fände das dictum aus dem Urteil des IGH im *Korfu-Kanal* Fall[15], dass ein Recht auf gewaltsame Intervention im Völkerrecht keinen Platz habe, keine Anwendung.

Schwieriger wird es, wenn es sich um einen „failed State"[16] handelt, dessen Regierungsmaschinerie, selbst wenn sie dem Anschein nach noch besteht, entweder die Vorgänge im Land nicht überblickt oder, wenn sie sie kennt, nichts dagegen unternehmen kann. Dieser Fall ist nicht soweit hergeholt als es auf den ersten Blick scheinen könnte, da der Zustand des Staates ihn eben deshalb für Zuflucht suchende Terroristen attraktiv machen kann. Tatsächlich sind einige Staaten, die beschuldigt werden, Hort des Terrorismus zu sein, von dieser Art. Vermutlich muss man auf sie den Satz „ultra posse nemo tenetur" anwenden und Staatenverantwortlichkeit ausschließen. Aber das schließt nicht gleichzeitig auch das Selbstverteidigungsrecht des von den Terroristen angegriffenen Staates aus, sofern alle sonstigen Voraussetzungen gegeben sind und sich seine Reaktion auf die Bekämpfung der Terroristen beschränkt.

---

14 ICJ, Reports 1949, 22.
15 Ibid 35.
16 *Helman/Ratner*, Saving failed states, Foreign Policy 1992-93, 3; *Thürer/Herdegen/ Hohloch*, Der Wegfall effektiver Staatsgewalt: „The failed state", BerDGVR 34 (1996); *Bartl*, Die humanitäre Intervention durch den Sicherheitsrat der Vereinten Nationen im „Failed State". Das Beispiel Somalia (1999).

Ein interessanter Aspekt wurde durch das Schreiben des ständigen Vertreters der Vereinigten Staaten bei den Vereinten Nationen an den Sicherheitsrat vom 1. Oktober 2001 angesprochen, in dem das Selbstverteidigungsrecht in Anspruch genommen wurde.[17] Die USA berichteten darin, sie hätten „obtained clear and compelling information that the *Al-Qaeda* organization, which is supported by the *Taliban* regime in Afghanistan, had a central role in the attacks". Das Interessante an diesem Satz ist der Teil, der vom „Taliban regime in Afghanistan" spricht und nicht vom Staat Afghanistan. Vermutlich sollte der Eindruck vermieden werden, die bevorstehende amerikanische Aktion richte sich gegen Afghanistan als Ganzes und damit gegen das afghanische Volk. Gleichzeitig sollte wohl auch signalisiert werden, dass man in dem anhaltenden Bürgerkrieg die Allianz unterstützen werde, die die *Taliban* bekämpfe. Rechtlich hat die amerikanische Feststellung zwei Aspekte. Zum einen weist sie die völkerrechtliche Verantwortlichkeit dem de facto Regime *Taliban* und nicht dem afghanischen Staat zu. Zum anderen aber bezieht sie sich auf den Bürgerkrieg, in dem die *Taliban*, obwohl sie den größeren Teil des Staatsgebiets beherrschten, als Rebellen gegen die von den Vereinten Nationen und nahezu allen ihrer Mitglieder anerkannte Regierung kämpften.

B. *Modalitäten legitimer Selbstverteidigung*

Obwohl die vorherrschende wissenschaftliche Meinung die vom Secretary of State *Webster* im Fall der *Caroline*[18] geäußerte Doktrin heute als durch die Satzung der Vereinten Nationen eingeschränkt ansieht, geben die drei von ihm aufgestellten Kriterien: Unmittelbarkeit, Notwendigkeit und Proportionalität nach wie vor die Parameter der Untersuchung vor.

1. *Unmittelbarkeit*

Die früheren Untersuchungen zugrunde liegende Annahme eines militärischen Angriffs muss in Bezug auf terroristische Anschläge revidiert werden. Terroristische Anschläge lassen sich nur in den seltensten Fällen „abwehren" und selbst wenn es sich nicht um einen Selbstmordanschlag handelt, liegt es in der Natur terroristischer Taktik, nach dem Anschlag unterzutauchen.

---

17 ILM 40 (2001) 1281.
18 Der relevante Text ist bei *Jennings*, The *Caroline* and *McLeod* Cases, AJIL 32 (1938) 89 abgedruckt.

Überdies muss, wenn die Reaktion eine militärische Aktion ist, die von der heutigen Taktik verlangte Vorlaufzeit, insbesondere die Vorbereitung von Landoperationen durch solche aus der Luft, in Rechnung gestellt werden. Ich meine daher, dass die Unmittelbarkeit so lange als gegeben anzusehen ist, als ein kausaler und zeitlicher Nexus besteht, vorausgesetzt die sonstigen Bedingungen legitimer Selbstverteidigung liegen vor.

2. Notwendigkeit

Verschiedene Autoren sind der Meinung, dass auch im Falle von Selbstverteidigung friedlichen Mitteln der Vorrang vor militärischer Gewalt zukomme.[19] Wie immer man die Realitätsnähe dieser Meinung in Normalfall bewertet, in Bezug auf Terroristen scheint dieses Prozedere keine großen Erfolgschancen zu haben, es sei denn, der Zielstaat ist bereits, allfällige Forderungen der Terroristen zu erfüllen. Dennoch ist anzumerken, dass die Vereinigten Staaten vor ihrer Militäraktion gegen die *Taliban* von diesen die Auslieferung der *Al-Qaeda* Kämpfer, allerdings erfolglos, verlangt haben.

Über die Art allfälliger militärischer Abwehrmaßnahmen gehen die Meinungen in der Wissenschaft weit auseinander, was kein Wunder ist, richteten die bisherigen Kommentatoren ihren Blick doch hauptsächlich auf den israelisch-palästinensischen Konflikt. Die Meinungen differieren insbesondere in der Frage, ob „Abwehr" das Recht auf Eindringen in fremdes Staatsgebiet einschließe[20]. Ich kann auf diese Meinungen hier nicht im Detail eingehen, meine aber überdies, dass der 11. September die Problemstellung grundlegend verändert hat.

Al-Qaeda und jede vergleichbare Organisation ist (bisher) weder ein Völkerrechtssubjekt noch hat sie ein eigenes Territorium. Sie muss daher notwendigerweise von einem Staatsgebiet aus operieren. Wenn es überhaupt ein Selbstverteidigungsrecht gegen Terroranschläge geben soll, dann kann dieses zwangsläufig nur auf fremdem Staatsgebiet ausgeübt werden, es sei denn, es läge der seltene Fall vor, dass die Terroristen sich noch auf dem Staatsgebiet des angegriffenen Staates aufhalten.

---

19 Vgl die Meinungsübersicht bei *Dinstein*, War, Aggression and Self-Defence² (1994) 202.

20 Strikt ablehnend *Ago* im Addendum to the 8th Report on State Responsibility, YILC 13 (1980), 70 (para 122).

3. Proportionalität

Ich gebe zu, dass ich zu diesem Prinzip, das auch bei Repressalien (Gegenmaßnahmen) eine Rolle spielt, wegen seiner Unbestimmtheit ein gestörtes Verhältnis habe. Aber selbst die zustimmenden wissenschaftlichen Aussagen schlagen keine praktikable Methode zur objektiven Bemessung von Proportionalität vor.[21]

Anstatt darüber zu spekulieren, worin denn eine angemessene, proportionale Reaktion auf den Anschlag des 11. September bestehen könnte,[22] schlage ich vor, sich am Zweck der Selbstverteidigung zu orientieren. Hier muss man sich entscheiden, ob man Selbstverteidigung nur als Abwehr versteht oder, im Falle terroristischer Anschläge, auch als Recht zur Beseitigung der Gefahrenquelle. Ich neige zur zweiten Ansicht, weil das dem Wesen von Selbstverteidigung eher entspricht, bin aber nicht sicher, ob diese Meinung dem geltenden Recht konform ist. Dennoch ist festzuhalten, dass dadurch keineswegs antizipatorische Aktionen gegen Staaten legitimiert würden, von denen behauptet wird, sie schützten Elemente der betreffenden terroristischen Organisation, denn Voraussetzung wäre der kausale Nexus (dh der operative Zusammenhang) zum tatsächlich stattgefundenen Anschlag, nicht vage Anschuldigungen. Außerdem müsste bei der Formulierung einer derartigen Ausnahmeregelung auch darauf geachtet werden, dass sie nicht zu anderen Zwecken missbraucht werden kann.

So ist es mehr als zweifelhaft, dass das Recht auf Selbstverteidigung auch in Anspruch genommen werden kann, um das politische Regime eines Staates zu beseitigen, das Terroristen Unterschlupf gewährt hat, mit ihnen aber nicht identisch ist. Wissenschaftliche Untersuchungen, die ähnlich gelagerte frühere Fälle betrafen, kamen zum Ergebnis, dass gegen die politische Unabhängigkeit eines Staates gerichtete Handlungen kein rechtlich zulässiges Ziel von Selbstverteidigungsmaßnahmen sein können.[23] So gesehen könnte die Beseitigung des *Taliban* Regimes als Ziel die Rechtmäßigkeit der Selbstverteidigung beeinträchtigen, es sei denn man betrachtet sie als separat zu beurteilende Handlung. Ob die Tatsache, dass dieses Ziel hauptsächlich durch verbündete afghanische Kämpfer verfolgt und erreicht wurde, eine Rolle in der Beurteilung spielen muss, kann erst beurteilt werden, wenn die Umstände besser bekannt sind.

---

21 Beispielsweise der an sich gut überlegte Versuch von *Malanczuk* (Hrsg), in: *Akehurst's* Modern Introduction to International Law[7] (1997) 317.

22 Vgl dazu den Internationalen Gerichtshof im *Nicaragua*-Fall (Fn 8) 94 (para 176).

23 Vgl beispielsweise *Higgins*, The Legal Limits to the Use of Force by Sovereign States. United Nations Practice, BYIL 37 (1961) 284 und *Gadam*, Proportionality and Force in International Law, AJIL 87 (1992) 405.

IV. Die Bekämpfung des Terrorismus mit innerstaatlichen Mitteln auf der Basis multilateraler Verträge

Obwohl es nicht wenige multilaterale Verträge gibt, die die Parteien zur Bekämpfung spezifischer Formen des internationalen Terrorismus verpflichten – manche zählen, einschließlich regionaler Abkommen, 16 Konventionen[24], andere sogar 19[25] – wurde dadurch das Phänomen internationaler Terrorismus nicht beseitigt. Es stellt sich daher die Frage, ob auf diesem Weg eine effektive Bekämpfung überhaupt möglich ist. Für diese Zweifel sind verschiedene Gründe maßgebend.

A. Die Unzulänglichkeit der verfügbaren Mittel

(a) Die internationale Normerzeugung in der Sache ist reaktiv. Anders gesagt: Eine internationale Konvention wird ausgearbeitet, wenn eine bestimmte Form terroristischer Tätigkeit in gewisser Häufigkeit vorkommt. Neue Formen des Terrorismus – etwa die Ereignisse des 11. September – sind daher uU von den Konventionen nicht erfasst. Man könnte auch sagen, die Konventionen seien eine Einladung and die Phantasie von Terroristen, sich neue Aktionsformen, bzw neue Zielgruppen ihrer Anschläge einfallen zu lassen.

(b) Die staatlichen Mittel der Bekämpfung, nämlich Straf- und Verwaltungsgesetze sind repressiv, doch sind weder Generalprävention noch Spezialprävention gegen hochmotivierte Täter wirksam. Und die mit dem Vollzug dieser Gesetze betrauten Behörden sind vorwiegend darauf eingestellt, vollbrachte Taten aufzudecken und zu bestrafen. Die meisten Konventionen beruhen daher auf dem Prinzip *dedere aut iudicare*.

Notwendig wäre aber Prävention. Diese liegt in den meisten Staaten in den Händen von Geheimdiensten mit unterschiedlichen Bezeichnungen und Aufgaben.[26] Ihnen allen gemeinsam ist, dass sie sich nur schwer mittels multilateraler Rechtsinstrumente koordinieren lassen, weil ihrer Natur nach ein wesentlicher Teil ihrer Tätigkeit im Dunkeln liegt. Wo schon heute eine Zusammenarbeit statt-

---

24 *Bassiouni,* International Terrorism, in: *Bassiouni* (Hrsg), International Criminal Law vol I Crimes² (1999) 765.

25 UN DokE/CN4/Sub2/2001/31 (27.06.01): Progress Report to the 53rd Session of the Subcommittee on the Promotion and Protection of Human Rights (*Kalliopi K. Koufa* Berichterstatterin).

26 Vgl den Bericht des Leiters des Österreichischen Heeres-Nachrichtenamtes Divisionär *Schätz,* Der internationale Terrorismus nach dem 11. September, ÖMZ (2002) 289.

findet, ist sie informell und daher der rechtsstaatlichen Kontrolle weitgehend entzogen.

Überdies sind Geheimdienste, infolge der aus der Zeit des Kalten Krieges tradierten Denkungsart und des diffus gewordenen Feindbildes, auf die Beobachtung terroristischer Organisationen nicht wirklich vorbereitet. Zwei Beispiele aus der in den Vereinigten Staaten im Gange befindlichen Aufarbeitung des 11. September sollen das erläutern:

Die *CIA* ging von der Annahme aus, dass eine Infiltrierung der *Al-Qaeda* praktisch unmöglich sei, da sie nur unter Verwandten rekrutiere. Die Gefangennahme des Kaliforniers *John Walker Lindh* in Afghanistan bewies das Gegenteil.

Oder: Unter den Millionen Informationen, die die elektronische Aufklärung der *National Security Agency* (*NSA*) und anderer Dienste gesammelt hatten, wurden nach dem 11. September viele nützliche Hinweise gefunden – aber erst, nachdem man Namen kannte, unter denen man suchen konnte.

(c) In demokratisch und rechtsstaatlich organisierten Gesellschaften stehen das Verlangen nach größerer innerer Sicherheit und die Einhaltung der Grund- und Freiheitsrechte in einem Spannungsverhältnis. Bei der Ausweitung von Beobachtungsrechten muss jeweils eine Balance zu letzterer gefunden werden. Unbestreitbar wird dadurch manchmal die Effizienz der Aufklärung behindert. Aber umgekehrt wäre es ein Sieg des Terrors, wollten wir unsere Gesellschaften in Polizeistaaten verwandeln, nur um ein Höchstmaß an Schutz vor ihm zu erlangen. Bedauerlicherweise müssen freie und offene Gesellschaften daher mit einem gewissen Risiko leben lernen.

(d) In anderen Staaten wiederum ist die Sympathie mit manchem terroristischen Anliegen ein Hindernis für die Bekämpfung einschlägiger Organisationen. Solche Staaten mögen multilaterale Verträge zur Terrorbekämpfung ratifizieren, sie werden aber keinen Eifer bei der Umsetzung an den Tag legen, sei es weil selbst die politisch Verantwortlichen Verständnis für die Ziele der Terroristen haben, sei es weil sie auf die Stimmung der Bevölkerung Rücksicht nehmen müssen.

B. Das schwer fassbare Objekt

(a) Wie die Verhaftungen nach dem 11. September in den USA, Deutschland, Frankreich und Spanien gezeigt haben, arbeiten die effizienteren Terrororganisationen mit so genannten „Schläfern", also mit Personen, die in westlichen Gastländern lange auf ihre Aufgabe vorbereitet werden, während dieser Zeit aber ein möglichst unauffälliges, ihrer Umgebung angepasstes Verhalten zeigen. Sie geraten daher meist nicht in das Blickfeld der Beobachtungsorgane. Erst wenn ein Zellenmitglied, oft durch Zufall, gefasst wird und zur Aussage gebracht werden kann, können andere Zellenmitglieder, bzw die Verbindungen zu anderen Zellen, aufgeklärt werden.

(b) Die moderne Kommunikations- und Informationsgesellschaft der globalisierten Welt macht die Kontrolle der Wege, auf denen Terroristen finanziert werden, auf denen sie miteinander kommunizieren, oder auf denen sie ihre Anschläge ausführen, praktisch unmöglich, ohne die Art, in der wir gegenwärtig leben und wirtschaften schwer zu beeinträchtigen. Ich muss mich auch in diesem Zusammenhang kurz fassen und auf einige Beispiele beschränken:

Der *internationale Zahlungsverkehr* ließe sich zwar, theoretisch, besser kontrollieren, aber nur um den Preis einer grundlegenden Änderung, wie sie gewisse alternative Foren verlangen. Man kann zwar die bekannten Konten der des Terrorismus verdächtigten Personen oder Organisationen sperren, aber solange es *Offshore*-Banken gibt, die keiner oder nur oberflächlicher staatlicher Kontrolle unterliegen, wird es immer möglich sein, Geld verschwinden und wieder auftauchen zu lassen. Und ich glaube, in der Vermutung nicht fehlzugehen, dass der Widerstand gegen die Beseitigung von *Offshore*-Banken oder ihrer stärkeren Kontrolle unüberwindbar sein wird.

Überdies besteht in weiten Teilen Asiens ein außerbankärer bargeldloser Zahlungsverkehr, der auf der Vertrauenswürdigkeit von involvierten Händlern beruht und an den Beginn des europäischen Zahlungsverkehrs in der Frührenaissance erinnert. Der Händler im Land X erhält den zum Teil durchaus erheblichen Betrag, der Händler in Y zahlt das Äquivalent aus. Das System wird von Millionen von arabischen und asiatischen Gastarbeitern benützt, die ihm mehr vertrauen als den Banken. Wie kann man ein solches informelles System verbieten oder kontrollieren?

Das *Internet* ist der bevorzugte Kommunikationsweg von Terroristen. Ganz abgesehen davon, in welchem Umfang eine staatliche Kontrolle technisch möglich wäre, leisten die Betreiber und Provider schon aus wirtschaftlichen Gründen dagegen heftigen Widerstand. Überdies werden die Methoden der Verschlüsselung immer mehr verfeinert. So wird von der Übertragung von Musikstücken berichtet, bei denen bestimmte Stellen, die man natürlich kennen muss, einen Text überlagern, der nach Löschung der Musik lesbar wird.

Der *internationale Verkehr* ist eine Schwachstelle für Prävention, denn während gegenwärtig alle Aufmerksamkeit (und alle Investitionen) auf die Kontrolle von Passagieren, Gepäck und Luftfracht gerichtet ist, gibt es keine Garantie, dass künftige Terroranschläge dem Muster des 11. September 2001 folgen und nicht andere Schwächen der offenen westlichen Gesellschaft ausnützen werden.

Dabei ist an die Millionen Reisenden zu denken, die täglich Grenzen überschreiten, und an die tausenden Schwerlastwagen, die täglich über die kanadische
oder mexikanische Grenze in die Vereinigten Staaten einfahren, oder an die
ebenso große Zahl die das in die EU tut. Jeden einzelnen genau zu kontrollieren
wäre mit ungeheuren Personalkosten verbunden und würde wahrscheinlich auch
das Wirtschaftssystem lahm legen.

Aber die besonders gefährliche Schwachstelle ist der *Container*verkehr.[27] Im
Oktober 2001 wurde im italienischen Hafen von Gioia Tauro ein vermutlicher
Terrorist – der später verschwand, während er auf Kaution frei war – in einem
komfortablen Container gefunden, der nach Halifax in Kanada bestimmt war. Der
Ägypter hatte Pläne von Flughäfen bei sich, ein Zertifikat als Flugzeugme-
chaniker und Sicherheitsausweise mehrer Flughäfen. Dem Vernehmen nach wurden im gleichen Hafen danach noch weitere für Personenreisen eingerichtete
Container entdeckt. Es ist aber auch denkbar, dass Waffen oder Sprengstoff auf
diese Weise verschifft werden. Bedenkt man, dass täglich über 15 Millionen
Container über See oder auf Strassen bewegt werden, oder dass ein durchschnitt-
liches Containerschiff etwa 6.000 Container befördert, so kann man die Größenordnung des Problems erahnen. Die Bedeutung, die der Containerverkehr für das
die Lagerhaltung der Industrie ersetzende „just on time" System hat – die im
Containerverkehr beförderten Handelsgüter machen rund 90% des Wertes ge-
werbsmäßig beförderter Güter aus – macht klar, wie monumental die Aufgabe
wäre, den Containerverkehr ausreichend zu kontrollieren ohne die Industriepro-
duktion der westlichen Welt zum Stillstand zu bringen.

V. Schlussbemerkungen

Es hat nicht den Anschein, als ob eine der beschriebenen Maßnahmen den Terrorismus zum Erliegen bringen könnte. Das gilt besonders für die Schaffung neuer
internationaler Rechtsinstrumente zur Konzertierung innerstaatlicher Strafverfolgung. Und angesichts der beschriebenen Hindernisse erscheint es wenig wahrscheinlich, dass die Prävention grundlegend verbessert werden könnte. Teilerfol-
ge werden wohl erzielt werden, aber vermutlich verhält es sich bei ihnen wie mit
der Hydra: Für jeden abgeschlagenen Kopf wachsen zwei neue nach.

Somit verbliebe nur das schon seit den Terroranschlägen der Siebzigerjahre
propagierte Rezept der Beseitigung der Ursachen des Terrorismus. Aber das ist
leichter gesagt als getan, wie die Ereignisse in Israel und Palästina letztlich wieder deutlich gezeigt haben. Der zu einer politischen Lösung notwendige Kom-

---

27   When trade and security clash, Economist vom 6. April 2002, vol 363, 65.

promiss scheitert zumeist an tief verwurzelten Überzeugungen, die aufzugeben den Handelnden aus Gründen der Glaubwürdigkeit gegenüber ihrer Klientel schwer fällt, wenn nicht sogar unmöglich ist. Ich fürchte, wir werden noch einige Zeit mit dem Terrorismus leben müssen.

Teil II

Grundlagen und neue Entwicklungen in der regionalen (europäischen) Sicherheitsarchitektur

Waldemar Hummer

Grundlagen und Rahmenbedingungen internationaler Sicherheit auf regionaler Ebene – am Beispiel der europäischen Sicherheitsarchitektur

I. Einführung

Als erster einführender Beitrag über die Konzeption und die Instrumente der *europäischen Sicherheitsarchitektur*, dem im vorliegenden Sammelband weitere spezialisierte Untersuchungen folgen, obliegt es der gegenständlichen Untersuchung, die grundlegenden dogmatischen Weichenstellungen vorzunehmen und die wichtigsten Vorfragen zu klären. Zunächst muss in diesem Zusammenhang festgestellt werden, dass es sich bei dem immer wieder und auch hier bewusst verwendeten Terminus „europäische *Sicherheitsarchitektur"* um einen Euphemismus handelt, da im sicherheits- und verteidigungspolitischen Bereich in Europa von einer „*Architektur"* iSe geordneten und funktional ausgerichteten Systems nicht die Rede sein kann. Es handelt sich dabei vielmehr um eine Reihe historisch gewachsener regionaler Teilsysteme und deren operative Instrumente – Pakt von Dünkirchen (1947), Brüsseler „Fünf-Mächte-Pakt" (1948), Westeuropäische Union (1954), KSZE (1975), OSZE (1992), GASP (1993) (samt ihren „Petersberg-Maßnahmen") (1999), GESVP (1999/2000 ff), „strukturierte" und „engere" Zusammenarbeit sowie „Beistandsverpflichtung" und „Solidaritätsklausel" im Entwurf des Verfassungsvertrages (2003) bzw in der Endfassung desselben (2004) – zu denen noch die NATO (mit ihrer „Euro-Group") zu zählen ist, die zwar als atlantisches Bündnissystem konzipiert ist, im Grunde aber auch in beinahe allen europäischen sicherheits- und verteidigungspolitischen Fragen eine wichtige Rolle spielt.

Diese „Gemengelage" sicherheits- und verteidigungspolitischer Subsysteme in Europa ist ohne innere Ordnung und Hierarchisierung entstanden und weist auch unterschiedliche Zugehörigkeiten auf, da sich die jeweiligen Mitgliedschaften in den einzelnen Subsystemen nur zum Teil überlappen. Dazu kommt noch die unterschiedliche Ressourcenausstattung und Mandatierung („hatting") der einzelnen Subsysteme, die sich noch dazu zum Teil in einem drastischen Funktionswandel befinden: So mutierte die OSZE von einer politischen Regionalorganisation zu einer Organisation „regionaler kollektiver Sicherheit" iSv Art 52 SVN, ebenso wie auch die NATO als System „kollektiver Selbstverteidigung" iSv Art 51 SVN mehr und mehr Züge eines Systems „regionaler kollektiver Sicherheit" iSv Art 52 SVN anzunehmen beginnt.[1] Dazu kommt noch der „fade out" der WEU als bisheriges System „regionaler kollektiver Sicherheit" iSv Art 51 SVN und die Übertragung ihrer operativen Kapazitäten auf die GASP in der EU, die sich ihrerseits wiederum durch die „Gemeinsame Europäische Sicherheits- und Verteidigungspolitik" (GESVP) anzureichern und weiter auszugestalten beginnt.

Eine weitere Inhomogenität resultiert aber auch noch daraus, dass sich unter den europäischen Staaten eine Reihe *neutraler* bzw *paktfreier* Länder – Finnland, Irland, Malta, Österreich, Schweden, Schweiz, Zypern – befindet, deren jeweiliger sicherheits- und verteidigungspolitischer Status unterschiedlich ausgestaltet ist und die sich den einzelnen Paktsystemen daher entweder überhaupt nicht oder nur in Formen abgeschwächter Mitgliedschaft anschließen konnten. In der EU ist es ihnen darüber hinaus gelungen, mit der sog „irischen Klausel" eine „*Unberührtheitsregelung*" im Hinblick auf ihre sicherheits- und verteidigungspolitische Sonderstellung durchzusetzen. Dazu kommt auch noch der Umstand, dass diese Staaten in den Einrichtungen, in denen sie Vollmitglied sind, die sich aber in Richtung auf solche sicherheits- und verteidigungspolitische Systeme hin ausgestalten wollen – wie zB die Europäische Union – bisher stets ein retardierendes Element darstellten und damit den Prozess einer Umgestaltung bzw Dynamisierung der Sicherheits- und Verteidigungspolitik massiv erschwerten. Erst im Rahmen der Verabschiedung des Verfassungsvertrages sind die neutralen und paktungebundenen Staaten bereit, einem System kollektiver Selbstverteidigung in der EU beizutreten, wenn auch unter den Kautelen einer wie immer verstandenen „irischen Klausel".

Nachstehend sollen zunächst die wichtigsten konzeptionellen Abklärungen in den Bereichen Sicherheit, Verteidigung, Neutralität, Krisenbewältigung/Konfliktverhütung und Terrorismus versucht werden, um danach auf die Ausbildung und nähere Ausgestaltung der GASP bzw GESVP einzugehen. Danach wird zu untersuchen sein, inwieweit die neue Herausforderung der Terrorismusbekämpfung (auch) mit militärischen Mitteln im Schoß der EU kompetentiell bewältigt werden kann. Abschließend wird noch die künftige Ausgestaltung der GESVP durch den vom „Europa-Konvent" verabschiedeten „Verfassungsvertrag" zu untersuchen sein – vor allem aber die darin enthaltene „Beistandsgarantie" samt ihrer

---

1   Vgl dazu *Kamp*, Die Flexibilisierung der NATO: Konzept und Perspektiven, Arbeitspapier der Konrad Adenauer Stiftung/Internationale Politik 1996; *Kamp*, Das neue strategische Konzept der NATO: Entwicklung und Probleme, Arbeitspapier der *Konrad Adenauer* Stiftung/Internationale Politik 1998; *Naumann*, Die neue NATO, Schriftenreihe der Österreichischen Gesellschaft für Landesverteidigung und Sicherheitspolitik 1997; *Woodliffe*, The evolution of a new NATO for a new Europe, ICLQ 1998, 174; *Reiter*, Die zweite NATO-Osterweiterung, ÖMZ 2003, 13.

Modifikation durch das „Konklave" von Neapel und die darauf bezogene „irische Klausel".

Während die sonstigen Beiträge aus technischen Gründen in der Regel am Stand von Mitte 2003 sind, konnte der gegenständliche Beitrag aktualisiert und bis in den Sommer 2004 fortgeschrieben werden. Dementsprechend werden auch die neuesten Entwicklungen in der GESVP – nach dem (vorläufigen) Scheitern des Verfassungsvertrages am 13. Dezember 2003 – bis in das Vorfeld der voraussichtlich am 17. Juni 2004 wiedereröffneten Regierungskonferenz dargestellt.

II. Begriffsklärung

A. Allgemein

Die Begriffe *Sicherheit* und *Verteidigung* haben zunächst mit Schutz vor (drohender) Gewaltausübung zu tun, die zum einen durch (a) *Staaten* oder ähnliche vom Völkerrecht geregelte Einheiten und zum anderen durch (b) *Private* vorgenommen werden kann.

Ad (a) Erstere Gewaltausübung kann zum einen in der Form der „klassischen" *zwischenstaatlichen* Gewaltausübung (Krieg) und zum anderen in der Form *innerstaatlicher* Gewalt (Bürgerkrieg) vorgenommen werden. Dazu kommen noch *Mischformen*, die sich nicht eindeutig Staaten zurechnen lassen, da sich der Konnex zwischen diesen und den gewaltbereiten Gruppen nicht eindeutig herstellen lässt.

Ad (b) Letztere Gewaltausübung durch Privatpersonen – in Form von Attentaten, terroristischen Anschlägen etc Einzelner oder durch Gruppen von Personen – kann wiederum in eine begrenzte, rein *national* oder *international* verflochtene Gewalttätigkeit differenziert werden.[2]

Entsprechend der Vielfalt dieser potentiellen bzw aktuellen Varianten der Gewaltausübung gestalten sich auch die *Formen organisierter Sicherheit* gegen diese Bedrohungen äußerst unterschiedlich. Ganz grundsätzlich können sich Staaten gegen solche Bedrohungen bzw aktuelle Gewaltausübungen entweder individuell bzw allein oder aber kollektiv zur Wehr setzen. *Individuelle* Sicherheit bzw Verteidigung kann wiederum in der „normalen" Form individueller Selbstverteidigung durch einen Staat gegen einen bewaffneten Angriff oder aber durch den Status der „temporären" bzw „immerwährenden Neutralität" verbürgt werden. Das Naturrecht der „*kollektiven* Selbstverteidigung" hingegen wird in Zu-

---

2   Vgl dazu den Beitrag von *Zemanek* in diesem Band auf S. 112ff.

sammenarbeit mit anderen Staaten in Form fakultativer oder obligatorischer Beistandsverpflichtungen in Militärbündnissen aktiviert.

B. Kollektive Formen organisierter Sicherheit

An kollektiven Formen organisierter Sicherheit/Verteidigung stehen für die europäische Sicherheitsarchitektur grundsätzlich folgende vier idealtypische Modelle zur Verfügung: (a) *Systeme kollektiver Selbstverteidigung*; (b) *Systeme regionaler kollektiver Sicherheit*; (c) *Systeme kooperativer Sicherheit* und (d) *Systeme integrativer Sicherheit.*

Ad (a) Systeme „*kollektiver Selbstverteidigung"* iSv Art 51 SVN, die das europäische Sicherheitssystem mitkonfigurieren, sind nach wie vor – obwohl sie sich zum einen in einem „fade out"-Prozess[3] und zum anderen in einem „metamorphotischen" Umwandlungsprozess in Richtung auf ein System (regionaler) „kollektiver Sicherheit" hin befinden[4] – die „*Westeuropäische Union"* (WEU) und die „*Nordatlantikvertrags-Organisation"* (NATO). Der „casus foederis" ist bei beiden Systemen allerdings unterschiedlich ausgestaltet: Während Art V WEUV eine automatische Beistandsverpflichtung für alle Bündnismitglieder statuiert, stellt Art 5 NATO-Vertrag die Teilnahme an der kollektiven Vergeltungssanktion in das Ermessen der einzelnen Mitgliedstaaten. Mit der ersten Aktivierung des „Bündnisfalles" innerhalb der NATO gem Art 5 NATO-Vertrag am 12. September 2001 im Gefolge der Terroranschläge auf das World Trade Center und das Pentagon gelang es der USA nicht nur ihre Bündnisgenossen einzubinden, sondern unter diesen vor allem ihre Rechtsansicht durchzusetzen, dass es sich bei den Anschlägen des 11. September 2001, die ja durch Zivilflugzeuge erfolgten, nicht nur um einen „bewaffneten Angriff" handelte, sondern dass dieser auch „von außen" – und nicht etwa von „innen", wie im Falle eines Bürgerkrieges – erfolgte, eine Ansicht, die in der Folge auch durch den SR der VN bestätigt wurde.

Nach herrschender Meinung schließen Systeme „kollektiver Selbstverteidigung" eine Mitgliedschaft dauernd neutraler Staaten aus, und dies auch dann, falls sie *nicht-reziprok* und damit *asymmetrisch* ausgestaltet sein sollten[5] – in ei-

3   Vgl dazu nachstehend auf S. 148f, 150f.
4   Vgl dazu *Hummer*, Österreich zwischen Neutralität und Integration. Völkerrechtliche, europarechtliche und verfassungsrechtliche Implikationen einer Mitwirkung Österreichs in Systemen sicherheitspolitischer und wirtschaftlicher Integration, in: *Pape* (Hrsg), Österreich – von der Monarchie zum EU-Partner (1999) 221.
5   Anderer Ansicht *Schweitzer*, Dauernde Neutralität und europäische Integration (1977) 111; *Schweitzer*, GASP und dauernde Neutralität Österreichs, in: *Everling-*

nem solchen System kollektiver Selbstverteidigung lässt sich der dauernd Neutrale zwar von den anderen Bündnispartnern verteidigen, nimmt aber am kollektiven Gegenschlag gegen den militärischen Aggressor nicht teil. Aus diesem Grunde können die vier dauernd neutralen EU-Mitgliedstaaten Österreich, Schweden, Irland und Finnland bei der WEU auch nur einen *Beobachterstatus* einnehmen und sich mit der NATO nur in der Form der (erweiterten) *„Partnerschaft für den Frieden"* (PfP plus) verbinden. Dasselbe gilt grundsätzlich auch für die beiden neutralen bzw paktfreien Beitrittswerber Zypern und Malta. In diesem Zusammenhang muss aber stets beachtet werden, dass lediglich Österreich und die Schweiz das völkerrechtliche Rechtsinstitut der dauernden Neutralität übernommen haben, während die anderen Staaten die Neutralität lediglich zur Maxime ihrer Außenpolitik erhoben haben und sie deswegen auch jederzeit wieder, und zwar ohne Beachtung irgendwelcher Formalerfordernisse, beenden können.

Ad (b) Im Gegensatz dazu dienen Systeme *„regionaler kollektiver Sicherheit"* iSv Art 52 SVN nicht zur Abwehr eines bewaffneten Angriffs von außen, sondern zur Disziplinierung eines „Abweichlers" in den eigenen Reihen – sie sind daher nicht wie die Systeme „kollektiver Selbstverteidigung" „nach außen" sondern vielmehr „nach innen" gerichtet.

So stellt die *„Organisation für Sicherheit und Zusammenarbeit in Europa"* (OSZE) heute wohl bereits ein System *„regionaler kollektiver Sicherheit"* iSv Art 52 SVN dar, obwohl sie sich im Juli 1992 lediglich selbst als ein solches System proklamiert hat und ohne dass die dafür gem Art 54 SVN notwendige enge Kontaktnahme mit dem SR der VN schon gegeben gewesen wäre.[6] In der Zwischenzeit ist dieser Status aber von den Organen der VN – neben dem GS und der GV der VN vor allem auch vom SR der VN – bestätigt worden.[7]

Der Status einer (dauernden) Neutralität ist mit einer Mitgliedschaft in solchen Systemen „regionaler kollektiver Sicherheit" kompatibel – und zwar schon aufgrund eines einfachen Größenschlusses iSe „argumentum a maiore ad minus": Wenn ein dauernd neutraler Staat problemlos Mitglied der Vereinten Nationen sein und damit auch an deren System *universeller* kollektiver Sicherheit (Kap VII SVN) teilnehmen kann, dann kann er umso mehr Mitglied eines solchen Systems (bloß) *regionaler* kollektiver Sicherheit (Kap VIII SVN) sein, das unter strikter Subsidiarität steht und im Falle eines Waffengebrauchs einer Ermächtigung durch den SR der VN bedarf (Art 53 Abs 1 SVN). In diesem Sinne sind dauernd Neutrale auch bereits seit längerem unbestritten Mitglieder solcher Systeme regiona-

---

FS Bd II (1995) 1389; *Plessow,* Neutralität und Assoziation mit der EWG (1967) 31.

6   Vgl *Hummer/Schweitzer,* Art 52 Rdnr 77, in: *Simma* (Hrsg), The Charter of the United Nations. A Commentary (1994) 703.

7   Vgl *Hummer/Schweitzer* (Fn 6) Rdnr 83.

ler kollektiver Sicherheit, wie zB Costa Rica in der OAS[8] und die europäischen Neutralen Österreich, Schweden, Irland, Finnland und die Schweiz bei der OSZE.

Ad (c) In Systemen „*kooperativer Sicherheit*" wiederum sind die Teilnehmerstaaten bemüht, ihre Sicherheit nicht mehr „gegeneinander" („konfrontativ") sondern „miteinander" („kooperativ") zu gewährleisten.[9] Kooperative Sicherheit versucht daher, „im Vorfeld eines möglichen Friedensbruches die Zusammenarbeit zu festigen, um so das Entstehen von Konfliktursachen zu verhindern" sowie „entstehende Konflikte durch geeignete Maßnahmen an der weiteren Eskalation zur bewaffneten Konfrontation zu hindern".[10] Vor ihrer „Selbstqualifikation" als System „regionaler kollektiver Sicherheit" wurde die KSZE/OSZE als ein solches System „kooperativer Sicherheit" angesehen. Dauernd neutrale Staaten können problemlos Mitglieder solcher Systeme „kooperativer Sicherheit" sein.

Ad (d) In Systemen „*integrativer Sicherheit*" – wie es zB das 1954 gescheiterte Projekt einer „*Europäischen Verteidigungsgemeinschaft*" (EVG)[11] gewesen wäre – kommt es hingegen zu einer „Verschmelzung" der Verteidigungsanstrengungen mehrerer Mitgliedstaaten in einer gemeinsamen Heeresorganisation, wie dies an sich auch von Art 17 Abs 1 UAbs 1 EUV vorgesehen wäre, der in der EU die Errichtung einer „gemeinsamen Verteidigung" unter gewissen Voraussetzungen vorsieht. Der Status der dauernden Neutralität ist mit dem eines solchen Systems „integrativer Sicherheit" allerdings inkompatibel.

---

8   Vgl *Hummer*, Sozioökonomische Grundstrukturen Costa Ricas unter besonderer Berücksichtigung außenwirtschaftlicher Verflechtungen, in: *Maislinger* (Hrsg), Costa Rica (1986) 159; *Tinoco*, Völkerrechtliche Grundlagen dauernder Neutralität (1989) 213.

9   Vgl *Schneider*, Österreich, das neue Europa und die Neutralität, in: *Krejci/Reiter/Schneider* (Hrsg), Neutralität – Mythos und Wirklichkeit (1992) 85; *Neuhold*, Österreichische Sicherheitspolitik zwischen Alleingang und Integration, in: *Reiter* (Hrsg), Österreich und die NATO. Die sicherheitspolitische Situation Österreichs nach der NATO-Erweiterung (1998) 525.

10   *Vetschera*, Sicherheitspolitische Kooperation und dauernde Neutralität, ÖJP 1991, 461.

11   Vgl dazu *Hummer*, Die WEU als „operativer Arm" der EU – unter besonderer Berücksichtigung der Mitwirkung des immerwährend neutralen Österreich an „Petersberg-Aufgaben", in: *Köck/Hintersteininger* (Hrsg), Europa als Sicherheits- und Wertegemeinschaft (2000) 253.

C. *Die „Gemeinsame Europäische Sicherheits- und Verteidigungspolitik"*
(GESVP) als sicherheits- und verteidigungspolitische „Hybridform"

Wie nachstehend noch näher zu zeigen sein wird, ist in der gegenwärtigen europäischen Sicherheitsarchitektur keines dieser Modelle – vor allem (regionaler)
„kollektiver Sicherheit" bzw „kollektiver Selbstverteidigung" – rein verwirklicht,
sondern das europäische Sicherheits- und Verteidigungssystem stellt eine Mi-
schung aus mehreren dieser Modelle dar. Die daraus entstandene sicherheitspolitische *„Hybridform"* bereitet daher grundsätzliche Einordnungs- und Qualifi-
kationsprobleme. So besteht die bisherige WEU nicht mehr in ihrer ursprünglichen Form, sondern es wurden deren operative Kapazitäten in die EU überge-
führt, allerdings nicht deren zentrale Bestimmung, nämlich der vorerwähnte
„Bündnisfall" des Art V WEU-Vertrag, der im „entkernten" WEU-Vertrag
verblieb.[12] Da ein System „kollektiver Selbstverteidigung" iSv Art 51 SVN aber
gerade über diesen „Bündnisfall" definiert wird, steht nicht eindeutig fest, wie
dieser *„shift"* der (sonstigen) *operativen Kapazitäten* von der *WEU* zur *EU* zu
qualifizieren ist und was nun eigentlich die GESVP iSd vorstehenden Kategorisierung „idealtypisch" darstellt.

In diesem Zusammenhang ist aber noch auf eine weitere Dichotomie hinzuweisen. Obwohl die GESVP in letzter Konsequenz auf eine schrittweise Festlegung einer „gemeinsamen Verteidigungspolitik", die zu einer „gemeinsamen
Verteidigung" führen könnte, abzielt, besteht ihr gegenwärtiges Hauptziel aber
nicht in der Schaffung *verteidigungspolitischer* Instrumente, sondern sie ist auf
die Herbeiführung autonomer Fähigkeiten der EU zur (militärischen und zivilen)
(a) *Konfliktverhütung* sowie auch (b) zur *Krisenbewältigung* ausgerichtet. Im
Gegensatz zu Maßnahmen der Konfliktverhütung, die eher (außen)politischen
Charakter haben und vorwiegend präventive Aktivitäten politischer, wirtschaftlicher oder finanzieller Natur umfassen, sind Maßnahmen der Krisenbewältigung
eher operativer Natur und umfassen vorwiegend den Einsatz von (zivilem und
militärischem) Fachpersonal in konkreten Krisensituationen.[13] Da Konfliktverhü-
tungs- und Krisenbewältigungsmaßnahmen regelhaft auch nur „out of area" eingesetzt werden, unterscheiden sie sich allein schon deswegen von Maßnahmen,
die von Systemen „kollektiver Sicherheit", aber auch von solchen „kollektiver
Selbstverteidigung", gesetzt werden. Letztere sind überhaupt erst im Entwurf des
Verfassungsvertrages vorgesehen.[14]

---

12   Vgl dazu nachstehend auf S. 140f, 150.
13   Vgl dazu den Beitrag von *Desch* in diesem Band auf S. 247ff.
14   Vgl dazu nachstehend auf S. 190f.

Innerhalb der Kategorie der Konfliktverhütungs- bzw Krisenbewältigungsmaßnahmen wiederum nehmen die „*Petersberg-Maßnahmen*" iSv Art 17 Abs 2
EUV idF des Vertrages von Amsterdam (1997)[15] eine ambivalente Stellung ein,
da sich die beiden letzten „Petersberg-Maßnahmen" als Krisenverhütungs-
(„peace keeping") bzw -bewältigungsmaßnahmen („peace making") nicht exakt
in das bisherige System von (robusten) „peace keeping"-Aktivitäten im Schoß
der VN[16] einordnen lassen.

Auf die Weiterentwicklung der GESVP durch den Verfassungsvertrag (2003)
bzw dessen Modifikationen durch das „Konklave" von Neapel – iSe Erweiterung
der „Petersberg-Maßnahmen" und der Einführung einer „(ständigen) *strukturierten*" sowie einer „*engeren*" Zusammenarbeit und der Schaffung einer „*Solidaritätsklausel*" – wird nachstehend noch einzugehen sein.[17]

1. Terrorbekämpfung als eigene Zielsetzung der GESVP?

Zu diesen Abgrenzungsfragen kommt noch die weitere dogmatische Herausforderung hinzu, die Terroranschläge des 11. September 2001 als neue Bedrohungsform der internationalen Sicherheit entsprechend einzuordnen. Diesbezüglich ergriff die spanische Präsidentschaft im Rahmen der Präsentation ihres
Programms vor dem EP in Straßburg am 16. Jänner 2002 die Gelegenheit, eine
Debatte darüber anzuregen, ob nicht die *Bekämpfung* des *Terrorismus* eine *eigene Zielsetzung* der *GESVP* – neben den „Petersberg-Aufgaben" – werden solle.[18]
Dementsprechend schien auch der „Kampf gegen den Terrorismus in einem
Raum der Freiheit, der Sicherheit und des Rechts" unter den sechs Prioritäten der
spanischen Präsidentschaft als oberstes und erstes Ziel auf.[19] Auch die *Europäische Kommission* zählte in ihrem Arbeitsprogramm für 2002[20] – als Ergänzung
zu den Prioritäten der jährlichen Strategieplanung der Europäischen Kommission
vom Februar 2001 – als eine von sieben Prioritäten die Bekämpfung des Terrorismus und die Verstärkung der Sicherheit der europäischen Bürger auf und sah
gezielte Maßnahmen vor, um staatlichen Stellen die Terrorismusbekämpfung sowie die Bekämpfung und Verhütung der Terrorismusfinanzierung zu erleichtern.
Die Erklärung der Staats- und Regierungschefs vom 13. September 2001 sowie
der am außerordentlichen Europäischen Rat vom 21. September 2001 ausgear-

---

15 Vgl dazu nachstehend auf S. 141f.
16 Vgl dazu nachstehend auf S. 142.
17 Vgl dazu nachstehend auf S. 183ff.
18 Vgl *Pfarr*, Europäische Union, ÖMZ 2002, 338.
19 Más Europa. Programa de la Presidencia Española de la Unión Europea, 1-1/30-6-
     2002, 8.
20 KOM (2001) 620 endg.

beitete Plan zur Terrorismusbekämpfung[21] erkannten ebenfalls die damit verbundene Gefährdung (auch) der europäischen Sicherheit. Obwohl über die Frage der Bekämpfung des Terrorismus bereits auf dem Europäischen Rat in Laeken im Dezember 2001 diskutiert wurde, scheint sie in den Schlussfolgerungen des Vorsitzes aber nicht auf, was wohl darauf hindeutet, dass man sie damals bewusst noch nicht weiter vertiefen wollte. In der Folge kam es aber dann zu einer Reihe von zivilen Maßnahmen zur Terrorbekämpfung.[22]

Sollte es im Zuge der Ratifizierung des Verfassungsvertrages dazu kommen, dass die *Terrorismusbekämpfung* – über die bisher dazu erlassenen „zivilen" Maßnahmen hinaus[23] – zu einem eigenen *Ziel* der *GESVP* wird, das mit *militärischen* Maßnahmen erreicht werden soll, dann wäre dies ohne Zweifel ein Paradigmenwechsel, da man – über die „härteste" Krisenbewältigungsmaßnahme innerhalb der „Petersberg-Aufgaben" (nämlich dem „peace making" bzw „peace enforcement") hinaus – mit der Terrorismusbekämpfung eine neue präemptive und damit „offensive" Zielsetzung iSe weltweiten Bekämpfung des Terrors statuieren würde. Im Gegensatz zum „defensiven" bzw „reaktiven" „peace keeping" bzw „peace making" zur Krisenbewältigung iSd bisherigen „Petersberg-Aufgaben" würde mit den präemptiven bzw „offensiven" Maßnahmen der Terrorismusbekämpfung eine neue Qualität in die bisherigen „Petersberg-Maßnahmen" hineingetragen werden, die sich nur schwerlich unter die Konzeption einer bloßen „Krisenbewältigungsmaßnahme" subsumieren ließe.

Krisenbewältigung hat an sich mit Selbstverteidigung bzw (präventiver) Notwehr im Falle der Eliminierung terroristischer Bedrohungen nichts zu tun. Genau diese Verknüpfung ist aber zum einen dadurch vorgenommen worden, dass gem Art III-210 Abs 1 des Verfassungsvertrages die erweiterten „Petersberg-Maßnahmen" auch zur Bekämpfung des Terrorismus eingesetzt werden können. Zum anderen ist aber auch durch die Einführung einer „*Solidaritätsklausel*" in Art 42 Abs 1 iVm Art III-213 des Verfassungsvertrages diesbezüglich ein enger Konnex geschaffen worden.[24]

2. Die GESVP als „Übergangsregime"

Die Rechtsnatur der *GESVP*, als das aktuelle sicherheits- und verteidigungspolitische System der EU, bleibt daher diffus und kann gegenwärtig iSd vorstehend erwähnten idealtypischen sicherheitspolitischen „Szenarien" nur als *Über-*

---

21 Vgl dazu nachstehend auf S. 155, 177f.
22 Vgl dazu nachstehend auf S. 162f, 177ff.
23 Vgl dazu nachstehend auf S. 185ff.
24 Vgl dazu nachstehend auf S. 186f.

gangssystem beschrieben werden – aber zu welchem Endzustand? Die GESVP ist in einigen Bereichen zweifellos bereits über das Stadium einer *„gemeinsamen Verteidigungspolitik"* hinaus, ohne aber zugleich in das einer *„gemeinsamen Verteidigung"* übergewechselt zu haben, das ohnehin nur durch einen – bisher noch nicht ergangenen – Beschluss des Europäischen Rates mit nachfolgender Ratifikation durch die Mitgliedstaaten gem Art 17 Abs 1 EUV erreicht werden könnte. Die Unbestimmtheit des Schicksals eines eventuellen Inkrafttretens des Verfassungsvertrages und seines Art 40 Abs 7, in dem ein System „kollektiver Selbstverteidigung" angelegt ist,[25] trägt das ihrige dazu bei.

Da die *GASP* erst durch den Vertrag von Maastricht über die Europäische Union (1992) und die – einen Teilbereich der GASP darstellende – *GESVP* gar erst ab 1999/2000 eingeführt wurde, umfasst der in diesem Beitrag angesprochene Zeitraum grundsätzlich nur die letzten 10 bzw – unter Berücksichtigung des Schicksals des Verfassungsvertrages – letzten 15 Jahre. Für ein vertieftes Verständnis, vor allem der GASP, aber auch der GESVP, erscheint es aber unerlässlich, etwas weiter auszuholen und zunächst kurz auf den „Vorläufer" der GASP, nämlich die *„Europäische Politische Zusammenarbeit"* (EPZ) einzugehen.

III. Von der „Europäischen Politischen Zusammenarbeit" (EPZ) zur „Gemeinsamen Außen- und Sicherheitspolitik" (GASP)

Die Angleichung bzw Abstimmung der Außenpolitiken der Mitgliedstaaten der EG in einem eigenen politischen Kooperationsverfahren war seit der Haager Gipfelkonferenz vom 2. Dezember 1969[26] – am Ende der 12-jährigen Übergangsfrist der EWG – ein spezielles Anliegen der Gemeinschaft, da man erkannte, dass der wirtschaftliche Integrationsprozess an sich, vor allem aber die Außenhandelspolitik der EWG gem Art 113 EWGV, auch ein Mindestmaß an Übereinstimmung in der Außenpolitik erforderte. Aufbauend auf dem *Davignon-Bericht* vom 27. Oktober 1970[27] vereinbarten daher die Mitgliedstaaten der EG auf der Kopenhagener Gipfelkonferenz vom Juli 1973 die Schaffung einer *„Europäischen Politischen Zusammenarbeit"* (EPZ) als informellen Mechanismus gegenseitiger Konsultation in außenpolitischen Angelegenheiten und verlagerten diesen auf der Pariser Gipfelkonferenz vom 9./10. Dezember 1974[28] weitgehend in den Europäi-

---

25 Vgl dazu nachstehend auf S. 190f, 194ff.
26 ABl 1970 C 94 S 9.
27 Bulletin des Presse- und Informationsamtes der Bundesregierung 1970, 1589.
28 Bulletin des Presse- und Informationsamtes der Bundesregierung 1974, 1537.

schen Rat. Im Londoner Bericht der Außenminister der Mitgliedstaaten vom
13. Oktober 1981[29] wurde die EPZ in der Folge neu strukturiert und verdichtet.
Die EPZ entbehrte anfangs jeglicher Rechtsgrundlage. Erst durch Titel III, dh Art
30 der „Einheitlichen Europäischen Akte" (EEA) vom 17./28. Februar 1986[30]
wurde die EPZ völkerrechtlich verankert, ohne dass ihr damit aber gleichzeitig
bindender Charakter verliehen wurde. Gem Art 30 Abs 1 und 2 EEA hatten sich
die Vertragsparteien (nur) zu bemühen, gemeinsam eine europäische Außenpolitik auszuarbeiten und sich dazu zu verpflichten, einander in allen außenpolitische
Fragen zu unterrichten und zu konsultieren. Des Weiteren erklärten sie sich in
Art 30 Abs 6 lit A) EEA zu einer engeren Zusammenarbeit in Fragen der europäischen Sicherheit – auch außerhalb der WEU und der NATO [lit c)] – sowie zu
einer „stärkeren Koordinierung ihrer Standpunkte zu den politischen und wirtschaftlichen Aspekten der Sicherheit" bereit. Mit letzterer Formulierung spielten
die Mitgliedstaaten vor allem auf gemeinsame Aktivitäten im Bereich der Rüs-
tungsbeschaffung an.[31] Die Ausbildung einer gemeinsamen Sicherheitspolitik an
sich war mit dieser Formulierung aber nicht intendiert.

Gem Art 1 Abs 1 EEA verfolgen die EG und die EPZ das Ziel, gemeinsam zu
konkreten Fortschritten auf dem Wege zur Europäischen Union beizutragen, wobei gem Art 30 Abs 5 EEA die auswärtige Politik der EG und die im Rahmen der
EPZ vereinbarten mitgliedstaatlichen (Außen)Politiken kohärent sein müssen.
Gem Art 30 Abs 12 EEA mussten die Mitgliedstaaten der EG fünf Jahre nach Inkrafttreten der EEA, dh im Jahre 1992, überprüfen, ob die EPZ einer Revision
bedarf oder nicht. Überholend dazu beschloss aber der Europäische Rat von
Dublin vom 25./26. Juni 1990 – auf der Basis des Vorschlages von Mitterand
und Kohl vom 18. April 1990 über die Errichtung einer „Europäischen Politischen Union" – eine eigene Regierungskonferenz zur Politischen Union einzube-
rufen, was schließlich Ende 1990 auch geschah. Dementsprechend kam es am
14./15. Dezember 1990 anläßlich der Tagung des Europäischen Rates von Rom
zur formellen Eröffnung der „Regierungskonferenz zur Politischen Union"
– daneben wurde eine zweite Regierungskonferenz zur Wirtschafts- und Währungsunion (WWU) eingesetzt[32] – auf der die Weichen für die Ausarbeitung der
„Zweiten" und der „Dritten Säule" der EU im Rahmen des Vertrages von Maastricht gestellt wurden.[33] Die Vertragsentwürfe dieser beiden Regierungskonferen-

---

29   BullEG Beilage 3-1981, 15.
30   BullEG Beilage 2/1986; ABl 1987 L 169 S 1.
31   Vgl dazu nachstehend auf S. 182, 187f.
32   EA 1/1991, D 28; vgl dazu BullEG Beilage/91.
33   Vgl Hummer, Die Weiterentwicklung der Europäischen Union im Rahmen der Re-
     gierungskonferenz '96, in: Hummer (Hrsg), Die Europäische Union nach dem Ver-
     trag von Amsterdam (1998) 14 (16).

zen wurden anschließend am 9./10. Dezember 1991 auf der Tagung des Europäischen Rates in Maastricht in den Entwurf eines (einzigen) „*Vertrages über die Europäische Union*" (EUV) zusammengefügt, der allerdings erst am 7. Februar 1992 (ebenfalls) in Maastricht unterzeichnet werden konnte.[34]

IV. Von der GASP zur GESVP

A. Die GASP und die Rolle der „Westeuropäischen Union" (WEU)

In Art P Abs 2 EUV idF des Vertrages von Maastricht (1992) war nun vorgesehen, dass Titel III der EEA – dh Art 30 EEA und damit die EPZ – aufgehoben wird. Gem Art J EUV wurde an deren Stelle eine „*Gemeinsame Außen- und Sicherheitspolitik*" (GASP) eingeführt, die sich „auf alle Bereiche der Außen- und Sicherheitspolitik erstreckt" (Art J.1 Abs 1 EUV). Gem Art J.4 Abs 1 EUV umfasst die GASP „*sämtliche Fragen, welche die Sicherheit der Europäischen Union betreffen, wozu auf längere Sicht auch die Festlegung einer gemeinsamen Verteidigungspolitik gehört, die zu gegebener Zeit zu einer gemeinsamen Verteidigung führen könnte*". Gem Art J.4 Abs 2 EUV ersucht die Union „die Westeuropäische Union (WEU), die integraler Bestandteil der Entwicklung der EU ist, die Entscheidungen und Aktionen der Union, die verteidigungspolitische Bezüge haben, auszuarbeiten und durchzuführen".

Damit geht der Vertrag von Maastricht (1992) von einem umfassenden Sicherheits-Begriff aus, der auch die militärische Dimension miteinschließt und bestimmt des Weiteren, dass auch die Festlegung einer „gemeinsamen Verteidigungspolitik" Aufgabe und Ziel der GASP ist. Im Zusammenhang mit der Festlegung einer „gemeinsamen *Verteidigungspolitik*" wird auch (potentiell) die Perspektive einer „gemeinsamen *Verteidigung*" als eine künftige Entwicklungsmöglichkeit aufgezeigt. Dafür wird durch die EU (alleine) die „*Westeuropäische Union*" (WEU) – und nicht etwa die NATO bzw die OSZE oder irgendeine andere europäische sicherheitspolitische Organisation – als militärisch operativer Arm in Anspruch genommen. Mit anderen Worten hat bereits der Vertrag von Maastricht (1992) die grundlegende Entscheidung getroffen, wer militärisch und strategisch für die EU operativ tätig werden soll, und hat diese Wahl (exklusiv) zugunsten der WEU vorgenommen. Ohne Änderung der Gründungsverträge kann daher kein anderes Element der gegenwärtigen „europäischen Sicherheitsarchitektur" diese Funktion übernehmen. Die WEU hat in diesem Zusammenhang

---

34   ABl 1992 C 191 S 1; EA 6/1992, D 177; für eine nichtamtliche „Konsolidierung"
     des EG-Vertrags siehe ABl 1992 C 224 S 8.

auch eine Art „Scharnierfunktion" zur NATO zu erfüllen, wenngleich ihr gem Art V – ebenso wie der NATO gem ihrem Art 5 – nach wie vor die Pflicht zur „kollektiven Selbstverteidigung" für ihre Bündnismitglieder obliegt. Im Gegensatz zu ihrem Vorläufer – der EPZ – ist daher die GASP nicht nur ein Unternehmen der Union und ihrer Mitgliedstaaten geworden,[35] sondern umfasst auch potentiell die Bereiche einer „gemeinsamen Verteidigungspolitik" bzw sogar einer „gemeinsamen Verteidigung", für deren Operationalisierung die WEU in Dienst genommen wurde.

B. Die Ausweitung der GASP durch die „Petersberg-Aufgaben"

Bereits vier Monate nach der Unterzeichnung des Vertrages von Maastricht am 7. Februar 1992, in dem der WEU diese wichtige operative Rolle im sicherheitspolitischen Bereich zugedacht wurde, gaben die Außen- und Verteidigungsminister der WEU-Mitgliedstaaten am 19. Juni 1992 am Petersberg bei Bonn die sog *„Petersberg-Erklärung"* ab, in der sie das „Offert" des Art J.4 EUV aufgriffen und der EU ihrerseits drei Instrumente zur Krisenbewältigung (sog *„Petersberg-Aufgaben"*) anboten:[36] *„Militärische Einheiten der WEU-Mitgliedstaaten, die unter der Befehlsgewalt der WEU eingesetzt werden, könnten neben ihrem Beitrag zur gemeinsamen Verteidigung in Übereinstimmung mit Artikel 5 des Washingtoner Vertrages bzw Art V des geänderten Brüsseler-Vertrages auch für folgende Zwecke eingesetzt werden:*

- humanitäre Aufgaben und Rettungseinsätze;
- friedenserhaltende Aufgaben sowie
- Kampfeinsätze bei der Krisenbewältigung einschließlich friedensschaffender Maßnahmen."

Der erste Aufgabenbereich ist eindeutig der sog „*kooperativen Sicherheit*"[37] zuzuordnen, wohingegen die letzte „Petersberg-Aufgabe" als „peace making"- bzw „peace enforcement"-Maßnahme zweifellos außerhalb dieses Bereichs liegt. Der zweite Aufgabenbereich, nämlich der der „friedenserhaltenden Aufgaben", lässt in dieser seiner Formulierung aber keine eindeutige Abgrenzung bzw Zu-

---

35   Vgl *Hochleitner*, Die Sicherheits- und Verteidigungspolitik der Europäischen Union. Der Vertrag von Nizza und seine Umsetzung, ÖMZ 2002, 268.

36   Beschluss der Außen- und Verteidigungsminister der WEU-Mitgliedstaaten vom 19. Juni 1992 am Petersberg bei Bonn, Teil II § 4 dritter Spiegelstrich; EA 1992, D 482; Vgl *Hummer* (Fn 11) 258.

37   Vgl dazu vorstehend auf S. 134.

ordnung zu den in der Praxis der VN entwickelten mehreren „Generationen" von
„peace keeping operations"[38] zu, nämlich dem „peace keeping" der „ersten Generation", dem der „zweiten Generation" (seit 1989) und dem der „dritten Generation", dem sog „robusten" „peace keeping" (seit 1993).[39] Vor allem bei letzteren
friedenserhaltenden Maßnahmen wird die Grenze zwischen „peace keeping" und
„peace making" bzw „peace enforcement" des Öfteren verwischt, da es hierbei
unter Umständen zu einem sog „mission creep", dh einer steten „Lizitation" iSe
Ausweitung des ursprünglichen Einsatzmandates kommt.[40] Eine gewisse Klärung
brachte in diesem Zusammenhang allerdings die sog *„Norwijk-Erklärung"* der
WEU vom 14. November 1994,[41] in der es zur Standardisierung gewisser proto-
typischer Sicherheitsszenarien kam.

Durch diese „Petersberg-Aufgaben" wurde der Einsatzbereich militärischer
Einheiten der WEU – über ihren Beitrag zu Zwecken „kollektiver Selbstverteidigung" innerhalb ihres eigenen Militärbündnisses hinaus – auf Aufgaben der
Krisenprävention und der Krisenbewältigung außerhalb des Bündnisgebietes entscheidend ausgeweitet (sog „out of area"-Einsätze). Die „Petersberg-Aufgaben"
wurden durch die WEU – als von der EU „beliehene" Organisation – gesetzt, allerdings nicht zu Zwecken der Selbstverteidigung, sondern zur Hintanhaltung und
militärischen Bewältigung von Krisenlagen. Dabei stellten sich aber sofort zwei
grundlegende Fragen, nämlich zum einen (a) ob ein Militärbündnis iSv Art 51
SVN solche militärische Aktivitäten überhaupt setzen kann, und wenn ja, noch
dazu „out of area" (dh nach bisherigem Verständnis nicht iSe „Selbstverteidi-
gungsmaßnahme") sowie zum anderen (b) ob es dazu einer Ermächtigung durch
den SR der VN bedarf oder nicht.

Ad (a) Wie vorstehend bereits erwähnt, dient ein defensives Militärbündnis
iSv Art 51 SVN – als Ausfluss des „Naturrechts der kollektiven Selbstverteidigung" – dem gemeinsamen Zurückschlagen eines bewaffneten Angriffs auf
einen oder mehrere Bündnispartner. Im Gegensatz dazu ist ein System „regionaler kollektiver Sicherheit" iSv Art 52-54 SVN zur Disziplinierung von „Abweich-
lern" im System selbst konzipiert. Die WEU nimmt diesbezüglich eine Mittelstel-
lung ein. Der Brüsseler Fünf-Mächte-Vertrag (1948) und damit auch die WEU
(1954) ist zum einen aus einem „regional arrangement" gegen ehemalige Feind-

38   Vgl *Unser*, Die UNO[7] (2004) 124; *Sucharipa-Behrmann*, Die friedenserhaltenden
     Operationen der Vereinten Nationen, in: *Cede/Sucharipa-Behrmann* (Hrsg), Die
     Vereinten Nationen (1999) 88.
39   Vgl dazu *Hildenbrand*, Zur Krisenreaktionsfähigkeit der Friedenstruppen der VN
     (2001) 70; *Eisele*, Blauhelme als Krisenmanager, in: *Schorlemer* (Hrsg), Praxis-
     Handbuch UNO (2003) 33.
40   *Unser* (Fn 38) 128.
41   Vgl *Wassenberg*, Das Eurokorps (1999) 106.

staaten iSv Art 53 SVN hervorgegangen,[42] und zum anderen enthält deren Satzung auch die für ein Regionalabkommen iSv Art 52 SVN essentiellen Vorschriften über Streitbeilegung.[43] Dazu kommt noch der „multifunktionale Ansatz" beider Abkommen, der weit über eine bloße militärische Defensivallianz hinausgeht. Trotzdem ist die WEU formell nach herrschender Lehre nach wie vor als System kollektiver Selbstverteidigung iSv Art 51 SVN anzusehen.[44]

Im Detail stellt sich die Situation folgendermaßen dar: Bereits der Brüsseler Fünf-Mächte-Vertrag vom 17. März 1948[45] enthielt Elemente eines Abkommens über „*regionale kollektive Sicherheit*" iSv Art 52 SVN – wie zB die Bestimmungen über friedliche Streitbeilegung (Art VIII), den Konsultationsmechanismus gem Art VII Abs 2, die Kooperationsbemühungen auf wirtschaftlichem, sozialem und kulturellem Gebiet – die in dessen revidierter Fassung vom 23. Oktober 1954[46], mittels derer die WEU eingerichtet wurde, noch weiter ausgestaltet wurden. So hatte der Rat der WEU gem Art VIII § 3 – sofern dies von einer Vertragspartei beantragt wird – über jede Lage zu beraten, die eine Bedrohung des Friedens oder eine Gefährdung der wirtschaftlichen Stabilität darstellt. Dieses Konsultationsmandat des Rates bestand unabhängig davon, von welchem Gebiet (geographisch) eine Friedensbedrohung oder Destabilisierung ausgeht, sodass sich die WEU – nach eigener Ansicht – auch mit sicherheitspolitischen Problemen „out of area" befassen konnte.

Ebenso stellen aus der Sicht der WEU auch die „Petersberg-Aufgaben" keine operative Ausdehnung „ultra vires" des sachlichen Geltungsbereiches des WEU-Vertrages dar, sondern waren vielmehr eine zulässige Konkretisierung des offenen Regelungsgehalts des Art VIII § 3 des WEU-Vertrages:[47] „Insofern kann der vielfach aufgestellten Behauptung, die WEU habe mit den Petersberg-Beschlüssen die Grundlage des WEU-Vertrages von 1954 verlassen, nicht gefolgt werden. Die Rechtsgrundlage für die neuen Aufgaben der WEU ist folglich Art VIII WEU-Vertrag."[48] Auch das deutsche Bundesverfassungsgericht ging in

---

42   Vgl *Lang*, Sind WEU und NATO noch Allianzen? ÖJIP 1996, 12.
43   Vgl *Richter*, Von der Westeuropäischen Union zu einer Europäischen Sicherheitsgemeinschaft, in: *Lutz* (Hrsg), Gemeinsame Sicherheit, kollektive Sicherheit, Gemeinsamer Friede (1991) 305.
44   Vgl *Walter*, Vereinte Nationen und Regionalorganisationen (1996) 51.
45   EA 1948, 1263; 19 UNTS, 57.
46   Protokoll (Nr 1) zur Änderung und Ergänzung des Brüsseler Vertrages vom 23. 10. 1954; *Bloed/Wessel* (Hrsg), The Changing Functions of the Western European Union (WEU): Introduction and Basic Documents (1994) 7; 211 UNTS, 346.
47   Vgl *Fleuß*, Die operationelle Rolle der Westeuropäischen Union in den neunziger Jahren (1996) 265 (274).
48   *Wassenberg* (Fn 41) 96.

seinem sog „*Streitkräfte-Urteil*" vom 12. Juli 1994[49] davon aus, dass die Funktionserweiterung der WEU durch die „Petersberg-Aufgaben" unterhalb der Schwelle einer (materiellen) Vertragsänderung geblieben ist.[50] Ist somit die Setzung einer „Petersberg-Maßnahme" auch „out of area" durchaus als satzungskonform zu betrachten, so muss in der Folge geprüft werden, ob dies auch ohne Ermächtigung durch den SR der VN rechtmäßig geschehen kann oder nicht.

Ein militärisches Tätigwerden „out of area" – dh zum allgemeinen Krisenmanagement bzw zur Friedenssicherung unter Dritten, nicht aber zur eigenen „Selbstverteidigung" – ist einem System „kollektiver Selbstverteidigung" iSv Art 51 SVN grundsätzlich nur in den Fällen einer *Betrauung* durch den *SR* der VN bzw einer „*Nothilfe*", wenn überhaupt, gestattet. Ebenso verhält es sich auch mit Systemen „regionaler kollektiver Sicherheit", die gem Art 53 Abs 1 SVN Zwangsmaßnahmen nur mit Zustimmung des SR ergreifen dürfen. Ganz gleich, wie man die WEU auch charakterisieren mag,[51] militärisch geführte „Petersberg-Maßnahmen" mit Zwangscharakter, noch dazu „out of area" durchgeführt, bedürften einer Ermächtigung durch den SR der VN.

Der Wortlaut des Teils II § 3 der „Petersberg-Erklärung" macht eine Beschlussfassung für den Einsatz von militärischem Personal zur Durchführung einer „Petersberg-Maßnahme" aber nicht von einer vorausgegangenen Ermächtigung durch den SR der VN iSd Art 42 und 48 SVN abhängig, da dem Rat der WEU in diesem Zusammenhang nur aufgegeben wird, „im Einklang mit den Bestimmungen der Charta der Vereinten Nationen" zu handeln, was „im wesentlichen einem Verweis auf die Grenzen des Art 2 Abs 4 UN-Charta gleichkommt".[52] Dieser „dilatorische Formelkompromiss", der eine Paraphrasierung des § 5 der Präambel des vorerwähnten modifizierten Brüsseler Fünf-Mächte-Vertrages (1954) darstellt, wird aber von den einzelnen Mitgliedstaaten der WEU unterschiedlich interpretiert: Während die Bundesrepublik und andere WEU-Mitgliedstaaten eine Ermächtigung durch den SR der VN insbesondere für „friedensschaffende bzw -erzwingende Einsätze" für erforderlich hielten, vertraten andere Mitgliedstaaten – so etwa Frankreich – die Ansicht, dass es einer solchen

---

49 Sog „Adria-, AWACS- und Somalia-Urteil" des BVerfG; BverfGE 90, 286 (359-378); NJW 1994, 2212-2216; EuGRZ 1994, 304; ZaöRV 1994, 686; *Nolte*, Bundeswehreinsätze in kollektiven Sicherheitssystemen, ZaöRV 1994, 652; *Wolfrum*, Europäische Regionalorganisationen, in: *Neuhold/Simma* (Hrsg), Neues europäisches Völkerrecht nach dem Ende des Ost-West-Konflikts (1996) 159; *Lang* (Fn 42) 12.

50 Urteilstext, ibid, ZaöRV 1994, 739.

51 Vgl *Dumoulin/Remacle*, L'Union de l'Europe occidentale. Phénix de la défense européenne (1998) 348.

52 *Fleuß* (Fn 47) 266.

Legitimation durch die UNO nicht bedürfe, da der Rat der WEU berechtigt sei, militärische Einsätze der Mitgliedstaaten allein auf der Grundlage einer selbständig vorgenommenen materiellen Prüfung, ob die Bestimmungen der UN-Charta erfüllt seien oder nicht, anzuordnen.[53]

Auch die NATO ist der Meinung, „dass der 11. September 2001 die jahrzehntelange Debatte, ob die NATO auch außerhalb der Bündnisgrenzen aktiv sein dürfe („out-of-area-debate"), endgültig beendet hat (...) Die NATO muss künftig darauf vorbereitet sein, überall dort operativ zu werden, von wo Gefahren ausgehen."[54] In praxi gehen damit sowohl die WEU als auch die NATO in einem erweiterten „Angriffs"- bzw „Aggressionsverständnis" – das aber der bisher verpönten „Präventiv"- bzw „Putativnotwehr" sehr nahe kommt – davon aus, dass sie Akte „kollektiver Selbstverteidigung" nicht nur „out of area" setzen können, sondern dies offensichtlich aus Gründen der Krisenprävention auch tun dürfen, ohne dass es bereits zu einem „bewaffneten Angriff" gegen ein Bündnismitglied gekommen sein muss. Diesbezüglich hatte die NATO mit zwei neuen strategischen Konzepten – das erste stammte vom Gipfeltreffen in Rom im November 1991 und das zweite vom Gipfel in Washington im April 1999[55] – die ersten Weichen gestellt. Damit wird aber die bisherige Voraussetzung des Art 51 SVN – „wenn ein Angriff mit Waffengewalt gegen ein Mitglied der VN erfolgt" („if an armed attack occurs against a Member of the UN")" – für die Aktivierung des „Naturrechts der kollektiven Selbstverteidigung" unterlaufen und die damit verbundene Ausnahme vom Gewaltverbot des Art 2 Abs 4 SVN ausgehöhlt.

C. Die Auswirkungen der „Petersberg-Aufgaben" auf die GASP

Durch die Zurverfügungstellung der „Petersberg-Aufgaben" bot sich die WEU ganz allgemein zur Unterstützung der wirksamen „Durchführung von Konfliktverhütungs- und Krisenbewältigungsmaßnahmen einschließlich friedenserhaltender Aktivitäten der KSZE oder des Sicherheitsrates der Vereinten Nationen" an.[56] Die WEU sieht damit ihre Hauptfunktion in der Teilnahme an Friedensoperationen zur Krisenbekämpfung außerhalb ihres Bündnisgebietes („out of area") im Rahmen eines Systems „kooperativer" (OSZE) bzw eines solchen (universeller) „kollektiver Sicherheit" (UNO) und stellt sich diesbezüglich auch für eine

---

53   Vgl *Hummer* (Fn 11) 264.

54   Aussage eines hohen amerikanischen NATO-Vertreters, zitiert nach *Bischof*, Nato-Weichenstellungen im zugigen Reykjavik, Die Presse vom 16. 5. 2002, 6.

55   Vgl dazu *Delcourt/Dubuisson*, Contribution au débat juridique sur les missions „non-article 5" de l'OTAN, Revue belge de droit interntional 2002, 439.

56   Teil 1 Z 2 der „Petersberg-Erklärung" (Fn 36).

Mandatierung seitens der EU im Rahmen der GASP zur Verfügung. Welchen Effekt eine solche „Indienstnahme" der WEU durch die EU auf die GASP hat, soll nachstehend untersucht werden.

Durch Art 17 Abs 1 UAbs 2 EUV idF des Vertrages von Amsterdam (1997) eröffnete die WEU der EU den Zugang zu ihren operativen Kapazitäten, insbesondere in Zusammenhang mit der Durchführung von „Petersberg-Maßnahmen", die expressis verbis in Art 17 Abs 2 EUV verankert wurden. Gem Art 17 Abs 3 EUV wird die EU die WEU „*in Anspruch nehmen*", um die Entscheidungen und Aktionen der Union, die verteidigungspolitische Bezüge haben, auszuarbeiten und durchzuführen. Diese vage Formulierung wurde deshalb gewählt, um einer Festlegung, ob insoweit eine rechtliche Unterordnung der WEU unter die EU erfolgt, auszuweichen.[57] Die Teilnahme an „Petersberg-Aufgaben" unterlag nach wie vor der souveränen nationalen Entscheidung eines jeden Mitgliedstaates und die betroffenen assignierten Einheiten – die dem „operational command" bzw der „operational control" der WEU unterstellt werden – verblieben unter dem „full command" des nationalen Befehlshabers.[58]

Durch die Mandatierung der WEU, für die EU „Petersberg-Aufgaben" iSv „Kampfeinsätzen zur Krisenbewältigung einschließlich friedensschaffender Maßnahmen" zu erfüllen, wurde die EU – bzw „gesamthändisch" die Summe ihrer Mitgliedstaaten – weder zu einem System „regionaler kollektiver Sicherheit" iSv Art 52 SVN noch zu einem solchen „kollektiver Selbstverteidigung" iSv Art 51 SVN. „*Kollektive Selbstverteidigung*" im Rahmen der EU-Mitgliedstaaten wird nach wie vor von der *WEU* – für ihre 10 Mitglieder, die zugleich EU-Mitgliedstaaten sind (Belgien, Frankreich, Deutschland, Griechenland, Italien, Luxemburg, Niederlande, Portugal, Spanien und Großbritannien) – bzw von der *NATO* – für ihre 11 Mitglieder, die zugleich EU-Mitgliedstaaten sind (Belgien, Dänemark, Deutschland, Frankreich, Griechenland, Großbritannien, Italien, Luxemburg, Niederlande, Portugal und Spanien) – ausgeübt. Als „Auftraggeber" einer „Petersberg-Maßnahme" an die WEU war die EU bzw die Summe ihrer Mitgliedstaaten nur verantwortlich für eventuelle Inkompatibilitäten derselben mit der Satzung der VN. Im Falle der Beauftragung der WEU zur Durchführung einer „Petersberg-Maßnahme" iSe „peace making" „out of area" und ohne Ermächtigung durch den SR der VN erschienen solche Unverträglichkeiten aber offensichtlich, auch wenn sich diesbezüglich, wie vorstehend bereits erwähnt, die WEU ein „Selbstqualifikationsrecht" hinsichtlich der Vereinbarkeit einer solchen Maßnahme mit Art 2 Abs 4 SVN vorbehalten hat.

---

57   *Droutsas/Thun-Hohenstein*, Die Gemeinsame Außen- und Sicherheitspolitik der EU nach dem Vertrag von Amsterdam, ÖJIP 1998, 96.
58   *Fleuß* (Fn 47) 265.

Die vier EU-Mitgliedstaaten Finnland, Irland, Österreich und Schweden haben als sicherheitspolitische Option den Status der *dauernden Neutralität* gewählt und nehmen dementsprechend bei der WEU lediglich einen Beobachterstatus ein. Ihnen steht aber aufgrund mehrerer *Erklärungen*[59] sowie *Protokolle*,[60] vor allem aber aufgrund des *Beschlusses 1999/321/GASP des Rates vom 10. Mai 1999 über die praktischen Regelungen für die Beteiligung aller EU-Mitgliedstaaten an Aufgaben nach Artikel 17 Absatz 2 EUV, für welche die Union die WEU in Anspruch nimmt,*[61] die Möglichkeit einer „vollen Beteiligung" an allen „Petersberg-Aufgaben" offen, soweit sie eine solche nur völkerrechtlich und verfassungsrechtlich [62] für vereinbar halten.[63]

D. Das „EU-Truppenstatut"

Durch ein Übereinkommen vom 17. November 2003 zwischen den Mitgliedstaaten der EU wurde ua auch die Rechtsstellung der Truppen, die der EU im Rahmen der Vorbereitung und Durchführung von „Petersberg-Aufgaben", einschließlich Übungen, von ihren Mitgliedstaaten zur Verfügung gestellt werden, geregelt (sog „*EU-Truppenstatut*").[64] Darin sind spezielle Bestimmungen für die Hauptquartiere und Truppen sowie deren Militär- und Zivilpersonal enthalten (Art 9 bis 18).

V. Die GESVP: Von den „WEU-geführten" zu den „EU-geführten" „Petersberg-Maßnahmen"

Den Anstoß für den weiteren Ausbau der GASP in Richtung auf eine sicherheits- und verteidigungspolitische Komponente gab der britische Premier *Tony Blair* am informellen Europäischen Rat von Pörtschach am 24./25. Oktober 1998, in dem er die Aufstellung eines Truppenverbandes für friedenserhaltende und frie-

---

59   Vgl dazu die „Erklärung (Nr 30) zur Westeuropäischen Union" vom 10.12.1991 in
      der Schlussakte von Maastricht, die wiederum in zwei weitere Erklärungen unter-
      fällt; vgl *Hummer/Obwexer*, EU-Recht (1998) 96 (100); „Erklärung der WEU zur
      Rolle der WEU und zu ihren Beziehungen zur EU und zur Atlantischen Allianz" des
      Rates der WEU vom 22.7.1997; „Erklärung zur Westeuropäischen Union" vom
      02.10.1997 in der Schlussakte von Amsterdam; vgl *Hummer/Obwexer*, aaO 543.
60   „Protokoll (Nr 1) zu Art J.7 EUV"; Vgl *Hummer/Obwexer* (Fn 59) 84.
61   ABl 1999 L 123 S 14.
62   Vgl dazu Art 23f B-VG.
63   Vgl *Hummer* (Fn 11) 280.
64   ABl 2003 C 321 S 6; Vgl ZER 2004, 4; europa blätter 2004, 1.

densschaffende Einsätze vorschlug.[65] Diese Überlegung wurde danach durch die bilaterale britisch-französische Erklärung von St. Maló vom 4. Dezember 1998[66] weiter vertieft und vom Europäischen Rat in Wien vom 11./12. Dezember 1998[67] zustimmend zur Kenntnis genommen.

A. Die „Fusions"- oder „Verschmelzungsthese" zwischen der WEU und der EU

Auf dem informellen Treffen des Rates „Allgemeine Angelegenheiten" in Reinhartshausen am 13./14. März 1999 wurde seitens der deutschen Präsidentschaft ein Papier vorgelegt, in dem unter anderem die institutionelle Zukunft der WEU im Lichte des Art 17 Abs 1 UAbs 2 EUV diskutiert wurde. Gemäß dieser Bestimmung kann es dann zu einer „Integration der WEU in die EU" – und damit zu einer „Verschmelzung" beider Organisationen – kommen, wenn der Europäische Rat dies beschließt und sein Beschluss von allen Mitgliedstaaten ratifiziert wird. Offen war bei dieser „Verschmelzungs"- oder „Fusionsthese" lediglich die Frage, was dabei mit der Beistandsgarantie des Art V WEU-Vertrag geschehen solle. Würde man auch diese Bestimmung in die EU übernehmen wollen, dann würde zwar diese selbst zu einem System „kollektiver Selbstverteidigung" werden, vier ihrer Mitglieder, nämlich die neutralen Mitgliedstaaten Finnland, Irland, Österreich und Schweden könnten sich daran aber nach herrschendem Neutralitätsverständnis nicht beteiligen.[68] Daher wurde die Lösung ventiliert, die Beistandsgarantie in einem *Fakultativprotokoll* zu verankern, um damit diesen Staaten ein Abseitsstehen zu ermöglichen. Diese Variante hätte zwar den Neutralen ein „Ausscheren" ermöglicht, im Grunde aber alles beim Alten belassen, da die kollektive Beistandsgarantie ja ohnehin nur für die neun WEU- bzw zehn NATO-Mitglieder unter den EU-Mitgliedern in Frage gekommen wäre – allerdings nunmehr von der EU selbst und nicht wie bisher von der WEU angeboten.

Auch der von der deutschen Präsidentschaft am 7. Mai 1999 vorgelegte „Report on Strengthening of the Common European Policy on Security and Defence" ging noch von der „Verschmelzungsthese" aus, die aber in der Folge aufgrund des Widerstandes der neutralen und bündnisfreien EU-Mitgliedstaaten,

---

65   Vgl *Hummer*, Österreich und die Europäische Union – Beitritt, Rechtsübernahme, Mitwirkung, in: *Kriechbaumer* (Hrsg), Österreich und Europa (2000) 66.
66   Chaillot Paper 47, WEU-Institute for Security Studies 2001.
67   Vgl dazu *Hummer/Obwexer*, Die „EU-Präsidentschaft". Entwicklung, Rechtsgrundlagen, Funktionen und Aufgaben sowie künftige Ausgestaltung der „Präsidentschaft" des Rates der Europäischen Union, EuR 1999, 409; *Schallenberg/Thun-Hohenstein*, Die EU-Präsidentschaft Österreichs (1999).
68   Vgl dazu nachstehend auf S. 194ff.

aber auch Großbritanniens, wieder aufgegeben wurde.[69] Dementsprechend wurde auch am darauffolgenden Europäischen Rat von Köln im Juni 1999 nach anderen Möglichkeiten einer „engeren institutionellen Beziehung" zwischen WEU und EU iSv Art 17 Abs 1 UAbs 1 EUV gesucht. Die Lösung dafür wurde in einer bloßen „Entkernung" der WEU um ihre operativen Fähigkeiten und deren „Überführung" („shift") in die „Zweite Säule" der EU gefunden.

B. Die Ausbildung der GESVP durch die Beschlüsse des Europäischen Rates von Köln (1999)

Die Fortentwicklung der GESVP liegt vordringlich in Händen des *Europäischen Rates*, der insbesondere auch befugt ist, gem Art 17 Abs 1 UAbs 1 EUV den „Umschlag" der GESVP in eine „gemeinsame Verteidigung" zu beschließen.

In diesem Sinne formulierte der Europäische Rat von Köln vom 3./4. Juni 1999 in einer eigenen „*Erklärung zur Stärkung der Gemeinsamen Europäischen Sicherheits- und Verteidigungspolitik*" (GESVP)[70] Leitlinien für eine autonome Handlungsfähigkeit der EU im Bereich der „Petersberg-Aufgaben" iSe effektiven EU-geführten Krisenbewältigung, „*in deren Rahmen sich sowohl der NATO angehörende als auch neutrale und bündnisfreie EU-Mitgliedstaaten in vollem Umfang und gleichberechtigt beteiligen können*".[71] Zu diesem Zweck beauftragte er den Rat „Allgemeine Angelegenheiten", die „*Modalitäten für die Einbeziehung jener Aufgaben der WEU in die EU, die notwendig sein werden, damit die Union ihrer neuen Verantwortung im Bereich der „Petersberg-Aufgaben" gerecht werden kann (festzusetzen). Die dafür erforderlichen Beschlüsse sollen bis Ende des Jahres 2000 gefasst werden. In diesem Fall würde die EU als Organisation ihren Zweck erfüllt haben.*"[72] Damit ging der Europäische Rat von Köln bewusst nicht von einer mechanistisch-institutionellen „Verschmelzung" der WEU mit der EU, sondern vielmehr von einer „funktionellen" Integration der strategisch-operativen Fähigkeiten der WEU in die EU aus.

---

69   *Hummer*, Solidarität versus Neutralität. Das immerwährend neutrale Österreich in der GASP vor und nach Nizza, ÖMZ 2001, 153.
70   Bulletin Quotidien Europa-Dokumente Nr 2142 vom 9. 6. 1999, 1.
71   Vgl *Primosch*, Die gemeinsame europäische Sicherheits- und Verteidigungspolitik in der Perspektive des Europäischen Rates von Köln, ÖMZ 1999, 630.
72   Anhang III der Schlussfolgerungen des Vorsitzes, Dok SN 150/99 Anhänge, 33.

C. Die Überführung der operativen Kapazitäten der WEU in die EU

Seitens der WEU wurde dieser „shift" durch den Rat der WEU in seiner „*Erklärung von Marseille*" vom 13. November 2000[73] bewerkstelligt, gemäß derer beinahe alle in den letzten zehn Jahren in der WEU entwickelten operationellen Kapazitäten aus dem Bereich der WEU ausgegliedert und in die GASP eingegliedert werden sollten. Diese „Überführung" sollte bis spätestens 1. Juli 2001 abgeschlossen sein. Dazu kam noch die Übernahme des *Satellitenzentrums der WEU*[74] in Torrejón/Spanien und des *Institutes für Sicherheitsstudien*[75] in Paris. Nach einer solchen Übertragung ihrer operativen Kapazitäten würde die WEU nur mehr in folgenden drei „Restfunktionen" weiterbestehen, nämlich

(a) der Fortführung der (obligatorischen) Beistandsgarantie des Art V WEU-Vertrags als System kollektiver Selbstverteidigung iSv Art 51 SVN;
(b) der Unterstützung der Tätigkeiten sowohl der Westeuropäischen Rüstungsorganisation (WEAO) als auch der Westeuropäischen Rüstungsgruppe (WEAG);
(c) der Bewahrung der Aktivitäten der „Parlamentarischen Versammlung" der WEU.

Damit sollte durch die bloße „Überführung" der operativen Kapazitäten der WEU in die EU an sich das erreicht werden, was in Art 17 Abs 1 UAbs 2 EUV vorgesehen ist, nämlich eine „Integration der WEU in die EU" – allerdings nicht in Form einer „Verschmelzung". Es kam auf der Seite der EU daher lediglich zum Aufbau von Parallelstrukturen, an denen die übertragenen operativen Funktionen der WEU „andocken" konnten. An die Stelle des bisherigen Zugangs der EU zu den operativen Kapazitäten der WEU und deren Inanspruchnahme durch die EU in Form von „*WEU-geführten*" Maßnahmen iSv Art 17 Abs 1 und 3 EUV trat damit die unmittelbare Verfügbarkeit einer eigenen operativen Kapazität der EU selbst. Die EU wird hiermit in die Lage versetzt, eigene „*EU-geführte*" „Petersberg-Maßnahmen" durchzuführen.[76]

Das demokratiepolitisch bedenkliche an diesem summarischen und lediglich auf der *sekundärrechtlichen* Ebene vorgenommenen Vorgang war aber, dass mit dieser Vorgangsweise das in Art 17 Abs 1 UAbs 2 EUV vorgesehene Verfahren,

73 Bulletin Quotidien Europe-Dokumente Nr 2219 vom 17. 11. 2000, 1.
74 Vgl Gemeinsame Aktion 2001/555/GASP des Rates vom 20. Juli 2001 betreffend die Einrichtung eines Satellitenzentrums der EU, ABl 2001 L 200 S 5.
75 Vgl Gemeinsame Aktion 2001/554/GASP des Rates vom 20. Juli 2001 betreffend die Einrichtung eines Instituts der EU für Sicherheitsstudien, ABl 2001 L 200 S 1.
76 Vgl dazu nachstehend auf S. 167ff.

nämlich das Erfordernis einer nachträglichen parlamentarischen Genehmigung mit anschließender Ratifikation des entsprechenden Ratsbeschlusses durch alle Mitgliedstaaten, umgangen wurde. Damit kam es aber zu einer „Militarisierung" der GASP/GESVP, ohne dass die nationalen Parlamente – und über sie die „europäische Öffentlichkeit" – damit befasst wurden.

Durch diesen operativen „shift" der militärischen Kapazitäten der WEU in die EU wurde es dieser erstmals möglich, eigene „EU-geführte" Krisenbewältigungsmaßnahmen durchzuführen. Damit bekam aber die sich ausbildende GESVP eine neue Qualität, da es ihr nunmehr möglich sein wird, einige der militärisch geführten „Petersberg-Maßnahmen" selbständig durchzuführen und nicht mehr die WEU damit betrauen zu müssen.

D. Die Beschlüsse des Europäischen Rates von Helsinki (1999) – Das „headline goal"

In Umsetzung der Beschlüsse des Europäischen Rates von Köln im Juni 1999 fasste der Europäische Rat von Helsinki vom 10./11. Dezember 1999 auf der Grundlage des Berichts des Vorsitzes über die Stärkung der GESVP und die nichtmilitärische Krisenbewältigung der EU[77] folgende einschlägige Beschlüsse:

(a) spätestens 2003 müssen die Mitgliedstaaten im Rahmen der freiwilligen Zusammenarbeit im Rahmen von EU-geführten Operationen in der Lage sein, innerhalb von 60 Tagen Streitkräfte im Umfang von 50.000 bis 60.000 Personen, die imstande sind, den „Petersberg-Aufgaben" in ihrer ganzen Bandbreite gerecht zu werden, zu verlegen und dafür zu sorgen, dass diese Kräfte für mindestens ein Jahr im Einsatz gehalten werden können (sog *„headline goal"* iSe europäischen *„Schnellen Eingreiftruppe"*);

(b) innerhalb des Rates werden neue politische und militärische Gremien und Strukturen geschaffen, um die EU in die Lage zu versetzen, unter Wahrung des einheitlichen institutionellen Rahmens die notwendige politische und strategische Leitung dieser Operationen zu gewährleisten;

(c) unter Berücksichtigung der Erfordernisse aller EU-Mitgliedstaaten werden Regelungen für eine umfassende Konsultation und Zusammenarbeit zwischen der EU und der NATO entwickelt;

(d) es werden geeignete Vorkehrungen getroffen, die es nicht der EU angehörenden europäischen NATO-Mitgliedern und anderen interessierten Ländern un-

---

77   Schlussfolgerungen des Vorsitzes, Anlage VI, SN 300/99 Anlagen, 19.

ter Wahrung der Beschlussfassungsautonomie der Union erlauben, zur militärischen Krisenbewältigung der EU beizutragen;

(e) es wird ein Mechanismus zur nichtmilitärischen Krisenbewältigung geschaffen, um parallel zu den militärischen auch die verschiedenen nichtmilitärischen Mittel und Ressourcen, die der EU und den Mitgliedstaaten zur Verfügung stehen, zu koordinieren.

Die sukzessive Errichtung dieser vereinbarten Gremien ab März 2000 – Politisches und Sicherheitspolitisches Interimskomitee; Militärisches Interimsgremium; Abordnung nationaler Sachverständiger im Militärbereich; Ausschuss für die nicht-militärischen Aspekte der Krisenbewältigung samt eigenem Koordinierungsmechanismus und interimistischem Sachverständigenausschuss[78] – wurde in der Folge vom Europäischen Rat von Lissabon vom 23./24. März 2000 mit Befriedigung festgestellt und der Vorsitz ersucht, dem Europäischen Rat in Feira über die weiteren Fortschritte Bericht zu erstatten.

E. Der Europäische Rat von Feira (2000) – Verstärkung der nicht-militärischen Fähigkeiten zur Krisenbewältigung

Am Europäischen Rat in Feira vom 19./20. Juni 2000 wurde über eine Reihe weiterer wichtiger *sicherheits-* und *verteidigungspolitischer* Regelungen politische Übereinkunft erzielt, sodass diese danach dem Europäischen Rat von Nizza im Dezember 2000 zur Beschlussfassung vorgelegt werden konnten. Dabei handelte es sich zum einen (a) um die Entwicklung der militärischen Fähigkeiten und Verstärkung der nicht-militärischen Fähigkeiten zur Krisenbewältigung; zum anderen (b) um die Schaffung ständiger politischer und militärischer Strukturen sowie (c) um Konsultations- und Beteiligungsregeln der nicht der EU angehörenden europäischen NATO-Mitglieder und der Beitrittskandidaten. Dazu kamen noch (d) Konsultations- und Beteiligungsregeln anderer potentieller Partner an EU-geführten Operationen und (e) Maßnahmen zur Konfliktverhütung durch die EU.

Im Bereich der *nicht-militärischen* Fähigkeiten der EU legte der Europäische Rat von Feira vier prioritäre Bereiche fest: (1) Polizei; (2) Stärkung des Rechtsstaats; (3) Stärkung der Zivilverwaltung und (4) Zivilschutz. Im Bereich Polizei sollten die Mitgliedstaaten in der Lage sein, 5.000 Polizeibeamte für internatio-

---

78 Vgl ABl 2000 L 49 S 1 (2, 3); vgl *Hummer,* Österreichs dauernde Neutralität und die „Gemeinsame Außen- und Sicherheitspolitik" (GASP) bzw „Gemeinsame Europäische Sicherheits- und Verteidigungspolitik" (GESVP) in der Europäischen Union, SZIER 2001, 468.

nale Missionen bereitzustellen, wovon 1.000 innerhalb von weniger als 30 Tagen einsetzbar sein müssen.

Bereits am 20. November 2000 fand in Brüssel eine Beitragskonferenz („Capability Commitment Conference") statt, auf der die einzelnen Staaten ihre Beiträge zum „headline goal" spezifizierten: Während zB Deutschland 13.500 Mann Bodentruppen, 93 Flugzeuge und 20 Schiffe zur Verfügung stellte, meldete Österreich ein leicht gepanzertes Infanteriebataillon, ein leichtes Infanteriebataillon, eine Panzerkompanie, eine Panzergrenadierkompanie, eine Fliegerabwehrbatterie, eine Pionierkompanie, eine Transportkompanie, ein Hubschrauberelement und entsprechende Hilfs- und Versorgungselemente ein.[79]

F. Der Europäische Rat von Nizza (2000) – Einrichtung ständiger politischer/militärischer Gremien im Schoß des Rates

Der Europäische Rat von Nizza vom 7. bis 9. Dezember 2000 bestätigte den Abschluss der Planungs- und Vorbereitungsphase der GESVP und beschloss die vorstehend erwähnten bloß interimistisch eingerichteten politischen und militärischen Gremien im Schoß des Rates als ständige Gremien einzurichten, und zwar ein

(a) Politisches und Sicherheitspolitisches Komitee (PSK)[80]: Dem PSK kommt, unbeschadet des Art 207 EGV, eine zentrale Rolle bei der Festlegung der Reaktion der EU auf eine Krise und deren Umsetzung zu. Das PSK befasst sich mit sämtlichen in Art 24 EUV vorgesehenen Aufgaben, wobei es in der Zusammensetzung der „Politischen Direktoren" zusammentreten kann. Der Generalsekretär/Hohe Vertreter für die GASP kann, nach Konsultation des Vorsitzes, unbeschadet des Art 18 EUV, vor allem im Kriegsfall den Vorsitz im PSK übernehmen. Gem Art 25 Abs 3 EUV (in der Fassung des Vertrags von Nizza) kann der Rat das PSK für den Zweck und für die Dauer einer Krisenbewältigungsoperation ermächtigen, sachdienliche Beschlüsse hinsichtlich der politischen Kontrolle und strategischen Leitung der Operation zu

---

79   Vgl dazu *Hummer*, Paradigmenwechsel in der „Zweiten Säule" der EU. Von der „WEU-geführten" zur „EU-geführten" Sicherheits- und Verteidigungspolitik, in: *Gehler/Pelinka/Bischof* (Hrsg), Österreich in der Europäischen Union. Bilanz seiner Mitgliedschaft (2003), 318.

80   Beschluss 2001/78/GASP des Rates vom 22. Januar 2001 zur Einsetzung des Politischen und Sicherheitspolitischen Komitees; ABl 2001 L 27 S 1.

fassen.[81] Damit wird das PSK aber zum *delegierten Rechtsetzer* im Rahmen der GASP bzw GESVP.

(b) *Militärausschuss der EU* (EUMC)[82]: Der EUMC setzt sich aus den Generalstabschefs der Mitgliedstaaten zusammen, die durch ihre militärischen Delegierten vertreten werden. Der Vorsitzende des EUMC[83] nimmt an den Tagungen des Rates „Allgemeine Angelegenheiten" (und Außenbeziehungen)[84] teil, auf denen Beschlüsse mit verteidigungspolitischen Bezügen zu fassen sind.

(c) *Militärstab der EU* (EUMS)[85]: Der EUMS soll sich ua mit der Frühwarnung, der Lagebeurteilung und der strategischen Planung im Hinblick auf die Ausführung der „Petersberg-Aufgaben" befassen und Beschlüsse gem den Vorgaben des EUMC durchführen. Die Rechtsstellung der zum EUMS detachierten Militär- und Zivilpersonen ist im sog „EU-Truppenstatut"[86] geregelt.

G. Der Europäische Rat von Laeken (2001) – Bisherige Bilanz der GESVP und Terrorismusbekämpfung

Gemäß den Schlussfolgerungen des Vorsitzes des Europäischen Rates von Laeken am 14./15. Dezember 2001[87] gab der Europäische Rat eine eigene *Erklärung zur Einsatzbereitschaft auf dem Gebiet der GESVP* ab,[88] gemäß derer die Union nunmehr zu Operationen zur Krisenbewältigung in der Lage und darüber hinaus entschlossen ist, die Vereinbarungen mit der NATO rasch zum Abschluss zu

---

81 Vgl dazu nachstehend auf S. 174f.
82 Beschluss 2001/79/GASP des Rates vom 22. Januar 2001 zur Einsetzung des Militärausschusses der Europäischen Union, ABl 2001 L 27 S 4.
83 Durch Beschluss des Rates 2001/309/GASP vom 9. April 2001 wurde General *Gustav Hägglund* für drei Jahre zum Vorsitzenden des EUMC ernannt, ABl 2001 L 109 S 1; durch Beschluss des Rates 2003/401/EG vom 19. Mai 2003 wurde General *Rolando Mosca Moschini* zum Vorsitzenden des Militärausschusses der EU ernannt; ABl 2003 L 139 S 34.
84 Vgl dazu nachstehend auf S. 180f.
85 Beschluss 2001/80/GASP des Rates vom 22. Januar 2001 zur Einsetzung des Militärstabs der Europäischen Union; ABl 2001 L 27 S 7; vgl dazu den Beschluss des GS des Rates/Hohen Vertreters für die GASP 2001/442/GASP vom 8. Juni 2001 zur Anwendung des Beschlusses des Rates zur Einsetzung des Militärstabs der EU, ABl 2001 L 155 S 18.
86 ABl 2003 C 321 S 6.
87 SN 3000/1/01 REV 1.
88 Erklärung zur Einsatzbereitschaft auf dem Gebiet der Gemeinsamen Sicherheits- und Verteidigungspolitik, (Fn 87), Anlage II, 27.

bringen.[89] Diesbezüglich bestätigte der Europäische Rat auch die auf seiner außerordentlichen Tagung am 21. September 2001 gefasste Meinung, dass nämlich „*die Union am effizientesten wird handeln können, wenn sie die Gemeinsame Außen- und Sicherheitspolitik (GASP) weiter ausbaut und aus der Europäischen Sicherheits- und Verteidigungspolitik (ESVP) umgehend ein einsatzbereites Instrument macht*". Er bestätigte auch, dass durch die Weiterentwicklung der GESVP iSe Stärkung ihrer zivilen wie militärischen Fähigkeiten und der Schaffung der entsprechenden EU-Strukturen die „Union nunmehr in der Lage (ist), Operationen zur Krisenbewältigung durchzuführen". Es sei der EU daher möglich, „*militärische Operationen zur Krisenbewältigung zu analysieren, zu planen und zu beschließen, sowie – in den Fällen, in denen die NATO als Ganzes nicht beteiligt ist, einzuleiten und durchzuführen*".[90]

Der Europäische Rat verhehlt aber nicht, dass es diesbezüglich noch zu weiteren Fortschritten kommen muss: „Um die EU in die Lage zu versetzen, Operationen zur Krisenbewältigung im gesamten Spektrum der Petersberg-Aufgaben, einschließlich Operationen, die größte Anforderungen im Hinblick auf Größenordnung, Verlegungsfrist und Komplexität stellen, durchzuführen, müssen noch erhebliche Fortschritte erzielt werden." Dementsprechend beabsichtigt die Union auch, die Sicherheitsvereinbarungen mit der NATO zum Abschluss zu bringen und entsprechende Übereinkünfte über den gesicherten Zugang zur Einsatzplanung des Bündnisses, über die Annahme der Verfügbarkeit von vorab identifizierten Mitteln und Fähigkeiten der NATO und über die Bestimmung einer Reihe der Union zur Verfügung gestellter Führungsoptionen zu schließen.[91]

Welcher Selbsttäuschung sich aber die EU in diesem Zusammenhang hinsichtlich ihrer militärischen Kapazitäten hingibt, zeigen neuere Untersuchungen schonungslos auf. Nach der heute gängigen Eins-zu-Drei-Relation zwischen Einsatz- und Heimatkräften, müssten die Mitgliedsländer – um das „headline goal" von 60.000 Soldaten zu erreichen – eine Gesamtzahl von wenigstens 180.000 Mann vorhalten, die aber keineswegs gesichert ist. Dazu kommen noch die Defizite in den Bereichen Früherkennung, Problemdefinition und Strategiebildung, die quantitative und qualitative Abhängigkeit von den Ressourcen der NATO im Bereich Command, Control, Communication and Intelligence (C^3 + I), weiträumigem Lufttransport und Logistik sowie die Kommunikationslücke zwischen den EU-Krisenreaktionskräften und amerikanischen NATO-Verbänden. Allein der Aufbau der notwendigen „C^3 + I" und der Lufttransportkapazität wird rund 6 bis

---

89 Vgl dazu nachstehend auf S. 165ff.
90 Vgl dazu auch *Pfarr*, Der Europäische Rat von Laeken am 14. und 15. 12. 2001, ÖMZ 2002, 205.
91 Vgl dazu nachstehend auf S. 166.

15 Jahre erfordern, sodass bis dahin größere Einsätze ohne Unterstützung der NATO bzw der USA nicht möglich sein werden. Zusammenfassend lassen sich also die EU-Krisenreaktionsstreitkräfte *„als von der Größenordnung her unzureichend, vom militärischen Organisationsmodell als nicht Kosten-Nutzenrational und als materiell ungenügend ausgestattet"*[92] bewerten. Schätzt man die Kosten für den Aufbau einer angemessen ausgestatteten EU-Krisenreaktionskapazität auf eine Größenordnung von 60 bis 100 Mrd Euro (zu Preisen von 2001) – das gegenwärtige EU-Budget beträgt zum Vergleich 93 Mrd Euro – und weitere jährliche Operationskosten in Höhe von 7 bis 33 Mrd Euro, so ergeben sich daraus jährliche Aufwendungen von rund 13 bis 43 Mrd Euro – allerdings bei einer Aufbauperiode von rund 10 Jahren. Dies hätte eine Erhöhung der europäischen Verteidigungsausgaben am BSP von 2,3 auf 2,8% zur Folge, was an sich – bei vorliegendem politischen Willen – machbar erscheint, aber einen kontinuierlich politisch-budgetären Willen voraussetzt, der über mehrere Wahlperioden hinweg aufrechterhalten werden muss. Alles in allem könnte die EU „langfristig, dh in Größenordnungen von 15 bis 20 Jahren, eine annähernde Gleichrangigkeit mit den USA erreichen"[93].

Das größte Manko für den Aufbau einer effizienten GESVP wird aber darin gesehen, dass diese nach wie vor „intergouvernementalistisch" und nicht „integrationistisch" – dh als *multilaterale* und *nicht* als *integrierte* Streitmacht – aufgebaut wird. Nur mit Hilfe einer *integrierten Militärkapazität*, so wie dies bereits vor genau 50 Jahren (!) in der vorerwähnten „Europäischen Verteidigungsgemeinschaft" (EVG) vorgesehen war,[94] lässt sich letztlich eine glaubhafte und effektive GESVP aufbauen.[95] Darüber hinaus hat der gegenwärtige multilaterale Ansatz den weiteren Nachteil, dass er der NATO ermöglicht, *„die Arbeit des EUMC und EUMS im eigenen Interesse zu unterstützen, um frühzeitig Einfluss auf die Meinungsbildung in der ESVP zu nehmen. Je langsamer und je kontroverser sich die Implementierung der ESVP-Ziele im Allgemeinen und der Krisenreaktionskräfte im Besonderen vollzieht, desto größer wird dieses „window of opportunity" für die NATO bzw die Möglichkeit, die Dominanz der NATO weiter zu erhalten und gegebenenfalls auch ihr sicherheits-, verteidigungs- und Peacekeeping-Monopol formal und de facto wieder herzustellen."*[96]

Die Schlussfolgerungen des Vorsitzes des Europäischen Rates von Laeken vom Dezember 2001 enthalten aber auch einen Hinweis auf die *Terrorismus-*

---

92 *Seidelmann*, Das ESVP-Projekt und die EU-Krisenreaktionskräfte: Konstruktionsdefizite und politische Perspektiven, integration 2002, 117.
93 *Seidelmann* (Fn 92) 119.
94 Vgl dazu vostehend auf S. 134.
95 *Seidelmann* (Fn 92) 112 (120).
96 *Seidelmann* (Fn 92) 120.

bekämpfung. Diesbezüglich führt der Europäische Rat aus, dass der am 21. September 2001 beschlossene *Aktionsplan* – Definition der terroristischen Straftaten, Erstellung eines Europäischen Haftbefehls, Erstellung von Listen terroristischer Organisationen, Personen, Gruppierungen und Einrichtungen, Zusammenarbeit der für die Terrorismusbekämpfung zuständigen Dienststellen, Einfrieren von Guthaben, Maßnahmen für die Sicherung der Zivilluftfahrt etc – gemäß dem festgelegten Zeitplan durchgeführt wird.[97]

H. Der Europäische Rat von Sevilla (2002) – „Nationale Erklärung Irlands" zu seiner Politik der militärischen Neutralität

Das herausragende Ereignis des Europäischen Rates von Sevilla vom 21./22. Juni 2002 war seine Kenntnisnahme von der „*Nationalen Erklärung Irlands*"[98], mittels derer die irische Regierung das negative Referendum vom 7. Juni 2001 hinsichtlich der Ratifikation des Vertrages von Nizza[99] sanieren und den Weg für eine neue Volksabstimmung aufbereiten wollte. Obwohl Irland lediglich eine traditionelle *Politik* der militärischen Neutralität verfolgt – und damit keine Neutralität im Rechtssinne, wie zB Österreich, zu beachten hat – musste die Regierung *Ahern*, als spezielles Zugeständnis für die irische Bevölkerung, eine Besicherung der irischen Neutralität anstreben, die in der Ratifikationsdiskussion eine entscheidende Rolle gespielt hat. Dementsprechend enthielt auch die vorerwähnte „*Nationale Erklärung Irlands*" die Bekräftigung, dass weder die GASP noch die GESVP die traditionelle Politik der militärischen Neutralität Irlands berühren und dies auch noch nach der Ratifikation des Vertrages von Nizza so sein wird.

In dieser „Nationalen Erklärung" – die vom Europäischen Rat durch eine eigene Erklärung zur Kenntnis genommen wurde – sind vor allem zwei Punkte von künftiger Bedeutung:[100] Zum einen bekräftigt Irland seine Verbundenheit mit den Zielen und Grundsätzen der VN und zum anderen stellt es fest, dass die Teilnahme irischer Streitkräfte an „Petersberg-Maßnahmen" ua auch der Genehmigung des SR oder der GV der VN bedarf. Das heißt im Klartext, dass die seitens der EU angestellte Überlegung, „Petersberg-Maßnahmen" auch ohne explizite Ermächtigung durch den SR der VN durchführen zu dürfen,[101] von Irland aus ver-

---

97   Vgl dazu nachstehend auf S. 178.
98   Schlussfolgerungen des Vorsitzes des Europäischen Rates von Sevilla vom 21./22. Juni 2002, Anlage III (SN 200/02; Dok 13463/02, 27).
99   Vgl dazu *Hummer/Obwexer,* Irlands „Nein zu Nizza": Konsequenzen aus dem negativen irischen Referendum vom 7. Juni 2001, integration 2001, 237.
100   Vgl dazu *Hummer/Obwexer,* Irlands „Ja zu Nizza"? ecolex 2002, 710.
101   Vgl dazu vorstehend auf S. 144f; *Hummer* (Fn 78) 463.

fassungsrechtlichen Gründen nicht mitgetragen werden kann. Des Weiteren hat sich die irische Regierung in der gegenständlichen Erklärung aber auch dazu verpflichtet, im Falle eines Beschlusses gem Art 17 Abs 1 EUV über den Übergang zu einer „*gemeinsamen Verteidigung*" in Irland ein obligatorisches Referendum abzuhalten. Sollte ein solches Referendum negativ ausgehen, wäre damit eine gemeinsame Verteidigung – als Endziel der GESVP – auf der Grundlage des Titels V EUV gescheitert.

Des Weiteren nahm der Europäische Rat von Sevilla auch noch eine „*Erklärung über den Beitrag der GASP, einschließlich der ESVP, zu der Bekämpfung des Terrorismus*"[102] an, auf die nachstehend noch eingegangen wird.[103]

I. *Der Europäische Rat von Brüssel (2002) – Beteiligung der nicht der EU angehörigen NATO-Staaten an EU-geführten Krisenbewältigungsmaßnahmen*

Am Europäischen Rat von Brüssel vom 24./25. Oktober 2002 wurde im sicherheits- und verteidigungspolitischen Bereich vor allem die Umsetzung der Bestimmungen von Nizza über die Beteiligung der nicht der EU angehörigen europäischen NATO-Mitglieder geregelt.[104] Die europäischen NATO-Staaten, die nicht EU-Mitgliedstaaten sind, werden eingeladen, an sog „15 + 6"-Sitzungen im Vorfeld der Tagungen des PSK und des EUMC teilzunehmen, um dabei die Möglichkeiten ihrer Mitwirkung vor allem an „Petersberg-Maßnahmen" abzuklären. Im Rahmen einer solchen EU-geführten militärischen Krisenbewältigungsmaßnahme kommen sie ihren Bündnispflichten als NATO-Bündnispartner in vollem Umfang nach. „Dies bedeutet auch, dass die ESVP unter keinen Umständen – auch nicht im Krisenfall – gegen einen Bündnispartner eingesetzt wird, wobei im Gegenzug davon ausgegangen wird, dass im Rahmen der militärischen Krisenbewältigung der NATO nicht gegen die EU oder ihre Mitgliedstaaten vorgegangen wird."[105]

102 Schlussfolgerungen des Vorsitzes (Fn 98), Anlage V, 31.
103 Vgl dazu nachstehend auf S. 162f, 177ff.
104 Schlussfolgerungen des Vorsitzes des Europäischen Rates von Brüssel vom 24./25. Oktober 2002, Anlage II (Dok 14702/02, 17).
105 Schlussfolgerungen des Vorsitzes (Fn 104) 17.

J. Der Europäische Rat von Kopenhagen (2002) – Die „Berlin-Plus-Übereinkunft"

1. Politische Einigung auf die „Dauervereinbarung" der EU mit der NATO

Am Europäischen Rat von Kopenhagen vom 12./13. Dezember 2002 kam nach drei Jahren schwieriger Verhandlungen der Durchbruch in der Frage einer Dauervereinbarung mit der NATO, da die Türkei nunmehr einlenkte und ihren hinhaltenden Widerstand aufgab. Neben dem vorstehend erwähnten Zugeständnis, dass die ESVP auch nicht im Kriegsfall gegen einen NATO-Bündnispartner eingesetzt wird, wurde der Türkei nunmehr vom Europäischen Rat auch zugesichert, dass Zypern nach seinem Beitritt zur EU an keinen EU-geführten Militäroperationen teilnehmen werde, die mit NATO-Gerät geführt werden.[106]

Am Europäischen Rat von Kopenhagen wurde die einige Tage zuvor zwischen dem NATO Generalsekretär *George Robertson* und dem Hohen Vertreter der EU für die GASP und Generalsekretär des Rates der EU, *Javier Solana*, abgeschlossene „*EU-NATO Declaration on ESDP*"[107] zustimmend zur Kenntnis genommen. Durch diese über die bisherigen „*Berlin*-Übereinkünfte" zwischen der NATO und der WEU[108] hinausgehende sog „*Berlin-Plus*-Vereinbarung" wurde Übereinkunft über die *Dauervereinbarung* zwischen der EU und der NATO erzielt, mittels derer nicht nur der gesicherte Zugang zur Einsatzplanung des Bündnisses und die Annahme der Verfügbarkeit von vorab identifizierten Mitteln und Fähigkeiten der NATO, sondern auch die Bestimmung einer Reihe der Union zur Verfügung gestellter Führungsoptionen uam konsentiert wurden. In der Folge kam zu dieser „Berlin-Plus-Übereinkunft" noch das NATO-EU-Übereinkommen über den wechselseitigen Geheimschutz, das sog „*Geheimschutzabkommen*"[109], hinzu.

Der Europäische Rat nahm dabei eine eigene Erklärung des Rates der EU, die dieser auf seiner Tagung in Kopenhagen am 12. Dezember 2002 angenommen hatte, zur Kenntnis, in der festgestellt wurde, dass beim derzeitigen Sachstand die

---

106 Schlussfolgerungen des Vorsitzes (Fn 104) para 3.

107 NATO Press Release (2002), 142 vom 16. Dezember 2002.

108 Der Ursprung der „Berlin-plus"-Vereinbarung geht auf das NATO-Ministertreffen in Berlin vom 3. Juni 1996 zurück, auf dem vereinbart wurde, dass die NATO ihre Ressourcen für WEU-geführte Aktionen zur Verfügung stellen wird; Schlusskommuniqué des Ministertreffens des NATO-Rates von Berlin, NATO Press Communiqué M-NAC-1896) 63, para 2.

109 Vgl dazu den Beschluss 2003/211/GASP des Rates vom 24. Februar 2003 über den Abschluss des Abkommens zwischen der Europäischen Union und der Nordatlantikvertrags-Organisation über den Geheimschutz, ABl 2003 L 80 S 35.

„Berlin-Plus-Vereinbarung" und ihre Umsetzung nur auf diejenigen EU-Mitgliedstaaten Anwendung finden soll, die entweder NATO-Mitglieder oder Vertragsparteien der „Partnerschaft für den Frieden" sind und dementsprechend auch bilaterale Sicherheitsabkommen mit der NATO geschlossen haben. Diese Regelung betrifft aber nicht die Rechte und Pflichten der EU-Mitgliedstaaten in ihrer Eigenschaft als EU-Mitglieder: *„In Ermangelung spezieller Vorschriften im Vertrag oder in einem ihm beigefügten Protokoll (Sonderfall Dänemark) werden somit alle EU-Mitgliedstaaten an der Erarbeitung und Verwirklichung der GASP der Union, die alle Fragen im Zusammenhang mit der Sicherheit der Union einschließlich ihrer schrittweisen Festlegung einer gemeinsamen Verteidigungspolitik umfasst, uneingeschränkt teilnehmen."*[110]

2. Die Rechtsnatur der „Berlin-Plus-Übereinkunft"

Aus einer Reihe von Gründen, vor allem aber wegen der möglichen „Konkurrenz" bei der Inanspruchnahme von NATO-Ressourcen durch die NATO selbst – deren internationale Aktivitäten immer mehr zunehmen – oder aber durch die EU, erscheint die Qualifikation der Rechtsnatur der „Berlin Übereinkunft"[111] von großer Bedeutung, da sich in einem solchen Kollisionsfall die EU (denkmöglich) durchaus auf eine eventuell bestehende Leistungsverpflichtung der NATO berufen könnte, um eine ihr obliegende Krisenbewältigungsmaßnahme entsprechend durchführen zu können. Ein solcher Fall könnte (hypothetisch) zB nach der Übernahme der NATO-Operation „Allied Harmony" in Mazedonien durch die EU-geführte Operation „Concordia" zum 31. März 2003[112] bzw nach der Übernahme der SFOR-Mission in Bosnien-Herzegowina durch die EU[113] eintreten, falls sich die NATO weigern würde, der EU weiterhin die notwendige(n) Logistik und militärischen Ressouren zur Verfügung zu stellen.

Die „Berlin-Plus-Übereinkunft" besteht aus der vorerwähnten *„EU-NATO Declaration on ESDP"*, die zwischen den beiden Generalsekretären *Robertson* und *Solana* vereinbart wurde, sowie den einschlägigen Schlussfolgerungen des Vorsitzes des Europäischen Rates von Nizza (2000), einem Beschluss des NATO-Rates vom 13. Dezember 2002 und einem gegenbezüglichen Schreiben *Solanas* vom selben Tag. Geht man in diesem Zusammenhang von der in der jüngsten Literatur vertretenen Ansicht einer EU durch die Art 18 und 24

---

110 Schlussfolgerungen des Vorsitzes des Europäischen Rates von Kopenhagen vom 12./13. Dezember 2002, Anlage II (Dok 15917/02, 13).

111 Vgl dazu *Reichard*, Some Legal Issues Concerning the EU-NATO Berlin Plus Agreement, NJIL 2004, 37.

112 Vgl dazu nachstehend auf S. 170f.

113 Vgl dazu nachstehend auf S. 175f.

EUV verliehenen „Außenvertretung" und dazu noch von der Zulässigkeit eines Vertragsschlusses durch „Notenwechsel" sowie sich eine darin widerspiegelnde Willensübereinkunft beider Parteien aus,[114] dann wären bereits wichtige Hinweise auf das Vorliegen eines Vertrages zwischen der NATO und der EU gegeben. In der Folge wird aber sowohl der Bindungswille („consent to be bound") der NATO als auch die rechtmäßige Wahrnehmung der „treaty making power" der EU gem Art 24 EUV durch den Hohen Vertreter der GASP in Frage gestellt.[115] Erstere Schlussfolgerung wird, rechtsdogmatisch allerdings nicht ganz überzeugend, durch den „non self-executing"-Charakter des vorerwähnten Beschlusses des NATO-Rates vom 13. Dezember 2002, letztere – mit überzeugenderer Begründung – durch die Unzulässigkeit der Aktivierung von Art 24 EUV durch den Hohen Repräsentanten für die GASP belegt. Der bisher bereits mehrfach erfolgte Vertragsschluss für die EU im Rahmen der GASP bzw der GESVP wurde stets – wie letztlich auch im Falle des vorerwähnten Geheimschutzabkommens – gem Art 24 Abs 1 EUV (korrekterweise) durch den Rat der EU auf Empfehlung des Vorsitzes geschlossen.[116] Obwohl dem Hohen Repräsentanten für die GASP im Rahmen des Titel V EUV in den Art 18 Abs 3 und 26 EUV einige Außenvertretungsbefugnisse zugesprochen werden, ist er nicht in der Lage, gem Art 24 EUV für die EU eine „treaty making capacity" auszuüben.[117] Dementsprechend steht zwar dem Generalsekretär der NATO, *Robertson*, nicht aber dem Hohen Repräsentanten für die GASP, *Solana*, eine Abschlussbefugnis für die „EU-NATO Declaration on ESDP" als völkerrechtlicher Vertrag zu, die damit nur eine nichtverbindliche „Deklaration" darstellt. Selbst wenn man bei der „Berlin-Plus-Vereinbarung" von einem verbindlichen Vertrag ausgehen würde, könnte die EU auf der Basis von völkerrechtlichem Gewohnheitsrecht, wie es sich in der Fassung des Art 46 Abs 2 der (zweiten) Wiener Vertragsrechtskonvention 1986[118] widerspiegelt, das Zustandekommen des Vertragsbandes wegen des formellen Willensmangels einer offensichtlichen Fehlvertretung anfechten.

---

114 *Reichard* (Fn 111) 52.

115 *Reichard* (Fn 111) 54.

116 *Reichard* (Fn 111) 59 geht in diesem Zusammenhang irrigerweise von einem Vertragsschluss nach Art 24 EUV durch die vom Rat dazu ermächtigte „Präsidentschaft" aus, eine Vorgangsweise, die aber nur für die Aufnahme von Vertragsverhandlungen, nicht aber für den Abschluss des Vertrages gilt.

117 *Reichard* (Fn 111) 59 unter Berufung auf *Marquart*, The Conclusion of International Agreements under Article 24 of the treaty on European Union, in: *Kronenberger* (Hrsg), The European Union and the interntional legal order (2001), 336 und *Hafner*, The Amsterdam Treaty and the treaty-making power of the European Union, in: *Hafner* ua (Hrsg), Liber Amicorum for *Professor Ignaz Seidl-Hohenveldern* (1998), 263.

118 dBGBl 1990 Teil II, 1437.

Obwohl *Reichard* damit die „Berlin-Plus-Vereinbarung" als ein „*non-binding agreement*" qualifiziert,[119] sieht er eine entsprechende Bindungswirkung der „Deklaration" darin begründet, dass sie einen qualifizierten Vertrauenstatbestand aufgebaut hat, der durch einen „*estoppel*" abgesichert ist. Die daneben durchaus auch noch zu prüfende Variante, dass es sich bei der „Deklaration" unter Umständen um ein sog „*Verwaltungsabkommen*" der beiden Exekutiven von NATO und EU[120] handeln könnte, erkennt er aber nicht.

K. *Der Europäische Rat von Thessaloniki (2003) – Verstärkte Terrorismusbekämpfung und Nichtverbreitung von Massenvernichtungswaffen*

Der Europäische Rat von Thessaloniki vom 19./20. Juni 2003 widmete sich, neben der Beauftragung des Rates der EU, im Laufe des Jahres 2004 eine zwischenstaatliche „*Agentur für die Bereiche Entwicklung der Verteidigungsfähigkeiten, Forschung, Beschaffung und Rüstung*"[121] einzurichten,[122] vor allem der Terrorismusbekämpfung. In einem *Bericht des Vorsitzes an den Europäischen Rat über das außenpolitische Handeln der EU bei der Terrorismusbekämpfung (GASP, einschließlich GESVP)*[123] wird zunächst darauf hingewiesen, dass die GASP-Arbeitsgruppe „Terrorismus" drei neue regionale Bedrohungseinschätzungen (Zentral- und Lateinamerika, Südasien und Südostasien) vorgenommen hat, sodass die Kompilation jetzt bereits 9 Regionen und 55 Länder umfasst. Es werden nunmehr Leitlinien für ein gemeinsames Konzept zur Bekämpfung des Terrorismus erstellt, die als internes Begleitinstrument des Aktionsplans der EU den politischen Dialog weiter fördern und zu einer besseren Terrorismusbekämpfungspolitik der EU beitragen sollen.[124]

In diesem Zusammenhang haben der Rat bzw die Mitgliedstaaten bereits eine Reihe von Maßnahmen zur Bekämpfung der Finanzierung des Terrorismus angenommen[125] und sind auch schon Kooperationen mit internationalen Gremien im Schoß der VN (Ausschuss für Terrorismusbekämpfung (CTC), 6. Ausschuss, Ad

---

119 *Reichard* (Fn 111) 64.
120 Vgl dazu *Hummer*, Enge und Weite der „treaty making power" der Kommission der EG nach dem EWG-Vertrag, in: *Randelzhofer/Scholz/Wilke* (Hrsg), Gedächtnisschrift für *Grabitz* (1995) 195.
121 Siehe dazu nachstehend auf S. 182.
122 Schlussfolgerungen des Vorsitzes des Europäischen Rates von Thessaloniki vom 19./20. Juni 2003, Punkt 65 (Dok 11638/03, 19).
123 Schlussfolgerungen des Vorsitzes (Fn 122), Anlage I, 29.
124 Vgl dazu nachstehend auf S. 177ff.
125 Vgl dazu nachstehend auf S. 178.

hoc-Ausschuss, UNODC sowie Zentrum für internationale Verbrechensverhütung) eingegangen. Die wichtigste Errungenschaft ist aber die Entwicklung eines besser abgestimmten, säulenübergreifenden Konzepts zur Terrorismusbekämpfung. Die Gruppe „Terrorismus (Internationale Aspekte)" und die Justiz und Inneres-Gruppe „Terrorismus" haben diesbezüglich ein EU-Kompendium zur Abschätzung der Bedrohungslage bei der Bekämpfung des Terrorismus erstellt. Es kam auch bereits zu einer gemeinsamen GASP/Justiz und Inneres-Tagung zum Thema Terrorismus.

In einer weiteren Erklärung sprach sich der Europäische Rat auch für eine *Nichtverbreitung* von *Massenvernichtungswaffen* aus,[126] da diese – samt ihren Trägermitteln – eine zunehmende Bedrohung der internationalen Sicherheit darstellen. Neben der Integration der Nichtverbreitungspolitik in die vertraglichen Beziehungen der EU zu Drittländern in Form sog „Nichtverbreitungsklauseln" hat der Rat am 17. November 2003 den Gemeinsamen Standpunkt 2003/805/GASP betreffend die weltweite Anwendung und Stärkung von multilateralen Übereinkünften im Bereich der Nichtverbreitung von Massenvernichtungswaffen und Trägermitteln[127] angenommen. Auf seiner Tagung in Brüssel vom 12./13. Dezember 2003 nahm der Europäische Rat eine Strategie der EU gegen die Verbreitung von Massenvernichtungswaffen an.

L. Der Europäische Rat von Brüssel (2003) – Annahme der „Europäischen Sicherheitsstrategie"

Der Hohe Vertreter/Generalsekretär *Javier Solana* wurde auf dem informellen Rat Allgemeine Angelegenheiten und Außenbeziehungen in Kastellorizo im April 2003 beauftragt, eine eigene EU-Sicherheitsstrategie auszuarbeiten. Nachdem *Solana* bereits am Europäischen Rat in Thessaloniki vom 19./20. Juni 2003 dazu erste Überlegungen vorgelegt hatte, nahm der Europäische Rat von Brüssel vom 12. Dezember 2003 formell die *„Europäische Sicherheitsstrategie"* – „Ein sicheres Europa in einer besseren Welt[128] – an, die die Voraussetzungen für eine größere Sicherheit gegen neue Bedrohungsformen – Terrorismus, Verbreitung von Massenvernichtungswaffen, regionale Konflikte, fundamentalistische Strömun-

---

126 Schlussfolgerungen des Vorsitzes (Fn 122), Anlage II. 37.
127 ABl 2003 L 302 S 34.
128 Dok 15895/03 vom 8. Dezember 2003 (PESC 787); Schlussfolgerungen des Vorsitzes des Europäischen Rates von Brüssel vom 12. Dezember 2003, Punkt 83, 21.

gen, „failed States",[129] organisierte Kriminalität etc – schaffen soll. Die Sicherheitsstrategie kommt dabei ua zu folgendem Schluss: *„Bei einer Summierung dieser verschiedenen Elemente – extrem gewaltbereite Terroristen, Verfügbarkeit von Massenvernichtungswaffen, organisierte Kriminalität, Schwächung staatlicher Systeme und Privatisierung der Gewalt – ist es durchaus vorstellbar, dass Europa einer sehr ernsten Bedrohung ausgesetzt sein könnte."*[130]

Bedenkt man, dass in der zukünftigen Union mit 25 Mitgliedstaaten mehr als 160 Mrd Euro für Verteidigungszwecke aufgewendet werden, dann könnten damit ohne weiteres mehrere Krisenbewältigungsoperationen gleichzeitig durchgeführt werden. Eine Voraussetzung dafür wäre aber eine bessere Kooperation und Koordination der einzelstaatlichen Bemühungen. Durch einen systematischen Rückgriff auf zusammengelegte und gemeinsam genutzte Mittel könnten Duplizierungen verringert, die Gemeinkosten gesenkt und mittelfristig die militärisch-operativen Fähigkeiten auch ausgebaut werden.

Dabei wird insbesondere auch die *transatlantische* Komponente zu berücksichtigen sein, der der Europäische Rat von Brüssel eine eigene *Erklärung*[131] widmete, die die transatlantischen Beziehungen als „unersetzlich" bezeichnete und in der sich die EU weiterhin uneingeschränkt zu einer konstruktiven, ausgewogenen und zukunftsgerichteten Partnerschaft mit ihren transatlantischen Partnern bekennt. *„Die Beziehung zwischen der EU und der NATO ist ein wichtiger Ausdruck der transatlantischen Partnerschaft. Die operative Fähigkeit der EU, ein wichtiges Ziel bei der Gesamtentwicklung der GESVP, wird durch Dauervereinbarungen, insbesondere die Berlin-plus-Vereinbarungen, die den Rahmen für die strategische Partnerschaft zwischen den beiden Organisationen bei der Krisenbewältigung bilden, gestärkt."*[132]

M. Die ersten militärischen bzw polizeilichen Operationen im Rahmen der GESVP

Die Durchführung von „Petersberg-Maßnahmen" durch die EU, vor allem derjenigen, die ein „peace making" bzw „peace enforcement" in größerem Umfang vorsehen, ist ohne den Einsatz militärischer Ressourcen der NATO kaum vor-

---

129 Vgl dazu *Rotberg* (Hrsg), State Failure and State Weakness in a Time of Terror (2003); *Schneckener*, Staatszerfall als globale Bedrohung. Fragile Staaten und transnationaler Terrorismus, Internationale Politik 2003, 11.
130 Dok 15895/03 (Fn 128) 7.
131 Erklärung des Europäischen Rates zu den transatlantischen Beziehungen, Schlussfolgerungen des Vorsitzes (Fn 128); Anlage, 25.
132 Erklärung (Fn 131) 26.

stellbar. In diesem Sinne versuchte die EU bereits zu einem Zeitpunkt, zu dem sie noch keine eigenen, sondern lediglich WEU-geführte „Petersberg-Maßnahmen" mandatieren konnte, durch Vereinbarungen mit der NATO in die Lage versetzt zu werden, anlassbezogen diese Mittel abrufen zu können.

1. „Berlin-Plus" als Voraussetzung für operative EU-geführte Maßnahmen im Rahmen der GESVP

Die ambitionierten Zielsetzungen der GESVP sind ohne die Inanspruchnahme der strategisch-operativen Fähigkeiten der NATO nicht effektiv durchzuführen. Es wurden daher bereits schon seit längerem Vorbereitungen zum Abschluss von *Dauervereinbarungen der EU mit der NATO* im Gefolge von „Berlin plus"[133] getroffen, die der GESVP den jederzeitigen Zugriff auf die NATO-Ressourcen sichern sollen, damit die EU ua ab Herbst 2002 den Schutz der internationalen Beobachter in Mazedonien anstelle der NATO („*Amber Fox*" bzw „*Allied Harmony*") bzw ab Jahresbeginn 2003 die Führung der Polizeitruppe in Bosnien-Herzegowina (*International Police Task Force/IPTF*) von den Vereinten Nationen übernehmen kann. Der Rat „Allgemeine Angelegenheiten" hatte diesbezüglich bereits am 28. Jänner 2001 die Möglichkeiten der Übernahme der IPTF in Bosnien-Herzegowina in Form einer „EU-Police Mission" (EUPM) durch die EU diskutiert, ebenso wie auf seiner informellen Tagung in Cáceres am 8./9. Februar 2002, auf Vorschlag von *Javier Solana*, auch die Frage des Eintritts der EU in den Mazedonien-Einsatz der NATO. Die EU wollte durch diese beiden ersten Initiativen eines militärischen und polizeilichen Engagements der Gefahr entgegenwirken, dass sich die GESVP im bloßen Aufbau von Stäben und in theoretischen Debatten erschöpft.[134]

Die Übernahme von „*Amber Fox*" bzw „*Allied Harmony*" in Mazedonien und die Entsendung der *EUPM* nach Bosnien-Herzegowina wären die ersten militärischen bzw polizeilichen Operationen im Rahmen der GESVP gewesen, deren erstere allerdings nur unter Einsatz von NATO-Ressourcen hätte bewerkstelligt werden können. Aufgrund von Widerständen der Türkei bzw Griechenlands konnte aber eine diesbezügliche Willensbildung zunächst nicht vorgenommen werden. So wollte sich die Türkei, die zwar NATO-, nicht aber EU-Mitglied ist, spezielle Mitspracherechte in der GESVP sichern, falls es von dort aus zu einem Zugriff auf NATO-Einrichtungen kommen sollte. Die bisherige Blockade der Türkei im Rahmen der NATO wurde, auf gutes Zureden der USA, Anfang De-

---

133 Vgl dazu nachstehend auf S. 166.
134 Vgl *Jurekovic*, Pläne für ein militärisches und polizeiliches Engagement der EU in Südosteuropa, ÖMZ 2002, 345.

zember 2001 dadurch überwunden, dass man ihr im sog „*Ankara-Papier*", das die USA, Großbritannien und die Türkei ausarbeiteten, zwei wichtige Zugeständnisse machte: Erstens sollte die Türkei vor Marschbefehlen für die schnelle „EU-Eingreiftruppe" stets konsultiert werden, und zweitens sollte es keine Einsätze in Gebieten geben, die zwischen der Türkei und Griechenland umstritten sind, wie zB auf Zypern und in der Ägäis.[135] Gerade zu diesem Zugeständnis erklärte sich Griechenland zunächst aber nicht bereit.[136] Der griechische Vize-Außenminister *Anastasios Giannitsis* wies nicht nur darauf hin, dass das „Ankara-Papier" außerhalb jeglicher Verfahrensvorschrift der NATO bzw der EU ausgearbeitet wurde, sondern auch darauf, dass es nicht angehen könne, dass einem EU-Drittland, nämlich der Türkei, mehr Mitspracherechte eingeräumt würden als einem Mitglied selbst.

Der Durchbruch erfolgte am Rande der vorstehend erwähnten Europäischen Räte von Brüssel im Oktober 2002[137] bzw von Kopenhagen im Dezember 2002[138], da NATO-Generalsekretär *Robertson* am 13. Dezember 2002 einen Brief des Hohen Vertreters für die GASP, *Javier Solana*, mit der Aussage erhielt, „dass nun alle EU-Mitgliedstaaten und auch die Türkei die Vereinbarung über die Teilnahme von Nicht-EU-Staaten bei künftigen EU-Kriseneinsätzen umsetzen könnten".[139] Der nächste Schritt war die vorerwähnte „*EU-NATO Declaration on ESDP*"[140] sowie das vorstehend ebenfalls bereits erwähnte „*Geheimschutzabkommen*"[141] zwischen der NATO und der EU. In der Folge wurden alle einschlägigen Übereinkünfte in einem sog „*Rahmenabkommen*" zusammengefasst, das aus einem Briefwechsel zwischen dem Hohen Vertreter für die GASP und dem Generalsekretär der NATO bestand, der am 14. März 2003 abgeschlossen wurde[142] – gerade rechtzeitig, um es der EU zu ermöglichen, am 31. März 2003 die nachstehend noch näher auszuführende Operation „*Concordia*" zu starten, für die

---

135 Die ägäischen Blockade-Zwillinge. Fehlstart für die „Schnelle Truppe", Die Presse vom 23. 5. 2002, 6.

136 Streit blockiert die EU-Eingreiftruppe, TT vom 14. 5. 2002, 3.

137 Vgl dazu vorstehend auf S. 158.

138 Vgl dazu vorstehend auf S. 159f.

139 Vgl dazu *Hauser*, Internationale Rundschau – NATO, ÖMZ 2003, 217.

140 „NATO is supporting ESDP in accordance with the relevant Washington Summit decisions, and is giving the European Union, inter alia and in particular, assured access to NATO's planning capabilities, as set out in the NAC decisions on 13. December 2002" (Punkt 2); NATO Press Release 2002/142, 16 December 2002; http://www.nato.int/docu/pr/2002/p02-142e.htm.

141 Fn 109.

142 Vgl dazu *Hauser*, Europäische Rundschau – NATO, ÖMZ 2003, 635.

sie bereits sowohl Logistik als auch operative Ressourcen der NATO benötigte.[143]

Zu berücksichtigen ist in diesem Zusammenhang allerdings der Umstand, dass weder Zypern noch Malta nach ihrem Beitritt zur EU zum 1. Mai 2004 an Militäroperationen der EU teilnehmen werden, die unter Rückgriff auf NATO-Ressourcen durchgeführt werden. Dadurch wird aber nicht deren Recht berührt, an den entsprechenden Sitzungen der militärischen Gremien im Schoß des Rates – einschließlich des PSK – teilzunehmen und auch mit abzustimmen.[144]

2. Die „EU-Police Mission" (EUPM) in Bosnien-Herzegowina

Am 18. Februar 2002 erklärte der Rat, dass die EU bereit ist, bis zum 1. Januar 2003 die Folgemission zur Mission der Internationalen Polizeieinsatztruppe (UN International Police Task Force, IPTF) der VN in Bosnien und Herzegowina (*EU Police Mission in Bosnia and Herzegovina, EUPM*) sicherzustellen. Am 28. Februar 2002 nahm der Lenkungsausschuss des Rates für die Umsetzung des Friedens (PIC) dieses Offert an und am 4. März 2002 luden die Regierungen der drei Entitäten in Bosnien-Herzegowina die EU ein, eine solche Folgemission bereitzustellen. Einen Tag später begrüßte der SR der VN in seiner Res 1396 (2002) die Bereitschaft der Union, eine EUPM zu entsenden.

Entsprechend den allgemeinen Zielen des Abkommens von Dayton/Paris bemüht sich die EUPM darum, Bosnien und Herzegowina mit eigenen tragfähigen Polizeistrukturen auszustatten, wozu sie insbesondere Beobachtungs-, Beratungs- und Überprüfungstätigkeiten durchführt. Die EUPM soll drei Jahre lang tätig sein und ihr Ziel dementsprechend bis Ende 2005 erreichen. Das „Politische und Sicherheitspolitische Komitee" (PSK) würde die politische Kontrolle und die strategische Leitung dieser Mission übernehmen. Die nicht der EU angehörenden europäischen NATO-Mitgliedstaaten, die Beitrittskandidaten[145] sowie die nicht der EU angehörenden OSZE-Mitgliedstaaten wurden von den Außenministern eingeladen, sich an der EUPM zu beteiligen. Der Rat zählte insgesamt vierzehn Punkte auf, die die EUPM in Bosnien-Herzegowina zu erfüllen hätte.

Am 11. März 2002 verabschiedete der Rat schließlich die *Gemeinsame Aktion 2002/210/GASP über die Polizeimission der Europäischen Union*,[146] in des-

---

143 www.nato.int/shape/news/2003/shape-eu/se030822a.htm.

144 Vgl *Pfarr*, Internationale Rundschau – Europäische Union, ÖMZ 2003, 211.

145 Vgl dazu zB den Beschluss 2003/157/GASP des Rates vom 19. Dezember 2002 betreffend den Abschluss des Abkommens zwischen der EU und der Republik Polen über die Beteiligung dieses Staates an der Polizeimission der EU (EUPM) in Bosnien-Herzegowina, ABl 2003 L 64 S 37.

146 ABl 2002 L 70 S 1.

sen Art 1 die EU die EUPM als Folgemission der IPTF der VN ab dem 1. Januar 2003 errichtet und in Art 12 deren Laufzeit mit 31. Dezember 2005 limitiert. Zur Vorbereitung der EUPM wurde ein Planungsteam eingesetzt, das gem Art 2 Abs 1 einen Polizei-Missionsleiter – der durch *Beschluss 2002/212/GASP des Rates betreffend die Ernennung des Missionsleiters/Polizeichefs der Polizeimission der Europäischen Union (EUPM)*[147] vom selben Tag ernannt wurde – und genügend weiteres Personal umfasst, um die sich aus der Mission ergebenden Aufgaben zu bewältigen. Das Planungsteam hat zunächst, auf der Basis des vom GS des Rates erarbeiteten Einsatzkonzepts (CONOPS) den Einsatzplan (OPLAN) zu erarbeiten. Beide Pläne bzw Konzepte werden anschließend vom Rat angenommen (Art 2 Abs 2).

Die EUPM verfügt über ein Hauptquartier in Sarajevo, bestehend aus dem Leiter der EUPM und dem im OPLAN festgelegten Personal – ca 900 staff members, unter ihnen 500 Polizeikräfte, 50 internationale zivile Experten und mehr als 300 lokale Beamte – wozu anfänglich noch 24 Beobachterteams kommen, die in den verschiedenen Polizeistrukturen Bosnien und Herzegowinas auf der mittleren und höheren Ebene untergebracht werden. Durch ein Abkommen zwischen der EU und Bosnien-Herzegowina über die Aktivitäten der EUPM in Bosnien-Herzegowina vom 4. Oktober 2002 wurde der EUPM eine enge Zusammenarbeit mit den lokalen Behörden ermöglicht.

Lord *Paddy Ashdown*, der durch die Gemeinsame Aktion 2002/211/GASP vom 11. März 2002[148] zum EU-Sonderbeauftragten für Bosnien und Herzegowina ernannt wurde,[149] beaufsichtigt in dieser seiner Funktion das gesamte Spektrum der EUPM-Aktivitäten und erstattet dem Rat über den Generalsekretär/Hohen Vertreter Bericht.

Die EUPM, die ihre Tätigkeit am 1. Jänner 2003 aufgenommen hat, ist als zivile *Krisenmanagementoperation* zu qualifizieren (Art 7) und weist eine einheitliche Befehlskette auf. Gem Art 10 nimmt der Rat die Absicht der Kommission zur Kenntnis, diese *Gemeinsame Aktion* im Rahmen der EU gegebenenfalls durch geeignete *Gemeinschaftsmaßnahmen* im Rahmen der EG zu unter-

---

147 ABl 2002 L 70 S 8; Zum Polizei-Missionsleiter/Leiter des Planungsteams – bzw ab 1. Januar 2002 als Missionsleiter/Polizeichef der EUPM – wurde Herr *Sven Christian Frederiksen* ernannt. Seit seinem Tod am 26. Jänner 2004 ist General *André Maire* amtierender Missionsleiter. Auf Vorschlag *Solanas* ernannte der Rat Allgemeine Angelegenheiten und Außenbeziehungen den Iren *Kevin Carty* mit Wirkung vom 1. März 2004 zum Missionsleiter/Polizeichef der EUPM; vgl dazu Internationale Rundschau-Europäische Union, ÖMZ 2004, 333.

148 ABl 2002 L 70 S 7.

149 Gem Art 6 der vorerwähnten Gemeinsamen Aktion 2002/210/GASP (Fn 146) hatte der Rat der EU einen EU-Sonderbeauftragten in Bosnien-Herzegowina zu ernennen.

stützen. In einem eigenen Anhang wird der Auftrag für die EUPM umrissen – und zwar sowohl auf der politisch/strategischen als auch auf der operativen Ebene. Frankreich ist die sog „Rahmen-Nation" der Operation.[150] Durch die weitere Gemeinsame Aktion 2003/188/GASP des Rates vom 17. März 2003[151] wurde auch eine Regelung über die Weitergabe von NATO-Verschlusssachen getroffen.

Die Kosten dieser Operation werden, entgegen den ursprünglich in Art 9 Abs 1 und 2 der Gemeinsamen Aktion 2002/210/GASP enthaltenen Ansätzen, nunmehr durch die Gemeinsame Aktion 2003/141/GASP des Rates vom 27. Februar 2003[152] mit 14 Mio Euro für die Startphase 2002 und 1,7 Mio Euro für die Anlaufkosten für das Jahr 2003 angegeben, die alle aus dem Gemeinschaftshaushalt finanziert werden. Für die jährlich in den Folgejahren 2003 bis 2005 anfallenden Kosten werden bis zu 38 Mio Euro präliminiert, von denen 17 Mio (vor allem für Tagegelder) nach dem Grundsatz „Übernahme der Kosten dort, wo sie anfallen" zu begleichen sind, während der Restbetrag aus dem Gemeinschaftshaushalt getragen wird.[153]

3. Die Operation „Concordia" in Mazedonien

Der SR der VN nahm am 26. September 2001 die Res 1371 (2001) an, mittels derer er die Annahme des sog „Ohrid-Rahmenübereinkommens" vom 13. August 2001 begrüßte und dessen Durchführung – auch durch die EU – empfahl. Auf Ersuchen des mazedonischen Präsidenten *Boris Trajkovski* erklärte sich zunächst die NATO bereit, den Schutz der internationalen Beobachtergruppe der EU und der OSZE in Mazedonien zu übernehmen. Diesbezüglich muss daran erinnert werden, dass seit Juli 1991 die „*European Community Monitoring Mission*" (ECMM) in den Staaten des West-Balkans tätig ist, die durch die Gemeinsame Aktion 2000/811/GESVP des Rates vom 22. Dezember 2000 über die Überwachungsmission der EU[154] in die „*European Union Monitoring Mission*" (EUMM) umgewandelt wurde, die mit Sitz in Sarajevo gegenwärtig über 120 internationale Beobachter und 75 sur place requirierte Personen verfügt, die die politischen und sicherheitspolitischen Vorgänge in Bosnien-Herzegowina, Kroatien, der Bundesrepublik Jugoslawien, Albanien[155] und Mazedonien überwachen.[156]

---

150   Vgl Bulletin Quotidien Europe Nr 8432 vom 29. März 2003, 6.
151   ABl 2003 L 73 S 9.
152   ABl 2003 L 53 S 63.
153   Vgl dazu *Pfarr* (Fn 18) 340.
154   ABl 2000 L 328 S 53.
155   Vgl Beschluss 2003/252/GASP des Rates vom 24. Februar 2003 über den Abschluss
      des Abkommens zwischen der EU und der Republik Albanien über die Tätigkeit der

Am 26. November 2002 nahm der Rat die Gemeinsame Aktion 2002/921/GASP zur Verlängerung des Mandats der Überwachungskommission der EU[157] an, die bis zum 31. Dezember 2003 befristet war. Durch die Gemeinsame Aktion 2003/852/GASP des Rates vom 5. Dezember 2003[158] wurde diese Gemeinsame Aktion bis zum 31. Dezember 2004 verlängert.

Die sog Operation „*Amber Fox*" startete am 27. September 2001 mit einem ursprünglich auf drei Monate befristeten Mandat, das in der Folge aber bis zum 15. Dezember 2002 erstreckt wurde. Sie umfasste ca 700 Mann, die durch die bereits im Land befindlichen ca 300 amerikanische Soldaten verstärkt werden sollte. In der Folge erklärten die USA aber, weitere Truppen für neue bzw verlängerte Balkanmissionen, wie zB „*Amber Fox*" nicht mehr bereitstellen zu wollen.[159] Auf ein neuerliches Ersuchen Präsident *Trajkovskys* stimmte die NATO aber zu, ab dem 16. Dezember 2002 eine neue, redimensionierte Mission zu beginnen, die „Amber Fox" ablösen und „*Allied Harmony*" genannt werden sollte. Gleichzeitig beschloss der NATO-Rat, die Konditionen der Operation „Allied Harmony" im Februar 2003 zu überprüfen.[160]

Gem Punkt 14 der Schlussfolgerungen des Vorsitzes des Europäischen Rates von Sevilla vom Juni 2002[161] beauftragte der Europäische Rat den Generalsekretär/Hohen Vertreter sowie die sonstigen in Frage kommenden Einrichtungen in der EU, sowohl mit der NATO als auch mit den zuständigen mazedonischen Behörden Kontakt aufzunehmen, um eine mögliche Übernahme der NATO-Operation „Allied Harmony" in Mazedonien durch die EU zu sondieren. Am 17. Jänner 2003 luden die mazedonischen Behörden die EU ein, die Operation „Allied Harmony" in Mazedonien (FYROM) zu übernehmen, wozu die EU ihre Bereitschaft durch den Erlass der *Gemeinsamen Aktion 2003/92/GASP des Rates vom 27. Jänner 2003 über die militärische Operation der EU in der ehemaligen jugoslawischen Republik Mazedonien*[162] erklärte, die gem ihrem Art 13 am 1. Februar 2003 in Kraft trat. Aber erst nach Abschluss des EU-NATO-Geheim-

---

Überwachungsmission der EU (EUMM) in der Republik Albanien; ABl 2003 L 93 S 49.

156 Durch den Beschluss 2001/285/GASP des Rates vom 9. April 2001 wurde *Antóin Mac Unfraidh* zum Missionsleiter der EUMM bis zum 31. Dezember 2001 ernannt (ABl 2001 L 99 S 2) und durch den Beschluss des Rates 2001/846/GASP vom 29. November 2001 (ABl 2001 L 315 S 3) bis zum 31. Dezember 2002 verlängert.

157 ABl 2002 L 321 S 51.

158 ABl 2003 L 322 S 31.

159 *Jurekovic* (Fn 134) 345.

160 NATO Press Release (2002) 131 vom 29. November 2002.

161 Vgl Fn 98.

162 ABl 2003 L 34 S 26.

schutzabkommens vom 12. März 2003[163] war die EU in der Lage, „Allied Harmony" – ab dem 31. März 2003 – zu übernehmen und als Operation „Concordia" weiterzuführen. Laut Beschluss 2003/202/GASP des Rates vom 18. März 2003 über den Beginn der Militäroperation der EU in der ehemaligen jugoslawischen Republik Mazedonien[164] wurde Concordia am 31. März 2003 eingeleitet (Art 1) und war zunächst für eine Dauer von sechs Monaten präliminiert (Art 3).

Gem Art 3 der Gemeinsamen Aktion 2003/92/GASP leitet der Rat dann die Operation Concordia ein, nachdem er die nach dem EU-Krisenmanagementverfahren vorgesehenen erforderlichen Beschlüsse, einschließlich der Beschlüsse über den Operation Commander, den Einsatzplan, die Einsatzregeln, das Operation Headquarter und den Force Commander der EU gefasst hat. Nachdem der Rat der EU am 13. März 2003 den Einsatzplan angenommen und den Einsatzregeln für diese Operation zugestimmt hatte, konnte die Militäroperation am 31. März 2003 definitiv beginnen.[165]

Gem Art 4 Abs 1 der Gemeinsamen Aktion 2003/92/GASP nimmt das PSK unter der Verantwortung des Rates die politische Kontrolle und strategische Leitung der Operation wahr, wobei der Rat das PSK ermächtigt, geeignete Beschlüsse gem Art 25 EUV zu fassen. Diese Ermächtigung schließt die Befugnis zur Änderung des Einsatzplanes, der Befehlskette und der Einsatzregeln ein. Die Entscheidungsbefugnis in Bezug auf die Ziele und den Abschluss der Operation verbleibt aber beim Rat, der vom Generalsekretär/Hohen Vertreter unterstützt wird. Die gesamte Befehlskette verbleibt unter der politischen Kontrolle und der strategischen Leitung der EU. In diesem Rahmen erstattet der Operation Commander allein den EU-Gremien über die Durchführung der Operation Bericht, während die NATO durch das PSK und den Vorsitzenden des Militärausschusses über die Lageentwicklung unterrichtet wird (Art 10 Abs 2). Die Kosten der Operation „Concordia" wurden mit 4,7 Mio Euro präliminiert (Art 9 Abs 3).

Concordia steht unter dem Oberkommando des deutschen Vize-Admirals Rainer Feist sowie dem „Force Commander", dem französischen Brigadier P. Maral,[166] und hat ihr „Operational Headquarter" im „Supreme Headquarters Allied Powers Europe" (SHAPE). Als Sondervertreter der EU wurde Alexis Brouhns bestellt. Über den Status der EU-geführten Einsatzkräfte (EUF) in FYROM wurde mit Beschluss 2003/222/GASP des Rates vom 21. März 2003 ein eigenes Abkommen seitens der EU mit der FYROM[167] abgeschlossen.

---

163 Vgl Fn 109.
164 ABl 2003 L 76 S 43.
165 Vgl Pfarr, Internationale Rundschau – Europäische Union, ÖMZ 2003, 497.
166 Maral wurde am 30. September 2003 durch Generalmajor Luís Nelson Ferreira dos Santos abgelöst; http://ue.eu.int/arym/index.asp?lang=DE.
167 ABl 2003 L 82 S 45.

An der Operation „Concordia" – die die erste EU-geführte Militäroperation darstellt – beteiligten sich außer Dänemark und Irland alle EU-Mitglieder sowie 13 Drittländer,[168] die in Summe 350 Soldaten abstellten.[169] Österreich beteiligte sich mit zehn Mann an dieser Operation.[170] Was die Beteiligung von Drittstaaten an den Kosten der Operation Concordia betrifft, so ermächtigte der Rat gem Art 8 Abs 5 der Gemeinsamen Aktion 2003/92/GASP[171] das PSK, einen Ausschuss der beitragenden Länder für die militärische Operation der EU in der FYROM aufzustellen, was das PSK in der Folge durch den Erlass des Beschlusses FYROM/1/2003 vom 18. Februar 2003[172] auch tat und das sog CoC (Committee of Contributors) einrichtete, das gem Art 4 durch den Generalsekretär/Hohen Vertreter geleitet wird. In ihm arbeiteten achtzehn Drittstaaten mit den EU-Staaten zusammen und brachten immerhin 20% der benötigten Mittel auf.

In einer eigenen *Entschließung zu der Operation in der ehemaligen jugoslawischen Republik Mazedonien im Rahmen der ESVP* vom 13. März 2003[173] bedauerte das EP, dass es nicht iSv Art 21 EUV im Vorfeld über das Mandat, die erforderlichen Kapazitäten sowie über die finanziellen Auswirkungen des Einsatzes informiert wurde, obwohl die Einleitung jeglicher militärischer Operation im Namen der EU einer umfassenden demokratischen Legitimierung und öffentlichen Unterstützung bedarf.

Der Rat der EU fasste am 21. Juli 2003 den Beschluss, die Operation bis zum 15. Dezember 2003 zu verlängern.

---

168 Vgl dazu zB den Beschluss 2003/781/GASP des Rates vom 29. September 2003 betreffend den Abschluss des Abkommens zwischen der EU und der Republik Polen über die Beteiligung polnischer Streitkräfte an den EU-geführten Einsatzkräften (EUF) in der Ehemaligen Jugoslawischen Republik Mazedonien; ABl 2003 L 285 S 43.

169 Vgl Beschluss EJRM/4/2003 des PSK vom 17. Juni 2003 zur Änderung des Beschlusses EJRM/2/2003 über die Annahme von Beiträgen von Drittstaaten zur militärischen Operation der EU in FYROM; ABl 2003 L 170 S 18.

170 Vgl Bulletin Quotidien Europe Nr 8434 vom 2. April 2003, 5.

171 Vgl Fn 162.

172 ABl 2003 C 62 S 1.

173 ABl 2004 C 61 E S 379.

4. Die Operation „Proxima" in Mazedonien

Die Operation „Concordia" wurde am 15. Dezember 2003 erfolgreich beendet[174] und durch eine EU-Polizeimission, namens „EUPOL Proxima"[175] ersetzt, deren Einsatz auf Ersuchen des mazedonischen Ministerpräsidenten Crvenkovski bereits am 29. September 2003 vom Rat Allgemeine Angelegenheiten und Außenbeziehungen beschlossen wurde. „Proxima", die zunächst auf ein Jahr terminisiert ist und unter der Leitung des EU-Sonderbeauftragten in Mazedonien[176] steht,[177] hat in ihrer vollen Besetzung über 200 Polizeibeamte im Einsatz und soll vor allem der Bekämpfung des organisierten Verbrechens dienen. Österreich beteiligte sich mit der Abstellung von zwei Polizeibeamten. Durch Beschluss des Rates der EU wurde der Belgier Bart D'Hooge mit Wirkung vom 15. Dezember 2003 zum Polizeichef von „EUPOL-Proxima" ernannt.[178]

Der Ausschuss für die zivilen Aspekte der Krisenbewältigung kam aufgrund einer Empfehlung des Leiters der Polizeimission und unter Berücksichtigung des Standpunkts des Sonderbeauftragten der EU am 9. Februar 2004 überein, dem PSK die Annahme bestimmter Beiträge von nicht zu den Beitrittsstaaten gehörenden Drittstaaten zu empfehlen. Durch den Beschluss PROXIMA/1/2004 des PSK vom 10. Februar 2004 über die Annahme von Beiträgen von nicht zu den Beitrittsländern gehörenden Drittstaaten zu der Polizeimission der EU in der ehemaligen jugoslawischen Republik Mazedonien (EUPOL „Proxima"),[179] wur-

---

174 Der italienische Verteidigungsminister Antonio Martino und der Head of EU Military Staff, der deutsche General Rainer Schuwirth, sprachen vor dem Außenpolitischen Ausschuss des EP am 25. bzw 26. November 2003 von einem Erfolg der Operation „Concordia".

175 Gemeinsame Aktion 2003/6817GASP über die Polizeimission der EU in der ehemaligen jugoslawischen Republik Mazedonien (EUPOL „Proxima"); ABl 2003 L 249 S 66; geändert durch die Gemeinsame Aktion 2004/87/GASP des Rates vom 26. Januar 2004; ABl 2004 L 21 S 31.

176 Gemeinsame Aktion 2004/86/GASP des Rates vom 26. Januar 2004 zur Ernennung eines Sonderbeauftragten der EU in der ehemaligen jugoslawischen Republik Mazedonien und zur Änderung der Gemeinsamen Aktion 2003/870/GASP; ABl 2004 L 21 S 30.

177 Vgl dazu den Beschluss 2004/75/GASP des Rates vom 11. Dezember 2003 über den Abschluss des Abkommens zwischen der EU und der ehemaligen jugoslawischen Republik Mazedonien über den Status und die Tätigkeit der Polizeimission der EU (EUPOL „Proxima") in der ehemaligen jugoslawischen Republik Mazedonien; ABl 2004 L 16 S 65.

178 Vgl Pfarr, Internationale Rundschau – Europäische Union, ÖMZ 2004, 78.

179 ABl 2004 L 60 S 54.

den seitens der EU Drittstaatsbeiträge von Norwegen, der Schweiz, der Türkei und der Ukraine angenommen.[180]

5. Die Operation „Artemis" im Kongo

Am 30. Mai 2003 nahm der SR der VN die Res 1484 (2003) an, die die Entsendung einer EU-geführten „Interim Emergency Multinational Force" nach Bunia in der Region Ituri der Demokratischen Republik Kongo zum Inhalt hatte. Das Mandat war begrenzt und bezog sich territorial nur auf die Stadt und den Umkreis (Flughafen etc) von Bunia. Am 19. Mai 2003 ersuchte der Rat den Generalsekretär/Hohen Vertreter, die Durchführbarkeit einer militärischen Operation der EU in der Demokratischen Republik Kongo zu überprüfen.[181] Am 4. Juni 2003 einigten sich die Vertreter der 15 EU-Mitgliedstaaten im PSK darauf, die Operation als Krisenmanagementeinsatz im Rahmen der GESVP durchzuführen und eine schnelle Eingreiftruppe unter französischem Kommando zu entsenden.

In der Folge einigten sich am 5. Juni 2003 die Vertreter der EU-Mitgliedstaaten in der Gemeinsamen Aktion 2003/423/GASP des Rates über die militärische Operation der EU in der Demokratischen Republik Kongo[182] auf die Operation „Artemis", bei der Frankreich gem Art 2 als sog „Rahmennation"[183] fungieren sollte. Mit derselben Gemeinsamen Aktion wurde das PSK beauftragt,[184] die politische Kontrolle und die strategische Leitung der Operation zu übernehmen (Art 7). Der Rat nahm am 12. Juni 2003 den Operationsplan und den Beschluss zur Einleitung der Operation an, die bis zum 1. September 2003 terminisiert wurde (Art 15). Der finanzielle Bezugsrahmen wurde gem Art 11 Abs 3 mit 7 Mio Euro festgesetzt, zu dem folgende Drittstaaten auf der Basis des Beschlusses DRK/1/2003 des PSK vom 1. Juli 2003 über die Annahme von Beiträgen von Drittstaaten zur militärischen Operation der EU in der Demokratischen Republik Kongo[185] Beiträge geleistet haben: Brasilien, Kanada, Südafrika und Ungarn.

Gem Art 3 der Gemeinsamen Aktion 2003/423/GASP wurde Generalmajor *Bruno Neveux* zum Befehlshaber und gem Art 5 Brigadier *Jean-Paul Thonier*

---

180 Vgl dazu *Jurekovic*, Balkanraum, ÖMZ 2004, 214.

181 Für die Hintergründe der Aktion vgl *Reiter*, Der Kongo-Einsatz der EU, Büro für Sicherheitspolitik im BMfLV (Hrsg), Strategische Analysen, 2003; zugleich veröffentlicht in: Der Soldat, 14/03 und 15/03.

182 ABl 2003 L 143 S 50.

183 Entsprechend dem EU-Konzept einer „Rahmennation", das am 24. Juli 2002 als konzeptionelle Grundlage für autonome EU-geführte Krisenmanagementoperationen mit Rückgriff auf eine „Rahmennation" gebilligt wurde.

184 Vgl dazu vorstehend auf S. 153f.

185 ABl 2003 L 170 S 19.

zum Befehlshaber der Truppe – die 1.850 Soldaten umfasst, unter denen sich auch drei österreichische Offiziere befinden – ernannt. Das Hauptquartier der Operation befand sich in Paris (Art 4), das Hauptquartier der Truppe wurde in Entebbe/Uganda eingerichtet und verfügte über einen Außenposten in Bunia.[186] Die Mission „Artemis" wurde – in enger Abstimmung mit der Mission der VN in der Demokratischen Republik Kongo (MONUC), die von 10.000 Mann geführt wurde – bis zum 1. September 2003 erfolgreich durchgeführt und danach an die VN übergeben, die nunmehr für die gesamte Bürgerkriegsregion Ituri sowie in Nord- und Süd-Kivu zuständig sind.[187] Der SR genehmigte in der Folge diesen Funktionsübergang mit seiner Res 1501 (2003) vom 26. August 2003.

Mit der Übernahme der Operation „Artemis" engagiert sich die EU erstmals – im Rahmen eines Mandates der VN – außerhalb Europas. Während aber die Operation „Concordia" noch mit NATO-Unterstützung seitens der EU unter deutsch-französischem Kommando gemeinsam mit dem DSACEUR geführt wurde, bildete „Artemis" unter französischem Kommando den ersten EU-Militäreinsatz, der autonom, dh ohne Unterstützung durch die NATO, durchgeführt wurde.

6. Die Übernahme der SFOR-Mission in Bosnien-Herzegowina

Am Europäischen Rat in Kopenhagen im Dezember 2002[188] wurde beschlossen, die von der NATO seit Dezember 1995 mit über 60.000 Soldaten geführte „Stabilisation Force" (SFOR) in Bosnien-Herzegowina – zusammengesetzt aus Heeresbeständen von 16 NATO-Mitgliedstaaten und 11 Nicht-NATO-Staaten – von der NATO übernehmen zu wollen.[189] Als Reaktion auf dieses Ansinnen der EU erklärten die Verteidigungsminister der NATO auf ihrem Treffen im Dezember 2003, dass sie eine mögliche Redimensionierung (von bisher 12.000 auf 7.000 Soldaten) bzw sogar Beendigung der SFOR für Ende 2004 und die Möglichkeit einer Übernahme derselben durch eine neue EU-Mission unter den Voraussetzungen von „Berlin Plus" ins Auge fassen würden. Der Force Commander der EU-geführten Folgemission für SFOR sollte ein Brite sein. Noch vor dem Istanbuler NATO-Gipfel Ende Juni 2004 soll eine entsprechende Expertise über die Machbarkeit dieser Funktionsübernahme erstellt werden.

Aufgrund von Widerständen aus den USA, aber auch aus Großbritannien, zögert die NATO aber nach wie vor, die Operation an die EU abzugeben, wenn die nur mehr mit 7.000 Mann betriebene SFOR planmäßig 2004 ausläuft.[190] Auch

---

186 Vgl dazu *Pfarr*, Internationale Rundschau – Europäische Union, ÖMZ 2003, 631.
187 „Mission erfüllt" in Bunia, NZZ vom 5. August 2003, 3.
188 Vgl dazu vorstehend auf S. 159ff.
189 Vgl *Pfarr* (Fn 144) 211.
190 Vgl *Hauser*, Europäische Rundschau – NATO, ÖMZ 2003, 635.

eine eventuelle Folgemission für SFOR soll unter der Führung der NATO verbleiben und nicht auf die EU übergehen.[191] Neuerdings ist man aber wieder zuversichtlich, dass in Istanbul doch vereinbart werden wird, dass die EU das Sicherheitsdispositiv in Bosnien-Herzegowina übernehmen wird, womit dann die SFOR-Operation beendet sein wird. Nach Aussage von Vize-Admiral *Rainer Feist*, der die Operation „Concordia" bis zum 15. Dezember 2003 als operativer Kommandant befehligte,[192] ist man im obersten alliierten Hauptquartier (SHAPE in Mons) und in der EU bereits dabei, erste gemeinsame Planungsschritten für diese Mission auszuarbeiten. Sie wird voraussichtlich eine polizeilich-militärische Operation sein und sich damit von SFOR deutlich unterscheiden.

Mit Blick auf dieses EU-Engagement in Bosnien-Herzegowina wird nun ein ständiges Verbindungselement der NATO bei der EU in Brüssel geschaffen, ebenso wie auch der Europäische Rat kürzlich beschlossen hat, eine ständige Stabsgruppe im SHAPE zu institutionalisieren.[193]

Die Übernahme von SFOR Ende Dezember 2004 würde für die EU – im Gegensatz zur begrenzten Truppenstärke der vorerwähnten Operation „Concordia" – eine große operative Herausforderung darstellen, was einen Kommentator zu der Bemerkung veranlasste: „This is perhaps the biggest challenge to the hitherto untested „truth" that the EU is better equipped than NATO for complex civil-military crisis management operations."[194]

N. Gemeinsame NATO-EU-Krisenmanagement-Übung

Erstmals fand zwischen dem 19. und dem 25. November 2003 eine gemeinsame NATO-EU-Krisenmanagement-Übung (CME/CMX 03) statt, in deren Rahmen die Planung einer EU-geführten Krisenbewältigungsoperation iSe „Petersberg-Maßnahme" – mit NATO-Mitteln/Fähigkeiten – auf strategisch/politisch/militärischer Ebene geübt wurde.[195] Darin waren alle EU-Mitgliedstaaten involviert, ebenso wie die dafür zuständigen Institutionen im Generalsekretariat des Rates der EU (GS/Hoher Vertreter für die GASP *Javier Solana*), die Europäische

---

191 Vgl NATO/SFOR Informer: SFOR restructuring; http://www.nato.int/sfor/factsheet/restruct/t040121a.htm.
192 Vgl dazu vorstehend auf S. 171.
193 Planung für EU-Bosnien – Operation, NZZ vom 7./8. Februar 2004, 5.
194 *Monaco*, Operation Concordia and Berlin Plus: NATO and the EU take stock, isis europe – NATO notes 2003, 11.
195 First Joint EU-NATO Crisis Management Exercise (CME/CMX 03); Press Release (2003), 133, vom 11. November 2003.

Kommission und das Satellitenzentrum in Torrejón.[196] Auf der NATO-Seite waren ebenfalls alle Mitglieder eingebunden, ebenso wie auch das Supreme Headquarters Allied Powers Europe (SHAPE).

Als Fazit dieser ersten gemeinsamen NATO-EU-Übung wurde festgestellt, dass die Gemeinsame Europäische Sicherheits- und Verteidigungspolitik (GESVP) die NATO nicht ersetzen sondern vielmehr ergänzen und durch ein handlungsfähigeres Europa zur strategischen Partnerschaft von EU und NATO beitragen soll. Die GESVP soll vor allem den europäischen Pfeiler der NATO stärken.[197]

Diese Interoperabilität zwischen europäischen und NATO-Streitkräften gilt insbesondere auch für die gemäß dem NATO-Kommuniqué des Prager NATO-Gipfels vom 21. November 2002 eingesetzte *NATO Response Force (NRF)*, die als schnelle NATO-Eingreiftruppe ab Oktober 2006 weltweit innerhalb von fünf Tagen einsatzfähig sein soll. Die ersten Elemente dieser NRF demonstrierten anlässlich einer Übung in der Türkei am 20. November 2003 ihre Fähigkeiten in einer Krisenerwiderungsoperation: Eliteeinheiten aus elf NATO-Ländern wurden über den Luft-, Land- und Seeweg mit dem Auftrag verlegt, von Terroristen und feindlichen Streitkräften bedrohtem UNO-Personal und Zivilisten in einem Land „out of area" der NATO zu Hilfe zu kommen.[198]

VI. Terrorismusbekämpfung mit zivilen Mitteln

Wie vorstehend bereits erwähnt, unternahm die spanische Präsidentschaft Anfang 2002 den Versuch, eine Debatte über eine mögliche Ausdehnung des bisherigen Spektrums der „Petersberg-Aufgaben" auch auf Maßnahmen zur Terrorbekämpfung in Gang zu setzen.[199] Wenngleich es bisher in der EU lediglich zum Erlass einer Reihe von *Terrorbekämpfungsmaßnahmen „ziviler" Natur* gekommen ist, ist die Diskussion darüber keinesfalls verstummt und wird angesichts der neuerlich wieder zunehmenden Angst vor terroristischen Anschlägen – auch in Europa – wieder intensiv geführt.

Bereits zehn Tage nach den Terroranschlägen in den USA kam der *Europäische Rat* am 21. September 2001 auf einer außerordentlichen Tagung überein, die Terrorbekämpfung „zu einem vorrangigen Ziel für die Europäische Union zu

---

196 Vgl dazu vorstehend auf S. 150.
197 Vgl *Hauser* (Fn 139) 207.
198 Response Force demonstrates capability in first exercise; http://www.nato.int/shape/
     news/2003/11/i031121a.htm; vgl *Hauser* (Fn 139) 207.
199 Vgl dazu nachstehend auf S. 185ff.

machen"[200] und billigte zugleich einen *Aktionsplan*, der in der Folge durch den *Rat „Allgemeine Angelegenheiten"* mit einem eigenen *Fahrplan* zu dessen Durchführung näher konkretisiert wurde.[201] Die unmittelbar danach erlassenen bzw zu konkreten Vorschlägen gediehenen Maßnahmen zur Bekämpfung des Terrorismus sind „*ziviler*", dh *nicht-militärischer*, Natur und lassen sich – nach dem sog „Tempelmodell" der EU – sowohl als „*säulenübergreifende*", als auch als solche im Rahmen der „*Ersten*" sowie der „*Zweiten"* und der „*Dritten Säule*" qualifizieren.

Säulenübergreifend wurden zunächst zwei „*Gemeinsame Standpunkte*"[202] zur Bekämpfung des Terrorismus erlassen, in denen grundlegende Fragen wie die Definition von terroristischen Handlungen bzw von natürlichen und juristischen Personen, die an ihnen beteiligt sind, abgeklärt werden.

a) In der „Ersten Säule" kam es bereits zu entsprechenden Umsetzungsakten derselben, wie zB der VO (EG) Nr 2580/2001 des Rates vom 27. Dezember 2001 über spezifische, gegen bestimmte Personen und Organisationen gerichtete restriktive Maßnahmen zur Bekämpfung des Terrorismus,[203] die vor allem die Finanzierung terroristischer Handlungen bekämpfen soll und in deren Durchführung es auch bereits zu einem Beschluss des Rates zur Aufstellung einer Liste von Terroristen bzw terroristischer Organisationen[204] gekommen ist. Durch eine eigene Richtlinie[205] wurde auch der persönliche Geltungsbereich der bisherigen „Geldwäsche-RL" ausgeweitet. Ebenso wurde in Durchführung des nachstehend erwähnten Gemeinsamen Standpunktes 2002/402/GASP des Rates die VO (EG) Nr 881/2002 des Rates vom 27. Mai 2002 über die Anwendung bestimmter spezifischer restriktiver Maßnahmen

---

200 SN 140/01.
201 Vgl dazu Agence Europe Dokumente Nr 2254/55 vom 19.10.2002, 1.
202 Gemeinsamer Standpunkt 2001/930/GASP des Rates vom 27.12.2001 über die Bekämpfung des Terrorismus (ABl 2001 L 344 S 90 idF ABl 2002 L 116 S 75) und Gemeinsamer Standpunkt 2001/931/GASP des Rates vom 27.12.2001 über die Anwendung besonderer Maßnahmen zur Bekämpfung des Terrorismus (ABl 2001 L 344 S 93 idF ABl 2002 L 295 S 1 bzw ABl 2003 L 340 S 77).
203 ABl 2001 L 344 S 70.
204 Beschluss 2001/927/EG des Rates vom 27. 12. 2001 zur Aufstellung der Liste nach Art 2 Abs 3 der VO (EG) Nr 2580/2001 des Rates über spezifische, gegen bestimmte Personen und Organisationen gerichtete restriktive Maßnahmen zur Bekämpfung des Terrorismus (ABl 2001 L 344 S 83); ersetzt durch den Beschluss 2002/334/EG des Rates vom 2. 5. 2002 (ABl 2002 L 116 S 33).
205 RL 2001/97/EG des Europäischen Parlaments und des Rates vom 4. Dezember 2001 zur Änderung der RL 91/308/EWG des Rates zur Verhinderung der Nutzung des Finanzsystems zum Zweck der Geldwäsche (ABl 2001 L 344 S 76).

gegen bestimmte Personen und Organisationen, die mit *Osama bin Laden*, dem Al-Qaida-Netzwerk und den Taliban in Verbindung stehen,[206] erlassen.

b) In der „Zweiten Säule" hat der Rat am 10. Dezember 2001 Schlussfolgerungen zu den Auswirkungen der terroristischen Bedrohung auf die Nichtverbreitungs-, die Abrüstungs- und die Rüstungskontrollpolitik der EU[207] angenommen, in denen der Abschluss von Übereinkünften, die Verhängung von Ausfuhrkontrollen, die Verstärkung der internationalen Zusammenarbeit und des politischen Dialogs vorgesehen sind. Darüber hinaus sollen – ähnlich wie bei den Demokratie- und Menschenrechtsklauseln[208] in den Drittstaatsverträgen der EG – Abkommen mit Drittstaaten durch eigene Übereinkünfte zur Bekämpfung des Terrorismus flankiert werden. Am selben Tag kam es zum Erlass der Gemeinsamen Aktion 2001/875/GASP des Rates,[209] mittels derer *Klaus-Peter Klaiber* zum Sonderbeauftragten der EU in Afghanistan ernannt wurde. Am 21. Mai 2002 erließ der Rat den Gemeinsamen Standpunkt 2002/400/GASP[210], mittels dessen die Aufnahmeregelung der aus der Geburtskirche in Bethlehem evakuierten Palästinenser in die einzelnen aufnahmebereiten EU-Mitgliedstaaten vorgenommen wurde. Ein weiterer Gemeinsamer Standpunkt 2002/402/GASP des Rates vom 27. Mai 2002[211] betraf die Verhängung restriktiver Maßnahmen gegen *Osama bin Laden*, Mitglieder der Al-Qaida-Organisation und die Taliban sowie andere mit ihnen verbündete Personen, Gruppen, Unternehmen und Einrichtungen und wurde durch die vorerwähnte VO (EG) Nr 881/2002 des Rates durchgeführt.

c) In der „Dritten Säule" der EU wurden zunächst Maßnahmen für einen erhöhten Persönlichkeitsschutz hochrangiger Besucher der EU[212] sowie die Errichtung einer Stelle mit eigener Rechtspersönlichkeit zur Bekämpfung der

---

206 ABl 2002 L 139 S 9.

207 Vgl Rat der EU, Dok 7331//02 vom 21. 3. 2002.

208 Vgl *Hummer*, Demokratisierungsklauseln in regionalen Präferenzzonen. Europäische versus lateinamerikanische Praxis, JRP 2001, 185; *Hummer*, El „diálogo político" y el „compromiso democrático" en las zonas de integración económica en América Latina. ? Copia fiel de la experiencia europea o concepto genuino? in: *Drnas de Clément/Lerner* (Hrsg), Libro en homenaje al *Prof Ernesto Rey Caro* (2002), 1241.

209 ABl 2001 L 326 S 1; das Mandat des Sonderbeauftragten wurde durch eine weitere Gemeinsame Aktion vom 27. Mai 2002 bis zum 30. Juni 2002 verlängert; ABl 2002 L 139 S 6.

210 Gemeinsamer Standpunkt 2002/400/GASP betreffend die vorübergehende Aufnahme bestimmter Palästinenser in Mitgliedstaaten der Europäischen Union vom 21. Mai 2002, ABl 2002 L 138 S 33.

211 ABl 2002 L 139 S 4.

212 Empfehlung des Rates vom 6. 12. 2001 über die Festlegung einer gemeinsamen Bewertungsskala für die Gefährdung von Persönlichkeiten, die die EU besuchen (ABl 2001 C 365 S 1).

organisierten Kriminalität (Eurojust)[213] verabschiedet und eine Reihe weiterer Aktivitäten in Vorschlag gebracht, mittels derer die Fahndung, Verhaftung, Aburteilung und Auslieferung von Terroristen harmonisiert werden soll.

Alles in allem stellten diese Maßnahmen bereits zu Beginn der Terrorbekämpfung ein dichtes Netz „*ziviler*" *Maßnahmen* zur Bekämpfung terroristischer Maßnahmen dar, das international seinesgleichen sucht. Inwieweit dieses in Zukunft auch noch durch *militärisch* geführte „Petersberg-Maßnahmen" ergänzt werden soll, wird nachstehend näher ausgeführt.[214]

VII. Ein neuer „Rat der Verteidigungsminister"?

Die mannigfachen und überaus komplexen sicherheits- und verteidigungspolitischen Aktivitäten der Mitgliedstaaten der EU in und außerhalb der „Zweiten Säule" würden an sich nach der Einrichtung eines eigenen Fachministerrates „Verteidigung" verlangen, wozu es aber bis heute noch nicht gekommen ist.

Es war diesbezüglich dem damaligen österreichischen Verteidigungsminister *Werner Fasslabend* vorbehalten, während der österreichischen EU-Präsidentschaft[215] am 3./4. November 1998 erstmals seine Amtskollegen zu einem *informellen* Treffen nach Wien einzuladen, in dessen Gefolge es zu einigen weiteren informellen Zusammenkünften kam. Aber erst am 18./19. Februar 2002 kam es in Brüssel zur ersten *offiziellen* Zusammenkunft der Verteidigungsminister der 15 EU-Mitgliedstaaten, allerdings (noch) nicht als eigener „Rat der Verteidigungsminister" sondern noch im Rahmen des Rates „*Allgemeine Angelegenheiten*".[216] Eine eventuelle Beschlussfassung bleibt aber dem Rat – in der Zusammensetzung „Allgemeine Angelegenheiten (und Außenbeziehungen)"[217] – vorbehalten.[218]

Der spanische Verteidigungsminister *Federico Trillo* würdigte die nächste (informelle) Sitzung des „Verteidigungsminister-Rates" im Mai 2002 als „wichti-

213 Beschluss des Rates vom 28. Februar 2002 über die Errichtung von Eurojust zur Verstärkung der Bekämpfung der schweren Kriminalität (ABl 2002 L 63 S 1).

214 Vgl dazu nachstehend auf S. 185ff.

215 Vgl Fn 67.

216 Vgl die vorläufige Tagesordnung für die 2409. Tagung des Rates am 18. und 19. Februar 2002, Dok 6219/02 vom 15. Februar 2002; siehe dazu *Hummer/Obwexer*, Kommentar zu Art 203 Rdnr 34, in: *Streinz* (Hrsg), Kommentar zum EUV/EGV (2003) 1898.

217 Vgl dazu nachstehend auf S. 181.

218 Vgl Dok 8741/02 REV 1 vom 13. Mai 2002; Vgl auch *Böhm*, „...und das nächste Scheibchen der Neutralität", Die Presse vom 11. 5. 2002, 6.

gen Schritt auf dem Weg einer Europäischen Sicherheits- und Verteidigungspolitik (ESVP)" und betonte, „die Verteidigungsminister brauchten formelle Strukturen".[219] Beratungsgegenstände waren dabei der gemeinsame Aufbau militärischer Kapazitäten und die engere Zusammenarbeit im Krisenmanagement.

Die bisherige Ausgestaltung der Ratsformationen spiegelte den gemeinschaftsrechtlichen Besitzstand der „Ersten Säule" der EU wider und sah dementsprechend keinen eigenen „Verteidigungsminister-Rat" vor: Die bisher bestehenden 22 Ratsformationen wurden in Ausführung eines Mandates des Europäischen Rats von Helsinki vom 10./11. Dezember 1999 durch einen Beschluss des Rates über die (Anzahl) der Ratsformationen auf bloß 16 Ressortminister-Räte[220] reduziert, unter denen sich aber kein „Verteidigungsminister-Rat" befand.[221] Auf seiner Tagung in Sevilla am 21./22. Juni 2002 akkordierte der Europäische Rat ua eine neue Liste von Ratsformationen, wobei er deren Anzahl von bisher 16 auf nunmehr 9 verringerte.[222] Der frühere Rat „Allgemeine Angelegenheiten" lautet nun „*Allgemeine Angelegenheiten und Außenbeziehungen*" (einschließlich *Europäische Sicherheits- und Verteidigungspolitik* (ESVP) und *Entwicklungszusammenarbeit*).[223] Zum Tätigkeitsbereich „Außenbeziehungen" gehört gem Art 2 Abs 2 lit b) GO des Rates ua auch die Durchführung der GASP und der ESVP.

Die Einrichtung einer eigenen Ratsformation „Verteidigungsminister" wäre ohne Änderung des Primärrechts möglich, ist aber bisher nicht erfolgt und ist auch im Entwurf des Verfassungsvertrages nicht vorgenommen worden, der hinsichtlich der Zahl der Ratsformationen in seinem Art 23 lediglich einen Rat „*Allgemeine Angelegenheiten*", einen Rat „*Allgemeine Angelegenheiten und Gesetzgebung*" sowie einen Rat „*Auswärtige Angelegenheiten*" kennt.

---

219 Erste formelle Sitzung der EU-Verteidigungsminister, NZZ vom 14. 5. 2002, 2.

220 Beschluss des Rates zur Umsetzung der Schlussfolgerungen des Europäischen Rates (Helsinki, 10. und 11. Dezember 1999) – Ratsformationen (ABl 2000 C 174 S 1), den er auch in Art 2 der GO des Rates verankerte (ABl 2000 L 149 S 21).

221 Gem Art 2 Abs 1 UAbs 2 GO des Rates erfordert die Einberufung des Rates in einer auf dieser Liste nicht aufgeführten Zusammensetzung einen (eigenen) Beschluss des Rates „Allgemeine Angelegenheiten".

222 Europäischer Rat von Sevilla vom 21./22. 6. 2002 (Fn 98), Anlage II, Punkt 3.; BullEU 6-2002, 20.

223 Die Liste der nunmehrigen 9 Ratsformationen wurde GO des Rates vom 22. Juli 2002 (ABl 2002 L 230 S 7) als Anlage I angefügt; vgl *Hummer/Obwexer* (Fn 216) Art 203 Rdnr 32, 1897.

VIII. Die „Agentur für die Bereiche Entwicklung der Verteidigungsfähigkeiten, Forschung, Beschaffung und Rüstung"

In Vorwegnahme der Idee der Errichtung eines „Europäischen Amtes für Rüstung, Forschung und militärische Fähigkeiten", die im Vorfeld des Verfassungsvertrages lanciert wurde, beauftragte der Europäische Rat von Thessaloniki vom 19./20. Juni 2003 die zuständigen Ratsgremien, „die notwendigen Maßnahmen zu treffen, damit im Laufe des Jahres 2004 eine zwischenstaatliche Agentur für die Bereiche Entwicklung der Verteidigungsfähigkeiten, Forschung, Beschaffung und Rüstung geschaffen wird", die dem Rat unterstellt sein und allen Mitgliedstaaten zur Teilnahme offen stehen wird. Durch den *Beschluss 2003/664/EG*[224] setzte der Ausschuss der Ständigen Vertreter eine Ad-hoc-Vorbereitungsgruppe ein, die die Einrichtung einer solchen Agentur vorbereiten soll. Durch den weiteren *Beschluss 2003/834/EG des Rates zur Einsetzung eines Stabes zur Vorbereitung der Einrichtung einer Agentur für die Bereiche Entwicklung der Verteidigungsfähigkeiten, Forschung, Beschaffung und Rüstung*[225] vom 17. November 2003 setzte der Rat einen *Aufbaustab* für die *Agentur (Agency Establishment Team – AET)* ein und legte in dessen Anhang zugleich das Mandat des AET, einschließlich seiner Aufgabe und seiner Zusammensetzung, fest. Das AET ist Teil des Generalsekretariats des Rates, wird vom Generalsekretär/Hohen Vertreter eingesetzt und ist diesem unterstellt (Art 2). Gem Art 6 endet das Mandat des AET sobald die Agentur ihre Arbeit aufnimmt bzw am 31. Dezember 2004, je nachdem, welches der frühere Zeitpunkt ist.

Das AET nimmt im Januar 2004 seine Tätigkeit auf und ist politisch dem Rat unterstellt, von dem es auch seine Leitlinien erhält. In diesem Rahmen erstattet der Leiter des AET – über die Ad-hoc-Vorbereitungsgruppe – dem COREPER und dem PSK regelmäßig Bericht über die Fortschritte in der Arbeit des AET. Das AET nimmt über das PSK die Expertise des EU-Militärausschusses und die Expertise der Nationalen Rüstungsdirektoren der EU in Anspruch. Das AET übermittelt dem Rat bis Ende April 2004 Vorschläge, damit der Rat bis Juni 2004 die erforderlichen Beschlüsse verabschieden kann. Dazu gehören die administrativen und logistischen Aspekte der künftigen Agentur, ihr Finanzrahmen und ein Entwurf ihres ersten operativen Programms.

---

224 ABl 2003 L 235 S 22.
225 ABl 2003 L 318 S 19; vgl dazu Fn 247.

IX. Die zukünftige Ausgestaltung der GESVP durch den „Verfassungsvertrag"

Die „Gemeinsame Sicherheits- und Verteidigungspolitik" (GSVP) war ursprünglich entsprechend den Herausforderungen und Bedrohungen, wie sie in den 90er Jahren des vorigen Jhdts eingeschätzt wurden, definiert und entwickelt worden. Inzwischen besteht aber kein Zweifel daran, dass diese Definition der Bedrohung infolge der Geschehnisse des 11. Septembers 2001 überholt ist. Seit diesem terroristischen Anschlag und den weiteren Attentaten, die im Anschlag vom 11. März 2004 von Atocha in Madrid kulminierten, kann die Bedrohung nicht mehr als ein „traditionelles" Konfliktrisiko zwischen Staaten oder Volksgruppen definiert werden, sondern muss als Situation einer globalen Unsicherheit, die durch diffusere Risiken gekennzeichnet ist, bezeichnet werden. Anschläge internationaler Terrororganisationen oder der Einsatz von Massenvernichtungsmitteln gegen die Zivilbevölkerung sind Ereignisse, die sich mit den traditionellen Konfliktbewältigungsmitteln nicht mehr beherrschen lassen. Auf diese neuen Bedrohungen muss mit dem synergetischen Einsatz des gesamten Instrumentariums reagiert werden, das der Union zur Verfügung steht (militärische Mittel, Intelligence, polizeiliche und justizielle Zusammenarbeit, Bevölkerungsschutz etc).[226]

Der vom „Europa-Konvent" am 13. Juni bzw 10. Juli 2003 im Konsensverfahren verabschiedete *Entwurf eines Vertrages über eine Verfassung für Europa* (sog „Verfassungsvertrag")[227] hat darauf nur unvollkommene Antworten gefunden, wenngleich er eine Ausweitung der „Petersberg-Maßnahmen" vorgenommen und den Einsatz von Petersberg-Maßnahmen auch für Zwecke der (präventiven) Terrorismusbekämpfung vorgesehen hat. Des Weiteren statuiert er auch eine „strukturierte" und eine „engere" Zusammenarbeit (iSe Beistandsverpflichtung) sowie eine „Solidaritätsklausel" (zur repressiven Abwehr terroristischer Attacken). Auch wurde die Errichtung eines „Europäischen Amtes für Rüstung, Forschung und militärische Fähigkeiten" vorgesehen, das am 12. Juli als „Europäische Verteidigungsagentur" definitiv errichtet wurde.

---

226 Vgl dazu auch die Gemeinsame Erklärung Deutschlands, Frankreichs, Luxemburgs und Belgiens zur ESVP vom 29. April 2003 in Brüssel, Internationale Politik 2003, 85.

227 CONV 850/03; ABl 2003 C 169 S 1.

A. Die Ausweitung der „Petersberg-Aufgaben" und deren kollektive Durchführung durch Gruppen von Mitgliedstaaten

Gem Art 40 Abs 1 des Teil I des Verfassungsvertrages sichert die Gemeinsame Europäische Sicherheits- und Verteidigungspolitik (GESVP) der Union die auf zivile und militärische Mittel gestützte Fähigkeit zu Operationen, auf die die Union bei Missionen *außerhalb* der Union zur Friedenssicherung, Konfliktverhütung und Stärkung der internationalen Sicherheit zurückgreifen kann. Gem Art III-210 Abs 1 des Verfassungsvertrages umfassen solche Missionen – über die bisher in Art 17 Abs 2 EUV definierten drei „Petersberg-Maßnahmen"[228] hinaus – auch

(a) *gemeinsame Abrüstungsmaßnahmen* (zB durch Programme zur Waffenzerstörung und Rüstungskontrolle),

(b) *Aufgaben der militärischen Beratung und Unterstützung* („defense outreach": Zusammenarbeit mit den Streitkräften eines Drittlandes oder einer regionalen Organisation zwecks Aufbau demokratischer Streitkräfte durch den Austausch vorbildlicher Praktiken, beispielsweise durch Ausbildungsmaßnahmen),

(c) *Aufgaben der Konfliktverhütung und der Erhaltung des Friedens* (zB Frühwarnsystem, vertrauensbildende und sicherheitsverstärkende Maßnahmen) sowie

(d) *Operationen zur Stabilisierung der Lage nach Konflikten.*

Zu diesen „Petersberg-Maßnahmen" kommt aber noch eine weitere Maßnahme, nämlich

(e) die *Unterstützung von Drittstaaten bei der Terrorbekämpfung* hinzu, auf die nachstehend noch eingegangen wird.[229]

Gem Art 40 Abs 5 bzw III-211 des Verfassungsvertrages kann der Ministerrat die Durchführung einer solchen Petersberg-Mission einer Gruppe von Mitgliedstaaten übertragen, die über die erforderlichen Fähigkeiten verfügen und sich an dieser Mission beteiligen wollen – wie zB denjenigen Mitgliedstaaten, die entweder gem Art 40 Abs 6 iVm Art III-213 des Verfassungsvertrages an einer ständigen „strukturierten Zusammenarbeit" teilnehmen oder aber auf der Basis von Art 17 Abs 4 EUV untereinander bereits multinationale Streitkräfte ausge-

---

228 Vgl dazu vorstehend auf S. 141.
229 Vgl dazu nachstehend auf S. 185f.

bildet haben. An solchen *multinationalen Truppenverbänden* mit eigenen Hauptquartieren oder Militärstäben sind folgende zu erwähnen:

(a) *Eurocorps* (Landstreitkräfte: Deutschland, Belgien, Spanien, Frankreich, Luxemburg);

(b) *Eurofor* (Landstreitkräfte: Spanien, Frankreich, Italien, Portugal);

(c) *Euromafor* (Seestreitkräfte: Spanien, Frankreich, Italien, Portugal);

(d) *Europäische Luftfahrtgruppe/European Air Group* (Deutschland, Belgien, Spanien, Frankreich, Italien, Vereinigtes Königreich);

(e) *Multinationale Division (Mitte)* (Deutschland, Belgien, Niederlande, Vereinigtes Königreich) und der

(f) *Stab des I. Deutsch-Niederländischen Korps (Deutschland, Niederlande, Vereinigtes Königreich).*

Daneben bestehen noch weitere multinationale Streitkräfte, die aber über kein gemeinsames Hauptquartier verfügen, wie zB der *britisch-niederländische* und der *spanisch-italienische Amphibienverband* sowie multinationale Militäreinheiten, wie zB NORDCAPS, an der nicht nur drei EU-Mitgliedstaaten (Finnland, Schweden, Dänemark), sondern auch Drittstaaten (Norwegen) beteiligt sind.

B. *Terrorismusbekämpfung mit militärischen Mitteln*

In Erweiterung der bisher erlassenen und bereits vorstehend dargestellten, „zivilen" Maßnahmen der Terrorismusbekämpfung – die systematisch allerdings in den Bereich der besonderen Bestimmungen zur Verwirklichung des „Raums der Freiheit, der Sicherheit und des Rechts" gehören[230] – sieht der Verfassungsvertrag auch die Indienstnahme der (militärisch geführten) „Petersberg-Maßnahmen" zur Bekämpfung terroristischer Aktivitäten in Drittstaaten vor.

1. *Indienstnahme von „Petersberg-Maßnahmen" zur Terrorismusbekämpfung in Drittstaaten*

Die erweiterten „Petersberg-Maßnahmen" können gem Art III-210 Abs 1 des Verfassungsvertrages neben der repressiven auch zur präventiven Bekämpfung des Terrorismus in *Drittstaaten* eingesetzt werden, ua durch die Unterstützung dritter Staaten bei der Bekämpfung des Terrorismus in ihrem Hoheitsgebiet. Auf

---

230 Vgl dazu vorstehend auf S. 136f.

die dabei auftretenden konzeptiven bzw rechtsdogmatischen Problemlagen wurde vorstehend bereits hingewiesen.[231]
  Der Entwurf des Verfassungsvertrages trägt aber auch dem Phänomen der Terrorismusbekämpfung im Inneren der Union Rechnung, indem er die *Mitglied-staaten* auf eine sog „*Solidaritätsklausel*" verpflichtet, gemäß derer sich die Mitgliedstaaten im Falle eines Terroranschlages wechselseitig unterstützen.

2. Die „Solidaritätsklausel" zur Terrorismusbekämpfung in Mitgliedstaaten

Gem Art 42 Abs 1 des Verfassungsvertrages handeln die *Mitgliedstaaten* der Union gemeinsam mit dieser „im Geiste der Solidarität", wenn ein Mitgliedstaat von einem *Terroranschlag* oder einer *Katastrophe natürlichen* oder *menschlichen Ursprungs* betroffen ist. „Die Union mobilisiert alle ihr zur Verfügung stehenden Mittel, einschließlich der ihr von den Mitgliedstaaten bereitgestellten militärischen Mittel, um

a) terroristische Bedrohungen im Hoheitsgebiet von Mitgliedstaaten abzuwenden; die demokratischen Institutionen und die Zivilbevölkerung vor etwaigen Terroranschlägen zu schützen; im Falle eines Terroranschlags einen Mitgliedstaat auf Ersuchen seiner politischen Organe innerhalb seines Hoheitsgebiets zu unterstützen;
b) im Falle einer Katastrophe einen Mitgliedstaat auf Ersuchen seiner politischen Organe innerhalb seines Hoheitsgebiets zu unterstützen."

  Die einzusetzenden Mittel für solche solidarische Aktionen können sowohl militärische Maßnahmen und die ursprünglich für die Petersberg-Aufgaben geschaffenen Strukturen als auch die polizeiliche und justizielle Zusammenarbeit, den Bevölkerungsschutz etc umfassen.
  Die näheren Modalitäten für die Ausgestaltung und Durchführung der „Solidaritätsklausel" sind in Art III-231 des Verfassungsvertrages enthalten. Gem Abs 1 dieser Bestimmung erlässt der Ministerrat aufgrund eines gemeinsamen Vorschlags der Kommission und des Außenministers der Union einen „Europäischen Beschluss" iSv Art 32 Abs 1 UAbs 5 des Verfassungsvertrages über die Modalitäten für die Anwendung der Solidaritätsklausel und unterrichtet anschließend das EP darüber.
  Sollte ein Mitgliedstaat von einem Terroranschlag oder einer Katastrophe natürlichen oder menschlichen Ursprungs betroffen worden sein, dann leisten die anderen Mitgliedstaaten ihm auf Anforderung seiner politischen Organe Unter-

---

231 Vgl dazu vorstehend auf S. 136f.

stützung. Eine solche solidarische Unterstützungshandlung ist aber nur dann zu leisten, wenn darum seitens der Zivilbehörden des betroffenen Staates ersucht wird. Da es sich aber weder bei einem Terroranschlag noch bei einer Katastrophe natürlichen/menschlichen Ursprungs um eine Aktivität handelt, die die Neutralität aktiviert, verletzt ein solcher militärischer Beistand – selbst wenn er verpflichtend geleistet werden soll – nicht den neutralen Status Österreichs. Diese „Solidaritätsklausel" in Art 42 Verfassungsvertrag stellt schon allein deswegen kein Instrument kollektiver Selbstverteidigung dar, da sie lediglich bei Bedrohung durch nichtstaatliche, dh private Einheiten[232] zur Anwendung kommen würde, sodass das Erfordernis eines „bewaffneten Angriffs" („armed attack") iSv Art 51 SVN gar nicht erfüllt wäre. Dieser Ansicht sind auch die vier neutralen Staaten Finnland, Irland, Österreich und Schweden, die in einem gemeinsamen Brief vom 4. Dezember 2003[233] zu dieser Solidarpflicht eindeutig feststellen: „We fully support the proposal to add in the Constitutional Treaty a solidarity clause which would take into account terrorism and natural and man-made disasters."

Im Falle einer Aktivierung der Solidaritätsklausel sprechen sich die Mitgliedstaaten im Ministerrat ab, der dabei vom *Politischen und Sicherheitspolitischen Komitee (PSK)* sowie vom *Ausschuss für innere Sicherheit* gem Art III-162 des Verfassungsvertrages unterstützt wird, die dem Ministerrat gegebenenfalls gemeinsame Stellungnahmen vorlegen (Art III-231 Abs 3 des Verfassungsvertrages). In Form eines „Frühwarnsystems", aber auch damit die Union auf effiziente Weise tätig werden kann, nimmt der Europäische Rat regelmäßig eine Einschätzung der Bedrohungen vor, denen die Union ausgesetzt ist.

C. Die Errichtung eines „Europäischen Amtes für Rüstung, Forschung und militärische Fähigkeiten"

Des Weiteren soll ein „*Europäisches Amt für Rüstung, Forschung und militärische Fähigkeiten*" eingerichtet werden, dessen Aufgabe es ist, den operativen Bedarf zu ermitteln und Maßnahmen zur Bedarfsdeckung zu fördern, zur Ermittlung von Maßnahmen zur Stärkung der industriellen und technologischen Grundlage des Verteidigungssektors beizutragen und diese Maßnahmen gegebenenfalls durchzuführen, sich an der Festlegung einer europäischen Politik im Bereich Fähigkeiten und Rüstung zu beteiligen sowie den Ministerrat bei der Beurteilung der Verbesserung der militärischen Fähigkeiten zu unterstützen. In Art III-212 des Verfassungsvertrages werden die Aufgaben dieses Europäischen Amtes für

---

232   Vgl dazu vorstehend auf S. 131.
233   CIG 62/03 vom 5. Dezember 2003 (DELEG 30); vgl dazu auch Fn 253.

Rüstung, Forschung und militärische Fähigkeiten näher aufgeführt und darauf hingewiesen, dass sich alle Mitgliedstaaten – daher auch die vier neutralen bzw paktfreien Mitgliedstaaten – auf Wunsch an der Arbeit dieses Amtes beteiligen können.[234]

In dieses „*Europäische Amt für Rüstung, Forschung und militärische Fähigkeiten*" wären die zwischen einigen Mitgliedstaaten bereits bestehenden engeren Rüstungskooperationen einzugliedern, von denen folgende zu erwähnen sind:

(a) Gemeinsame Organisation für die Rüstungskooperation (OCCAR) (Deutschland, Frankreich, Italien, Vereinigtes Königreich);

(b) Letter of Intent (LoI) (Deutschland, Spanien, Frankreich, Italien, Vereinigtes Königreich, Schweden);

(c) Western European Armaments Group (WEAG).

Die Hauptaufgabe von OCCAR besteht darin, wirksame Vereinbarungen über die Verwaltung und Entwicklung bestimmter Programme für die Rüstungskooperation zwischen den Mitgliedstaaten zu verwirklichen. OCCAR wickelt derzeit mehrere solcher internationaler Programme ab. Die vorstehend erwähnten sechs Mitgliedstaaten unterzeichneten im Jahre 1998 eine Absichtserklärung (Letter of Intent, LoI) mit dem Ziel, einen Rahmen für die Begleitung der industriellen Umstrukturierungen im Verteidigungsbereich festzulegen. Auf die Kooperationspartner von OCCAR und LoI entfallen zur Zeit allein 90% der europäischen Rüstungsproduktion.[235]

Die Westeuropäische Rüstungsgruppe (WEAG) wiederum ist für die Rüstungszusammenarbeit zwischen 19 europäischen Ländern – darunter 14 Mitgliedstaaten der Union und 16 NATO-Mitglieder – zuständig. In ihren Aufgabenbereich fallen die Harmonisierung der Programme und operativen Standards, die Zusammenarbeit in den Bereichen Forschung und Technologie und die Öffnung der Märkte.

Der Leiter dieses Europäischen Amtes könnte ua Empfehlungen betreffend spezifischer Regelungen für den Rüstungssektor aussprechen, mit denen sich der sachliche Geltungsbereich von Art 296 EGV präziser festlegen ließe,[236] wenngleich diesbezüglich durch die vom Rat am 17. November 2003 angenommene „*Gemeinsame Militärgüterliste der EU (vom Verhaltenskodex der EU für Waf-*

---

234 Vgl dazu vorstehend auf S. 182 und nachstehend auf S. 193f.

235 Schlussbericht der Gruppe VIII „Verteidigung" vom 16. Dezember 2002; WG VIII 22/CONV 461/02, 12.

236 Schlussbericht der Gruppe VIII „Verteidigung" (Fn 235) 23.

fenausfuhren erfasste Ausrüstung)"[237] bereits eine entsprechende Spezifikation vorgenommen wurde.

D. Die „strukturierte Zusammenarbeit" als „Eurozone der Verteidigung"

In Art 40 Abs 6 des Verfassungsvertrages wird das Kriterium der „*strukturierten Zusammenarbeit*" verankert. Die Mitgliedstaaten, die anspruchsvollere Kriterien in Bezug auf die militärischen Fähigkeiten erfüllen und die im Hinblick auf Missionen mit höchsten Anforderungen untereinander festere Verpflichtungen eingegangen sind, begründen eine „strukturierte Zusammenarbeit" im Rahmen der Union, die im Schlussbericht der Gruppe VIII „Verteidigung" des „Europa-Konvents" – unter bewusster Anlehnung an die besondere Form der Zusammenarbeit in der dritten Stufe der Wirtschafts- und Währungsunion – als „*Eurozone der Verteidigung*"[238] bezeichnet wird. Mit einer der Gründe der Ausbildung dieser strukturierten Zusammenarbeit ist der Umstand, dass die UNO damit gem Art 48 SVN diese Staatengruppe für die Durchführung dringender Missionen gemäß Kap VI und VII der SVN heranziehen kann.

Gem Art III-213 Abs 1 des Verfassungsvertrages werden in einem eigenen *Protokoll*[239] sowohl die Mitgliedstaaten, die an der strukturierten Zusammenarbeit teilnehmen wollen als auch die von diesen festgelegten Kriterien und Zusagen hinsichtlich der militärischen Fähigkeiten angeführt. Gem Abs 2 kann sich jeder Mitgliedstaat zu einem späteren Zeitpunkt an dieser Zusammenarbeit unter gleichen Bedingungen beteiligen.

Gem Abs 4 kann der Ministerrat die an der strukturierten Zusammenarbeit beteiligten Mitgliedstaaten mit der Durchführung einer Mission nach Art III-210 des Verfassungsvertrages, dh mit einer „Petersberg-Maßnahme", im Rahmen der Union betrauen. Vorbehaltlich der Bestimmungen der Abs 2 bis 4 gelten für die strukturierte Zusammenarbeit die entsprechenden Bestimmungen über die „verstärkte Zusammenarbeit" der Art 43 sowie der Art III-322 ff des Verfassungsvertrages.

237 ABl 2003 C 314 S 1.
238 Schlussbericht der Gruppe VIII „Verteidigung" (Fn 235) 19.
239 Vgl dazu Fn 227.

*E. Die „engere Zusammenarbeit" als (fakultatives) System „kollektiver Selbst-
verteidigung" iSv Art 51 SVN*

Solange der Europäische Rat noch keinen Beschluss iSv Art 40 Abs 2 des Verfassungsvertrages in Bezug auf die Einführung einer *„gemeinsamen Verteidigung"* gefasst hat, wird gem Art 40 Abs 7 des Verfassungsvertrages idF vom Juli
2003 im Rahmen der Union eine *„engere Zusammenarbeit"* eingerichtet, deren
nähere Ausgestaltung in Art III-214 des Verfassungsvertrages geregelt ist. Im
Rahmen der „engeren Zusammenarbeit" leisten im Falle eines bewaffneten Angriffs auf das Hoheitsgebiet eines an dieser Zusammenarbeit beteiligten Staates
„die anderen beteiligten Staaten" gem Art 51 SVN „alle in ihrer Macht stehende
militärische und sonstige Hilfe und Unterstützung". Damit ermöglicht Art 40 Abs
7 des Verfassungsvertrages eine Zusammenarbeit von einigen Mitgliedstaaten der
Union in der Form, dass sie untereinander ein System *„kollektiver Selbstverteidigung"* iSv Art 51 SVN errichten, das – falls es zum „casus foederis" kommt – mit
einem obligatorischen Beistandsmechanismus ausgestattet ist, allerdings nur für
die Mitgliedstaaten, die sich diesem System angeschlossen haben.

Die „engere Zusammenarbeit" steht gem Art III-214 Abs 1 des Verfassungsvertrages an sich allen Mitgliedstaaten – und damit auch den neutralen bzw
paktfreien Staaten Finnland, Irland, Österreich und Schweden – offen, wobei in
einer eigenen *Erklärung* ein Verzeichnis der daran teilnehmenden Staaten angelegt wird. Da nach herrschender Lehre das Institut der Neutralität mit einem System „kollektiver Selbstverteidigung" nicht kompatibel ist, könnte Österreich –
der rechtliche (verteidigungspolitische) Status der drei anderen Mitgliedstaaten
ist nicht der einer Neutralität im Rechtssinn, sondern ist lediglich als außenpolitische Maxime anzusehen, die jederzeit formlos beendet werden kann – ohne Vorbehalt bzw Aufgabe seiner Neutralität einer solchen „engeren Zusammenarbeit"
iSv Art 51 SVN nicht beitreten. Die neutralen Staaten verbleiben daher in ihrem
bisherigen Status als Mitglieder der „Partnerschaft für den Frieden" (PfP), des
„Euro-Atlantischen Partnerschaftsrates" (EAPC) und sind weiterhin bloße Beobachter bei der WEU.

Sollte sich ein Staat erst später dazu entschließen, der engeren Zusammenarbeit beizutreten, dann hat er zum einen den Europäischen Rat davon in
Kenntnis zu setzen und zum anderen die erwähnte Erklärung zu unterzeichnen.
Ein an der „engeren Zusammenarbeit" beteiligter Mitgliedstaat, der Opfer einer
militärischen Aggression geworden ist, setzt die anderen beteiligten Mitgliedstaaten von der Lage in Kenntnis und kann sie um Hilfe und Unterstützung ersuchen.
Die beteiligten Mitgliedstaaten treten zu Beratungen auf Ministerebene zusammen, wobei sie von ihren jeweiligen Vertretern im PSK sowie im Militärausschuss unterstützt werden (Art III-214 Abs 2 des Verfassungsvertrages).

Bei der Umsetzung der engeren Zusammenarbeit im Bereich der gegenseitigen Verteidigung arbeiten die beteiligten Staaten eng mit der Nordatlantikvertrags-Organisation zusammen (Art 40 Abs 7 des Verfassungsvertrages), wobei Art III-214 Abs 4 des Verfassungsvertrages für die betroffenen Mitgliedstaaten nicht die Rechte und Pflichten im Rahmen der NATO berührt. Für die derzeitigen elf EU-Mitgliedstaaten, die der NATO angehören, bleibt damit die Beistandsregelung des Art 5 des Washingtoner Vertrages unberührt, so wie dies bis jetzt bereits in Art 17 Abs 4 EUV idF des Vertrags von Amsterdam (1997) vorgesehen war. Diese Staaten – mit Ausnahme Dänemarks – gehören zugleich aber auch der WEU an und sind daher gemäß deren Art V ebenfalls zu einer (obligatorischen) militärischen Beistandsleistung verpflichtet.

Dänemark beteiligt sich gem Art 6 des *Protokoll (Nr 5) über die Position Dänemarks* (1997)[240], das dem Vertrag von Amsterdam angefügt ist, nicht an der Ausarbeitung und Durchführung von Beschlüssen und Maßnahmen der Union, die verteidigungspolitische Bezüge haben, hindert aber andererseits die Mitgliedstaaten auch nicht an der Entwicklung einer engeren Zusammenarbeit auf diesem Gebiet.

Unter den Beitrittskandidaten, die zum 1. Mai 2004 Mitglieder der EU werden, gehören bereits acht Staaten (Estland, Lettland, Litauen, Slowakei, Slowenien, Polen, Tschechische Republik und Ungarn) der NATO an, die nach der letzten Erweiterung vom 2. April 2004 nunmehr über 26 Mitglieder verfügt. Diese Staaten müssen über militärische Fähigkeiten verfügen, die ihnen zugleich die uneingeschränkte Wahrnehmung ihrer Aufgaben im Rahmen von NATO-Operationen ermöglichen. Diese acht Beitrittskandidaten sind gleichzeitig „assoziierte Mitglieder" der WEU. Zwei Bewerberländer, nämlich Zypern und Malta, sind neutral bzw paktfrei und werden damit die Zahl dieser sicherheits- und verteidigungspolitisch sensiblen Staaten innerhalb der erweiterten EU auf 6 von 25 erhöhen.

X. Die zukünftige Ausgestaltung der GESVP durch das „Konklave" von Neapel

Während sich auf der Regierungskonferenz 2003 zur Verankerung des Verfassungsentwurfes in den Verträgen die Meinungsverschiedenheiten im Bereich der „Ersten Säule" vor allem im Bereich der Stimmenponderierung im Rat der EU im Falle qualifizierter Mehrheitsabstimmungen immer stärker artikulierten und vor allem Polen und Spanien mit einem Veto drohten, nahmen die Dinge in der

---

240 Siehe *Hummer/Obwexer* (Fn 59) 266.

„*Zweiten Säule*" einen ganz anderen, nämlich einen *positiven* bzw *progressiveren Verlauf.* Es ist bemerkenswert, in diesem Zusammenhang feststellen zu können, dass es dieses Mal nicht Fragen der Sicherheits- und Verteidigungspolitik waren, die eine Regierungskonferenz belasteten, sondern ganz im Gegenteil dazu Fragen dieser Art bereits im Vorfeld einer solchen, nämlich vor allem am französisch-britischen Gipfeltreffen vom 24. November 2003, gelöst wurden.

Parallel zu den Beratungen auf politischer Ebene, die gemäß den Schlussfolgerungen des Europäischen Rates von Thessaloniki vom 19./20. Juni 2003[241] stattgefunden haben, beauftragte der italienische Vorsitz eine Gruppe von Rechtsexperten, den Entwurf des Verfassungsvertrages in rechtlicher Hinsicht zu überprüfen. Die Gruppe der Rechtsexperten trat im Oktober und November 2003 unter dem Vorsitz des Rechtsberaters der Regierungskonferenz zusammen und erstellte ein entsprechendes Dokument,[242] auf dessen Basis der Vorsitz am 25. November 2003 seinen Vorschlag für die Klausurtagung der Minister in Neapel vorlegte.[243]

Auf dem sog „*Konklave*", der Klausurtagung der Außenminister vom 28./29. November 2003 in Neapel, kam es in der Folge – im Rahmen einer Einigung über ca 80 strittige Fragen in Bezug auf den Verfassungsvertrag – auch zu wichtigen Weichenstellungen für eine Fortentwicklung der GASP bzw der GESVP – und zwar in den Bereichen sowohl der „*strukturierten*" als auch der „*engeren*" Zusammenarbeit" (Anlage I).[244]

A. Die „ständige" strukturierte Zusammenarbeit

Hinsichtlich der „strukturierten Zusammenarbeit" gestaltete der geänderte Art 40 Abs 6 des Verfassungsvertrages[245] dieselbe nunmehr als *ständig* aus und spezifizierte sie nicht nur in Art III-213 des Verfassungsvertrages sondern auch in einem eigenen „*Protokoll über die ständige strukturierte Zusammenarbeit gemäß Artikel I-40 Absatz 6 und Artikel III-213 der Verfassung*".[246] Dementsprechend begründen die Mitgliedstaaten, die anspruchsvolle Kriterien in Bezug auf die militärischen Fähigkeiten erfüllen und die im Hinblick auf Missionen mit höchsten Anforderungen festere Verpflichtungen eingegangen sind, eine ständige strukturierte Zusammenarbeit im Rahmen der Union, die gem Art III-213 erfolgt.

---

241 Vgl Fn 122.
242 CIG 51/03 vom 25.11.2003.
243 CIG 52/03 ADD 1 vom 25. November 2003 (PRESID 10), Anlage 17 (GASP), 23.
244 CIG 57/1/03 REV 1 vom 5. Dezember 2003 (PRESID 13), Anlage I, 2.
245 CIG 57/1/03 REV 1 (Fn 244), Anlage I.
246 CIG 57/1/03 REV 1 (Fn 244), Anlage II, 5.

Gem Art III-213 des Verfassungsvertrages erlässt der Rat binnen drei Monaten nach der Mitteilung der Mitgliedstaaten, die sich an der ständigen strukturierten Zusammenarbeit beteiligen möchten, an den Rat und den Außenminister der Union einen „Europäischen Beschluss" isv Art 32 Abs 1 UAbs 5 des Verfassungsvertrages über die Begründung einer solchen ständigen strukturierten Zusammenarbeit und über die Liste der Teilnehmer. Jeder Mitgliedstaat, der sich daran zu einem späteren Zeitpunkt beteiligen will, teilt dies dem Rat und dem Außenminister der Union mit (Art III-213 Abs 3 des Verfassungsvertrages). Erfüllt ein beteiligter Mitgliedstaat die erforderlichen Kriterien nicht mehr, so kann der Rat einen „Europäischen Beschluss" erlassen, durch den die Beteiligung dieses Staates ausgesetzt wird (Abs 4).

Gem Art 1 lit a) des Protokolls über die ständige strukturierte Zusammenarbeit kann sich jeder Mitgliedstaat an ihr beteiligen, der sich dazu verpflichtet, ua auch an der bereits vorstehend erwähnten *Europäischen Agentur für die Bereiche Entwicklung der Verteidigungsfähigkeiten, Forschung, Beschaffung und Rüstung"* (Agentur)[247] intensiv mitzuarbeiten. Des Weiteren muss sich ein Mitgliedstaat gem lit b) des Protokolls dazu verpflichten, spätestens bis zum Jahr 2007 über die Fähigkeit zu verfügen, als nationales Kontingent oder als Teil von nationalen Truppenverbänden bewaffnete Einheiten bereitzustellen, die operativ dazu fähig sind, innerhalb von 5 bis 30 Tagen Missionen nach Art III-210 des Verfassungsvertrages[248], das sind sog „Petersberg-Aufgaben", aufzunehmen, um insbesondere Ersuchen der UNO nachzukommen, und diese Missionen für eine Dauer von zunächst 30 Tagen, die bis auf 120 Tage ausgedehnt werden kann, aufrechtzuerhalten.

Zur Erreichung dieser Zielsetzungen verpflichten sich gem Art 2 des Protokolls die an der ständigen strukturierten Zusammenarbeit beteiligten Mitgliedstaaten ua zu einer möglichst weitgehenden Angleichung ihres Verteidigungsinstrumentariums, zur Setzung konkreter Maßnahmen zur Stärkung der Verfügbarkeit, der Interoperabilität, der Flexibilität und der Verlegefähigkeit ihrer Truppen sowie zu einer solchen Zusammenarbeit, um damit ua durch multinationale Konzepte die im Rahmen des *„Mechanismus zur Entwicklung der Fähigkeiten"* festgestellten Lücken zu schließen. Darüber hinaus sollten sie auch an der Entwicklung gemeinsamer oder europäischer Programme für wichtige Güter im

---

247 Vgl vorstehend auf S. 182; nunmehr eingerichtet durch die Gemeinsame Aktion 2004/551/GASP des Rates vom 12. Juli 2004 über die Errichtung der Europäischen Verteidigungsarchitektur, ABl 2004 L 245 S 17; vgl dazu *Hummer*, Von der „Agentur" zum „Interinstitutionellen Amt", in: *Hammer/Somek/Stelzer/Weichselbaum* (Hrsg), Demokratie und sozialer Rechtsstaat in Europa, FS für *Theo Öhlinger* (2004) 110.

248 Vgl dazu vorstehend auf S. 185f.

Rahmen der vorstehend erwähnten Agentur mitwirken. Die Agentur trägt gem Art 3 des Protokolls zur regelmäßigen Evaluierung der Beiträge der an der ständigen strukturierten Zusammenarbeit beteiligten Mitgliedstaaten zu den geforderten operativen Fähigkeiten bei.

Wenngleich einem neutralen Staat eine *Rüstungskooperation* mit anderen – auch nicht neutralen Staaten – neutralitäts*rechtlich* an sich nicht verboten ist, so würde er neutralitäts*politisch* bei einer Mitwirkung an einer ständigen „strukturierten Zusammenarbeit" wohl an die Grenze dessen gehen, was bisher in der Staatenpraxis dauernd neutraler Staaten noch als erlaubt empfunden wurde. Dasselbe trifft aber auch hinsichtlich der in der ständigen strukturierten Zusammenarbeit herrschenden *Verpflichtung* zu, nationale Truppenkontingente für „Petersberg-Aufgaben" zur Verfügung zu stellen, insbesondere dann, wenn es sich um „politisch motivierte" „Petersberg-Aufgaben" handeln würde, dh um solche, die nicht durch eine parallele Resolution des SR der VN ohnehin durchzuführen wären.

B. Die „engere Zusammenarbeit" als (obligatorisches) System „kollektiver Selbstverteidigung" – die EU als „Militärpakt" isv Art 51 SVN

Während es die alte Formulierung in Art 40 Abs 7 des Entwurfs des Verfassungsvertrages idF vom 18. Juli 2003 den Mitgliedstaaten noch anheim stellte – arg „*die (daran) beteiligten Staaten*" – sich an der „engeren" Zusammenarbeit (fakultativ) zu beteiligen, klang der Vorschlag des italienischen Vorsitzes für die Fassung dieser Bestimmung für das „Konklave von Neapel" vom 28./29. November 2003 schon hortativer: „*Im Falle eines bewaffneten Angriffs auf das Hoheitsgebiet eines Mitgliedstaates leisten die anderen Mitgliedstaaten gemäß Artikel 51 der Charta der Vereinten Nationen alle in ihrer Macht stehende militärische und sonstige Hilfe und Unterstützung.*"[249]

Die Außenminister gingen in ihrer endgültigen Formulierung aber noch über den Vorschlag des Vorsitzes hinaus, da sie dessen Textierungsvorschlag für Art 40 Abs 7 Verfassungsvertrag in folgende – viel verbindlicher klingende – Sprachfassung umwandelten: „*Im Falle eines bewaffneten Angriffs auf das Hoheitsgebiet eines Mitgliedstaates müssen die anderen Mitgliedstaaten gem Art 51 SVN alle in ihrer Macht stehende Hilfe und Unterstützung leisten.*"[250] Durch diese Formulierung ist der verbindliche Charakter des „casus foederis" völlig außer Streit gestellt und die neue Union wird diesbezüglich zu einem System „kollekti-

---

249 CIG 52/03 ADD 1 (Fn 243), Anlage 17, 24.
250 CIG 57/1/03 REV 1 (Fn 244), Anlage I, 4.

ver Selbstverteidigung" iSv Art 51 SVN und zwar in einer „*symmetrischen*" Form[251] – dh dass sich die einzelnen Bündnismitglieder im Falle einer bewaffneten Aggression nicht nur beschützen lassen, sondern auch geschlossen am militärischen Gegenschlag des Paktes teilnehmen.

C. Der gemeinsame Brief der vier Neutralen

Im Nachhang zum Konklave von Neapel präsentierten zunächst Finnland und Schweden einen Alternativvorschlag zu Art 40 Abs 7 Verfassungsvertrag, in dem sie lediglich ein Recht, und keine Pflicht, auf Beistand verankern wollten. Für einen militärisch angegriffenen Staat soll (lediglich) das Recht bestehen, andere Mitgliedstaaten um Hilfeleistung anzurufen. Finnland und Schweden wollten damit die vorgesehene Beistandsverpflichtung durch ein (bloßes) Recht, die anderen Mitgliedstaaten um Hilfe zu ersuchen, ersetzen. Österreich schloss sich in der Folge dieser Initiative an.[252] Nachdem sich auch Irland mit diesem Gedanken anfreunden konnte, versuchten in der Folge die Außenminister dieser vier neutralen Staaten in einem *gemeinsamen Brief* vom 4. Dezember 2003 folgende Textversion für Art 40 Abs 7 Verfassungsvertrag zu propagieren: „*If a Member State is victim of armed aggression, it may request that the other Member States give its aid and assistance by all the means in their power, military or other, in accordance with article 51 of the UN Charter.*"[253]

Damit trachtete Österreich, im Verbund mit den anderen neutralen EU-Mitgliedstaaten, den Automatismus der Beistandsverpflichtung zu relativieren und ihn bloß fakultativ auszugestalten, obwohl es gerade Österreich war, das jahrelang die Einführung eines Systems kollektiver Selbstverteidigung in die EU gefordert hatte, und zwar in einer Reihe unterschiedlichster Dokumente, wie zuletzt zB in den beiden Koalitionsübereinkommen der beiden Kabinette Schüssel I und II[254] und der neuen „Sicherheits- und Verteidigungsdoktrin".[255]

---

251 Vgl dazu die Aussagen zur Vereinbarkeit dauernder Neutralität mit „asymmetrischen" Systemen kollektiver Selbstverteidigung, vorstehend auf S. 132f.

252 Vgl dazu Unsere Sicherheit Europa, Newsletter des Österreichischen Instituts für Europäische Sicherheitspolitik, Heft 3/03, 4; Neutrale wollen Abschwächung der Beistandsklausel, FAZ vom 9. Dezember 2003, 5.

253 CIG 62/03 vom 5. Dezember 2003 (DELEG 30); Vgl dazu *Pfarr*, Internationale Rundschau – Europäische Union, ÖMZ 2004, 205.

254 Vgl dazu *Steyrer*, Internationale Militärorganisationen (NATO, WEU, GESVP...) und ihre Rolle für Österreich zu Beginn des 21. Jahrhunderts, in: Nach der Jahrtausendwende. Zur Neuordnung der Friedensforschung (2001), 40.

255 Vgl dazu BKA (Hrsg), Österreichische Sicherheits- und Verteidigungsdoktrin, Allgemeine Erwägungen. Entschließung des Nationalrates (2002).

Die vier Neutralen gaben in ihrem gemeinsamen Schreiben als Begründung
für ihre Vorgangsweise bemerkenswerterweise aber keine neutralitätsrechtlichen
oder –politischen Bedenken, sondern vielmehr *sicherheitspolitische* und *verfassungsrechtliche* Probleme an: „*Moreover, we are prepared to underline the principle of EU solidarity more widely in the field of security, including in situations
referred to in Article 51 of the UN Charter. However, provisions containing formal binding security guarantees would be inconsistent with our security policy
or with our constitutional requirements.*"

> *D. Die Reaktion auf den gemeinsamen Brief der vier Neutralen – die Einfügung
> der „irischen Klausel" in Art 40 Abs 7 UAbs 1 des Verfassungsvertrages*

Im Vorschlag des Vorsitzes für die Tagung der Regierungskonferenz im Dezember 2003 zur Umformulierung von Art 40 Abs 7 UAbs 1 Verfassungsvertrag
wurde auf das Anliegen der vier Neutralen folgendermaßen eingegangen – ohne
dass sich dieser allerdings in den Materialien expressis verbis auf den gemeinsamen Brief bezogen hätte.

Zunächst stellte der Vorsitz fest, dass er auf dem Konklave von Neapel „genügend Anhaltspunkte erhalten hat, um konkrete Vorschläge unterbreiten zu
können. Diese liegen in Form von Textentwürfen für den Vertrag vor. Nach Ansicht des Vorsitzes ist dieses Dokument[256] ein ausgewogenes Paket, weil darin
den unterschiedlichen Ansichten der Delegationen Rechnung getragen wurde."[257]
Damit gab der Vorsitz zu erkennen, dass es sich bei der nunmehrigen Textierung
von Art 40 Abs 7 UAbs 1 Verfassungsvertrag offensichtlich um eine zwischen
den Delegationen relativ ausdiskutierte Formulierung handelt, die bei einer neu-
erlichen Verhandlung des Verfassungsvertrages keine allzu großen Probleme
mehr aufwerfen würde.

Ganz in diesem Sinne stellte auch das Bundesministerium für auswärtige Angelegenheiten auf seiner offiziellen homepage fest:[258] „*Aufgrund des bisherigen
Verlaufs der Verhandlungen geht Österreich davon aus, dass die „irische Formel" für alle EU-Staaten – und insbesondere auch für unsere nichtpaktgebunde-
nen EU-Partner Finnland, Irland und Schweden – akzeptabel ist und auch Teil
eines endgültigen Konsenses über die EU-Verfassung sein dürfte.*" Damit will
das BMaA zu verstehen geben, dass es sich bei der Einfügung der „irischen
Klausel" in Art 40 Abs 7 UAbs 1 Verfassungsvertrag um eine zwischen den vier

---

256 CIG 60/03 ADD1 PRESID 14 vom 9. Dezember 2003.
257 CIG 60/03 PRESID 14 vom 9. Dezember 2003, 2.
258 http://www.bmaa.gv.at/view.php3?f_id=53&LNG=de&version=print&.

Neutralen und den anderen EU-Mitgliedstaaten konsentierte Vorgangsweise handelt, aufgrund derer es außer Streit stehe, dass neutrale Mitgliedstaaten von der obligatorischen Beistandsverpflichtung nicht erfasst werden.

Was zum Vergleich die Position *Schwedens* betrifft, so hat die schwedische Regierung in ihrem Schreiben an das Parlament vom 2. Oktober 2003 – nach einem weitläufigen Konsultationsverfahren mit 128 ausgewählten Institutionen (Regierungsstellen, Universitäten, NGOs etc) – zu den Vorschlägen des Verfassungskonvents im Bereich der GESVP umfassend Stellung genommen und dabei festgestellt, dass „keiner der Vorschläge die Fähigkeit Schwedens, weiterhin eine „militärisch allianzfreie Politik" zu führen, beeinflussen würde".[259] Hinsichtlich der Beistandsverpflichtung verwies es auch auf seine anläßlich des Beitritts zur EU abgegebenen Erklärungen.

Im Bereich der „*strukturierten Zusammenarbeit*"[260] sieht Schweden allerdings die Gefahr, dass es zu vermehrten Spannungen zwischen jenen Mitgliedern, die daran teilnehmen und jenen, die sich nicht daran beteiligen, kommen könnte, was in der Folge zu einer Schwächung der GESVP führen würde. Dementsprechend schlägt Schweden auch folgende materielle bzw prozedurale Änderungen an der Fassung des Art 40 Abs 6 Verfassungsvertrag vor: (a) alle EU-Mitgliedstaaten sollen an der Formulierung der Kriterien für eine „strukturierte Zusammenarbeit" teilnehmen können; (b) auch diejenigen Mitgliedstaaten, die sich nicht daran beteiligen wollen, sollen volle Einsicht nehmen können; (c) alle Mitgliedstaaten sollen an der Beschlussfassung bezüglich der Durchführung von Einsätzen teilnehmen können und (d) allen Mitgliedstaaten soll die übergreifende politische Kontrolle bezüglich solcher Einsätze zustehen.[261]

Mit der nunmehrigen Formulierung des Art 40 Abs 7 UAbs 1 Verfassungsvertrag[261a] wurde aber dem Anliegen der vier Neutralen, die Beistandsgarantie lediglich fakultativ auszugestalten, nur teilweise Rechnung getragen. In der am 9. Dezember 2003 vom Vorsitz vorgelegten Textfassung des Art 40 Abs 7 UAbs

---

259 Regeringens skrivelse 2003/04:13 – Europeiska konventet om EU:s framtid vom 2. Oktober 2003, 69.

260 Vgl dazu vorstehend auf S. 189, 192f.

261 Vgl dazu auch die Diskussionsergebnisse des Verfassungs- und Außenpolitischen Ausschusses des schwedischen Reichstages; Sammansatta konstitutions- och utrikesutskottets betänkande 2003/04:KUU – Europeiska konventet om EU:s framtid; Stellungnahme des schwedischen Konventsvertreters *Hans Hegeland* vor dem schwedischen Reichstag vom 17. Jänner 2004.

261a In der konsolidierten Version des „*Vertrages über eine Verfassung für Europa*" (CIG 87/04) vom 6. August 2004 (vgl Fn 274) wurde die Nummerierung des Verfassungsvertrages grundlegend verändert, sodass der vorstehend mehrfach zitierte Art 40 zum Art I-41 wurde. Inhaltlich wurde dieser Artikel, vor allem aber sein Abs 7, nicht verändert.

1 wurde nämlich die obligatorische Beistandsverpflichtung nicht zu einer bloß fakultativen umgestaltet, sondern es wurde der Beistandsautomatismus belassen, ihm allerdings unmittelbar, dh ohne Absatz, die „irische Klausel" angefügt: „*Im Falle eines bewaffneten Angriffs auf das Hoheitsgebiet eines Mitgliedstaates müssen die anderen Mitgliedstaaten gemäß Artikel 51 SVN alle in ihrer Macht stehende Hilfe und Unterstützung leisten. Dies lässt den besonderen Charakter der Sicherheits- und Verteidigungspolitik bestimmter Mitgliedstaaten unberührt*".[262]

Dieser enge textliche und systematische Zusammenhang zwischen der Beistandsverpflichtung und der Unberührtheitsregelung der „irischen Klausel" – als unmittelbar nachfolgender Satz und nicht über den Rekurs auf Art 40 Abs 2 UAbs 2 – stellt ohne Zweifel ein (noch) stärkeres Argument für die „Unberührtheit" der Neutralität durch die Beistandsverpflichtung dar, als dies bisher schon der Fall war. Nachstehend ist allerdings zu prüfen, wie denn diese „Unberührtheitverpflichtung" der „irischen Klausel" eigentlich zu verstehen ist.

E. „Beistandsverpflichtung" versus „irische Klausel"

Gemäß der sog „*irischen Klausel*" – die nicht nur in Art 17 Abs 1 UAbs 2 EUV bzw in Art 40 Abs 2 UAbs 2 und Abs 7 UAbs 1 des Verfassungsvertrages verankert ist, sondern sich auch im dritten Erwägungsgrund der Präambel des *Protokolls über die ständige strukturierte Zusammenarbeit*[263] findet – berührt die Politik der Union nicht den besonderen Charakter der Sicherheits- und Verteidigungspolitik bestimmter Mitgliedstaaten. Diese auf Veranlassung Irlands bereits in Art J.4 Abs 4 1. Halbsatz EUV idF des Vertrages von Maastricht (1992) eingefügte Formel, veranlasste Österreich, ua nicht nur ohne Neutralitätsvorbehalt der EU beizutreten, sondern erlaubt ihm offensichtlich auch, den Verfassungsvertrag mit seiner an sich zwingenden Formulierung des Art 40 Abs 7 UAbs 1 mit zu übernehmen.[264]

Die „irische Klausel" geht auf eine Forderung Irlands zurück, anlässlich der Ausarbeitung des Vertrages von Maastricht (1992) seine „militärische Neutralität" mit der *GASP* vereinbar stellen zu können. Nur unter einer solchen Voraussetzung war Irland bereit, der Aufhebung der in Art 30 Abs 6 lit a) EEA (1986) (noch) enthaltenen Beschränkung einer gemeinsamen Sicherheitspolitik im Rah-

---

262 CIG 60/03 ADD1 PRESID 14 (Fn 256) 33.
263 Vgl Fn 262.
264 Vgl dazu *Pfarr* (Fn 90) 205.

men der *EPZ* auf (bloße) „*politische und wirtschaftliche Aspekte*" der Sicherheit in der neuen GASP zuzustimmen.

Die „*irische Klausel*" wird in der bisherigen Literatur durchaus *unterschiedlich interpretiert*. Zum einen wird festgestellt, dass sie die Neutralität „nicht in Frage stellt, sondern sie im Gegenteil ausdrücklich als vertragskonform hinnimmt".[265] Zum anderen wird argumentiert, dass durch sie die Neutralitätsfrage gegenwärtig „offen bleibt", aber „zu gegebener Zeit, je nach Ausgestaltung der Modalitäten einer gemeinsamen Verteidigung, einer Entscheidung zuzuführen sein wird".[266] Auf dieser Linie liegt auch eine weitere Schauweise, die davon ausgeht, dass „die Folgen einer Berufung auf die Bestimmung (das ist die „irische Klausel") nicht geregelt und unklar (sind). Die Formulierung verpflichtet die EU nicht, ihr verteidigungspolitisches Handeln am „besonderen Charakter der Sicherheits- und Verteidigungspolitik bestimmter Mitgliedstaaten" zu orientieren, sondern lässt diesen Charakter lediglich unberührt (...) Soll der Regelung eine selbständige Bedeutung zukommen, so dürfte sie in der Möglichkeit für den betroffenen Mitgliedstaat liegen, die Beteiligung an verteidigungspolitischen Schritten zu verweigern, ohne entsprechende Beschlüsse blockieren zu müssen."[267]

Im Gegensatz zu diesen eher zögernden bzw unschlüssigen Kommentaren hinsichtlich der Wirkungen der „irischen Klausel" qualifiziert Österreich die „irische Klausel" als Kollisionsnorm iSe absoluten „*Unberührtheitsbestimmung*" – dh dass die dauernde Neutralität Österreichs durch die GASP bzw GESVP im Kollisionsfall nicht beeinträchtigt wird und dieser daher vorgeht.

Eine solche Qualifikation der „Unberührtheit" iSe Vorrangs der Pflichten Österreichs aus dem Rechtsinstitut der Neutralität vor denen aus der GASP bzw der ESVP bedeutet aber nur, dass die Neutralität Österreichs durch das Unionsrecht der „Zweiten Säule" nicht beeinträchtigt wird, nicht aber, dass Österreich dadurch in die Lage versetzt wird, im Rahmen seiner unionsrechtlichen Mitwirkung an der GASP/ESVP, (flagrant) neutralitätswidrige Beschlüsse mitzutragen. Es wird in der (spärlichen) einschlägigen Literatur immer wieder übersehen, dass die „irische Klausel" nicht dazu ermächtigt, in einem der beiden Rechts- bzw Pflichtenkreise – hier im Falle der Solidarpflichten im Rahmen der GASP bzw der GESVP – (willentlich) eine neutralitätsrechtlich eindeutig unzulässige Rechtshandlung zu setzen, wie dies gem Art 40 Abs 7 UAbs 1 im Falle eines Beitritts

---

265 *Cremer*, Art 17 EUV Rdnr 5, in: *Calliess/Ruffert* (Hrsg), Kommentar zur EU-Vertrag und EG-Vertrag² (2002) 192.

266 *Kaufmann-Bühler*, Art 17 EUV Rdnr 13, in: *Grabitz/Hilf*, Das Recht der Europäischen Union, Bd 1 EUV/EGV(2003) 4.

267 *Burghardt/Tebbe/Marquart*, Art 17 EUV Rdnr 9, in: *von der Groeben/Schwarze* (Hrsg), Vertrag über die Europäische Union und Vertrag zur Gründung der Europäischen Gemeinschaft. Kommentar⁶ (2003) 222.

sowohl zu einem symmetrischen als auch zu einem asymmetrischen „kollektiven Selbstverteidigungsbündnis" iSv Art 51 SVN zweifellos aber der Fall wäre. Die „Unberührtheitsklausel" schützt nur die Beeinträchtigung der (dauernden) Neutralität einzelner Mitgliedstaaten durch entsprechendes Unionsrecht der „Zweiten Säule", berechtigt diese (neutralen) Mitgliedstaaten aber nicht dazu, im Rahmen der GASP/ESVP neutralitätswidrige Beschlüsse mitzutragen.

Die besondere Komplexität der Problematik der „irischen Klausel" resultiert nämlich gerade daraus, dass es sich bei den einschlägigen Rechtsakten in der „Zweiten Säule" um willentlich und wissentlich vorgenommene Zustimmungen (auch) der neutralen Mitgliedstaaten zu neutralitätswidrigen Beschlüssen handeln kann, die sekundärrechtliches Unionsrecht entstehen lassen. Es wäre eine klassische petitio principii, einem solcherart mit Willen der Neutralen zustandegekommenen unionsrechtlichen Sekundärrecht, das gewisse Neutralitätspflichten verletzt, in der „Zweiten Säule" problemlos Geltung zu verschaffen und seine Auswirkungen auf die völkerrechtlichen Rechte und Pflichten aus der österreichischen Neutralität im Wege der „Unberührtheitsklausel" zu leugnen. Da Österreich dem neutralitätswidrigen Unionsrecht ja zugestimmt hat, kann es sein Verhalten keinesfalls dadurch immunisieren, dass es nunmehr behauptet, dass dieses an sich neutralitätswidrige Unionsrecht die Neutralität Österreichs nicht berührt – das wäre der Fall eines klassischen materiellen „venire contra factum proprium" und würde prozedural zu einem „estoppel" führen.

Diskutiert könnte in diesem Fall allenfalls eine (ständige) Enthaltung Österreichs werden, das an solchen neutralitätswidrigen Beschlüssen in der GASP/GESVP nicht teilnimmt, dh sich (konstruktiv) enthält. Dabei sind aber wieder die neutralitäts*rechtlichen* Grenzen der „konstruktiven Enthaltung"[268] sowie, ganz allgemein, neutralitäts*politische* Überlegungen zu beachten.

XI. ATHENA

Nach der Postulierung des bereits vorstehend erwähnten „headline goals" für die Rekrutierung einer europäischen „Raschen Eingreiftruppe" und zur Sicherstellung der Finanzierung von EU-geführten Krisenbewältigungsoperationen mit militärischen oder verteidigungspolitischen Bezügen beschloss der Rat auf seiner Tagung vom 22. September 2003, bis zum 1. März 2004 einen ständigen Finan-

---

268 Vgl dazu *Hummer* (Fn 11), 241ff.

zierungsmechanismus einzurichten.[269] In der Folge erließ er am 23. Februar 2004 den *Beschluss 2004/197/GASP über einen Mechanismus zur Verwaltung der Finanzierung der gemeinsamen Kosten der Operationen der Europäischen Union mit militärischen oder verteidigungspolitischen Bezügen*[270], der gem seinem Art 2 Abs 2 die Bezeichnung ATHENA erhielt und gem seinem Art 43 mit 1. März 2004 in Kraft trat.

Gem Art 3 verfügt ATHENA über eine eigene Privatrechtsfähigkeit und wird gem Art 5 – unter Aufsicht des Sonderausschusses (Art 6) – von einem Verwalter (Art 7), dem Operation Commander (Art 8) und einem Rechnungsführer (Art 9) verwaltet. ATHENA nutzt gem Art 5 Abs 2 so weit wie möglich die bestehenden Verwaltungsstrukturen der EU und greift auf Personal zurück, das gegebenenfalls von den Organen der EU zur Verfügung gestellt oder von den Mitgliedstaaten abgeordnet wird. Dementsprechend kann der Verwalter gem Art 10 Abs 7 sowohl mit den Gemeinschaftsorganen als auch mit den Mitgliedstaaten Vereinbarungen schließen, damit bereits im Voraus das Personal benannt werden kann, das im Bedarfsfall ATHENA unmittelbar zur Verfügung gestellt werden könnte. Damit stellt ATHENA im Grunde eine interinstitutionelle „Einrichtung/Agentur" der dritten Generation[271] mit eigener Rechtspersönlichkeit dar.

An ATHENA nehmen an sich alle Mitgliedstaaten der EU („*teilnehmende*" Mitgliedstaaten) – mit Ausnahme Dänemarks[272] – teil, als „*beitragende*" Staaten iSv Art 1 lit b) gelten aber nur die Mitgliedstaaten bzw Drittstaaten, die sich an der Finanzierung der gemeinsamen Kosten beteiligen. Im Rahmen der Abkommen zwischen der EU und den Drittstaaten, die vom Rat als potenzielle Beitragsländer der EU-geführten Operationen angegeben wurden, handelt der Verwalter mit den betreffenden Drittstaaten Verwaltungsvereinbarungen aus, die in Form eines Briefwechsels erfolgen und die notwenigen Zahlungsmodalitäten festlegen. ATHENA handelt daher im Namen der „teilnehmenden" Mitgliedstaaten oder – im Fall einzelner Operationen – im Namen der „beitragenden" Staaten (Art 2 Abs 3).

---

269 Vgl dazu das Rats-Dokument 10155/02 vom 17. Juni 2002 mit dem Titel „Finanzierung der EU-geführten Krisenbewältigungsoperationen mit militärischen oder verteidigungspolitischen Bezügen".

270 ABl 2004 L 63 S 68.

271 Vgl dazu *Hummer* (Fn 247).

272 Gem Art 6 des dem EUV und EGV beigefügten „Protokolls über die Position Dänemarks" [vgl dazu *Hummer/Obwexer* (Fn 59) 264] beteiligt sich Dänemark nicht an der Ausarbeitung und Durchführung von Beschlüssen und Maßnahmen der EU, die verteidigungspolitische Bezüge haben und nimmt dementsprechend auch nicht an der Finanzierung von ATHENA teil.

Da gem Art 28 Abs 3 UAbs 2 EUV Mitgliedstaaten, deren Vertreter im Rat eine förmliche Erklärung nach Art 23 Abs 1 UAbs 2 EUV, dh eine sog „*konstruktive Enthaltung*", abgegeben haben, nicht verpflichtet sind, zur Finanzierung von Ausgaben für Maßnahmen mit militärischen oder verteidigungspolitischen Bezügen beizutragen, besteht für die dauernd neutralen Mitgliedstaaten der Union die Möglichkeit, an einer solchen – unter Umständen – neutralitätswidrigen Finanzierung von Militäroperationen der EU nicht mitzuwirken. Diese Formulierung entschärft auch die in Art 23 Abs 1 UAbs 2 EUV enthaltene „Solidaritätsverpflichtung" – „*Im Geiste gegenseitiger Solidarität unterlässt der betreffende Mitgliedstaat alles, was dem auf diesem Beschluss beruhenden Vorgehen der Union zuwiderlaufen oder es behindern könnte, und die anderen Mitgliedstaaten respektieren seinen Standpunkt*" – die unter speziellen Umständen einen sich „konstruktiv enthaltenden" Mitgliedstaat trotzdem verpflichten könnte, eine neutralitätswidrige Maßnahme im Rahmen der GASP bzw der GESVP mitzutragen. Damit besteht aber für die neutralen EU-Mitgliedstaaten, die eine solche Mitfinanzierung von militärischen oder verteidigungspolitischen Maßnahmen für neutralitätswidrig halten sollten, die Möglichkeit einer zulässigen Nichtbeteiligung am Finanzierungsmechanismus ATHENA, der damit keine neutralitätsrechtlichen Probleme aufwirft.

XII. Regierungskonferenz 2003

Nachdem die Regierungskonferenz 2003 am 13. Dezember 2003 vorläufig ergebnislos beendet wurde, wurde der irische Vorsitz aufgefordert, auf der Grundlage von Konsultationen zu ermitteln, ob Aussicht auf Fortschritte besteht, und darüber dem Europäischen Rat Bericht zu erstatten. Im Bericht des Vorsitzes vom 24. März 2004 an den Europäischen Rat von Brüssel vom 25./26. März 2004[273] ist dieser der Ansicht, „*dass ein möglichst schneller Abschluss der Verhandlungen allseits für wünschenswert gehalten wird, damit der vom Konvent und von der Arbeit der Regierungskonferenz während des italienischen Vorsitzes gegebene Impuls auch in Anbetracht der übrigen wichtigen und komplexen Fragen, die noch auf der Tagesordnung der Union stehen, unvermindert anhält. So herrscht weiterhin die Auffassung, dass eine Verzögerung eine Einigung erschweren würde*" (Punkt 5).

Der Europäische Rat von Brüssel vom Dezember 2003 begrüßte diesen Bericht des Vorsitzes, ersuchte ihn aber gleichzeitig, seine Konsultationen weiterzuführen und sobald dies angebracht ist, Vorkehrungen für die Wiederaufnahme

---

273 CIG 70/04 vom 24. März 2004 (PRESID 15).

förmlicher Verhandlungen im Rahmen der Regierungskonferenz zu treffen. Die auf der Ebene der Staats- und Regierungschefs am 17./18. Juni 2004 in Brüssel wieder aufgenommene Regierungskonferenz konnte sich schließlich am 18. Juni 2004 auf den Text des *„Vertrages über eine Verfassung für Europa"* einigen.[274] Dieser Verfassungsvertrag wird am 29. Oktober 2004 in Rom unterzeichnet werden, woran sich eine zweijährige Ratifikationsperiode anschließen wird. Nach derzeitigem Informationsstand werden elf Mitgliedstaaten fakultative/obligatorische Referenden durchführen, was das Inkrafttreten des Verfassungsvertrages Anfang 2006 mehr als unwahrscheinlich macht. Dabei wird die Situation weniger in den neuen Mitgliedsländern, sondern vor allem in Großbritannien und in Irland schwierig und kontrovers sein.

Was Großbritannien betrifft, so kündigte der britische Premier *Blair* am 19. April 2004 die Abhaltung eines Referendums zum Verfassungsvertrag an, das allerdings erst nach den nächsten Unterhauswahlen, also in rund zwei Jahren, stattfinden soll. Für den französischen Staatspräsidenten *Chirac* ist mit *Tony Blairs* Entscheidung nunmehr „die Referendumsfalle zugeschnappt". Ein Ausweg wird vor allem in einem europaweiten Referendum gesehen, gegen das sich aber die Bundesrepublik aus verfassungsrechtlichen Gründen ausspricht. Für die österreichische Außenministerin *Ferrero-Waldner* wäre eine Volksabstimmung nur dann denkbar, „wenn es sich um eine europaweite Abstimmung handelt. Aber sonst sicher nicht".[275]

Trotz der von Irland am Europäischen Rat von Sevilla vom 21./22. Juni 2002 konzedierten *„Nationalen Erklärung Irlands"*[276] zum Schutz seiner traditionellen Politik einer militärischen Neutralität erscheint ein positiver Ausgang des Referendums auch in Irland aufgrund einer Reihe von verfassungsrechtlichen Hürden[277] sowie der neuen Ausgangssituation durch den Verfassungsvertrag a priori keinesfalls als gesichert.

---

274 CIG 81/04 und CIG 85/04 samt Addenda und Korrigenda; konsolidierte Version CIG 86/04. Am 6. August 2004 wurde eine neue Fassung des „Vertrages über eine Verfassung für Europa" (CIG 87/04 samt ADD 1 und ADD 2) veröffentlicht.

275 Referendum. *Blair* bringt EU-Regierungen unter Zugzwang, in: Die Presse vom 22. April 2004, 8.

276 Schlussfolgerungen des Vorsitzes, Europäischer Rat von Sevilla (Fn 98), Anlage III, 27.

277 Vgl dazu *Hummer/Obwexer*, Irlands „Ja zu Nizza"? (Fn 100).

XIII. Schlussbetrachtungen

Die historisch gewachsene europäische Sicherheitsarchitektur ist alles andere als geradlinig entstanden und hat eine Reihe unterschiedlichster regionaler Teilsysteme und deren operative Instrumente – Pakt von Dünkirchen, Brüsseler „Fünf-Mächte-Pakt", Westeuropäische Union, KSZE bzw OSZE, GASP (samt „Petersberg-Maßnahmen"), GESVP, „stukturierte" und „engere" Zusammenarbeit sowie „Beistandsverpflichtung" und „Solidaritätsklausel" im Entwurf des Verfassungsvertrages – ausgebildet, zu denen noch die NATO (mit ihrer „Euro-Group") zu zählen ist, die zwar als atlantisches Bündnissystem konzipiert ist, im Grunde aber auch in beinahe allen europäischen sicherheits- und verteidigungspolitischen Fragen eine wichtige Rolle spielt.

Diese „Gemengelage" sicherheits- und verteidigungspolitischer Subsysteme in Europa ist ohne innere Ordnung und Hierarchisierung entstanden und weist auch unterschiedliche Zugehörigkeiten auf, da sich die jeweiligen Mitgliedschaften in den einzelnen Subsystemen (nur) zum Teil überlappen. Dazu kommt noch die unterschiedliche Ressourcenausstattung und Mandatierung („hatting") der einzelnen Subsysteme, die sich noch dazu zum Teil in einem drastischen Funktionswandel befinden: So mutierte die OSZE von einer politischen Regionalorganisation zu einer Organisation „regionaler kollektiver Sicherheit" iSv Art 52 SVN, ebenso wie auch die NATO als System „kollektiver Selbstverteidigung" iSv Art 51 SVN mehr und mehr Züge eines Systems „regionaler kollektiver Sicherheit" iSv Art 52 SVN anzunehmen beginnt.[278] Auch der „fade out" der WEU als bisheriges System „regionaler kollektiver Sicherheit" iSv Art 51 SVN und die Übertragung ihrer operativen Kapazitäten auf die GASP in der EU verdient in diesem Zusammenhang Erwähnung, erlaubt dieser Umstand es doch, dass statt der WEU-geführten nunmehr auch EU-geführte polizeiliche bzw militärische „Petersberg-Missionen" seitens der EU veranstaltet werden können. Die „Berlin-Plus-Übereinkunft" zwischen der NATO und der EU ermöglicht der EU erstmals, größere militärische Operationen mit Hilfe von NATO-Ressourcen durchzuführen, wie dies erstmals im Falle der Operation „Concordia" in Mazedonien der Fall war.

Der größte Wandel in der GASP resultierte aber aus dem Übergang von militärisch geführten *Krisenbewältigungsmaßnahmen* „out of area" iSd *Petersberg-Aufgaben* zu Ansätzen *gemeinsamer Verteidigung* im Rahmen der GESVP, die vor allem für die sechs *neutralen* bzw *paktfreien* EU-Mitgliedstaaten – Finnland, Irland, Malta, Österreich, Schweden und Zypern – große Probleme aufwirft. Art 17 EUV spiegelt diese sicherheits- und verteidigungspolitische Gratwanderung in

---

278 Vgl dazu Fn 1.

der Ausgestaltung einer eigenen Sicherheits- und Verteidigungspolitik der Union – zwischen den bestehenden NATO- und WEU-Bündnisverpflichtungen einzelner Mitgliedstaaten einerseits sowie der Situation dieser sechs neutralen/paktfreien Mitgliedstaaten andererseits – wider, die in der Literatur mehr als sarkastisch folgendermaßen kommentiert wurde: *„Im Ergebnis besticht die Regelung des Art. 17 durch ihr souveränes Übersehen der verteidigungs- und neutralitätspolitischen Verpflichtungen der Mitgliedstaaten (...).“*[279]

Nachdem es Irland anlässlich des Abschlusses des Maastrichter Vertrages (1992) gelungen war, in Art J.4 Abs 4 EUV mit der sog *„irischen Klausel“* eine *„Unberührtheitsregelung“* im Hinblick auf seine sicherheits- und verteidigungspolitische Sonderstellung durchzusetzen, fühlten sich auch die später beigetretenen neutralen und paktfreien Staaten bestätigt, ihren Status dadurch beibehalten zu können. Österreich trat dementsprechend nicht nur ohne Neutralitätsvorbehalt der EU bei, sondern erklärte auch, die Weiterentwicklung und dynamische Ausgestaltung der GASP zu einer GESVP nicht behindern zu wollen. Nachdem diese „Immunisierungsstrategie“ über viele Jahrzehnte gute Dienste geleistet hatte, kam mit der „Beistandsgarantie“ im Entwurf des Verfassungsvertrages allerdings die „Nagelprobe“ für die neutralen Staaten in der „Zweiten Säule“ der EU.

Trotz des vorstehend erwähnten gemeinsamen Briefes der vier neutralen EU-Mitglieder vom 4. Dezember 2003 an den italienischen Vorsitz, in dem diese für eine (bloß) fakultative Beistandsverpflichtung im Rahmen der GASP eintraten und das in Art 40 Abs 7 iVm Art III-214 des Verfassungsvertrages vorgesehene System *„kollektiver Selbstverteidigung“* gem Art 51 SVN lediglich „asymmetrisch“ ausgestaltet wissen wollten, wird ihre Stellung in der fortschreitenden Ausgestaltung des Verfassungsvertrages immer prekärer – vor allem wenn die Formulierung dieser Bestimmung über die „enge“ Zusammenarbeit ihren obligatorischen Charakter beibehalten sollte. Dies trifft vor allem auf Österreich zu, ist es doch von allen vier Neutralen der einzige Staat, der die dauernde Neutralität iSd völkerrechtlichen Rechtsinstitutes übernommen und auch verfassungsrechtlich abgesichert hat.

Geht man nicht von vornherein von der Annahme aus, dass die Neutralen im Allgemeinen und Österreich im Speziellen bereits durch ihren Beitritt zur EU und damit zur GASP ihre „integrale“ in eine „differentielle“ Neutralität umgewandelt haben,[280] dann stellt sich die Frage, ob eine obligatorisch ausgestaltete „enge“

---

279 *Krück*, Art 11-28 EUV Rdnr 33, in: *Schwarze* (Hrsg) EU-Kommentar (2000) 111.
280 Vgl dazu *Griller*, Die GASP und das Ende der immerwährenden Neutralität, in: *Hummer* (Hrsg), Rechtsfragen in der Anwendung des Amsterdamer Vertrages (2001) 261.

Zusammenarbeit iSd formellen Übernahme einer Beistandsgarantie neutralitätsrechtlich zulässig ist oder nicht. Im Gegensatz zu den bisherigen „*Petersberg-Aufgaben*" und der im Verfassungsvertrag vorgesehenen *Solidaritätsklausel* zur Bekämpfung des internationalen Terrors (Art 42 und III-231 Verfassungsvertrag), die Österreich neutralitätsrechtlich mehr oder weniger problemlos übernehmen kann, ist eine Mitwirkung an einem im Verfassungsvertrag vorgesehenen (symmetrischen oder asymmetrischen) System „*kollektiver Selbstverteidigung*" nicht zulässig. Auch die (vermeintlich) als Fluchtklausel dienende „Unberührtheitsklausel" der „irischen Klausel" in Art 40 Abs 2 UAbs 2 bzw Art 40 Abs 7 Verfassungsvertrag kann diese Inkompatibilität nicht immunisieren.

Gerade das versucht aber das regierungsamtliche Österreich zu proklamieren, indem es die Doktrin „*solidarisch in der EU, neutral außerhalb der EU*" entwickelt hat und damit glauben machen will, dass sich neutrales Verhalten dergestalt aufdifferenzieren lässt. Österreich geht dabei davon aus, dass es zwei zusammenhängende, durch die „Unberührtheitsklausel" aber völlig voneinander getrennte Pflichtenkreise gebe. Dementsprechend könnte Österreich in der GASP/GESVP auch eventuell neutralitätswidrige Solidarmaßnahmen mittragen, da diese ja auf die EU beschränkt blieben und keine (völkerrechtliche) „Drittwirkung" hätten. Diese „Immunisierungsstrategie" für (neutralitätswidriges) Solidarverhalten in der EU über die „irische Klausel" ist aber sowohl aus *neutralitätsrechtlichen* als auch aus *neutralitätspolitischen Überlegungen* heraus *unhaltbar.*

Neutralitätsrechtlich steht Österreich (auch) bei seiner Mitwirkung an der Sekundärrechtsgestaltung in der „Zweiten Säule" der EU unter einem völkerrechtlichen „estoppel-Tatbestand" und kann dementsprechend nur ein völkerrechtskonformes Stimmverhalten setzen. Dass die in der EU übernommenen sicherheitspolitischen Solidarpflichten das völkerrechtliche Rechtsinstitut der dauernden Neutralität dahingehend „splitten" würden, dass es in einen nach innen wirkenden „Solidarteil" und einen nach außen wirkenden „Neutralitätsteil" hätte, lässt sich rechtsdogmatisch nicht begründen. Eine solche hybride Erscheinungsform der dauernden Neutralität ist dem Völkerrecht völlig unbekannt und könnte sich – wenn überhaupt – nur durch einen langwierigen Prozeß völkerrechtlicher Gewohnheitsrechtsbildung herauskristallisieren.

Neutralitätspolitisch fällt der Befund ebenso negativ aus. Die dauernde Neutralität ist ein Zwei-Seiten-Phänomen und hat dementsprechend neben ihrer juristischen auch eine wichtige (sicherheits-)politische Funktion – und zwar nicht nur für den Neutralen selbst, sondern vor allem auch für die dritten Staaten, die diesen Status anerkannt haben. Diese politische Funktion der dauernden Neutralität besteht ua darin, dass Dritte auf ein neutralitätskonformes Verhalten Österreichs strikt vertrauen und ihre außen- und sicherheitspolitischen Dispositionen daran ausrichten können. Fehlt dieses (antizipatorische) Vertrauen, dann kann die dauernde Neutralität ihre politische Funktion im Grunde nicht mehr erfüllen und wird nicht mehr „ernstgenommen". Der qualifizierte Vertrauenstatbestand Dritter in Bezug auf die Neutralität würde durch eine solche Vorgangsweise eindeutig verletzt werden.

Gelingt es einem dritten Staat daher nicht mehr, den Pflichtenkreis der dauernden Neutralität Österreichs zweifelsfrei zu erkennen und dementsprechend auch das Verhalten Österreichs mehr oder weniger problemlos antizipieren zu können, dann würde sein Interesse an diesem speziellen Status Österreichs abnehmen und er würde in der Folge diesen auch nicht mehr so respektieren, wie er dies bisher getan hat.

Es geht in diesem Zusammenhang daher nicht an, das Rechtsinstitut der dauernden Neutralität, wie eben ausgeführt, aufzuspalten und hinsichtlich des „Solidarteils" in der EU von der Voraussetzung auszugehen, dass man mit den anderen EU-Mitgliedstaaten übereingekommen sei, dass die Neutralität in diesem Bereich von den Solidarpflichten eben „überschattet" sei, und dass dies daher – offensichtlich auch für die gesamte Staatengemeinschaft an sich – als „notorisch" vorausgesetzt werden könne. Diese selbst für den „Solidarbereich" in dieser apodiktischen Form nicht haltbare Aussage kann aber keinesfalls auch für dritte Staaten gelten, die zum einen die komplexe Argumentation über die „Unberührtheitsklausel" nicht so ohne weiteres nachvollziehen können und zum anderen einer solchen Veränderung bzw Umgestaltung des Pflichtenkreises aus der dauernden Neutralität auch nicht zugestimmt haben.

Ein dauernd neutraler Staat hat daher – selbst wenn man nur mehr von einer militärischen „Restneutralität" iSd offiziellen österreichischen Regierungsdoktrin ausgeht – allen Staaten gegenüber eine kohärente und konsistente Neutralitätspolitik zu entfalten und kann sich nicht chamäleonartig einer Staatengruppe gegenüber solidarisch und dem Rest der Staatengemeinschaft gegenüber neutral verhalten. Das wäre nicht nur, wie des Öfteren in der Literatur behauptet, ein Schwenk von der „integralen" zur „differentiellen" Neutralität[281] – den zB die Schweiz im Völkerbund im Falle der italienischen Aggression gegen Äthiopien vorgenommen hat – sondern vielmehr eine „Aufspaltung" des Rechtsinstituts der dauernden Neutralität in zwei völlig unterschiedliche Pflichtenkreise, die es als solches aber untergehen lassen würde.

Österreich wäre daher gut beraten, sich anlässlich der Wiedereröffnung der Regierungskonferenz am 17./18. Juni 2004 nicht allein auf die „irische Klausel" zu verlassen, sondern vielmehr auf der Ausarbeitung eines eigenen *Protokolls* zum Verfassungsvertrag zu bestehen, in dem ihm primärrangig zugesichert würde, sich an einer Aktion auch asymmetrischer kollektiver Selbstverteidigung nicht

---

281   Vgl dazu vorstehend auf S. 199f, 205.

beteiligen zu müssen. Gemäß den vorstehend gemachten Ausführungen wäre ein solches Protokoll von allen Mitgliedstaaten mitzutragen.

Ein eventuelles Abgehen Österreichs von seiner Neutralität würde aber auch *verfassungsrechtliche* Probleme aufwerfen. Zum einen müsste als „contrarius actus" das Bundesverfassungsgesetz über die Neutralität vom 26. Oktober 1955[282] aufgehoben und zum anderen die Referendumsverpflichtung überwunden werden, zu der sich die österreichische Bundesregierung in ihrem Regierungsprogramm im Falle einer Beendigung der Neutralität bekannt hat. Selbst wenn immer wieder von fast allen politischen Parteien in Österreich die Bereitschaft geäußert wurde, die dauernde Neutralität dann aufzugeben, wenn der Beitritt zu einem funktionierenden europäischen Sicherheitssystem unmittelbar bevorsteht, wird dabei doch der Umstand außer Acht gelassen, dass ein solches „Anti-Neutralitätsreferendum" nicht nur früher, sondern auch noch heute nicht mehrheitsfähig ist. So sehen nach der letzten Meinungsumfrage vom Jänner 2001 immer noch 70% der Österreicher im Konzept der Neutralität sehr wohl einen Sinn und nur 25% sind der Meinung, dass der Neutralität heute keine Funktion mehr zukommt.

Im Falle eines solchen Referendums könnte Österreich damit die schlechteste aller sicherheits- und verteidigungspolitischen Alternativen drohen, nämlich durch dessen negativen Ausgang basisdemokratisch in der dauernden Neutralität „einzementiert" zu werden. Wenngleich die Bundesregierung durchaus in der Lage wäre, entweder ein zweites Referendum anzusetzen – das dann uU positiv ausgehen könnte – oder die dauernde Neutralität auf eine andere (faktische) Weise zu beenden[283], wäre ein solches Referendum ein Fanal, dessen vor allem innenpolitische Wirkung in allen seinen Konsequenzen noch gar nicht genau abgeschätzt werden könnte.

---

282 BGBl 1955/211.
283 Zu den Möglichkeiten einer formellen Beendigung der dauernden Neutralität vgl
     Köck, Österreichs immerwährende Neutralität: Ein Mythos geht zu Ende, JRP 1993,
     210.

Werner Schroeder

Rechtsfragen der „Verschmelzung" der WEU mit der EU

Der Streit zwischen den Mitgliedstaaten der Europäischen Gemeinschaften und später der Europäischen Union (EU) darüber, welche Maßnahmen zu ergreifen sind, um die europäische Integration durch eine sicherheits- und verteidigungspolitische Komponente zu ergänzen, führte zur Schaffung hochkomplexer Strukturen und Verfahren. Eine wichtige Rolle spielte dabei die Westeuropäische Union (WEU). Der nachfolgende Beitrag analysiert, wie diese Organisation bei der Entwicklung einer eigenen Europäischen Sicherheits- und Verteidigungspolitik (ESVP) der EU eingesetzt wurde und welches rechtliche Schicksal sie dabei erlitten hat.

I. Entwicklung einer ESVP unter Einbeziehung der WEU

A. Anfänge einer Europäischen Verteidigung

Durch den Brüsseler Vertrag vom 17.3.1948 wurde die Westunion zwischen den Benelux-Staaten, Frankreich und Großbritannien gegründet.[1] Zweck des Bündnisses war primär die kollektive Selbstverteidigung, und zwar ursprünglich gegen Deutschland, was auch in der kompromisslosen Beistandsklausel in Art V des Vertrages zum Ausdruck kommt. Anlässlich des Beitritts Deutschlands und Italiens wurde der Brüsseler Vertrag durch das Pariser Protokoll vom 23.10.1954 umgestaltet und die Westunion in WEU umbenannt.[2] Diese Reform war die Folge eines negativen Votums der französischen Nationalversammlung, an dem der bereits von Deutschland und vier anderen Staaten ratifizierte Plan für eine Europäische Verteidigungsgemeinschaft (EVG)[3] scheiterte.[4] Dieser Plan sah eine Kompetenzübertragung im Bereich der Wehrhoheit vor. Er sollte für den Verteidigungssektor eine ähnlich integrierte Gemeinschaft wie die Europäische Gemeinschaft für Kohle und Stahl (EGKS) schaffen, dh mit Ministerrat, Kommission, Versammlung und Gerichtshof, wobei die beiden zuletzt genannten Organe

---

1   UNTS 19, 51
2   UNTS 211, 342.
3   Vgl dBGBl 1954 II, 343.
4   Vgl hierzu *Noack*, Das Scheitern der Europäischen Verteidigungsgemeinschaft (1977).

mit der EGKS in einer Organgemeinschaft[5] geteilt werden sollten. Sie zielte auf die Schaffung einer europäischen Armee aus nationalen Divisionen, die der Aufsicht der NATO unterstellt sein sollte. Jedoch konnte auch die Ergänzung der EVG um einen Entwurf für eine Europäische Politische Gemeinschaft (EPG) den Gesamtentwurf nicht retten.[6]

Mit dem Beitritt neuer Mitglieder sowie der Umgestaltung der Westunion zur WEU änderte sich auch der Zweck der ursprünglich ausschließlich auf Selbstverteidigung abzielenden Organisation zu einem Gebilde, das auch der Sicherheit der Mitglieder untereinander dient. Deshalb erklären die Mitglieder nach Art X Brüsseler Vertrag ihre Bereitschaft zur friedlichen Streitbeilegung sowie zur Rüstungskontrolle nach Art IX und Protokoll III über die Rüstungskontrolle vom 23.10.1954, welches vor allem die Verpflichtung enthält, keine atomaren, bakteriologischen und chemischen Waffen herzustellen.[7] Die Einhaltung der zuletzt genannten Verpflichtung wurde von der WEU durch ihr Amt für Rüstungskontrolle und den Ständigen Rüstungsausschuss überwacht.[8] Eine wichtige Rolle spielte damals auch die Verpflichtung der Vertragsparteien zur Begrenzung der Land- und Luftstreitkräfte durch das Protokoll II über die Streitkräfte der WEU vom 23.10.1954.[9]

Bald jedoch verlor die WEU ihre Bedeutung an die NATO, die sich vor allem durch die Beteiligung nichteuropäischer Staaten unterschied. Zwar schloss der Brüsseler Vertrag im Gegensatz zu Art 49 EUV den Beitritt außereuropäischer Staaten nicht ausdrücklich aus. Jedoch war das Ziel der Signatarstaaten, „(l)oyal zusammenzuarbeiten und (…) in Westeuropa eine feste Grundlage für die wirtschaftliche Erholung Europas zu schaffen" (Abs 3 Präambel) bzw „die Einheit Europas zu fördern" (Abs 4 Präambel). Allerdings wurden die politischen, sozialen und wirtschaftlichen Aufgaben der WEU zusehends von der 1958 gegründeten Europäischen Wirtschaftsgemeinschaft (EWG), der späteren Europäischen Gemeinschaft (EG) und auch vom 1949 gegründeten Europarat absorbiert. Damit verblieb ihr immerhin die Funktion eines politischen Scharniers zwischen der EG und Großbritannien, die sie 1973 ebenfalls einbüßte.

---

5 Zum Begriff vgl *Ipsen*, Europäisches Gemeinschaftsrecht (1972) 82.

6 Das Scheitern der EPG implizierte zugleich das Ende einer föderalistischen Vision Europas und die Hinwendung zur funktionalen Integration, vgl *Moser*, Rolle, Funktions- und Gestaltwandel der Westeuropäischen Union (WEU) und ihrer Vorgängerorganisation 1948 – 1998, DiplArb Innsbruck (1998) 32.

7 UNTS 217, 96; dBGBl 1955 II, 266, mehrfach geändert, zuletzt durch Beschluss vom 23.1.1985, dBGBl 1986 II, 1129.

8 *Brandstetter*, Die Westeuropäische Union (1998) 20.

9 UNTS 217, 96; dBGBl 1955 II, 262.

Auf diese Weise wurde sie auf rein verteidigungs- und sicherheitspolitische Aufgaben reduziert, wobei sie als europäischer Arm der NATO diente. Insbesondere die USA standen einem weiteren westlichen Verteidigungsbündnis von Beginn an skeptisch gegenüber. Sie setzten daher bereits 1951 durch, dass die Kompetenzen des Ausschusses der Oberbefehlshaber und die Organisation der Land-, See und Luftkommandos der Westunion auf den Supreme Allied Commander Europe (SACEUR) der NATO übertragen werden.[10] Zementiert wird diese Situation durch Art IV Brüsseler Vertrag, indem die Duplikation von Militärstrukturen zwischen WEU und NATO als „unerwünscht" bezeichnet und klargestellt wird, dass die WEU in militärischen Angelegenheiten auf NATO-Stellen angewiesen ist. Damit wurde die WEU zu einem „Mauerblümchendasein"[11] verdammt.

1. Parallele Entwicklung der politischen Integration in Europa

Es war von Beginn an klar, dass die durch neofunktionalistische Konzepte geprägte europäische Integration, die zunächst im Rahmen der EWG, EGKS und Euratom verwirklicht wurde, nicht nur eine wirtschaftliche, sondern auch eine politische Dimension besitzt.[12] Gleichwohl wurden die politischen Aspekte des EG-Rechts erst verhältnismäßig spät vertraglich institutionalisiert. Mehrere groß angelegte Vorschläge (zB *Fouchet*-Plan, *Davignon*-Bericht), die auf eine völlige Neugestaltung der politischen Beziehungen der Mitgliedstaaten im Rahmen der Europäischen Gemeinschaften abzielten und bereits von „Politischer Union", „Europäischer Union" oder „Europäischer Politischer Union" sprachen, scheiterten.[13] Statt dessen kam es 1986 in Art 30 der Einheitlichen Europäischen Akte[14] zu der bereits 1969 auf dem Gipfel der in Den Haag anvisierten Normierung einer Kooperation der Mitgliedstaaten auf dem Gebiet der Außenpolitik im Rahmen der Europäischen Politischen Zusammenarbeit (EPZ), die langfristig in eine nicht näher definierte Europäische Union überführt werden sollte. Zu diesem Zweck wurden eine eigene Präsidentschaft, ein Politisches Komitee, eine Europä-

---

10 *Moser* (Fn 6) 27.

11 *Neuhold*, Die Grundregeln der zwischenstaatlichen Beziehungen; in: *Neuhold/ Hummer/Schreuer* (Hrsg), Österreichisches Handbuch des Völkerrechts – Textteil[3] 1997) Rdnr 1758.

12 *Constantinesco*, Das Recht der Europäischen Gemeinschaften I – Das institutionelle Recht (1977) 113.

13 Vgl *Oppermann*, Europarecht[2] (1999) Rdnr 26 (31ff).

14 ABl 1987 L 169 S 12; vgl *Regelsberger/Kugelmann*, in: *Streinz* (Hrsg), EUV/EGV (2003) vor Art 11 EUV Rdnr 4.

ische Korrespondentengruppe, Arbeitsgruppen sowie ein in Brüssel angesiedeltes Sekretariat geschaffen.

Mit der weltpolitischen Wende im Jahre 1989 gewannen diese Strukturen eine neue Bedeutung. Der Fall des Eisernen Vorhangs war von grundlegender Bedeutung für die weitere Entwicklung der europäischen Integration, nicht nur durch das damit verbundene Verschwinden von Bedrohungsbildern in Bezug auf die Neuorganisation der Europäischen Sicherheits- und Verteidigungspolitik (ESVP), sondern auch hinsichtlich der Rolle der EU für die wirtschaftliche und politische Integration von Gesamteuropa. Kurz gesagt, es stellte sich die Frage neu, welche Rolle die EG in Europa und in den internationalen Beziehungen im 21. Jahrhundert spielen sollte.

2. *Vertrag von Maastricht und Petersberg-Erklärung*

Die Gründung der Europäischen Union (EU) durch den 1992 unterzeichneten Vertrag von Maastricht über die Europäische Union (EUV)[15] ist deshalb auch als Reaktion auf die geänderten weltpolitischen Gegebenheiten zu sehen. Im EUV wird die Gemeinsame Außen- und Sicherheitspolitik (GASP) verankert, womit die EPZ institutionell und materiell weiterentwickelt wird. Der neugeschaffenen EU wird zusammen mit der EG ein einheitlicher institutioneller Rahmen zur Verfügung gestellt (Art 3 Abs 1 EUV). Auf diese Weise soll Europa durch kohärente Maßnahmen auf dem Gebiet der GASP und der Außenhandelspolitik mit einer gemeinsamen Stimme sprechen zu können.

Der Vertrag von Maastricht ist im Übrigen für die Gestaltung einer europäischen Sicherheits- und Verteidigungspolitik und insoweit auch für das Verhältnis zwischen EU und WEU von grundlegender Bedeutung. Da die EU über keine entsprechenden sicherheits- und verteidigungspolitisch relevanten Kapazitäten verfügt, will sie sich an die Ressourcen der WEU anlehnen und diese als Instrument der GASP einsetzen, wie in Art J.4 Abs 2 EUV alte Fassung, deutlich wird:

„Die Union ersucht die Westeuropäische Union (WEU), die integraler Bestandteil der Entwicklung der Europäischen Union ist, die Entscheidungen und Aktionen der Union, die verteidigungspolitische Bezüge haben, auszuarbeiten und durchzuführen. Der Rat trifft im Einvernehmen mit den Organen der WEU die erforderlichen praktischen Regelungen."

Die Bezeichnung der WEU als „integraler Bestandteil der Entwicklung der Europäischen Union" ist nicht nur sprachlich missglückt, denn eine Internationale

---

15   ABl 1992 C 191 S 1.

Organisation kann nicht Bestandteil einer Entwicklung einer anderen Internationalen Organisation sein, sondern allenfalls Bestandteil dieser Organisation,[16] sondern auch eine inhaltslose Kompromissformel.[17] Jedoch signalisiert diese Formulierung immerhin, dass eine Verschmelzung der beiden Organisationen zu diesem Zeitpunkt nicht beabsichtigt ist. Art J.4 Abs 2 EUV alte Fassung geht dann auch von der weiteren Existenz der WEU als eigenständige Internationale Organisation aus erkennbar war jedoch das Ziel einer Verdichtung der Beziehungen zwischen EU und WEU.

Nachdem die WEU auf diese Weise wieder zum Leben erweckt worden war, nahm der WEU-Ministerrat im zeitlichen und sachlichen Zusammenhang mit der Unterzeichnung des Vertrages von Maastricht die sogenannte Petersberg-Erklärung[18] an:

„Im Einklang mit dem in der Maastrichter Erklärung der WEU-Mitgliedstaaten vom 10. Dezember 1991 enthaltenen Beschluss, die WEU als Verteidigungskomponente der Europäischen Union und als Instrument zur Stärkung des europäischen Pfeilers der Atlantischen Allianz auszubauen, haben die WEU-Mitgliedsstaaten zur Stärkung der operationellen Rolle der WEU geeignete Aufgaben, Strukturen wie auch Mittel geprüft (...)."

„Militärische Einheiten der WEU-Mitgliedstaaten (...) können neben ihrem Beitrag zur gemeinsamen Verteidigung in Übereinstimmung mit Artikel 5 des Washingtoner Vertrages bzw Artikel V des geänderten Brüsseler Vertrages auch für folgende Zwecke eingesetzt werden:

- humanitäre Aufgaben und Rettungseinsätze,
- friedenserhaltende Aufgaben sowie
- Kampfeinsätze bei der Krisenbewältigung einschließlich friedensschaffender Maßnahmen".

Die WEU verabschiedete sich damit von ihrer praktisch kaum wahrgenommenen Rolle eines Verteidigungsbündnisses und definierte ihre operationelle Rolle neu, indem sie sich bereit erklärte, als Instrument der Gemeinsamen Außen- und Sicherheitspolitik der EU zu dienen. Bemerkenswert ist, dass die „Petersberg-Aufgaben"[19] auch deshalb einen fundamentalen Wandel der WEU-

---

16 Zum Konzept gestufter Internationaler Organisationen vgl *Schroeder*, Verfassungsrechtliche Beziehungen zwischen Europäischer Union und Europäischen Gemeinschaften, in: *v. Bogdandy* (Hrsg), Europäisches Verfassungsrecht (2003) 373 (379f).

17 *Semrau*, Die Gemeinsame Außen- und Sicherheitspolitik der Europäischen Union (1998) 99.

18 Erklärung des WEU-Ministerrats vom 19.6.1992, BullEG 1992, 649.

19 So benannt nach dem Ort ihrer Verabschiedung, vgl *Regelsberger/Kugelmann* (Fn 14) Art 17 EUV Rdnr 9.

Aufgaben implizieren, weil sie eine Tätigkeit der WEU bzw der Vertragsstaaten außerhalb des Bündnisgebietes (out of area) voraussetzen. Eine solche Kompetenz ist im Brüsseler Vertrag nicht enthalten, der sich in Art V nur auf Hilfeleistungen der Vertragsstaaten bei einem Angriff auf eine andere Vertragspartei „in Europa" bezieht.[20]

B. Vertrag von Amsterdam

1. Szenarien für die Weiterentwicklung der WEU

Nachdem der aufgrund des Vertrags von Maastricht und der Petersberg-Erklärung praktizierte Dualismus von EU und WEU wenig greifbare Ergebnisse hervorgebracht hatte,[21] entstand wegen Art XII WEUV, der den Gründungsmitgliedern die Möglichkeit zugesteht, nach 50 Jahren aus dem Vertrag auszuscheiden, zusehends Handlungsdruck.[22] Im Rahmen der Verhandlungen zum Vertrag von Amsterdam wurden deshalb Anstrengungen unternommen, um entweder den Fortbestand der WEU auf Basis einer verbesserten vertraglichen Grundlage zu sichern oder das Ende der WEU herbeizuführen. Bis zu diesem Zeitpunkt funktionierte die Zusammenarbeit zwischen EU und WEU trotz aller Bemühungen um Kohärenz keineswegs reibungslos. Dies zeigte sich etwa in der Frage der Vertretung im WEU-Rat, die einige Mitgliedstaaten durch ihre ständigen Vertreter bei der EU wahrnahmen, während andere durch ihren Vertreter im NATO-Rat repräsentiert wurden.

Als Konsequenz dieser Unzulänglichkeiten wurden mehrere Szenarien entwickelt:[23]

- Verlängerung des Status quo, was jedoch zu wachsenden Unterschieden zwischen den beiden Organisationen führen könnte,

---

20 Zur rechtlichen Einordnung als System kollektiver Sicherheit vgl nachstehend auf S. 225ff und S. 229f; auch BVerfGE 90, 286 (349ff) – Blauhelme; *Schroeder*, Verfassungs- und völkerrechtliche Aspekte friedenssichernder Bundeswehreinsätze, JuS 1995, 398 (402).

21 Vgl eine Bestandsaufnahme bei *Gottschald*, Die GASP von Maastricht bis Nizza (2001) 148; *Semrau* (Fn 17) 181.

22 Vgl zu diesbezüglichen Auslegungsdifferenzen *Hummer*, Untergang, „Entkernung" und Funktionsnachfolge Internationaler Organisationen – dargestellt am Beispiel der EGKS und der WEU, in: *Zehetner* (Hrsg), FS *Folz* (2003) 134 mwN.

23 Vgl den Überblick bei *Semrau* (Fn 17) 182.

- Errichtung eines Europäischen Sicherheitsrates, der auf freiwilliger Basis die Beziehungen zwischen EU und WEU koordiniert,
- Bindung der WEU an die EU, eventuell als 4. Säule im EUV (bzw als „Splitting" der 2. Säule) oder
- Verschmelzung der beiden Organisationen.

Die letztlich im Rahmen des Vertrags von Amsterdam[24] 1997 realisierte Lösung stellt einen Kompromiss zwischen den vorgeschlagenen Modellen dar. Zunächst wird in Art 11 Abs 1 EUV festgelegt, dass die Union und nicht mehr „die Union und ihre Mitgliedstaaten" eine GASP erarbeitet und verwirklicht. Aus dieser vordergründig formalen Änderung folgt nicht nur, dass sich die EU als kollektiver Akteur in den internationalen Beziehungen versteht. Die Vorschrift präzisiert auch, dass die Stärkung der Sicherheit sowie die Wahrung der Unversehrtheit der Union eigene Ziele der GASP darstellen. Auch wenn das Streben nach Sicherheit und Unversehrtheit der Union bereits auf die Aufgabe zur Schaffung eines europäischen Sicherheitsraumes durch die EU und die Übernahme der WEU-Funktionen verweist, so ergibt sich daraus noch keineswegs eine Beistandsverpflichtung der Mitgliedstaaten, denn bei Art 11 Abs 1 EUV handelt es sich lediglich um eine Zielbestimmung, die in den folgenden Vorschriften der GASP konkretisiert werden muss.[25] Dazu gehört insbesondere Art 17 EUV über eine Gemeinsame Verteidigungspolitik, der eine solche Beistandspflicht gerade nicht voraussetzt, sondern insofern in seinem Abs 1 UAbs 2 EUV auf bestehende Verteidigungsbündnisse verweist. Beide Vorschriften gehen letztlich über die Frage hinweg, wie die Unversehrtheit und Sicherheit Europas garantiert werden soll.

Hinzu gekommen sind in Art 11 Abs 1 EUV außerdem Bekenntnisse der Union zur Wahrung des Friedens und zur Stärkung der internationalen Sicherheit entsprechend den Prinzipien der SVN, der Schlussakte von Helsinki und den Zielen der Charta von Paris, wobei dieser Anspruch nicht auf Europa beschränkt ist, sondern globalen Charakter hat.[26]

Neben diesen Regelungen, die auf eine Emanzipation der EU in sicherheits- und verteidigungspolitischer Hinsicht deuten, enthält der Vertrag von Amsterdam eindeutigere Bezugnahmen auf die Rolle der WEU als Instrument der GASP. In Art 17 Abs 1 UAbs 2 EUV alte Fassung wird die WEU wie zuvor in Art J.4 Abs 2 EUV Maastrichter Fassung als „integraler Bestandteil der Entwicklung" der Union bezeichnet und ihre unterstützende Rolle bei der Festlegung der verteidigungspolitischen Aspekte der GASP betont. Jedoch wird mit Art 17 Abs 1 UAbs

---

24 ABl 1997 C 340/1.
25 Vgl *Thun-Hohenstein*, Der Vertrag von Amsterdam (1997) 62.
26 *Regelsberger/Kugelmann* (Fn 14) Art 11 EUV Rdnr 7.

2 S 3 EUV Amsterdamer Fassung eine Evolutivklausel aufgenommen, die auf engere institutionelle Beziehungen zwischen der EU und der WEU abzielt, und zwar „im Hinblick auf die Möglichkeit einer Integration der WEU in die Union, falls der Europäische Rat dies beschließt". Indem Art 17 Abs 1 UAbs 3 EUV gleichzeitig den Interessen einiger Mitgliedstaaten Rechnung trägt, die ihre gemeinsame Verteidigung im Rahmen der NATO gut aufgehoben sehen, wird auch Großbritannien die weitere Annäherung der EU an die WEU schmackhaft gemacht. Die Frage, ob und wie die WEU in die EU integriert wird, bleibt gleichwohl offen. Eine echte Verschmelzung der EU mit der WEU würde vor allem neutrale Staaten vor innerstaatliche wie völkerrechtliche Probleme stellen, was in Art 17 Abs 1 UAbs 1 und 2 EUV auch anerkannt wird.

2. Dienste der WEU für die EU

Während die WEU ihre vertragliche und institutionelle Eigenständigkeit beibehält, wurden gleichzeitig explizite Hinweise im EUV aufgenommen, in welchen Angelegenheiten sich die Union der WEU bedient.

In Art 17 Abs 1 EUV ist davon die Rede, dass die WEU der EU Zugang zu einer operativen Kapazität eröffnet und die EU in Bezug auf verteidigungspolitische Aspekte unterstützt, was schrittweise zur Festlegung einer gemeinsamen Verteidigungspolitik und schließlich zu einer gemeinsamen Verteidigung führen könnte. Dabei handelt es sich formal um einen Vertrag zu Lasten Dritter, der die WEU streng genommen nicht verpflichten, jedoch auf dem Umweg über die Loyalitätspflichten der gemeinsamen Mitgliedstaaten durchaus Wirkung entfalten kann.[27] Der WEU-Rat hat dementsprechend in seiner Erklärung vom 22.7.1997 zur Rolle der Westeuropäischen Union und zu ihren Beziehungen zur Europäischen Union und zur Atlantischen Allianz[28] die Absichten der Union nicht nur zur Kenntnis genommen, sondern auch seine Bereitschaft erklärt, diese – wie in Art 17 EUV vorgesehen – zu unterstützen.

Art 17 Abs 3 EUV konkretisiert zunächst die allgemeine Unterstützungsfunktion der WEU, wenn die Vorschrift erklärt, dass die Union „die WEU in Anspruch nehmen (wird), um Aktionen (...), die verteidigungspolitische Bezüge haben, auszuarbeiten und durchzuführen", wobei der Europäische Rat dem im Rahmen der GASP agierenden Rat durch Leitlinien Vorgaben machen kann. Die Verwendung des Futurs („wird"), welche die bisherige Formulierung („Die Union ersucht") ablöst, spiegelt die Hoffnung der Regierungskonferenz wieder, dass es tatsächlich zu einer Indienstnahme der WEU und zu einer verbesserten Zu-

---

27 Siehe nachstehend auf S. 234f.
28 Vgl Erklärung Nr 3 zum Vertrag von Amsterdam, ABl 1997 C 340 S 1.

sammenarbeit zwischen EU und WEU kommt. Zugleich ist sie Ausdruck einer Unsicherheit über die sachlich gebotene Ein- und Unterordnung der WEU in die institutionelle Struktur der EU.[29]

Aus Art 17 EUV idF des Vertrags von Amsterdam lässt sich darüber hinaus entnehmen, dass Maßnahmen des internationalen Krisenmanagements („Petersberg-Aufgaben") unter den Begriff gemeinsame Verteidigungspolitik zu subsumieren und somit von der EU mit operativer Unterstützung der WEU wahrzunehmen sind.[30] Schließlich wird in Art 17 Abs 2 EUV festgelegt, dass die „Fragen, auf die in diesem Artikel Bezug genommen wird (…) humanitäre Aufgaben und Rettungseinsätze, friedenserhaltende Aufgaben sowie Kampfeinsätze bei der Krisenbewältigung einschließlich friedensschaffender Maßnahmen" umfassen. Mit dieser Formulierung werden jene Aufgaben, die bereits 1992 in der Petersberger Erklärung vom WEU-Ministerrat beschlossen wurden, zu EU-Aufgaben umgewandelt.[31]

Unscharf bleibt der in Art 17 Abs 1 EUV Amsterdamer Fassung verwendete Begriff „gemeinsame Verteidigung". Zwar differenziert Art 17 Abs 1 EUV zwischen einer „gemeinsamen Verteidigungspolitik", zB durch Maßnahmen der Kooperation und der Koordination, und einer darüber hinaus gehenden „gemeinsamen Verteidigung", dh der Fähigkeit der EU-Staaten sich gegen eine allfällige Bedrohung entweder durch ein Militärbündnis mit Beistandklausel oder durch eine integrierte europäische Verteidigungskapazität verteidigen zu können. Er lässt jedoch nach wie vor offen, ob und wie Militärkapazitäten für EU und WEU bereitgestellt werden sollen und wie eine gemeinsame Verteidigung faktisch ausgestaltet sein soll.[32]

3. „Verstärkte Zusammenarbeit" zwischen EU und WEU

Mit Inkrafttreten des Vertrages von Amsterdam am 1.1.1999 wurde die Implementierung der neuen GASP-Aufgaben und Strukturen in Angriff genommen. Vor allem die Kosovo-Krise und eine Kehrtwende in der britischen Politik führten zur Erkenntnis, dass die Union die Fähigkeit zu autonomem Handeln erhalten muss, um ohne Rücksicht auf die NATO auf internationale Krisensituationen reagieren zu können. Auf dem Kölner EU-Gipfel vom 3./4. Juni 1999 wurde des-

29 Vgl auch *Krück*, in: *Schwarze* (Hrsg), EU-Kommentar (2000) Art 11-28 EUV Rdnr 38.
30 Vgl *Gerteiser*, Die Sicherheits- und Verteidigungspolitik der Europäischen Union (2002) 69.
31 Was als „qualitativer Sprung" bewertet wurde, vgl *Regelsberger/Kugelmann* (Fn 14) Art 17 EUV Rdnr 9.
32 *Thun-Hohenstein* (Fn 25) 66.

halb der Rat u.a. damit beauftragt, die notwendigen Voraussetzungen zu schaffen
und die entsprechenden Maßnahmen zu treffen

„für die Einbeziehung jener Aufgaben der WEU in die EU, die notwendig sein werden,
damit die Union ihrer neuen Verantwortung im Bereich der Petersberg-Aufgaben gerecht
werden kann".[33]

Aus dieser Formulierung ergibt sich wiederum, dass nicht die WEU in die EU
organisationsrechtlich eingegliedert werden soll, sondern dass es nur zu einer
Übertragung bestimmter Aufgaben kommen soll. So ist auch das dem Vertrag
von Amsterdam beigefügte Protokoll zu Art 17 EUV zu verstehen:

„Die Europäische Union erarbeitet binnen eines Jahres nach Inkrafttreten des Vertrages
von Amsterdam zusammen mit der Westeuropäischen Union Regelungen für eine verstärkte Zusammenarbeit"

zwischen den beiden Organisationen. Mit diesen Regelungen („arrangements")
sind offenbar nicht völkerrechtliche Verträge gemeint,[34] denn dies würde dies ua
voraussetzen, dass die Mitgliedstaaten der Union bereits vorher Völkerrechtspersönlichkeit verliehen hätten, was sie unbedingt vermeiden wollten.[35]
Tatsächlich kam es auch nicht zum Abschluss eines völkerrechtlichen Vertrages. Vielmehr wurden diese „Regelungen" in zwei Beschlüssen des Rates der EU
festgeschrieben,[36] in dem es zur Festlegung eines modus operandi in einem
„Konzept sich gegenseitig verstärkender, zusammenwachsender Organisationen"
(EU, WEU, NATO, OSZE, UNO) kam.[37] Darin wurden

(1) Modalitäten für die Beteiligung aller Mitgliedstaaten – also auch der neutralen und bündnisfreien – an Aufgaben, für welche die EU die WEU in Anspruch nimmt, festgelegt. Insbesondere ist darin ein Recht der betroffenen
Mitgliedstaaten Österreich, Irland, Schweden, Finnland und Dänemark zur

---

33   Anhang III der Schlussfolgerungen des Vorsitzes, Dok SN 150/99 Anhänge, 33; vgl
     Regelsberger/Kugelmann (Fn 14) Art 17 EUV Rdnr 17.
34   *Thun-Hohenstein* (Fn 25) 67.
35   Vgl hierzu bereits *Schroeder*, Die Rechtsnatur der Europäischen Union und ver-
     wandte Probleme, in: *Hummer/Schweitzer* (Hrsg), Österreich und das Recht der Eu-
     ropäischen Union (1996) 3 (8ff).
36   Ratsbeschluss 1999/404/GASP über die Regelung für eine verstärkte Zusammen-
     arbeit zwischen der EU und der WEU, ABl 1999 L 153 S 1 und Ratsbeschluss
     1999/321/GASP über die praktischen Regelungen für die Beteiligung aller Mitglied-
     staaten an den Aufgaben nach Art 17 Abs 2 des Vertrages über die Europäische
     Union, für welche die Union die WEU in Anspruch nimmt, ABl 1999 L 123 S 14.
37   Vgl auch *Hummer*, Die WEU als „operativer Arm" der EU, in: *Köck/Hinter-*
     steininger (Hrsg), Europa als Sicherheits- und Wertegemeinschaft (2001) 274.

Teilnahme an der Planung und Beschlussfassung der WEU-Operationen verankert, und

(2) eine verbesserte Koordinierung der Konsultation und Beschlussfassung zwischen der EU und der WEU, insbesondere ein modus operandi für Krisensituationen vorgesehen, und zwar unter Ausarbeitung eines Flussdiagramms, in dem die entsprechenden Verfahrensschritte für beide Organisationen niedergelegt sind.

Weitere Maßnahmen zur Verbesserung der Zusammenarbeit zwischen der EU und der WEU, umfassten die weitgehende Harmonisierung der Abfolge der Vorsitze von EU und WEU, die Koordinierung der Tätigkeiten des Generalsekretariats des Rates der EU und des Generalsekretariats der WEU und eine Regelung der Geheimhaltung von Verschlusssachen.[38]

Alle diese Regelungen der engeren Zusammenarbeit zwischen EU und WEU wurden weder durch völkerrechtliche Verträge zwischen den beteiligten Organisationen noch unter Änderung der primärrechtlichen Grundlagen der WEU, die nach wie vor auf dem Brüsseler Vertrag von 1948 in seiner Fassung durch das Pariser Protokoll von 1954 basieren, sondern letztlich durch einseitige Beschlüsse der beiden beteiligten Organisationen herbeigeführt. So verweist etwa die EU auf Beschlüsse des WEU-Ministerrats von Amsterdam vom 22. Juli 1997 bzw auf einen Schriftwechsel zwischen dem Generalsekretär des Rates der EU und dem Generalsekretär der WEU.[39] Bei vielen dieser Beschlüsse handelt es sich nicht einmal um Rechtsakte, sondern um unverbindliche Erklärungen.

4. Post-Amsterdam: Strukturelle Veränderungen der GASP in Richtung auf eine ESVP

Auf operativer Ebene wurde dieser nach dem Inkrafttreten des Vertrages von Amsterdam eingeleitete Prozess zur Umsetzung einer ESVP fortgeführt. Er verfolgt zunächst zwei wesentliche Ziele:

(1) Die Verbesserung der nichtmilitärischen Krisenbewältigung und
(2) die Herstellung militärischer Fähigkeiten zur Krisenbewältigung der EU.

Von Bedeutung war dafür vor allem der Gipfel von Helsinki vom 10./11. Dezember 1999, auf dem eine konkrete Ausgestaltung der EU-Militärkapazitäten

---

38   Vgl Anhang V zum Beschluss des Rates 1999/404/GASP; siehe bereits Erklärung Nr 3 zum Vertrag von Amsterdam, Bstb A, Ziff 7; vgl auch *Hummer* (Fn 37) 278.
39   Beschluss 1999/404/GASP, ABl 1999 L 153 S 1.

vorgenommen wurde. Zunächst wurden Ziele betreffend die Bereitstellung von EU-Truppen zur Krisenreaktion formuliert. Gemäß dem Planziel von Helsinki sollte ab 2003 eine europäische Eingreiftruppe zur Verfügung stehen und in einer Korpsgröße von 50.000 bis 60.000 Mann zur Erfüllung der Petersberg-Aufgaben innerhalb von 60 Tagen zusammengezogen werden können. Die Mitgliedstaaten sollten außerdem in der Lage sein, in kleinerem Umfang Streitkräfte zur raschen Reaktion auf Krisen zu verlegen, die mit einem sehr hohen Bereitschaftsgrad verfügbar sind. Außerdem legten die EU-Mitgliedstaaten gemeinsame Ziele hinsichtlich der Fähigkeiten im Bereich der Streitkräfteführung, der Aufklärung und dem strategischen Transport fest.

Anfang 2001 wurden dann durch Ratsbeschlüsse die folgenden, zur Bewältigung dieser Aufgaben im Laufe des Jahres 2000 bereits vorläufig eingerichteten, EU-eigenen Kommando- und Logistikstrukturen auch juristisch anerkannt.

- Zunächst wurde ein Politisches und Sicherheitspolitisches Komitee (PSK) für alle Aspekte der GASP und der ESVP geschaffen (Art 25 EUV).[40] Dieses soll eine zentrale Rolle bei der Krisenbewältigung spielen und die politische Kontrolle und strategische Leitung der militärischen Krisenreaktion der EU wahrnehmen.
- Ein Militärausschuss (EUMA/EUMC) wurde eingerichtet,[41] der aus den Vertretern der Generalstabschefs besteht, einen 4-Sterne-General als Vorsitzenden hat, das PSK berät und die militärische Leitung der KRK der EU innehat.
- Schließlich wurde ein Militärstab (EUMS) geschaffen,[42] der direkt dem Generalsekretär/Hohen Vertreter unterstellt ist und dessen Personal aus nationalen Militärs besteht, die an das Generalsekretariat abgeordnet sind. Der Stab soll sich mit der Frühwarnung und der Lagebeurteilung befassen und dient als Bindeglied zwischen Ausschuss und Union.[43]

Auch in Bezug auf das zivile Krisenmanagement wurden neue Prioritäten gesetzt. Sie umfassen die Bereitstellung von Polizeikräften, Maßnahmen zur Stärkung des Rechtsstaats, der Zivilverwaltung und den Katastrophenschutz in Krisengebieten.

---

40   Ratsbeschluss 2001/78/GASP, ABl 2001 L 27 S 1.
41   Ratsbeschluss 2001/79/GASP, ABl 2001 L 27 S 4.
42   Ratsbeschluss 2001/80/GASP, ABl 2001 L 27 S 7.
43   Vgl auch *Cremer*, in: *Calliess/Ruffert* (Hrsg), Kommentar zu EU-Vertrag und EG-Vertrag² 2002, Art 25 EUV Rdnr 1.

Es ist bemerkenswert, dass mittels dieser Maßnahmen neue EU-Strukturen geschaffen und nicht etwa die vorhandenen WEU-Strukturen übernommen wurden.

II. Paradigmenwechsel im Verhältnis zwischen EU und WEU durch den Vertrag von Nizza

Der Vertrag von Nizza bringt schließlich paradigmatische Veränderungen im Annäherungsprozess zwischen EU und WEU.

A. Änderung der primärrechtlichen Verweisungen auf die WEU

Zunächst wurden im EUV die Bezugnahmen auf die WEU weitgehend gestrichen, insbesondere jene, wonach die WEU integraler Bestandteil der Entwicklung der Union ist (Art 17 Abs 1 UAbs 2 S 1 EUV) und für Dienste durch die EU in Anspruch genommen werden kann (Art 17 Abs 3 EUV). Allerdings wurden diese Vorgaben bereits weitgehend sekundärrechtlich ausgeführt,[44] so dass durch die Vertragsänderung kein Regelungsdefizit entsteht. Die Streichung der Bezugnahmen auf die WEU erkennt nur an, dass sich die EU künftig für die Erfüllung der GASP- und ESVP-Aufgaben eigener militärischer Kapazitäten bedient, die, wie am Gipfel von Helsinki vereinbart, geschaffen werden sollen. Der Wegfall der Ermächtigungsnormen für die vom Rat der Union gefassten Beschlüsse betreffend die Aufgaben, für die diese die WEU in Anspruch nimmt[45] bzw betreffend eine verstärkte Zusammenarbeit mit der WEU,[46] berührt die Existenz dieser Maßnahmen nicht.

Darüber hinaus entfiel das in Art 17 Abs 1 UAbs 2 S 3 EUV angesprochene Verfahren zur Schaffung engerer institutioneller Beziehungen mit der Perspektive einer Integration der WEU in die Union nach Beschlussfassung des Europäischen Rates und Annahme dieser Beschlüsse durch die Mitgliedstaaten nach deren verfassungsrechtlichen Vorschriften. Nachdem die wesentlichen GASP- und ESVP-Aufgaben durch die Union selbst – mit Ausnahme einer Übernahme der Beistandsgarantie – übernommen werden sollten, schien ein solche Verfahren zur

---

44   Vgl die Ratsbeschlüsse ABl 1999 L 123 S 14 und ABl 1999 L 153 S 1.
45   ABl 1999 L 123 S 14.
46   ABl 1999 L 153 S 1.

Schaffung engerer institutioneller Beziehungen bzw zur Integration der WEU in die Union überflüssig zu sein.[47]

B. Ausdünnung der Aktivitäten der WEU

Im Zusammenhang mit der Entwicklung der ESVP wurden diese Maßnahmen auf EU-Ebene auch seitens der WEU nachvollzogen. Der WEU-Ministerrat erklärte bereits am 13. November 2000 anlässlich seiner Tagung in Marseille, dass „im Hinblick auf die Beschlüsse, die der Europäische Rat in Nizza fassen wird, (...) die Minister eine Reihe von Maßnahmen (vereinbart haben), die darauf angelegt sind, die Konsequenzen der laufenden Veränderungen für die WEU anzugehen."[48] Nachdem die EU die Aufgaben der WEU im Hinblick auf die Ausarbeitung und Durchführung der ESVP übernehmen soll, eine Verdoppelung institutioneller Strukturen im militärischen Bereich jedoch grundsätzlich unerwünscht ist (vgl auch Art IV Abs 2 Brüsseler Vertrag), wird die Lösung des Dilemmas darin gesehen, dass alle diesbezüglichen operationellen Fähigkeiten der WEU reduziert und – soweit erforderlich – auf die EU übertragen werden, was anlässlich des Treffens des Europäischen Rates von Nizza im Dezember 2000 beschlossen wird:[49]

- Ausgesetzt werden die Routinekonsultationsverfahren mit der EU („ohne Nachteil für die Zusammenarbeit, die im Rahmen des Übergangsprozesses erforderlich ist"), mit der NATO sowie mit Drittstaaten. Damit soll vor allem die abnehmende Bedeutung der WEU zum Ausdruck gebracht werden, nicht jedoch etwa eine Verschlechterung der Beziehungen zu anderen Internationalen Organisationen und Drittstaaten. In den WEU-Restbeständen scheinen diese Konsultationen nicht mehr notwendig.
- Das WEU-Personal wird drastisch reduziert.
- Der WEU-Militärstab stellt seine Tätigkeit ein.
- Die Polizeimission in Albanien wird auf die EU übertragen.
- Das von der WEU gegründete Satellitenzentrum und das Institut für Sicherheitsstudien werden auf die EU übertragen und als EU-Einrichtungen weiter-

---

47 Vgl *Hummer* (Fn 22) 143.
48 Marseille Declaration, WEU Council of Ministers, Marseille, 13. 11. 2000; http://www.weu.int.
49 Vgl Bulletin Quotidien Europe Nr 7861 vom 11./12. 12. 2000, 3.

geführt, was durch zwei gemeinsame Aktionen des Rates vom 20. Juli 2001[50] umgesetzt wird. In diesen heißt es lapidar:

> „Es wird ein Satellitenzentrum/Institut für Sicherheitsstudien gegründet. Es hat seinen Sitz in Paris bzw Spanien. Die [...] Infrastruktur wird von der WEU bereitgestellt."

Mit diesen Beschlüssen und Maßnahmen wurde auch seitens der WEU die faktischen Veränderung der eigenen Organisation akzeptiert. Sie besteht jedoch als vertragliche Hülle fort und verfügt auch nach wie vor über Rechtspersönlichkeit und eigene Organe (Versammlung und Ministerrat), die aber nur noch beratende Tätigkeiten und Reflexionsaufgaben wahrnehmen.[51]

Dieser Schritt lässt jedoch eine Grundfunktion der ESVP unberührt: Eine im Rahmen der gemeinsamen Verteidigung wesentliche Beistandsverpflichtung der Mitgliedstaaten sieht der EUV auch nach Nizza nicht vor, weshalb – jedenfalls bis zur Einrichtung eigener militärischer EU-Kapazitäten, die nach Art 17 Abs 3 EUV geschaffen werden könnten – Art 17 Abs 1 UAbs 2 und Abs 5 EUV insoweit implizit auf die Beistandsverpflichtungen der Mitgliedstaaten im Rahmen der NATO und auch der WEU verweisen. Diese Bestimmungen dokumentieren, dass die WEU weiterexistiert, jedoch nur noch übergangshalber die vom WEU-Ministerrat in Marseille gebilligten „Restfunktionen und -strukturen" im Rahmen einer europäischen Verteidigung erfüllen soll, solange die EU noch keine gemeinsame Verteidigung garantieren kann.[52] Tatsächlich verfügt jedoch auch die WEU gar nicht über die notwendigen Ressourcen, um diese Aufgabe zu erfüllen, sondern verweist hierfür in Art IV Brüsseler Vertrag auf die NATO. Ohne eigene Kapazitäten der Union ist eine gemeinsame Verteidigung der Mitgliedstaaten deshalb nur bei vollständiger Kongruenz von EU- und NATO-Mitgliedschaft möglich, die gegenwärtig wegen neutralitätsrechtlicher Bedenken einiger Mitgliedstaaten nicht realisierbar ist.

---

50 Gemeinsame Aktion des Rates vom 20. Juli 2001 betreffend die Einrichtung eines Satellitenzentrums der Europäischen Union, ABl 2001 L 200 S 5, bzw Gemeinsame Aktion des Rates vom 20. Juli 2001 betreffend die Einrichtung eines Instituts der Europäischen Union für Sicherheitsstudien, ABl 2001 L 2001 S 1.
51 Vgl http://www.assembly-weu.org/fr/presentation/presentation.html.
52 Vgl *Algieri*, Europäische Sicherheits- und Verteidigungspolitik, in: *Weidenfeld* (Hrsg), Nizza in der Analyse (2001) 180, Fn 40. Ebenso bleiben im Rahmen der WEU die Rüstungsagentur WEAG wie auch die WEAO-Research Cell bestehen.

C. Folgen für eine eigenständige ESVP nach Nizza

Einen weiteren Schritt hin zu einer Europäischen Verteidigungspolitik stellte das erste formalisierte Treffen der EU-Verteidigungsminister am 13. 5. 2002 in Brüssel dar. Gab es bereits zuvor informelle Zusammenkünfte in dieser Formation, so wurde dieses Treffen durch den verfahrentechnischen Trick ermöglicht, dass die Verteidigungsminister im Rahmen des EU-Außenministerrats berieten.[53] Damit wurde die Mitteilung des Rates,[54] in der die Ratsformationen geregelt sind und ein Rat für Verteidigungsfragen nicht vorgesehen ist, ausgehebelt. Vertraglich dürfte das Vorgehen aber insofern zulässig sein, als es sich bei den Verteidigungsministern einerseits um „Vertreter jedes Mitgliedsstaates auf Ministerebene" (Art 203 EGV) handelt, andererseits die Zulässigkeit einer Beschlussfassung nicht von einer bestimmten fachlichen Zusammensetzung der jeweiligen Ratsformation abhängt.[55]

In inhaltlicher Hinsicht wurde die ESVP ebenfalls vorangetrieben. Anfang Juni 2002 führten die neuen Krisenreaktionsgremien der EU, das PSK sowie der Militärausschuss und –stab die erste virtuelle Militärübung durch, um die institutionellen Abläufe zu üben (Europäische Hilfe für Atlantia).[56] Schließlich wurde zwischen der EU und der ehemaligen jugoslawischen Republik Mazedonien ein Abkommen über den Status der EU-geführten Einsatzstreitkräfte abgeschlossen.[57] Aufgrund dieses Abkommens operieren bewaffnete Kräfte aus den EU-Staaten in Mazedonien. Die EU übernimmt damit die völkerrechtliche Verantwortung für die Durchführung von Petersberg-Aufgaben gegenüber einem Drittstaat. Hintergrund dieses Abkommens ist die Übernahme der bislang von der NATO geführten Peacekeeping-Mission „Allied Harmony" durch die EU-Operation „Concordia".[58]

---

53 Kern einer gemeinsamen Verteidigung, Der Standard 14. 5. 2002, 1.
54 Mitteilung des Rates – Umsetzung der Schlussfolgerungen des Europäischen Rates von Helsinki – Ratsformationen, ABl 2001 C 174 S 1.
55 Vgl *Wichard* (Fn 43) Art 203 Rdnr 7; kritisch *Wuermeling*, Streicht die Räte und rettet den Rat, EuR 1996, 174.
56 *Wojahn*, Europas Hilfe für Atlantia, Der Standard 28. 5. 2002, 5.
57 Abkommen zwischen der Europäischen Union und der ehemaligen jugoslawischen Republik Mazedonien über den Status der EU-geführten Einsatzkräfte in der ehemaligen jugoslawischen Republik Mazedonien, ABl 2003 L 82 S 46.
58 Presseerklärung von *Javier Solana* vom 31. März 2003, 078/03.

III. Rechtliche Konsequenzen der Annäherung von EU und WEU

A. Gestaltwandel der WEU und der EU?

Durch diese Maßnahmen haben sich die Grundaufgaben und institutionellen Strukturen von EU und WEU verändert. Fraglich ist, ob sich damit auch die Rechtsnatur der Organisationen gewandelt hat.

1. Systeme kollektiver Sicherheit und kollektiver Selbstverteidigung

Sicherheitspolitisch und zugleich völkerrechtlich bedeutsam lassen sich Systeme regionaler kollektiver Sicherheit iSv Art 52 ff SVN und Systeme kollektiver Selbstverteidigung, wie sie in Art 51 SVN vorausgesetzt werden, unterscheiden. Ein System kollektiver Selbstverteidigung zeichnet sich durch die Gewährleistung einer gemeinsamen Verteidigung für den Fall eines Angriffs eines Drittstaats auf ein Mitglied aus. Klassische Systeme kollektiver Selbstverteidigung beinhalten also eine Beistandsklausel, die unterschiedlich ausgestaltet sein kann, wie Art V Brüsseler Vertrag und Art 5 NATO-Vertrag zeigen.[59] Systeme regionaler kollektiver Sicherheit wiederum wirken im Gegensatz zu Systemen kollektiver Selbstverteidigung nicht nach außen, sondern dienen dazu, abweichendes Verhalten von Mitgliedern innerhalb des Systems zu verhindern. Damit unterscheiden sich beide Bündnissysteme danach, ob sie primär nach innen oder außen gerichtet sind. Nur für die VN, die eine universellen Anspruch haben, ist diese Unterscheidung praktisch überflüssig, so dass sie nur noch als System kollektiver Sicherheit bezeichnet werden kann, was insbesondere durch Maßnahmen nach Kapitel VII SVN gerechtfertigt ist.[60] Andere Staatenverbindungen müssten, um als derartiges System qualifiziert werden zu können, insbesondere ein vergleichbares Verfahren zur Sicherung des Friedens im Bündnis im Inneren sowie eine Berichtspflicht nach Art 54 SVN aufweisen und sollten schließlich nach traditionellem Verständnis grundsätzlich nicht außerhalb des Bündnisgebiets (out of area) tätig werden.[61]

Allerdings sind diese Klassifikationen im Gefolge der „Agenda for Peace" des Generalsekretärs der VN vom 17.6.1992[62] sowie aufgrund verschiedener Resolu-

---

59   Vgl zur NATO als Bündnis kollektiver Selbstverteidigung noch *Geiger*, Grundgesetz und Völkerrecht[2] (1994) § 67 II; siehe auch *Hummer* (Fn 37) 244.

60   So auch BVerfGE 90, 286 (349ff) – Blauhelme; *Schroeder* (Fn 20) 402; anders *Ipsen*, Völkerrecht[5] (2004) § 60 Rdnr 1.

61   Vgl *Hummer* (Fn, 37) 245; vgl *Schweitzer*, Staatsrecht III[7] (2000) Rdnr 280.

62   UN-Doc A 47/277.

tionen des Sicherheitsrates[63] in den letzten Jahren aufgeweicht worden. NATO und WEU, die nach der klassischen Definition aufgrund ihrer Beistandsgarantien als Systeme kollektiver Selbstverteidigung galten, wurden in das System der VN-Friedenssicherung eingebunden. Nachdem anerkannt wurde, dass diese Organisationen ebenfalls zur Sicherung des Friedens in ihrer Region in der Lage sind, wurden sie als Regionalabmachungen unter Art 52 f SVN subsumiert.[64] Seit dem wird nicht mehr strikt zwischen Maßnahmen der friedlichen Streitbeilegung und militärischen Maßnahmen der kollektiven Sicherheit differenziert.[65] Dementsprechend hat das deutsche BVerfG die NATO nicht nur als System kollektiver Selbstverteidigung, sondern auch als System kollektiver Sicherheit qualifiziert[66] und dabei darauf verwiesen, dass es zur Friedenswahrung unter seinen Mitgliedern beiträgt:

„Auch Bündnisse kollektiver Selbstverteidigung können somit Systeme gegenseitiger kollektiver Sicherheit (…) sein, wenn und soweit sie strikt auf die Friedenswahrung verpflichtet sind."[67]

Das BVerfG wendet sich damit ebenso wie der Generalsekretär der VN gegen die strikte Gegenläufigkeit von kollektiver Sicherheit und kollektiver Selbstverteidigung und erklärt die Frage, ob ein System ausschließlich oder vornehmlich unter den Mitgliedstaaten Frieden garantieren oder bei Angriffen von außen zum kollektiven Beistand verpflichten soll, für bedeutungslos. Jedenfalls gelte für die NATO beides, da der NATO-Vertrag eben nicht nur mit Art 5 eine Beistandsklausel für Angriffe von Drittstaaten enthalte, sondern die Mitglieder nach Art 1, 2 und 4 auch konkret zu Konsultationen und gegenseitiger Hilfe verpflichte und durch diese Maßnahmen sowie die militärische Verflechtung, militärische Streitigkeiten der Mitglieder untereinander praktisch ausschließe. Das Gleiche lässt sich von der WEU sagen, die nach Art I, II, III und VIII Brüsseler Vertrag durch ein System von Konsultationen und Maßnahmen zur gegenseitigen Zusammenar-

---

63 Res 713 (1991), 727 (1992), Res 787 (1992), Res 816 (1993), Res 820 (1993), Res 836 (1993), Res 908 (1994).

64 Agenda für Peace, UN-Doc A 47/277, Rdnr 61; *Walter*, Vereinte Nationen und Regionalorganisationen (1996) 57; *Nolte*, Bundeswehreinsätze in kollektiven Sicherheitssystemen, ZaöRV 54 (1994) 96 (112f).

65 Vgl zur Vermischung von traditionellem Peacekeeping nach Kapitel VI SVN und Kampfeinsätzen nach Kapitel VII SVN aufgrund von VN-Resolutionen nach 1992 die Nachweise bei *Schroeder* (Fn 20) 400.

66 Der Begriff der kollektiven Sicherheit wird in Art 24 Abs 2 GG verwendet, verweist jedoch nach hM auf das Völkerrecht, vgl *Streinz*, in: *Sachs* (Hrsg), Grundgesetz-Kommentar[3] (2003) Art 24 Rdnr 61.

67 BVerfGE 90, 286 (350f) – Blauhelme; auch BVerfGE 100, 266 – Kosovo.

beit geprägt ist und in Art X sogar von einer Verpflichtung zur friedlichen Streitbeilegung zwischen den Mitgliedstaaten ausgeht.

Die in der neueren Praxis entscheidende Frage, ob regionale Systeme kollektiver Sicherheit in ganz Europa, also auch außerhalb ihres Bündnisbereichs („out
of area"), wie zB im Rahmen der Seeüberwachungstätigkeit der WEU zur Durchsetzung eines Handelsembargos gegen Restjugoslawien in der Adria oder anlässlich der Durchsetzung eines Flugverbots über Bosnien-Herzegowina durch die
NATO, friedensstiftende Zwangsmaßnahmen ergreifen dürfen, ist nach wie vor
ungeklärt. Derartige Maßnahmen gehörten zwar seit 1992 zu den Petersberg-
Aufgaben der WEU, von der Satzung dieser Organisation waren sie jedoch nicht
gedeckt. Das gleiche trifft für die NATO zu. Ganz davon abgesehen sind auf VN-
Ebene militärische Einsätze kollektiver Sicherheit von Regionalorganisationen –
im Gegensatz zu erlaubten Maßnahmen friedlicher Streitbeilegung nach Art 52
Abs 2 und 3 SVN – nach Art 53 Abs 1 S 2 SVN nur mit Ermächtigung des Sicherheitsrates gestattet, wobei gleichgültig ist, ob dies inner- oder außerhalb des
Bündnisgebiets geschieht. Soweit NATO und WEU bisher außerhalb ihres
Bündnisgebiets aufgrund von VN-Resolutionen tätig wurden, geschah dies auch
nicht auf der Grundlage von Art 53 SVN, sondern nach Maßgabe von Beschlüssen, die gemäß Art 48 SVN an die Mitgliedstaaten der VN gerichtet waren, die
aber nach Anregung des Sicherheitsrates unter Nutzung der bestehenden Strukturen von regionalen Bündnissystemen erfüllt werden konnten.[68] Von einer echten
Regionalisierung der Friedensicherung gemäß Art 53 SVN konnte daher auch
aufgrund der neueren VN-Praxis nicht gesprochen werden. Jedoch befindet sich
das Konzept des „Systems kollektiver Sicherheit" seit einiger Zeit in einem noch
nicht abgeschlossenen völkerrechtlichen Entwicklungsprozess. Globalisierungs-
bedingt werden die modernen Aufgaben im Rahmen einer Gewährleistung regionaler Sicherheit immer differenzierter und lassen sich nicht mehr ausschließlich
unter Beschränkung auf den Mitgliederkreis durchführen. Indessen lassen sich in
der neueren völkerrechtlichen Praxis keine Belege dafür finden, dass „out of a-
rea"-Einsätze von Systemen kollektiver Sicherheit ohne VN-Mandat an die Mitgliedstaaten nach Art 48 SVN akzeptiert werden.[69]

---

68 Vgl Nachweise bei *Schroeder* (Fn 20) 401.
69 Auch der Kosovo-Einsatz der NATO ist kein solches Beispiel, da er erst nachträglich vom Sicherheitsrat auf der Grundlage einer Resolution nach Kapitel VII legitimiert wurde, Res 1160 (31. 03. 1998), Res 1199 (23. 09. 1998).

2. Die EU als System kollektiver Sicherheit

Vor diesem Hintergrund stellt sich die Frage, ob die EU mit der Übernahme der Petersberg-Aufgaben von der WEU zu einem regionalen System kollektiver Sicherheit iSv Art 52 ff SVN mutiert ist. Zunächst kann die Union nicht unmittelbar als derartiges System qualifiziert werden, weil sie ebenso wie die WEU verschiedene Voraussetzungen nicht erfüllt, die dafür erforderlich sind, wie zB die Berichtspflicht an die UN oder friedenssichernde militärische Kompetenzen auf dem Gebiet der Mitgliedstaaten. Da jedoch in der Praxis der VN nach 1992 sowohl WEU als auch NATO als System kollektiver Sicherheit anerkannt wurden, müsste dies bei einer materiellen Betrachtung auch für die EU gelten.[70]

Die Union ist ein Bündnissystem zur Friedenswahrung, das ursprünglich und in erster Linie die Streitbeilegung nach innen, dh zwischen den Mitgliedern, gewährleisten soll (vgl Abs 2 und 5 Präambel EGKSV). Zu diesem Zweck stellt sie ein System der friedlichen Streitbeilegung zwischen den Mitgliedstaaten vor dem EuGH zur Verfügung, wie sich aus Art 292 und 220 ff EGV ergibt. Im Übrigen ist in Art 7 EUV[71] ein Verfahren vorgesehen, das bei Feststellung einer eindeutigen Gefahr einer schwerwiegenden Verletzung der in Art 6 EUV aufgezählten, allen Mitgliedstaaten gemeinsamen Grundsätze der Freiheit, Demokratie, Achtung der Menschenrechte und Grundfreiheiten sowie der Rechtsstaatlichkeit, Sanktionen der Union gegen einzelne Mitgliedstaaten ermöglicht, die bis zum Verlust des nationalen Stimmrechtes im Rat reichen können. Im Vergleich zu den Streitbeilegungsmechanismen, die andere Systeme regionaler kollektiver Sicherheit kennen,[72] erscheint dieses Verfahren zwar atypisch, gleichwohl dürfte es die gleiche Funktion erfüllen. Im Übrigen erschließt sich das gesamte von der EU garantierte System der inneren Konfliktaustragung der Mitgliedstaaten nur in einer Zusammenschau der verschiedenen Rechte und Pflichten der Staaten unter dem EUV und dem EGV. Das rechtliche Konzept des EUV für die Bewältigung von Grenzsituationen sieht nicht wie Art 39 ff SVN die Anwendung von Zwang vor, sondern, wie in modernen föderalen Systemen üblich, Kooperation und Rücksichtnahme.[73] Die „Verflechtungstheorie"[74] hat herausgearbeitet, dass auf euro-

---

70 Vgl *Hummer* (Fn 37) 247 mwN.
71 Zum Sanktionsmechanismus in Art 7 EUV *Pechstein*, in: *Streinz* (Hrsg), EUV/EGV (2003) Art 7 EUV Rdnr 9.
72 So *Hummer/Schweitzer*, in: *Simma* (Hrsg), The Charter of the United Nations I[2] (2002) Art 52 Rdnr 67.
73 *Hallstein*, Der unvollendete Bundesstaat (1969) 33; vgl zum Nachfolgenden detailliert *Schroeder*, Das Gemeinschaftsrechtssystem (2002) 219.
74 *Scharpf*, Die Politikverflechtungsfalle, PVS 26 (1985) 323; *Grabitz*, Direktwahl und Demokratisierung (1988) 58.

päischer Ebene aufgrund der Verflechtung der verschiedenen Politikebenen und der diese beherrschenden Akteure die Entscheidungen auf EU-Ebene von den Unionsorganen und den Mitgliedstaaten letztlich kooperativ getroffen werden,[75] was die Entstehung existentieller Konflikte von vornherein ausschließt. Damit kann die EU durchaus als System kollektiver Sicherheit bezeichnet werden.

Problematisch erscheint allerdings, dass sie mit Übernahme der Petersberg-Aufgaben von der WEU in Art 17 Abs 2 EUV auch die sicherheitspolitische Krisenreaktion gegenüber Nichtmitgliedern („out of area") garantieren will. Dazu passt der in Abs 10 Präambel EUV erhobene Anspruch, im Rahmen einer GASP und mittelfristig auch einer ESVP Frieden und Sicherheit „in Europa und in der Welt zu fördern". Dadurch unterscheidet sich die Union von traditionellen Systemen kollektiver Sicherheit, wie zB der OAS, OAU, Arabischen Liga oder die OSZE, die sich nur um die Sicherheit ihrer Mitgliedstaaten kümmern. Insofern gelten künftig für die EU die gleichen Probleme hinsichtlich ihrer völkerrechtlichen Qualifikation wie für die WEU soweit sie von dieser entsprechende Sicherheitsaufgaben gegenüber Nichtmitgliedern übernommen hat.

Noch nicht verwirklicht ist die Umwandlung der EU in ein System kollektiver Selbstverteidigung, da die bislang in Art V Brüsseler Vertrag verankerte Beistandsgarantie nicht in den EUV übernommen wurde. Sollte im Rahmen einer neuen Europäischen Verfassung eine solche Beistandsverpflichtung der Mitgliedstaaten geschaffen werden, was nach Art I-40 Abs 2 und 7 sowie Art III-214 Verfassungsentwurf in Form einer engeren verteidigungspolitischen Zusammenarbeit möglich ist, würde auch der letzte Inhalt des WEU-Rechts vom EU-Recht absorbiert und damit die WEU als Organisation völlig obsolet geworden sein.[76]

3. Gestaltwandel der WEU

Mit der Übergabe von Aufgaben an die EU und Reduzierung ihrer eigenen Tätigkeit müsste sich auch die juristische Qualifikation der WEU im Lichte der SVN ändern. Wie bereits gezeigt, wird die WEU auf einen Restfunktion, bestehend aus der Gewährleistung einer militärischen Beistandsgarantie durch die Mitgliedstaaten nach Art V Brüsseler Vertrag, zurückgestutzt. Jedoch erfüllt sie weiterhin die völkerrechtlichen Anforderungen an die Existenz als Internationale Organisation, da der Rat (Art VIII) und die Versammlung (Art IX) weiterhin die

---

75 *Wessels*, Verwaltung im Mehrebenensystem, in: *Jachtenfuchs/Kohler-Koch* (Hrsg), Europäische Integration (1996) 165 (171ff).

76 Zur Diskussion im Europäischen Verfassungskonvent siehe Entwurf einer Verfassung für Europa vom 18. 7. 2003, Dok CONV 850/03 und den Schlussbericht der Arbeitsgruppe VIII „Verteidigung" vom 16. 12. 2002, Dok CONV 461/02 Rdnr 61.

die ihnen zugewiesenen Kompetenzen wahrnehmen.[77] Ihre vertragliche Grundlage, der Brüsseler Vertrag, existiert ebenfalls nach wie vor. Von einem Erlöschen der Völkerrechtspersönlichkeit der WEU kann deshalb nicht ausgegangen werden, zumal die an der EU und der WEU beteiligten Mitgliedstaaten in Art 17 Abs 4 EUV in der Fassung des Vertrages von Nizza vom Fortbestand der Organisation ausgehen.

Nach dem Willen ihrer Mitgliedstaaten hat die WEU jedoch nur noch die Funktion eines Militärbündnisses, das ein System kollektiver Selbstverteidigung isV Art 51 SVN darstellt. Ihre zwischenzeitliche auf der Grundlage allgemeiner Verpflichtung zur friedlichen Zusammenarbeit in Europa (Art I, II, III, VIII und X Brüsseler Vertrag) vorgenommene Umdeutung in eine regionale Sicherheitsorganisation hat sich durch den entsprechenden Kompetenzzuwachs auf Seiten der EU erledigt. Die WEU ist damit wieder dort angelangt, wo sie bereits vor Petersberg war, ohne dass im Hinblick auf den mehrfachen Funktionswandel der Brüsseler Vertrag geändert worden wäre.

B. Verbindliche Neuregelung der Beziehungen zwischen EU und WEU

Es stellt sich die Frage, ob die Neuausrichtung der EU und die Selbstbeschränkung der WEU rechtsverbindliche Wirkung haben.

1. Verbindlichkeit für die EU

Zunächst stellt sich die Frage nach der Verbindlichkeit für die EU.

a) Änderung der rechtlichen Grundlagen

Im Unionsrecht wurden mehrfach die primärrechtlichen Grundlagen, insbesondere Art 17 EUV reformiert, um auf die veränderten Beziehungen zur WEU zu reagieren. Die von der WEU übernommenen Petersberg-Aufgaben sind mittlerweile als eigenständige EU-Aufgaben in Art 17 Abs 2 EUV ausdrücklich verankert. Die Schaffung einer eigenen institutionellen Infrastruktur im Rahmen der ESVP wurde hingegen nur hinsichtlich des PSK primärrechtlich in Art 25 EUV verankert.

Andere Einrichtungen wie das Satellitenzentrum oder das Institut für Sicherheitsstudien sowie der Militärausschuss und der Militärstab wurden durch sekundäres Unionsrecht auf der Grundlage von gemeinsamen Aktionen ge-

---

77 Vgl etwa *Köck/Fischer*, Das Recht der internationalen Organisationen[3] (1997) 60.

schaffen. Da derartige nachgeordnete Einrichtungen aus dem Selbstorganisationsrecht des Rates abgeleitet werden können,[78] sind auch die institutionellen Begleitmaßnahmen zur sicherheits- und verteidigungspolitischen Neuausrichtung der EU verbindlich. Der Rat besitzt nach Art 14 Abs 1 EUV die Kompetenz zur Beschlussfassung über gemeinsame Aktionen für „spezifische Situationen, in denen eine operative Aktion der Union für notwendig erachtet wird." Diese Formulierung zielt zwar nicht unmittelbar auf die Schaffung institutioneller Strukturen der EU in den Bereichen GASP und ESVP ab. Sie stützt jedoch eine diesbezügliche effektive Auslegung, die sich an den Zielen des Art 11 EUV orientiert.

Entscheidenden Anteil an der Umgestaltung der GASP/ESVP hatten darüber hinaus verschiedene Schlussfolgerungen des Europäischen Rates sowie wechselseitige Erklärungen der EU, der WEU bzw ihrer Mitgliedstaaten. Zu überlegen wäre, ob man die Erklärungen der Mitgliedstaaten der WEU bereits im Zusammenhang mit dem Vertrag von Maastricht als völkerrechtlichen Vertrag zwischen der EU und der WEU bzw deren Mitgliedstaaten qualifizieren kann.[79] Völkerrechtlich scheint die Vertragsqualität dieser Erklärungen vor allem hinsichtlich des Bindungswillens der Vertragsparteien fraglich. Es ist nicht ersichtlich, warum man sich der unverbindlichen Form der Erklärung bedienen soll, wenn das Instrument des Vertrages zur Verfügung steht. Das gilt insbesondere, weil die EU in ähnlichem Zusammenhang zwei Abkommen gemäß Art 24 EUV geschlossen hat, jenes mit der NATO über die Geheimhaltung von Verschlusssachen, und jenes mit der ehemaligen jugoslawischen Republik Mazedonien über den Status der dort stationierten EU-Truppen wegen der Übernahme der Peace-keeping-Aufgaben von der NATO.[80] In den Verträgen selbst tritt jeweils „die EU" neben den anderen Vertragspartnern (NATO, FYROM) auf. Deshalb belegen diese Erklärungen den „gebremstem Reformeifer", bezogen auf die erforderlichen Anpassungen des EUV, und die „außervertragliche Dynamik" der ESVP.[81]

---

78 Vgl zur Organisationsgewalt der EU *Streinz*, in: *Streinz* (Hrsg), EUV/EGV (2003) Art 7 EGV Rdnr 24.

79 Vgl *Busse*, Die völkerrechtliche Einordnung der Europäischen Union (1999) 208.

80 Abkommen zwischen der Europäischen Union und der ehemaligen jugoslawischen Republik Mazedonien über den Status der EU-geführten Einsatzkräfte in der ehemaligen jugoslawischen Republik Mazedonien, ABl 2003 L 82 S 46.

81 Vgl *Regelsberger*, Die Gemeinsame Außen- und Sicherheitspolitik nach Nizza – Gebremster Reformeifer und außervertragliche Dynamik, in: *Jopp et al* (Hrsg), Das Vertragswerk von Nizza und die Zukunft der Europäischen Integration (2001) 112 (117ff).

b) Grenzen für eine vertragliche Umgestaltung im Hinblick auf Kernaufgaben
der EU?

Die Umgestaltung der EU zu einem System kollektiver Sicherheit und weiter zu einem System kollektiver Selbstverteidigung könnte einen grundlegenden Eingriff in das vertraglich geschaffene Gefüge der europäischen Integration darstellen. Auch wenn diese Veränderungen formal auf einstimmig vorgenommenen Vertragsänderungen nach Art 48 EUV beruhen bzw auch das Verfahren der kleinen Vertragsrevision nach Art 17 Abs 1 UAbs 2 EUV zur Verfügung stünde, könnten sie problematisch sein.[82]

Die Umgestaltung einer Internationalen Organisation wird teilweise nicht mehr uneingeschränkt für möglich gehalten, obwohl aufgrund der *treaty-making power* der Mitgliedstaaten dem Völkerrecht die Existenz bestandsfester Satzungen zunächst fremd zu sein scheint.[83] Ähnlich wie im nationalen Verfassungsrecht, das zwischen einer Neuverfassung und einer Änderung der Verfassung unterscheidet, ist auch im Völkerrecht in Art 39 und 54 WVRK die Differenzierung zwischen Vertragsänderung und -aufhebung bekannt. Es wäre deshalb überraschend, wenn die Änderungsbestimmungen eines Vertrages benutzt werden könnten, „to completely change the object and purpose of a multilateral convention establishing an international organisation and arriving at a completely new structure".[84] Das gilt insbesondere, soweit die Änderung der Satzung mit Mehrheit beschlossen wird, weil das Interesse der überstimmten Staaten an der Erhaltung der grundlegenden Zwecke und Strukturen der Organisationen, denen sie beigetreten sind, nicht enttäuscht werden darf. Das bedeutet jedoch nicht, dass bei Änderungen, die nach dem Einstimmigkeitsprinzip zustande kommen, keine schutzwürdigen Interessen anderer Rechtssubjekte, wie der Organe der Organisation oder der Bürger,[85] zu berücksichtigen sind.

---

82 Vgl *Hummer* (Fn 22) 140.

83 *Seidl-Hohenveldern/Loibl,* Das Recht der Internationalen Organisationen einschließlich der Supranationalen Gemeinschaften[7] (2000) Rdnr 1538; *Klein,* in: *Graf Vitzthum,* Völkerrecht[2] (2001) 4. Abschnitt Rdnr 47; aA *Schermers/ Blokker,* International Institutional Law[3] (1995) § 1163. Das gilt jedoch ohnehin nur, wenn man die aufgrund *ius cogens* bestehenden Beschränkungen der Vertragsfreiheit ausklammert, vgl *Simma,* From Bilateralism to Community Interest in International Law, RdC 250 (1994-VI) 221.

84 *Frowein,* Are there limits to the amendment procedures in treaties constituting international organisation?, in: *Hafner/Loibl/Rest/Sucharipa-Behrmann/Zemanek* (Hrsg), Liber Amicorum *Seidl-Hohenveldern* (1998) 201; *Schroeder* (Fn 73) 378 mwN.

85 Vgl EuGH Rs 26/62, *van Gend & Loos*, Slg 1963, 1 (25).

Die Völkerrechtspraxis kennt einige Fälle, in denen Internationale Organisationen grundlegend umgestaltet wurden, so anlässlich der Gründung der European Space Agency (ESA) 1975, welche aus zwei anderen Raumfahrtorganisationen hervorging,[86] der Umstrukturierung der OEEC in die OECD 1960[87] oder der Überführung des GATT in den WTO-Rahmen 1994.[88] Dies geschah jedoch durch den Abschluss neuer Gründungsverträge, mit denen die bisher geltenden aufgehoben wurden, nicht aber über eine bloße Änderung der Altverträge. Das Gleiche gilt für die Ablösung der Völkerbundssatzung durch die Charta der Vereinten Nationen.[89] In dieser Praxis artikuliert sich ein Verständnis, wonach der allgemeine Charakter einer Organisation, der sich in der Präambel sowie den allgemeinen Bestimmungen über Ziele, Institutionen und grundlegende materiellrechtliche Bestandteile der Satzung zeigt, nicht zur Disposition der vertragsändernden Parteien steht.[90] Will man darüber verfügen, muss man vielmehr einen Vertrag über eine neue Organisation schließen und den bisherigen aufheben. In diesem Fall besteht auch keine Unsicherheit über die Fortgeltung von Recht, welches zum bisherigen Vertragsregime entwickelt worden ist, denn es handelt sich um ein neues Rechtssystem. Rechte und Pflichten der Mitgliedstaaten bzw der Organe der Organisation aus dem Altvertrag müssen deshalb durch eine Rechtsnachfolgeregelung in das neue Vertrags- und Organisationsrecht übergeleitet werden.

Das gilt insbesondere für das EU-Recht, das sich vom Völkerrecht emanzipiert hat und eine eigene Rechtsordnung darstellt.[91] Der EuGH hat deshalb die Freiheit der Mitgliedstaaten, im Rahmen von Art 48 EGV den EUV zu ändern

---

86   Vgl *Madders*, European Space Agency, in: *Bernhardt* (Hrsg), Encyclopedia of Public International Law (1983) Instalment 6, 203.

87   UNTS 88 (1960) 180; Übereinkommen über die Organisation für Wirtschaftliche Zusammenarbeit und Entwicklung in Europa (OECD) vom 14. 12. 1960, BGBl 1961 II, S 1151; gegen eine Rechtsidentität von OEEC und OECD auch *Klein* (Fn 83) Rdnr 58.

88   Übereinkommen zur Errichtung der Welthandelsorganisation (World Trade Organisation), dBGBl 1994 II, 1438 (Zustimmungsgesetz) und 1625 (WTO-Übereinkommen).

89   Vgl *Frowein* (Fn 84) 214.

90   So kann der Europarat als Einrichtung zur Sicherung der Demokratie und Menschenrechte in Europa nicht im Wege der Vertragsänderung zu einer Pflanzenschutzorganisation umgestaltet werden, vgl *Carstens*, Das Recht des Europarats (1957) 25.

91   EuGH RS 26/62, *van Gend & Loos*, Slg 1963, 1 (25); RS 6/64, *Costa/ENEL*, Slg 1964, 1251 (1269f); hierzu *Schroeder* (Fn 73) 107 (232ff).

eingeschränkt und darauf verwiesen, dass Vertragsänderungen die „Grundlagen der Gemeinschaft" nicht antasten dürfen.[92] Analysiert man die Umgestaltung der EU, so kann die Veränderung ihres Aufgabenfelds und ihrer entsprechenden Strukturen zunächst auf der Grundlage der GASP, der Entwicklung einer ESVP bis hin zur Schaffung der Grundlagen für eine gemeinsame Verteidigung nicht als fundamentale Neuausrichtung betrachtet werden, die mit den ursprünglichen Vertragszielen unvereinbar wäre. Abgesehen davon, dass das gesamte Integrationsprojekt von Beginn an durch eine friedenssichernde Dimension gekennzeichnet ist (vgl Abs 2 und 5 EGKSV), streben die Verträge einen immer engeren Zusammenschluss (Abs 1 Präambel EGV) bzw eine immer engere Union (Art 1 Abs 2 EUV) an. Eine konsequente Weiterentwicklung der Union in dieser Frage kann daher keinen fundamentalen Wandel in ihren Zielen und Zwecken darstellen, der mit vertragsrechtlichen Grundsätzen unvereinbar wäre.

2. Konsequenzen für die WEU

Der beschriebene Gestaltwandel stellt sich im Zusammenhang mit der WEU aus einer anderen juristischen Perspektive dar. Zunächst ist er schon deshalb nicht grundlegend, weil die Frage, ob die WEU von einem System kollektiver Sicherheit zu einem System kollektiver Selbstverteidigung umgebaut wurde, ein Unterscheidungsmerkmal verwendet, das mittlerweile nur mehr bedingt aussagekräftig ist.[93] Im Übrigen ließen sämtliche Veränderungen hinsichtlich der WEU – vom Abschluss des Brüsseler Vertrages 1948 über die Übernahme der Petersberg-Aufgaben im Jahre 1992 hin zur Übertragung sicherheits- und verteidigungspolitischer Kapazitäten an die EU nach 1999 – ihre vertragliche Ausgangslage unangetastet. Formal blieb damit die Grundkonzeption der WEU als Militärbündnis stets gewahrt.

a) Bindung gegenüber den Mitgliedstaaten der WEU

Die Inanspruchnahme der „operativen Kapazitäten" der WEU durch die EU nach Art 17 EUV in der Fassung des Vertrages von Amsterdam hat zwar für die WEU als Organisation keine bindende Wirkung, denn insoweit handelt es sich um völkerrechtlichen Vertrag zulasten Dritter. Jedoch entfalten diese Regelungen für jene EU-Mitglieder Wirkung, die auch der WEU angehören, da ihr Handeln im

---

92 EuGH Gutachten 1/91, EWR I, Slg 1991, I-679 Rdnr 46 (71f); hierzu *Schroeder* (Fn 73) 366.

93 Siehe vorstehend auf S. 225ff und nachstehend auf S. 235ff.

Rahmen der EU ein Faktum darstellt, gegen das sie wegen des *Estoppel*-Prinzips bei Mitwirkungshandlungen in der WEU nicht verstoßen dürfen.[94] Allerdings kann aus dem *Estoppel*-Prinzip völkerrechtlich nur ein Verbot abgeleitet werden, eine abweichende Haltung einzunehmen, nicht jedoch eine völkerrechtliche Handlungspflicht. Die WEU-Mitglieder sind also nur gebunden, wenn sie im Rahmen der WEU tätig werden. Sie sind jedoch aufgrund dieses Estoppels nicht dazu verpflichtet, überhaupt tätig zu werden.

Die Frage ist indessen rein theoretischer Natur, weil die WEU-Minister nicht nur insbesondere in ihrer Erfurter Erklärung[95] die Pläne der EU unterstützen, sondern schließlich auf dem WEU-Ministerrat von Marseille und Nizza Ende 2000 teilweise die operationellen Kapazitäten der WEU an die EU übertragen bzw abgebaut haben. Die parallelen und konsensualen Aktivitäten von EU und WEU hätten im Lichte des *Estoppel*-Prinzips allenfalls im Verhältnis zu den beteiligten Mitgliedstaaten insofern völkerrechtliche Bedeutung, als sich die Doppelmitglieder der beiden Organisationen zweifellos nicht nachträglich auf den Standpunkt stellen könnten, die Veränderungen zu Lasten der WEU seien ohne Rechtsgrundlage erfolgt und daher nicht verbindlich.[96] Ein solches Verhalten wäre mit den völkerrechtlichen Grundsätzen von Treu und Glauben nicht vereinbar.

b) Rechtsnachfolge der EU?

Teilweise werden die materiellen Kompetenzverschiebungen und institutionellen Veränderungen zwischen EU und WEU als Fall einer Rechtsnachfolge durch die Union qualifiziert.[97]

Grundsätzlich gelangen, sofern in der Satzung einer Internationalen Organisation keine ausdrücklichen Bestimmungen über ein Verfahren zu ihrer Auflösung, Umwandlung oder Verschmelzung mit einer anderen Internationalen Organisation vorgesehen sind, die allgemeinen Vorschriften des Völkerrechts zur Anwendung, die sich an den Prinzipien über die Staatennachfolge orientieren.[98] Dabei sind Veränderungen im Gefüge Internationaler Organisationen im Lichte der überragenden Bedeutung der Rechtssicherheit im Völkerrecht und der daraus

---

94 Vgl *Hummer* (Fn 37) 269; näher zum Estoppel im Zusammenhang mit Rechtsakten im Rahmen der GASP *Wessel, The European Union's Foreign and Security Policy – A Legal Institutional Perspective* (1999) 196.

95 Erklärung des WEU-Ministerrats in Erfurt am 18. 11. 1997.

96 Vgl *Hummer* (Fn 37) 269; *Thun-Hohenstein* (Fn 25) 68.

97 *Hintersteininger*, Einige Anmerkungen zu einer Beistandsgarantie im Rahmen der Europäischen Union, in: *Köck/Hintersteininger* (Hrsg), Europa als Sicherheits- und Wertegemeinschaft (2000) 313.

98 Vgl *Seidl-Hohenveldern/Loibl* (Fn 83) Rdnr 0605.

folgenden völkerrechtlichen Kontinuität von Völkerrechtssubjekten zu würdigen. Man wird nur dann annehmen können, dass die Rechtspersönlichkeit einer Organisation erloschen und ihre Aufgaben auf eine neue Internationale Organisation übergegangen sind, wenn hierfür deutliche Anzeichen sprechen.[99]

Zunächst steht fest, dass es zu einer Kompetenzabtretung von der WEU an die EU gekommen ist. Eine solche Kompetenzübertragung von einer Internationalen Organisation auf eine andere muss nicht notwendigerweise förmlich erfolgen. Es genügt vielmehr, dass die entsprechende Mehrheit der Mitglieder ihren Willen in einer endgültigen Weise zum Ausdruck bringt.[100] Hinsichtlich der Übernahme von WEU-Kompetenzen durch die EU ist dies nicht ganz eindeutig der Fall. Es besteht zwar ein Konsens darüber, dass die EU künftig die sicherheitspolitischen Aufgaben, insbesondere die Petersberg-Aufgaben, erfüllen soll, welche bisher die EU wahrgenommen hat. Zu diesem Zweck haben alle WEU- und EU-Mitgliedstaaten der Übertragung einiger WEU-Einrichtungen an die EU zugestimmt. Teilweise hat die EU jedoch eigene neue sicherheitspolitische Kapazitäten geschaffen, ohne auf vorhandene WEU-Einrichtungen zurückzugreifen. Im Übrigen verbleibt mit der kollektiven Verteidigung eine zentrale Aufgabe bei der WEU, welche die EU nicht übernommen hat. Die Frage der Rechtsnachfolge ist daher differenziert zu beantworten.

Die Übertragung von Kompetenzen und Einrichtungen von einer europäischen Integrationsgemeinschaft an die andere, erinnert zunächst an die im EGKS-Protokoll zum Vertrag von Nizza geregelte Eingliederung des EGKS-Rechts in das EG-Recht, die von einem Übergang des Vermögens und der Verbindlichkeiten der EGKS auf die EG begleitet wurde.[101] Auch hier wurden die Funktionen einer Internationalen Organisationen durch eine andere Organisation übernommen, ohne dass eine förmliche Fusion der beiden Organisationen stattfindet. Im Gegensatz zu der EGKS, deren Rechtspersönlichkeit nach Art 97 EGKSV mit Ablauf des 23. Juli 2002 erlosch, besteht die Rechtspersönlichkeit der WEU jedoch fort, da nach Art XII Brüsseler Vertrag den Mitgliedstaaten nach 1998 lediglich ein Recht zum Austritt binnen Jahresfrist eingeräumt wird. Von einer förmlichen Rechtsnachfolge in der Form, dass die EU die sicherheits- und verteidigungspolitischen Rechte und Pflichten der WEU auch im Außenverhältnis, dh gegenüber Drittstaaten und dritten Internationalen Organisationen übernimmt, kann deshalb keine Rede sein.

---

99   *Seidl-Hohenveldern/Loibl* (Fn 83) Rdnr 0609.
100   Vgl *Köck/Fischer* (Fn 77) 602.
101   Siehe Erwägungsgrund Nr 2 der Verordnung (EG) Nr 963/2002, ABl 2002 L 149 S 3; Entscheidung 2002/234/EGKS, ABl 2002 L79 S 42; Entscheidung 2002/595/EGKS, ABl 2002 L 149 S 3; vgl *Kokott*, in: *Streinz* (Hrsg), EUV/EGV (2003), Art 305 EGV Rdnr 7; vgl auch *Hummer* (Fn 22) 119.

Jedoch ist die Situation, dass auf Seiten der EU ein völkerrechtlich bedeutsamer Kompetenzzuwachs zu beobachten ist, der sich auf die Rechte der
Mitgliedstaaten gegenüber anderen Völkerrechtssubjekten auswirkt, nichts Neues. Ähnlich verhielt es sich bei der Entwicklung der Außenwirtschaftskompe-
tenzen, über welche ursprünglich die EU-Mitgliedstaaten verfügten und die sie
als Vertragsparteien des GATT 1947 selbständig ausübten. Nachdem sie ihre
diesbezüglichen Kompetenzen (intern) aufgrund der nunmehr in Art 133 EGV
verankerten Regelung über die gemeinsame Handelspolitik an die EG verloren
hatten, übernahm diese jedoch auch (extern) faktisch die Rechte der Mitgliedstaaten im GATT 1947, ohne an deren Stelle förmliches Mitglied dieses Vertrages und der dadurch gegründeten Organisation zu werden. Nicht nur gemein-
schafts-, sondern auch völkerrechtlich rückte die EG auf diese Weise in die entsprechenden Rechte und Pflichten der Mitgliedstaaten auf dem Gebiet des Au-
ßenhandelsrechts ein, was aufgrund des Abstellens auf die faktische Situation als
„Funktionsnachfolge" bezeichnet wurde.[102] Sie nahm nach dem Ende der Über-
gangszeit am 31.12.1969 in den GATT-Gremien die Rechte der vertraglich ge-
bundenen Mitgliedstaaten wahr und trat als Partei in den GATT-Streit-
schlichtungsverfahren gegenüber Drittstaaten auf. Eine völkerrechtlich bedeutsame Funktionsnachfolge, die analog zur Rechtsnachfolge einen Übergang von
Rechten und Pflichten der Mitgliedstaaten auf die EU gegenüber Drittstaaten
impliziert, lässt sich in diesem Fall aber nur deshalb annehmen, weil alle anderen
Parteien des GATT 1947 mit dieser Praxis einverstanden waren. Man kann darin
einen konsensualen und konkludenten Austausch der Vertragsparteien in Form
einer Ersetzung der Mitgliedstaaten durch die EG oder den Fall einer speziellen
gewohnheitsrechtlichen Entwicklung sehen.[103]

Eine entsprechende Funktionsnachfolge lässt sich auch im Verhältnis zwischen WEU und EU auf dem Gebiet der ESVP, insbesondere hinsichtlich der Petersberg-Aufgaben, rekonstruieren. Da beide Organisationen und ihre Mitgliedstaaten einen diesbezüglichen Kompetenzzuwachs zugunsten der EU und zu Lasten der WEU anerkannt haben, kann man davon ausgehen, dass es im Verhältnis
zu den beteiligten Mitgliedstaaten zu einem Einrücken der EU in die Rechte und
Pflichten der WEU gekommen ist. Völkerrechtlich relevant gegenüber Drittstaaten und anderen Internationalen Organisationen, insbesondere soweit diese Partei

---

102 EuGH verb RS 21-24/72, *International Fruit Company*, Slg 1972, 1219 Rdnr 10;
vgl auch *Weiß/Herrmann*, Welthandelsrecht (2003) § 8 Rdnr 114. Mit der Doppel-
mitgliedschaft der EG und der Mitgliedstaaten zur WTO ab dem 1. 1. 1995 wurde
die Frage der Funktionsnachfolge obsolet.

103 Vgl *Petersmann*, Die EWG als GATT-Mitglied, in: *Hilf/Petermann* (Hrsg), GATT
und EG (1986) 119 (128ff).

eines mit der WEU abgeschlossenen völkerrechtlichen Vertrages sind, ist diese Funktionsnachfolge jedoch nur, wenn sie auch von diesen anerkannt wird.[104]

3. Verbindlichkeit aus Sicht des nationalen Verfassungsrechts am Beispiel des Grundgesetzes

Die Umgestaltung der WEU, die nach 1992 zunächst durch die Petersberg-Erklärungen des WEU-Ministerrats in ein System kollektiver Sicherheit umgebaut, dann ab 1999 jedoch wieder zu einem System kollektiver Selbstverteidigung zurückgestutzt wurde, erfolgte auf der Basis des Brüsseler Vertrags von 1948, ohne dass die vertraglichen Grundlagen je angepasst wurden. Sämtliche Veränderungen basierten auf Erklärungen des WEU-Ministerrats oder artikulierten sich in einem faktischen Parallelverhalten von WEU- und EU-Organen.

Diese Praxis ist nicht so sehr völkerrechtlich problematisch, sofern sie dem Konsensprinzip entspricht, sondern verfassungsrechtlich bedenklich, weil sie Mitwirkungsrechte von nationalen Parlamenten unterlaufen kann. Dies wurde mehrfach mit Blick auf die Rechte des deutschen Bundestages unter dem deutschen Grundgesetz (GG) vor dem BVerfG gerügt.[105] Zwar ist auch unter dem GG die Außenpolitik eine Funktion der Regierung.[106] Jedoch behält Art 59 Abs 2 S 1, 1. Alt. GG dem Gesetzgeber das Recht der Zustimmung zu völkerrechtlichen Verträgen vor, welche die politischen Beziehungen des Bundes regeln. Vom Zustimmungsrecht des Bundestages nicht erfasst werden Verträge, die nicht dem Begriff des „politischen Vertrages" unterfallen – auch wenn sie bedeutsame Auswirkungen auf die inneren Verhältnisse der Bundesrepublik haben – sowie alle nichtvertraglichen Akte der Bundesregierung gegenüber fremden Völkerrechtssubjekten, auch insoweit sie politische Beziehungen regeln.[107] Das BVerfG definiert völkerrechtliche Verträge als Übereinkünfte zwischen Völkerrechtssubjekten, durch welche die zwischen ihnen bestehende Rechtslage verändert werden soll. Unerheblich sind die Form und der Regelungsgegenstand. Entscheidend ist der Rechtsbindungswillen der Beteiligten, dh deren Absicht, noch nicht bestehende Rechte und Pflichten nach Völkerrecht zu erzeugen. Die Inhaltsänderung eines bestehenden Vertrages bedarf der Zustimmung des Gesetzgebers folglich nur dann, wenn sie durch einen Änderungsvertrag erfolgt, was den übereinstim-

---

104 Was sich wegen Art IV Brüsseler Vertrag insbesondere auf das Verhältnis zur NATO auswirkt, vgl nachstehend auf S. 241f.
105 BVerfGE 90, 286, III.A.1. – Blauhelme; dazu *Schroeder* (Fn 20) 398.
106 BVerfGE 68, 1 (85ff) – Pershing.
107 BVerfGE 68, 1 (88f) – Pershing.

mend zum Ausdruck gebrachten Willen der Vertragsparteien voraussetzt, die bestehende vertragliche Rechtslage zu verändern.[108]

Daran fehlte es jedoch nach Ansicht des BVerfG hinsichtlich der Petersberg-Beschlüsse der WEU-Mitgliedstaaten, in denen sie sich 1992 bereit erklärten, Maßnahmen der kollektiven Sicherheit in Europa durchzuführen. Die Bemühungen um eine neue „Sicherheitsarchitektur" in Europa hätten noch keinen „Verdichtungsgrad" in Form einer vertraglichen und damit definitiven Gestalt erreicht. Insbesondere die Petersberg-Erklärungen bekundeten zwar politische Handlungsabsichten der WEU-Mitgliedstaaten, enthielten jedoch keine rechtlich bindenden Erklärungen in vertraglicher Form. Interessanterweise weist das BVerfG ausdrücklich darauf hin, dass angesichts des

„noch andauernden Prozesses der ‚Neubelebung der WEU' (..) es (...) einleuchtend (sei), dass die Petersberg-Erklärung zwar Aufgaben insbesondere im Hinblick auf friedenserhaltende Maßnahmen und eine Krisenbewältigung ‚definiert' (..), die Partner andererseits aber ausdrücklich erklären, dass diese Aufgaben noch im Stadium der ‚Planung' sind und die bereits geleistete ‚konzeptionelle Arbeit' noch ‚vorangebracht werden könnte'".[109]

Dies zeige, dass sich das Konzept einer europäischen Verteidigungspolitik noch im Stadium der Entwicklung befinde, nicht aber schon eine Veränderung der Vertragsgrundlage zur Folge haben solle, die verfassungsrechtlich ratifizierungsbedürftig sei.

Diese Deutung des BVerfG ist nicht unproblematisch, denn sie höhlt den Anwendungsbereich des parlamentarischen Zustimmungsrechts aus. Tatsächlich wurde rein faktisch der Aufgabenbereich der WEU nach 1992 erweitert, so wie er nach 1999 wieder zurückgefahren wurde. Die Befürchtung, dass sich die Regierungen ihren verfassungsrechtlichen Bindungen auf diese Weise entziehen wollen – manche sprechen von „Formenmissbrauch" – ist nicht von der Hand zu weisen.[110] Es ist bezeichnend, dass bis jetzt im Brüsseler Vertrag immer noch keine definitive Entscheidung über die Funktion der WEU innerhalb der europäischen Sicherheitsarchitektur getroffen wurde – und dass, obwohl sich alle Beteiligten darüber einig sind, dass die WEU kurz vor ihrer Auflösung steht.

Allerdings ist seit jeher bekannt, dass der Inhalt eines völkerrechtlichen Vertrages nicht nur aufgrund einer förmlichen Vertragsänderung modifiziert werden kann, sondern auch durch die Entstehung von neuem partikulärem, zwischen den Vertragspartnern geltendem Gewohnheitsrecht. Im Übrigen existiert ein fließen-

---

108 BVerfGE (Fn 105).
109 BVerfGE (Fn 105).
110 Siehe die abweichende Meinung von vier Richtern in BVerfGE (Fn 105); vgl auch *Ress*, Verfassungsrechtliche Auswirkungen der Fortentwicklung völkerrechtlicher Verträge, in: FS *Zeidler* (1987) 1175 (1179).

der Übergang zwischen einer ausdrücklichen oder konkludenten Vertragsänderung einerseits und der inhaltlichen Fortentwicklung von Verträgen durch eine
dynamische Auslegung und ständige Praxis der Vertragparteien andererseits, was
in dem Grundsatz der authentischen Interpretation (Art 31 Abs 3 lit b Wiener
Übereinkommen über das Recht der Verträge) zum Ausdruck kommt.[111] Auf derartige Fälle, wie auch hinsichtlich der Weiterentwicklung der WEU, in denen ein
völkerrechtlicher Vertrag materiell, aber nicht formell fortgeschrieben wird, ist
das parlamentarische Mitwirkungsrecht in Art 59 Abs 2 GG jedoch nicht anwendbar. Das gilt nicht zuletzt auch aus Gründen der Rechtssicherheit. Die verschiedenen Wandlungen der WEU vollzogen sich in einem mehrjährigen und
komplizierten Prozess. Der Zeitpunkt, an dem sich der Wille der Mitgliedstaaten
zur Anerkennung der neuen WEU-Aufgaben rechtlich verbindlich zu einer Qualität verfestigt hatte, die eine Mitwirkung des Bundestages rechtfertigen würde,
ließe sich gar nicht exakt bestimmen. Deshalb stellt das BVerfG zu Recht allein
darauf ab, dass kein eindeutiger Wille der Bundesregierung erkennbar war, den
Umbau der WEU durch Abschluss eines völkerrechtlichen Vertrages zu bewerk-
stelligen.[112] Im Ergebnis wurden die Rechte des Bundestages hinsichtlich der
Ausgestaltung der neuen europäischen Sicherheitsarchitektur durch diese Interpretation nicht geschmälert, da das Parlament die entsprechenden Änderungen
auf Seiten der EU im Rahmen der Verträge von Maastricht, Amsterdam und Nizza nach Art 23 Abs 1 S 2 GG durch Gesetz ratifiziert hat.

IV. Der Faktor NATO

Art IV Brüsseler Vertrag erklärt ausdrücklich, dass der Aufbau einer Pa-
rallelorganisation zu den militärischen NATO-Stäben „unerwünscht" ist und deshalb die WEU zur Zusammenarbeit mit der NATO verpflichtet ist. Davon ausgehend sind für jede Form militärischer Kooperation in Europa unter Einbeziehung
der NATO-Staaten folgende Grundsätze maßgeblich:[113]

-   Die europäischen Entscheidungen dürfen nicht vom NATO-Entscheidungs-
    rahmen gelöst werden („avoid decoupling").

---

111 Vgl *Karl*, Vertragsauslegung-Vertragsänderung, in: *Schreuer* (Hrsg), Autorität und
     internationale Ordnung (1979) 9.
112 Siehe *Schroeder* (Fn 20) 403.
113 Vgl *Algieri* (Fn 52) 183.

- Insbesondere die operativen Faktoren Truppenplanung, Kommandostrukturen, Beschaffungsentscheidungen dürfen nicht mehrfach zur Anwendung kommen („avoid duplication").
- NATO-Mitglieder, die nicht Mitglieder europäischer Sicherheitsorganisationen sind, dürfen durch deren Entscheidungen nicht benachteiligt werden („avoid discrimination").

A. Das Beziehungsgeflecht zwischen EU, WEU und NATO

Diese Grundsätze könnten durch die Verlagerung von WEU-Kompetenzen auf die EU berührt sein.

Bei genauerer Betrachtung der Mitgliedschaften und Kooperationen der einzelnen Mitgliedstaaten ergibt sich jedoch ein differenziertes Bild, das eine mehrfache Verflechtung von EU-, WEU- und NATO-Mitgliedern widerspiegelt (vgl Anhang). Zehn EU-Mitgliedstaaten sind gleichzeitig WEU-Mitglieder, während Dänemark, Irland, Österreich, Finnland und Schweden über einen Beobachterstatus in der WEU verfügen, da sie aus Erwägungen ihrer Neutralität oder Bündnisfreiheit nicht Vollmitglieder werden wollten. Hinzu kommen Staaten, die NATO-, aber nicht EU-Mitglieder sind und deshalb mit der WEU assoziiert sind, nämlich die Türkei, Norwegen, Island, die Tschechische Republik, Ungarn und Polen. Schließlich existiert eine „assoziierte Partnerschaft" der WEU mit Staaten, die über ein Assoziationsabkommen mit der EG verfügen (Slowakei, Bulgarien, Rumänien, Litauen, Lettland, Estland).[114]

Beobachter können an den Sitzungen des WEU-Rates teilnehmen und im Rahmen von Arbeitsgruppen mitwirken. Die assoziierten Mitglieder wiederum nehmen in vollem Ausmaß an den Sitzungen der WEU-Organe und Ausschüsse teil und haben dieselben Rechte und Pflichten wie die Vollmitglieder, sofern der WEU von der NATO bestimmte Funktionen übertragen worden sind. Sie können jedoch keine Entscheidung blockieren, für die die Zustimmung der WEU-Mitglieder erforderlich ist. Wenn die Mehrheit der Mitglieder nichts anderes beschließt, können sie auch an der Umsetzung von Entscheidungen der Mitglieder teilnehmen. Sie können sich auch an Militäroperationen der WEU beteiligen und haben einen Beitrag zum WEU-Budget zu leisten. Die assoziierten Partner schließlich können ebenso an den Diskussionen im NATO-Rat teilnehmen und sich Entscheidungen der Mitgliedsstaaten, die im Zusammenhang mit der Wahrnehmung der Petersberg-Aufgaben stehen, anschließen. Für sie gilt hinsichtlich der Beteiligung an der Umsetzung von Entscheidungen und hinsichtlich der Ein-

---

114 Vgl *Wessel* (Fn 94) 283.

beziehung in die Planungsstruktur das gleiche wie für die assoziierten Mitglieder.[115]

B. *Übernahme der WEU-Kompetenzen durch die EU aus Sicht der NATO*

Auf dem Washingtoner NATO-Gipfel wurde die Bemühungen zur Schaffung einer Europäischen Sicherheits- und Verteidigungsidentität explizit begrüßt. Vor allem der Ausbau der europäischen Militärkapazitäten[116] fand als Aspekt des „burden sharing" den Beifall der USA. Gleichzeitig wurde jedoch die Bedeutung effektiver Zusammenarbeit auf Grundlage der zwischen der NATO und der WEU bestehenden Mechanismen betont. So kommt zB dem Deputy *Saceur* eine wichtige Rolle als „Vermittler" zwischen den verschiedenen Organisationen zu.[117] Ebenso muss künftig der Zugang der EU zu NATO-Planungskapazitäten als Beitrag zur militärischen Planung von EU-geführten Operationen sichergestellt werden.

Insoweit könnte sich als problematisch erweisen, dass die NATO ihre Bereitschaft erklärt hat, mit der WEU zusammenzuarbeiten, nun aber diese ihre Kompetenzen auf die EU übertragen hat. Indessen hat die NATO im Abschlußkommuniqué des Ministertreffens am 14. und 15. Dezember 2000 in Brüssel ausdrücklich auf die Ergebnisse des Europäischen Rates von Nizza Bezug genommen und die Funktionsnachfolge der EU in die WEU-Kooperationsbeziehungen zur NATO faktisch anerkannt:[118]

„We have valued the close co-operation between NATO and the WEU and pay tribute to the work of the WEU and NATO staffs in support of it."

Zwar werden die Beziehungen zwischen der NATO und der EU in erster Linie auf der Grundlage politischer Absichtserklärungen („arrangements") anerkannt, insbesondere in einem Briefwechsel zwischen dem NATO-Generalsekretär und der EU-Präsidentschaft aus dem Jahr 2000 über die Abhaltung von Treffen auf Botschafter- und Ministerebene. Seitdem finden jedoch regelmäßige

---

115 Vgl *Wessel* (Fn 94) 284; *ders*, The EU as a black widow: Devouring the WEU to give birth to a European Security and Defence Policy, in: *Kronenberger* (Hrsg), The European Union and the International Legal Order: Discord or Harmony? (2001) 412.

116 Vgl das Kommuniqué im Anschluss an den Washingtoner Gipfel vom 24. 04. 1999, http://www.nato.int/docu/pr/1999/p99-064e.htm.

117 Vgl http://www.nato.int/docu/handbook/2001/hb0402.htm.

118 Vgl Kommuniqué vom 15. 12. 2000, http://www.nato.int/docu/pr/2000/p00-124e. htm, Rdnr 28.

Treffen zwischen dem EU-PSK und dem Nordatlantikrat statt, wobei auf den Abschluss einer völkerrechtlichen Vereinbarung zwischen NATO und EU hingearbeitet wird.[119] Nach dem Abschluss eines Interimsabkommens über Sicherheit zwischen den beiden Generalsekretären wurden schließlich in einer gemeinsamen EU-NATO-Erklärung weitere Rahmenbedingungen für die Zusammenarbeit zwischen den beiden Organisationen festgelegt. Doch auch sie basieren nicht auf einem förmlichen Vertragsabschluss zwischen zwei Völkerrechtssubjekten, sondern auf einem Brief des Hohen Vertreters der EU, mit dem die NATO darüber informiert wird, dass die EU die im Vertrag von Nizza vorgesehenen Beschlüsse umsetzen wird, sowie einem entsprechenden Beschluss des Nordatlantikrates, der dies zur Kenntnis nimmt.[120] Die Bemühungen um verbesserte Koordination mündeten schließlich in der Unterzeichnung eines Geheimhaltungsabkommens zwischen der EU und der NATO am 14.3.2003.[121]

V. Resümee

Die Entwicklung Europas auf dem Gebiet der ESVP hat in den vergangenen Jahren zweifellos bedeutende Fortschritte gemacht. Jedoch spiegeln sich diese Fortschritte, soweit sie das Verhältnis zwischen der EU und der WEU betreffen, nur in beschränktem Ausmaß im Text der völkervertragsrechtlichen Grundlagen der beiden Organisationen wider. Diese außervertragliche Dynamik indiziert einerseits die Bedeutung, die diesem Politikfeld beigemessen wird. Sie lässt aber auch erkennen, dass die Bemühungen um Schaffung einer effektiven und einheitlichen europäischen Politik auf diesem Kernbereiche der nationalen Souveränität betreffenden Sektor noch auf erhebliche Vorbehalte einiger Mitgliedstaaten treffen. Das gilt vor allem für alle Versuche, die materiellen und institutionellen Grundlagen für eine gemeinsame Verteidigung in der EU zu schaffen.

Die verworrene Entwicklung der Beziehungen zwischen der Union und der WEU steht paradigmatisch für den schwierigen, nicht linear verlaufenden Prozess, in dem sich die ESVP befindet. Die EU hat zwar die wesentlichen Aufgaben der WEU auf dem Gebiet der ESVP übernommen und ist insoweit ihre Funktionsnachfolgerin. Eine Verschmelzung im rechtlichen Sinne hat jedoch nicht stattgefunden. Die WEU genießt weiterhin den formalen Status einer eigenständigen Internationalen Organisation, auch wenn sie inhaltlich betrachtet im Schat-

---

119 Vgl http://www.nato.int/docu/handbook/2001/hb0403.htm.
120 Vgl NATO Press Release (2002) 140.
121 Abkommen zwischen der Europäischen Union und der Nordatlantikvertrags-Organisation über den Geheimschutz, ABl 2003 L 80 S 36.

ten von NATO und EU stehen wird, bis ein Konsens über die Organisation einer europäischen Verteidigung in der EU hergestellt ist. Dann erst wird sie von ihrem „Mauerblümchendasein" erlöst sein.

VI. Anhang

Staat	EU[122]	WEU[123]	NATO[124]
Albanien			PfP
Armenien			PfP
Aserbaidschan			PfP
Belgien	M	M	M
Bulgarien	BK	AP	PfP
Dänemark	M	B	M
Deutschland	M	M	M
Estland	BK	AP	PfP
Finnland	M	B	PfP
Frankreich	M	M	M
FYROM			PfP
Georgien			PfP
Griechenland	M	M	M
Großbritannien	M	M	M
Irland	M	B	PfP
Island		AM	M
Italien	M	M	M
Kanada			M
Kasachstan			PfP
Kirgiesische Republik			PfP
Kroatien			PfP
Lettland	BK	AP	PfP
Litauen	BK	AP	PfP
Luxemburg	M	M	M
Malta	BK		
Moldawien			PfP

---

122 Vgl *v. Baratta* (Hrsg), Fischer Weltalmanach 2002, Sp 1048.
123 Vgl http://www.assembly-weu.org/en/presentation/composition.html.
124 Vgl http://www.nato.int/pfp/sig-cntr.htm.

Niederlande	M	M	M
Norwegen		AM	M
Österreich	M	B	PfP
Polen	BK	AM	M
Portugal	M	M	M
Rumänien	BK	AP	PfP
Russische Föderation			S
Schweden	M	B	PfP
Schweiz			PfP
Slowakei	BK	AP	PfP
Slowenien	BK	AP	PfP
Spanien	M	M	M
Tadschikistan			PfP
Tschechische Republik	BK	AM	M
Türkei		AM	M
Turkmenistan			PfP
Ukraine			S
Ungarn	BK	AM	M
USA			M
Usbekistan			PfP
Weißrußland			PfP
Zypern	BK		

Erklärungen:
M   Mitglied
BK   Beitrittskandidat (EU)
AP   Assoziierter Partner (WEU)
AM   Assoziiertes Mitglied (WEU)
B   Beobachter (WEU)
PfP   Partnerschaft für den Frieden (NATO)
S   Sonderabkommen (NATO)

Thomas Desch

Militärische und nicht-militärische Krisenbewältigung im Rahmen der GSVP unter besonderer Berücksichtigung der „Petersberg-Aufgaben"

I. Die verwendeten Begriffe

A. „Gemeinsame Sicherheits- und Verteidigungspolitik"

Ausschlaggebend für die Entwicklung einer Gemeinsamen Sicherheits- und Verteidigungspolitik (GSVP)[1] zur Stärkung der Gemeinsamen Außen- und Sicherheitspolitik (GASP) war die Tatsache, dass die Europäische Union (EU) tatenlos zusehen musste, als nach dem Ende des Kalten Krieges in Situationen des Zusammenbruchs staatlicher Ordnungen wie etwa im ehemaligen Jugoslawien, massenweise Menschen vertrieben, vergewaltigt oder umgebracht und Wohnhäuser, Moscheen, Kirchen oder (sonstige) Kulturgüter mutwillig zerstört wurden. Diplomatische Appelle, die Greueltaten und Zerstörungen zu beenden, verhallten ungehört. Die Erkenntnis, dass die EU nicht in der Lage war, solche Krisen zu bewältigen bzw derartige Konflikte zu verhüten, auch wenn sie in ihrer unmittelbaren Nachbarschaft stattfanden, führte zu einem grundlegenden Bewusstseinswandel und zu einer Neuorientierung der Außenpolitik der EU.

Mit Inkrafttreten des Vertrages von Amsterdam, mit dem ua die sog „Petersberg-Aufgaben"[2] im Vertrag über die Europäische Union (EUV) verankert wurden,[3] bekennt sich die EU ausdrücklich zur Stärkung der GASP durch die Entwicklung einer GSVP. Ziel der GSVP ist die Schaffung einer autonomen Fähigkeit zur (militärischen und nicht-militärischen) *Krisenbewältigung* und zur

---

1 In einschlägigen EU-Dokumenten und in der Literatur werden auch die Begriffe „Europäische Sicherheits- und Verteidigungspolitik" (ESVP) und „Gemeinsame Europäische Sicherheits- und Verteidigungspolitik" (GESVP) verwendet. Im Folgenden wird dem Begriff „Gemeinsame Sicherheits- und Verteidigungspolitik" (GSVP) nicht zuletzt deshalb der Vorzug gegeben, weil er auch im Entwurf für einen EU-Verfassungsvertrag verwendet wird, siehe vor allem Art I-41 iVm Art III-309 bis III-312 des von der Konferenz der Vertreter der Regierungen der Mitgliedstaaten angenommenen Vertrags über eine Verfassung für Europa, Dok CIG 87/04 vom 6. August 2004.

2 Siehe dazu nachstehend auf S. 253ff.

3 Siehe Art 17 Abs 2 EUV, ABl 1997 C 340 S 1 bzw BGBl III 85/1999. Der Vertrag von Amsterdam ist am 1. Mai 1999 in Kraft getreten.

Konfliktverhütung.[4] Dies setzt neben politischen und wirtschaftlichen Instrumenten auch glaubwürdige (militärische) Fähigkeiten[5] und geeignete Strukturen[6] voraus.[7]

Zur GSVP gehört auch die schrittweise Festlegung einer *gemeinsamen Verteidigungspolitik*, die zu einer gemeinsamen Verteidigung führen könnte, falls der Europäische Rat dies beschließt.[8] Die schrittweise Festlegung einer gemeinsamen Verteidigungspolitik wird in einer von den Mitgliedstaaten als angemessen erachteten Weise durch eine *rüstungspolitische Zusammenarbeit* zwischen ihnen unterstützt.[9]

Die Gemeinsame Verteidigung ist derzeit nicht Gegenstand der GSVP, sondern nach wie vor Aufgabe der beiden Militärbündnisse NATO und WEU. Die Verpflichtungen nach Artikel 5 des NATO-Vertrags und Artikel V des WEU-Vertrags bleiben für die Mitgliedstaaten, die diesen Verträgen angehören, weiterhin bestehen.[10] Umgekehrt soll eine engere Zusammenarbeit zwischen zwei oder mehr Mitgliedstaaten auf bilateraler Ebene oder im Rahmen der WEU oder der NATO nicht der Zusammenarbeit im Rahmen der GASP zuwiderlaufen und diese nicht behindern.[11]

---

4   Siehe dazu nachstehend auf S. 251ff.

5   Siehe dazu nachstehend auf S. 259ff.

6   Siehe dazu nachstehend auf S. 276ff.

7   Vgl die Erklärung des Europäischen Rates zur Stärkung der Gemeinsamen Europäischen Sicherheits- und Verteidigungspolitik, sowie den Bericht des Vorsitzes über die Stärkung der Gemeinsamen europäischen Sicherheits- und Verteidigungspolitik, Anhang III zu den Schlussfolgerungen des Vorsitzes, Europäischer Rat in Köln, 3. und 4. Juni 1999, http://ue.eu.int/de/Info/eurocouncil/index.htm. Siehe dazu auch *Vukovich*, Die Gemeinsame Europäische Sicherheits- und Verteidigungspolitik, in: *Hummer* (Hrsg), Rechtsfragen in der Anwendung des Amsterdamer Vertrages, (2001) 167.

8   Siehe Art 17 Abs 1 EUV. Mit der Übernahme verteidigungspolitischer Aufgaben durch die EU wurde die WEU in diesem Bereich ihrer Funktion entkleidet, vgl auch den Beschluss des WEU-Rates vom 13. November 2000, abgedruckt in Agence Europe, Dokumente, Nr 2219 vom 17. November 2000. Dementsprechend enthält auch Art 17 EUV in der Fassung des am 11. Dezember 2000 unterzeichneten Vertrages von Nizza, ABl 2001 C 80 S 1 bzw BGBl III 4/2003 keinen Verweis mehr auf die WEU. Der Vertrag von Nizza ist am 1. Februar 2003 in Kraft getreten.

9   Siehe Art 17 Abs 1 EUV. Zur Rüstungskooperation zwischen den EU-Staaten siehe nachstehend auf S. 259ff.

10 Siehe Punkt 2 des Berichts des Vorsitzes über die Stärkung der Gemeinsamen europäischen Sicherheits- und Verteidigungspolitik, Anhang III zu den Schlussfolgerungen des Vorsitzes, Europäischer Rat in Köln, 3. und 4. Juni 1999 http://ue.eu.int/de/Info/eurocouncil/index.htm.

11 Siehe Art 17 Abs 4 EUV.

Die GSVP ist *Teil der GASP* der EU und *teilt deren Rechtsgrundlagen*.[12] Die GSVP ist damit Teil der Zweiten Säule der EU, die im Wesentlichen nicht auf supranationalem, sondern auf internationalem Recht (dh auf Völkerrecht) beruht. Maßgeblich für die GSVP ist vor allem Titel V EUV, insbesondere die Art 11, 12 und 17 EUV.[13] Demnach ist auch die Entwicklung von militärischen Fähigkeiten zur Krisenbewältigung als eine Tätigkeit im Rahmen der GASP und als Teil der schrittweisen Festlegung einer gemeinsamen Verteidigungspolitik gemäß Artikel 17 EUV anzusehen.[14]

Die *Beschlussfassung* über alle Aspekte der Krisenbewältigung, einschließlich der Beschlüsse zur Ausführung der Petersberg-Aufgaben oder solche mit militärischen oder verteidigungspolitischen Auswirkungen, erfolgt im Rat auf Grundlage von Art 23 EUV, also grundsätzlich einstimmig, mit der Möglichkeit der konstruktiven Enthaltung.[15] Den Mitgliedstaaten bleibt in allen Fällen das Recht vorbehalten, zu entscheiden, ob und wann sie ihre Streitkräfte einsetzen. Die *Finanzierung* von Maßnahmen der GSVP erfolgt auf der Grundlage von Art 28 EUV.[16]

Dänemark hat als bisher einziger EU-Mitgliedstaat im Bereich der GSVP von der Möglichkeit der Nichtbeteiligung an bestimmten Bereichen der Zusammenarbeit, dem sog *„opting out"*, Gebrauch gemacht. Gemäß Art 6 des dem Vertrag zur Gründung der Europäischen Gemeinschaft und dem EUV 1997 beigefügten Protokolls (Nr 5) über die Position Dänemarks beteiligt sich Dänemark nicht an

---

12 Siehe statt vieler, *Beutler/Bieber/Pipkorn/Streil*, Die Europäische Union, Rechtsordnung und Politik (2001) 730.

13 Zu den Neuerungen durch den Vertrag von Nizza siehe auch *Beutler/Bieber/ Pipkorn/Streil* (Fn 12) 733.

14 Vgl Punkt 2 des Berichts des Vorsitzes über die Stärkung der Gemeinsamen europäischen Sicherheits- und Verteidigungspolitik, Anhang III zu den Schlussfolgerungen des Vorsitzes, Europäischer Rat in Köln, 3. und 4. Juni 1999, http://ue.eu.int/de/Info/eurocouncil/index.htm.

15 In diesem Fall ist der Mitgliedstaat nicht verpflichtet, den Beschluss durchzuführen, akzeptiert aber, dass der Beschluss für die Union bindend ist; er selbst muss alles unterlassen, was dem auf diesem Beschluss beruhenden Vorgehen der Union zuwiderlaufen könnte, siehe Art 23 Abs 1 EUV.

16 Da gemäß Art 28 Abs 3 EUV die Finanzierung von Maßnahmen mit militärischen oder verteidigungspolitischen Bezügen aus dem EG-Haushalt ausgeschlossen ist, mussten sich die Mitgliedstaaten gesondert über die Modalitäten der Finanzierung von EU-geführten Krisenbewältigungsoperationen mit militärischen oder verteidigungspolitischen Bezügen einigen, um es der EU zu erlauben, in Krisensituationen rasch und umfassend zu reagieren, siehe dazu den Beschluss 2004/197/GASP des Rates vom 23. Februar 2004 über einen Mechanismus zur Verwaltung der Finanzierung der gemeinsamen Kosten der Operationen der EU mit militärischen oder verteidigungspolitischen Bezügen, ABl 2004 L 63 S 68.

der Ausarbeitung und Durchführung von Beschlüssen und Maßnahmen der Union, die verteidigungspolitische Bezüge haben.[17] Dänemark nimmt daher nicht an der Annahme dieser Maßnahmen teil und ist auch nicht verpflichtet, zur Finanzierung operativer Ausgaben beizutragen, die als Folge solcher Maßnahmen anfallen. Dänemark wird allerdings die Mitgliedstaaten auch nicht an der Entwicklung einer engeren Zusammenarbeit auf diesem Gebiet hindern. Als Folge dieses „opting-out" wurde Dänemark im Zuge seiner Ratspräsidentschaft im zweiten Halbjahr 2002 durch Griechenland, als nachfolgende Präsidentschaft im ersten Halbjahr 2003 und damit Mitglied der sog „Troika" gemäß Art 18 Abs 4 EUV, in Angelegenheiten der GSVP beratend unterstützt.

Die für die Vorbereitung und Durchführung von Krisenbewältigungseinsätzen nötige Kompetenz zum Abschluss von (völkerrechtlichen) Verträgen ergibt sich aus Art 24 EUV.[18] Die damit zusammenhängende, bislang umstrittene Frage der *(Völker-) Rechtspersönlichkeit der EU*[19] – im Unterschied zur Europäischen Gemeinschaft, die über eine solche verfügt[20] – dürfte mit dem neuen Vertrag über eine Verfassung für Europa zugunsten des (nunmehrigen?) Bestehens einer Rechtspersönlichkeit der EU geklärt werden.[21]

---

17 Siehe Art 6 des Protokolls (Nr 5) über die Position Dänemarks (1997) zum EUV und zu den EG-Verträgen, ABl 1997 C 340 S 1.

18 Ein erstes Abkommen gemäß Art 24 EUV schloss die EU im Jahre 2001 mit der BR Jugoslawien, betreffend die Tätigkeit der EU-Überwachungsmission in Jugoslawien, siehe Beschluss des Rates 2001/352/GASP, ABl 2001 L 125 S 1 (2). Mittlerweile wurde bereits eine Vielzahl derartiger Abkommen geschlossen, vor allem zur Regelung der Beteiligung von Drittstaaten an EU-geführten Krisenbewältigungseinsätzen, siehe http://ue.eu.int/PESC/legislation/1993-2003.pdf, sowie nachstehend auf S. 285ff.

19 Siehe dazu, statt vieler, *Thun-Hohenstein/Cede/Hafner*, Europarecht (2003) 225, insbesondere 234f mwN.

20 Vgl Art 281 und 310 EGV.

21 Siehe Art I-7 des von der Konferenz der Vertreter der Regierungen der Mitgliedstaaten angenommenen Vertrags über eine Verfassung für Europa, Dok CIG 87/04 vom 6. August 2004 sowie den Schlussbericht der Arbeitsgruppe III (Rechtspersönlichkeit) vom 1. Oktober 2002, CONV 305/02 WG III 16.

B. „Krisenbewältigung" und „Konfliktverhütung"

In einschlägigen EU-Dokumenten[22] wird bei der *Reaktion auf internationale Krisensituationen* in der Regel zwischen Maßnahmen zur „*Krisenbewältigung*" und solchen der „*Konfliktverhütung*" unterschieden: Während Maßnahmen der Konfliktverhütung eher (außen)politischer Natur sind und vorwiegend vorbeugende Maßnahmen politischer, wirtschaftlicher oder finanzieller Natur umfassen, sind Maßnahmen der Krisenbewältigung eher operativer Natur und umfassen vorwiegend den Einsatz von (zivilem oder militärischem) Fachpersonal in konkreten Krisensituationen. Das Spektrum der Maßnahmen der EU zur Reaktion auf internationale Krisensituationen reicht von diplomatischen Aktivitäten über humanitäre Hilfe oder wirtschaftliche Maßnahmen bis zu Polizei- oder Streitkräfteeinsätzen. Eine scharfe Trennung der beiden Bereiche ist nicht möglich, da zB der Einsatz von Streitkräften zur Krisenbewältigung auch konfliktverhütend wirken kann, etwa durch präventive Stationierung, Aufklärung oder Überwachung.[23]

Konfliktverhütung umfasst sowohl Maßnahmen kurzfristiger Natur, wie zB diplomatische und humanitäre Maßnahmen, als auch solche langfristiger Natur, wie zB Entwicklungszusammenarbeit, Handel, Rüstungskontrolle, Menschenrechte, Umweltpolitiken oder politischer Dialog.[24] Maßnahmen zur Konfliktverhütung werden nicht nur im Rahmen der GASP gesetzt, sondern vor allem im Bereich der 1. Säule der EU. Ausgehend vom Anlassfall Afrika wurde die Konfliktverhütung als leitender Grundsatz zunächst auf die gesamte Entwicklungshilfe der EU ausgedehnt und schließlich zu einem Leitbild der Außenpolitik der EU.[25]

Mit Hilfe eines neu gebildeten Referats für Konfliktprävention und Krisenbearbeitung in der Generaldirektion Außenbeziehungen wurden die *Hilfsprogramme der Europäischen Kommission* im Hinblick auf ihre Auswirkungen

---

22 Vgl zB die Erklärung des Europäischen Rates zur Stärkung der gemeinsamen Europäischen Sicherheits- und Verteidigungspolitik, Anhang III zu den Schlussfolgerungen des Vorsitzes, Europäischer Rat in Köln, 3. und 4. Juni 1999 http://ue.eu.int/ de/Info/eurocouncil/index.htm.

23 Zu den möglichen Einsatzspektren militärischer Kräfte im Rahmen des internationalen Krisenmanagements siehe *Schmidseder*, Die militärische Komponente im internationalen Krisenmanagement, ÖMZ 2002, 289.

24 Siehe das Programm der Europäischen Union zur Verhütung gewaltsamer Konflikte, Anlage III zu den Schlussfolgerungen des Vorsitzes, Europäischer Rat in Göteborg, 15. und 16. Juni 2001, http://ue.eu.int/de/Info/eurocouncil/index.htm.

25 Vgl etwa die Mitteilung der Kommission zu Friedenskonsolidierung und Konfliktprävention in Afrika von 1996, oder die Gemeinsame Position des Rates zu Verhütung und Bewältigung von Konflikten in Afrika 1997, siehe dazu sowie zum folgenden *Brewka*, Konfliktverhütung und zivile Krisenbearbeitung: Neue Herausforderungen und Aufgaben, Die Union 2/02, 39.

auf die Konfliktverhütung neu bewertet und innerhalb der Hilfsstrategien neue Prioritäten gesetzt, um Konfliktverhütungsmaßnahmen stärker zu berücksichtigen: Förderung der Rechtsstaatlichkeit, Unterstützung demokratischer Institutionen, Entwicklung der Zivilgesellschaft oder Reform des Sicherheitssektors gelten nunmehr als besondere Schwerpunkte. Von der Kommission entsandte Konfliktpräventionsteams, die finanzielle Unterstützung einschlägiger internationaler Sonderfonds, die verstärkte Zusammenarbeit mit den Vereinten Nationen und anderen internationalen Organisationen sowie die Erstellung und Verbesserung von Analyse- und Frühwarnsystemen stellen Schwerpunktbereiche der einschlägigen Kommissionstätigkeit dar.[26]

„Krisenbewältigung" im Rahmen der GSVP umfasst einerseits den Einsatz *militärischer* Kräfte und Mittel zur Reaktion auf internationale Krisen und andererseits den Einsatz solcher *nicht-militärischer* Natur. Es wird daher im Folgenden auf die *militärische Krisenbewältigung*[27] und die *zivile Krisenbewältigung*[28] gesondert eingegangen. Wenngleich sich die EU vom Ansatz her zu einer kohärenten, umfassenden Krisenbewältigung bekennt,[29] und von einigen EU-Mitgliedstaaten, insbesondere von Irland, Österreich und Schweden, die Komplementarität und Gleichwertigkeit von zivilen und militärischen Instrumenten bei der Bewältigung von Krisen betont wird,[30] so liegt doch der *Schwerpunkt* der Entwicklung der GSVP beim *militärischen* Bereich. Vor allem im militärischen Bereich waren neue Strukturen, Verfahren und Mittel zu schaffen und ein Prozess zur Entwicklung von (militärischen) Fähigkeiten einzuleiten, dessen Ende derzeit noch nicht absehbar ist.

Die EU kann Maßnahmen zur Konfliktverhütung und Krisenbewältigung *selbstständig,* das heißt gegebenenfalls auch ohne Mandat des Sicherheitsrates

---

26 Siehe dazu *Brewka* (Fn 25) 41 (42f).
27 Siehe dazu nachstehend auf S. 255.
28 Siehe dazu nachstehend auf S. 272ff.
29 Siehe die Vorschläge für Verfahren zur kohärenten, umfassenden Krisenbewältigung durch die EU, Dok 14614/01 COSDP 309 vom 9. Januar 2002. Die ursprünglich zu beobachtende formelle Zweiteilung zwischen militärischer und nichtmilitärischer Krisenbewältigung der EU – siehe dazu etwa die zwei gesonderten Berichte des Vorsitzes über die „Stärkung der Gemeinsamen Europäischen Sicherheits- und Verteidigungspolitik" einerseits und über die „Nichtmilitärische Krisenbewältigung der Europäischen Union" andererseits, Anlage 1 bzw Anlage 2 zu Anlage IV zu den Schlussfolgerungen des Vorsitzes, Europäischer Rat in Helsinki, 10. und 11. Dezember 1999 – wurde mit dem Europäischen Rat in Feira vom 19. und 20. Juni 2000 aufgegeben: Dort umfasst der Bericht des Vorsitzes über die Stärkung der Gemeinsamen Europäischen Sicherheits- und Verteidigungspolitik sowohl die militärischen als auch die nicht-militärischen Aspekte der Krisenbewältigung, http://ue.eu.int/de/Info/eurocouncil/index.htm.
30 Siehe dazu *Vukovich* (Fn 7) 169.

(SR) der VN, durchführen. Allerdings ist die EU dabei an das geltende Völkerrecht, insbesondere an die Grundsätze der Satzung der VN (SVN) gebunden, die einzuhalten sich die EU ausdrücklich verpflichtet hat.[31] Es dürfen daher seitens der EU nur solche Maßnahmen zum Einsatz kommen, die nicht gegen die Grundsätze der SVN, insbesondere gegen das Gewaltverbot, verstoßen.[32] Der Einsatz von (Waffen)Gewalt wird demgemäß nur dann zulässig sein, wenn eine diesbezügliche Erlaubnis oder Einladung durch die Regierung des Aufenthaltsstaates vorliegt, in Selbstverteidigung (etwa wenn Krisenbewältigungskräfte zum Ziel von Angriffen werden), auf Grund einer Autorisierung durch den SR der VN oder wenn der Einsatz von (Waffen)Gewalt auf Grund anderer Bestimmungen des Völkerrechts erlaubt ist.[33]

C. „Petersberg-Aufgaben"

Die ursprünglich beim Treffen der Außen- und Verteidigungsminister der Mitgliedstaaten der Westeuropäischen Union (WEU) am 19. Juni 1992 auf dem Petersberg bei Bonn festgelegten Aufgaben beschreiben das mögliche Einsatzspektrum militärischer Einheiten der WEU-Mitgliedstaaten, die unter der Befehlsgewalt der WEU eingesetzt werden, zusätzlich zum bzw neben einem Einsatz zur gemeinsamen Verteidigung. Diese sog „Petersberg-Aufgaben" umfassen *humanitäre Aufgaben* und *Rettungseinsätze, friedenserhaltende Aufgaben* sowie *Kampfeinsätze bei der Krisenbewältigung* einschließlich *friedensschaffender Maßnahmen*.[34]

Beispiele für *humanitäre Aufgaben* („humanitarian tasks") sind etwa die Vor-Ort-Unterstützung der Zivilbevölkerung in Katastrophengebieten, die Hilfeleistung beim Wiederaufbau durch Kriegseinwirkung zerstörter Infrastruktur oder die Hilfeleistung beim Minenräumen. Beispiele für *Rettungseinsätze* („rescue tasks") sind die Evakuierung von Zivilisten aus Kriegs- oder Krisengebieten, insbesondere zur Rettung von bedrohten EU-Bürgern aus ihren Gastländern, oder

---

31 Siehe Art 6 und 11 EUV.
32 Vgl in diesem Sinne auch *Mayer*, Angriffskrieg und europäisches Verfassungsrecht, AVR 41 (2003) 394 mwN.
33 Hier wird in den einschlägigen Dokumenten in der Regel auf die Intervention aus humanitären Gründen verwiesen; siehe dazu die Resolution des Europäischen Parlaments A 3-0227/94 vom 20. April 1994, ABl 1994 C 128 S 225.
34 Zum Wortlaut der Petersberg-Erklärung siehe ua *Brandstetter* (Hrsg), Die Westeuropäische Union, Einführung und Dokumente (1999) 180. Die WEU reagierte damit auf den am 7. Februar 1992 unterzeichneten Vertrag von Maastricht, der in Art J.4 vorsah, dass die EU die WEU ersuchen wird, die Entscheidungen und Aktionen der EU, die verteidigungspolitische Bezüge haben, auszuarbeiten und durchzuführen.

die Evakuierung von Menschen aus Katastrophengebieten. Beispiele für *friedenserhaltende Aufgaben* („peacekeeping tasks") sind der präventive Einsatz von
Kräften zur Verhinderung eines Konflikts oder seiner Eskalation bzw Ausweitung, die Überwachung eines Waffenstillstands oder eines Friedensabkommmens
zwischen (ehemaligen) Kriegsparteien, von Vereinbarungen über Entwaffnung
oder Demilitarisierung, von Grenzen, Lufträumen, Seegebieten oder Embargos,
die Schaffung eines sicheren Umfeldes für die Wahrnehmung von Aufgaben von
internationalen Organisationen und NGOs oder die Mitwirkung an der Wiederherstellung der öffentlichen Ordnung. Beispiele für *Kampfeinsätze bei der Krisenbewältigung* einschließlich friedensschaffender Maßnahmen („tasks of combat forces in crisis management, including peacemaking") sind die (gewaltsame)
Beendigung kriegerischer Auseinandersetzungen oder von Belagerungen, die
gewaltsame Trennung von Kriegsparteien oder die Durchsetzung von demilitari-
sierten Zonen, von waffenfreien Gebieten, von Flugverbotszonen, von maritimen
Sperrgebieten, von Embargos, von Auffang- und Schutzzonen für die Bevölkerung oder des Zugangs für den Transport humanitärer Güter.[35]

Die „Petersberg-Aufgaben" wurden 1997 mit dem Vertrag von Amsterdam in
den EUV übernommen (siehe Art 17 Abs 2 EUV). Sie stellen eine – demonstra-
tive – Aufzählung der von der EU im Rahmen der GASP bzw der GSVP geforderten Aufgaben der Krisenbewältigung dar. Wie die Entstehungsgeschichte
zeigt, handelt es sich bei den „Petersberg-Aufgaben" dem Wesen nach um *militärische* Aufgaben. Die „Petersberg-Aufgaben" beschreiben im Wesentlichen das
Einsatzspektrum EU-geführter Streitkräfte zur Krisenbewältigung im Rahmen der
GSVP. Die Erlangung der Fähigkeit zur Erfüllung dieser Aufgaben zählt heute zu
den Kernaufgaben von Streitkräften in Europa und bildet eine wesentliche
Grundlage für moderne Streitkräfteplanungen und -entwicklungen.[36] Zu den
Haupteigenschaften derartiger Streitkräfte gehören *Dislozierungsfähigkeit,
Durchhaltefähigkeit, Interoperabilität, Flexibilität* und *Mobilität.*[37]

---

35   Siehe *Wiesmann,* Die militärische Einsatzführung bei Operationen der Europäischen
      Union im Rahmen der ESVP, in: *Reiter/Rummel/Schmidt* (Hrsg), Europas ferne
      Streitmacht: Chancen und Schwierigkeiten der Europäischen Union beim Aufbau
      der ESVP (2002) 233 (242).
36   Bereits 1999 hat der Europäische Rat von Köln festgestellt, dass die Mitgliedstaaten
      Streitkräfte (einschließlich Hauptquartiere) weiterentwickeln müssen, die, bei Ver-
      meidung von unnötigen Duplizierungen, auch für Krisenbewältigungsoperationen
      geeignet sind, siehe den Bericht des Vorsitzes über die Stärkung der Gemeinsamen
      europäischen Sicherheits- und Verteidigungspolitik, Anhang III zu den Schluss-
      folgerungen des Vorsitzes, Europäischer Rat in Köln, 3. und 4. Juni 1999,
      http://ue.eu.int/de/Info/eurocouncil/index.htm.
37   Siehe den Bericht des Vorsitzes über die Stärkung der Gemeinsamen europäischen
      Sicherheits- und Verteidigungspolitik, Anhang III zu den Schlussfolgerungen des

II. Militärische Krisenbewältigung

Seit dem Europäischen Rat in Köln vom 3./4. Juni 1999, bei dem auch der ehemalige NATO-Generalsekretär *Javier Solana* zum Hohen Vertreter für die GASP ernannt wurde, ist die Erlangung der Fähigkeit zur autonomen *militärischen Krisenbewältigung* im Rahmen der Petersberg-Aufgaben vordringliches Ziel der GSVP.[38] Dem liegt die – nicht zuletzt durch die Entwicklungen im Kosovo im Frühjahr 1999 geförderte[39] – Erkenntnis zugrunde, dass neben politischen und wirtschaftlichen Instrumenten auch *militärische* Fähigkeiten[40] erforderlich sind, um auf internationale Krisensituationen reagieren zu können.[41]

Die Entwicklung von militärischen Fähigkeiten der EU zielt nicht auf die Schaffung einer europäischen Armee ab,[42] sondern auf die *Verfügbarkeit nationaler oder multinationaler europäischer militärischer Mittel* (einschließlich solcher der NATO), die von den Mitgliedstaaten im Voraus (auch) für EU-geführte Krisenbewältigungseinsätze bestimmt sind.[43] Bei der Durchführung solcher Ein-

---

Vorsitzes, Europäischer Rat in Köln, 3. und 4. Juni 1999, http://ue.eu.int/de/Info/eurocouncil/index.htm.

38 Vgl die Erklärung des Europäischen Rates von Köln zur Stärkung der Gemeinsamen Europäischen Sicherheits- und Verteidigungspolitik, Anhang III zu den Schlussfolgerungen des Vorsitzes, Europäischer Rat in Köln, 3. und 4. Juni 1999, http://ue.eu.int/de/Info/eurocouncil/index.htm. Voraussetzung für diese Zielsetzung war die Überwindung der politischen Differenzen zwischen Frankreich und Großbritannien über die Gestaltung einer künftigen europäischen Sicherheits- und Verteidigungspolitik gewesen, welche schließlich beim französisch-britischen Gipfeltreffen in St. Maló am 4. Dezember 1998 gelungen war, siehe dazu *Vukovich* (Fn 7) 168 mwN.

39 Siehe dazu *Vukovich* (Fn 7) 167.

40 Siehe nachstehend auf S. 259ff.

41 Vgl Punkt 2 des Berichts des Vorsitzes über die Stärkung der Gemeinsamen europäischen Sicherheits- und Verteidigungspolitik, Anhang III zu den Schlussfolgerungen des Vorsitzes, Europäischer Rat in Köln, 3. und 4. Juni 1999, http://ue.eu.int/de/Info/eurocouncil/index.htm.

42 Siehe etwa die Erklärung zur Einsatzbereitschaft auf dem Gebiet der Gemeinsamen Sicherheits- und Verteidigungspolitik, Anlage 2 zu den Schlussfolgerungen des Vorsitzes, Europäischer Rat in Laeken, 14. und 15. Dezember 2001, EU-Nachrichten/Dokumentation 2001, Nr 3, 26.

43 Vor der Erweiterung am 1. Mai 2004 waren elf der 15 Mitgliedstaaten der EU Mitglieder der NATO, nämlich Belgien, Dänemark, Deutschland, Frankreich, Griechenland, Italien, Luxemburg, die Niederlande, Portugal, Spanien und das Vereinigte Königreich. Mit Ausnahme Dänemarks gehören diese Staaten auch der WEU an. Die übrigen vier Mitgliedstaaten (Finnland, Irland, Österreich und Schweden) arbeiten im Rahmen des Programms der NATO-Partnerschaft für den Frieden zusammen, beteiligen sich am Euro-Atlantischen Partnerschaftsrat (EAPC) und sind Beobachter bei der WEU. Ferner sind mittlerweile acht der zehn EU-Beitrittsländer, nämlich

sätze entscheidet die EU, je nach Lage des Falls, ob sie den Einsatz unter Rückgriff auf Mittel und Fähigkeiten der NATO oder ohne einen solchen Rückgriff durchführt.

Die Entwicklung von militärischen Fähigkeiten der EU zur autonomen Krisenbewältigung ist von der *Möglichkeit der Beteiligung anderer Staaten und der Zusammenarbeit mit der NATO* geprägt:[44] Alle EU-Mitgliedstaaten, einschließlich jener, die keine Bündnispartner sind, sollen die Möglichkeit haben, sich in vollem Umfang und gleichberechtigt an EU-Einsätzen (bzw an deren Führung) zu beteiligen. Ebenso haben europäische NATO-Mitglieder, die nicht der EU angehören, die Möglichkeit einer weitestgehenden Einbeziehung, wenn sie es wünschen. Die Vorbereitung und Durchführung EU-geführter Einsätze erfolgt unter wechselseitiger Konsultation, Zusammenarbeit und Transparenz zwischen NATO und EU.[45] Darüber hinaus bestehen entsprechende Regelungen über die Zusammenarbeit mit den Ländern, die sich um den Beitritt zur EU bewerben, sowie mit Kanada, Russland und der Ukraine.[46]

Die Fähigkeit zu militärischen Einsätzen *ohne* Rückgriff auf Mittel und Fähigkeiten der NATO erfordert entweder die Nutzung nationaler Kommandostrukturen, die eine multinationale Repräsentanz in den Hauptquartieren vorsehen, oder den Rückgriff auf Kommandostrukturen innerhalb bestehender multinationaler Truppenverbände. Zu diesen gehören etwa EUROFOR bzw EUROMARFOR[47], das EUROKORPS[48], die Europäische Luftfahrtgruppe („Euro-

---

Estland, Lettland, Litauen, Polen, die Slowakei, Slowenien, die Tschechische Republik und Ungarn NATO-Mitglieder geworden.

44   Siehe den Bericht des Vorsitzes über die Stärkung der Gemeinsamen europäischen Sicherheits- und Verteidigungspolitik, Europäischer Rat in Köln, 3. und 4. Juni 1999, http://ue.eu.int/de/Info/eurocouncil/index.htm.

45   Siehe nachstehend auf S. 288f.

46   Siehe nachstehend auf S. 285ff.

47   Beim Treffen der Außen- und Verteidigungsminister der Mitgliedstaaten der WEU am 15. Mai 1995 in Lissabon beschlossen Frankreich, Italien, Portugal und Spanien die Bereitstellung von Streitkräften für den Einsatz zu Lande (EUROFOR) und zur See (EUROMARFOR) als Teil der „der Westeuropäischen Union unterstehenden Einsatzkräfte" (FAWEU) zur Stärkung der Europäischen Sicherheits- und Verteidigungsidentität und der europäischen Kapazitäten zur Durchführung von Petersberg-Aufgaben, siehe dazu das Kommuniqué dieses WEU-Ministertreffens, in: *Brandstetter* (Hrsg), Die Westeuropäische Union, Einführung und Dokumente (1999) 243.

48   Das EUROKORPS wurde anlässlich des 59. französisch-deutschen Gipfeltreffens am 21. und 22. Mai 1992 in La Rochelle eingerichtet und seither um drei weitere Mitgliedstaaten – Belgien (am 25. Juni 1993), Spanien (am 10. Dezember 1993) und Luxemburg (am 7. Mai 1996) – erweitert. Das EUROKORPS gehört zu den „der Westeuropäischen Union unterstehenden Einsatzkräften" (FAWEU) und ist seit 30. November 1995 einsatzfähig. Es kann im Rahmen der WEU (Artikel V) oder der

pean Air Group")[49], die Multinationale Division (Mitte)[50] oder der Stab des I.
Deutsch-Niederländischen Korps.[51]

Politische Spannungen mit den USA bzw innerhalb der EU im Zuge des Irak-
Krieges im Frühjahr 2003 haben zu einer Verstärkung der Bemühungen zur Verbesserung der Fähigkeiten der EU, insbesondere im Bereich der operativen Planung und Führung von militärischen Einsätzen, auch *ohne* Rückgriff auf Mittel
und Fähigkeiten der NATO, geführt. In der Folge wurden vor allem die Schaffung eines *Europäischen Hauptquartiers* für EU-geführte Einsätze,[52] die Schaffung einer *Europäischen Verteidigungsagentur*[53] und die Aufnahme einer *Soli-
daritäts-* bzw einer *Beistandsklausel* in den EUV[54] gefordert.

NATO (Artikel 5) für Verteidigungseinsätze oder für humanitäre Missionen, Evaku-
ierungsmaßnahmen sowie für Aufgaben der Wiederherstellung oder Erhaltung des
Friedens im Auftrag der Vereinten Nationen oder der OSZE eingesetzt werden. So
kamen etwa Teile des EUROKORPS im Rahmen der SFOR oder der KFOR zum
Einsatz. Das EUROKORPS umfasst Truppen in der Stärke von ca 50.000 Soldaten,
die von den Mitgliedstaaten im Fall eines Einsatzes bei Bedarf zur Verfügung gestellt werden. In Friedenszeiten besteht das EUROKORPS im Wesentlichen nur aus
dem Hauptquartier mit Sitz in Straßburg. Das Hauptquartier EUROKORPS wurde
im Jahr 2002 auch für Stabspersonal aus anderen EU- bzw NATO-Staaten geöffnet,
um, neben anderen Maßnahmen, die Voraussetzungen für eine Zertifizierung durch
die NATO als „High Readiness Force (Land) Headquarters" zu schaffen. Österreich
beteiligt sich seit Anfang 2003 mit zwei Stabsoffizieren am Hauptquartier
EUROKORPS, siehe Der Standard, 25. Februar 2003.

49   Gebildet von Belgien, Deutschland, Frankreich, Italien, Spanien und dem Verei-
      nigten Königreich.
50   Gebildet von Belgien, Deutschland, Niederlande und dem Vereinigten Königreich.
51   Gebildet von Deutschland, Niederlande und dem Vereinigten Königreich.
52   Vgl etwa die von Belgien, Deutschland, Frankreich und Luxemburg bei einem „Vie-
      rergipfel" der Staats- und Regierungschefs zu Fragen der ESVP am 29. April 2003
      in Brüssel – von Kritikern, allen voran den USA, ironisch als „Pralinen-Gipfel" be-
      zeichnet (vgl dazu die Aussage des Sprechers des US-State Department, *Richard
      Boucher*, der diese Initiative als „project for ‚chocolate makers'," bezeichnete, zitiert
      nach Atlantic News Nr 3504 vom 5. September 2003) – erhobene Forderung, ein
      Europäisches Hauptquartier in Tervuren (in der Nähe von Brüssel) einzurichten.
53   Siehe dazu nachstehend auf S. 262ff.
54   Siehe zuletzt Art I-41 Abs 7 und Art I-43 des von der Konferenz der Vertreter der
      Regierungen der Mitgliedstaaten angenommenen Vertrags über eine Verfassung für
      Europa, Dok CIG 87/04 vom 6. August 2004, die eine engere Zusammenarbeit der
      EU-Mitgliedstaaten im Bereich der gegenseitigen Verteidigung sowie bei Terroran-
      schlägen vorsehen.

A. Ziele

Zur Erlangung der Fähigkeit zur autonomen Durchführung militärischer Krisenbewältigungseinsätze im Rahmen der „Petersberg-Aufgaben" hat sich die EU im Rahmen der Treffen des Europäischen Rates in Köln im Juni 1999 und in Helsinki im Dezember 1999 folgende Ziele gesteckt:

Die Schaffung von

- politischen und militärischen *Strukturen* für die Leitung von Einsätzen (Köln),
- *Regelungen* für eine umfassende Konsultation und Zusammenarbeit mit der *NATO* (Köln),
- Vorkehrungen für *Beiträge* von *Drittstaaten* (Köln),
- Voraussetzungen für die Erfüllung des sog *Planziels* („headline goal", Helsinki), ab 2003 mobile Truppen in der Stärke eines Armeekorps (ca 60.000 Soldaten) bereitstellen zu können, die
  - innerhalb von 60 Tagen
  - für eine Dauer von mindestens 1 Jahr
  - zur Durchführung sämtlicher Petersberg-Aufgaben eingesetzt werden können, und
- Voraussetzungen für die Erfüllung der sog kollektiven *Fähigkeitsziele* („capability goals", Helsinki), nämlich der Schaffung (ohne zeitliche Vorgabe) von militärischen Kommando- und Kontrollstrukturen, von strategischen Aufklärungsmitteln (Satelliten) sowie von strategischen (Luft-) Transportkapazitäten.

Das Planziel trifft keine Aussage zur *geographischen Reichweite* möglicher Truppeneinsätze. In den von der WEU übernommenen Szenarien, die den Hintergrund für die Formulierung des Planziels bildeten, wurde bei „leichten" Petersberg-Aufgaben, also zB bei Einsätzen zur humanitären Hilfe, eine Reichweite der eingesetzten Truppen von bis zu 10.000 km von Brüssel angenommen, während bei „mittelschweren" Einsätzen (friedenserhaltende Aufgaben) und bei „schweren" Einsätzen (Kampfeinsätze zur Krisenbewältigung) von einer Reichweite von bis zu 4.000 km von Brüssel ausgegangen wurde.[55]

Die geforderte Durchhaltefähigkeit von mindestens einem Jahr setzt eine entsprechende nationale *Rotationsfähigkeit* voraus. Geht man von einem Rota-

---

55   *Baumgartner*, Eine Streitmacht für mancherlei Zwecke – Können die Europäer das Headline Goal erfüllen? in: *Reiter/Rummel/Schmidt* (Hrsg), Europas ferne Streitmacht: Chancen und Schwierigkeiten der Europäischen Union beim Aufbau der ESVP (2002) 11 (19).

tionsrhythmus von einem halben Jahr mit einem Zyklus von Vorbereitung, Einsatz und Nachbereitung aus, so bedarf es tatsächlich der dreifachen Personalstärke in abgestufter Verfügbarkeit, ebenso wie dreier „Force Headquarters" (FHQ), um den Einsatz ein Jahr lang aufrecht zu erhalten.[56] Entsprechenden Vorkehrungen für Truppenbeiträge von Drittstaaten kommt daher besondere Bedeutung zu.[57]

B. Fähigkeiten

1. Erfassung der Fähigkeiten

Im Zuge einer ersten *Beitragskonferenz* („Capabilities Commitment Conference"), die im November *2000* in Brüssel stattfand, haben die Mitgliedstaaten ihre nationalen Beiträge zum Planziel zugesagt.[58] Eine Auflistung der seitens der Mitgliedstaaten angebotenen Fähigkeiten im sog *Streitkräftekatalog* („Helsinki Force Catalogue") ergab, dass die EU über ca 100.000 Soldaten, ca 400 Kampfflugzeuge und ca 100 Schiffe verfügen könnte. Ein Vergleich mit dem *Planzielkatalog* („Helsinki Headline Goal Catalogue"), der die erforderlichen Mittel und Fähigkeiten für die Durchführung des gesamten Spektrums der Petersberg-Aufgaben auf der Grundlage der von der WEU übernommenen Szenarien auflistet,[59] zeigte jedoch klar, dass bei weitem nicht alle Bereiche abgedeckt sind, die für die Durchführung von militärischen Krisenbewältigungsaufgaben erforderlich sind.

Der im sog *Fortschrittskatalog* („Helsinki Progress Catalogue") dargestellte Soll-Ist-Vergleich ergab, dass in wesentlichen Bereichen *Lücken* („shortfalls") bestehen: Wie eine erste Fähigkeitsanalyse zeigte, wurden lediglich 94 der insgesamt 144 zur Erfüllung der Petersberg-Aufgaben erforderlichen Fähigkeiten von den Mitgliedstaaten gemeldet.[60] Zu sehr sind die europäischen Staaten, vor allem

---

56 *Baumgartner* (Fn 55) 11 (23).
57 Siehe dazu nachstehend auf S. 285ff.
58 Österreich hat im Zuge dieser Konferenz die geplante Zurverfügungstellung von einem kampftauglichen Infanteriebataillon für Friedensschaffung, eines zweiten Infanteriebataillons für Friedenserhaltung sowie von einigen kleineren Spezialeinheiten bekannt gegeben, siehe *Vukovich* (Fn 7) 173.
59 Siehe dazu vorstehend auf S. 258f. Eine detailliertere Beschreibung dieser Aufgaben erfolgte jedoch nicht, sodass es unterschiedliche Auffassungen zum angestrebten Niveau der Petersberg-Aufgaben gibt, siehe dazu *Baumgartner* (Fn 55) 11 (17f mwN).
60 *Baumgartner* (Fn 55) 11 (36).

in bestimmten Bereichen, von der Verfügbarkeit US-amerikanischer Mittel im NATO-Rahmen abhängig.

Eine *Konferenz über die Verbesserung der Fähigkeiten* („Capabilities Improvement Conference") im November 2001 brachte zwar quantitative und qualitative Verbesserungen in einzelnen Bereichen, wodurch mehrere Lücken geschlossen werden konnten, aber keine wesentliche Änderung der Gesamtsituation. Zu den nicht abgedeckten Bereichen gehörten etwa trägergestütze Luftkräfte („Carrier based Air Power", frühestens verfügbar: 2007), Verwundetentransporteinheiten („Medical Evacuation Units", frühestens verfügbar: 2007), Luft-zu-Luft-Betankung („Air to Air Refuelling"), Großraumtransportflugzeuge („Out Sized Transport Aircraft", frühestens verfügbar: 2007), leichte Infanterie-Brigade-Stäbe („Light Infantry Brigade Headquarters") oder Kampfhubschrauber („Attack Helicopters").[61]

2. Verbesserung der Fähigkeiten

a) Europäischer Aktionsplan zu den Fähigkeiten

Zur Beseitigung der Lücken wurde vom Europäischen Rat in Laeken im Dezember 2001 der im Zuge der Konferenz über die Verbesserung der Fähigkeiten erstellte *Europäische Aktionsplan zu den Fähigkeiten* („European Capabilities Action Plan", ECAP) beschlossen.[62] Der ECAP stützt sich auf das „bottom-up"-Konzept, dh die Zusagen der Mitgliedstaaten erfolgen auf freiwilliger Basis nach nationalen Entscheidungen. Mittels einer Rationalisierung der jeweiligen Verteidigungsanstrengungen der Mitgliedstaaten und einer Verstärkung der Synergie ihrer nationalen und multinationalen Projekte soll es zu einer Verbesserung der militärischen Fähigkeiten kommen. Im ECAP sind alle Bemühungen, Investitionen, Entwicklungen und Koordinierungsmaßnahmen aufgeführt, die sowohl auf nationaler als auch auf multinationaler Ebene stattfinden oder geplant sind, um die bestehenden Mittel zu verbessern und die erforderlichen Fähigkeiten zu entwickeln. Eine entsprechende Transparenz des Aktionsplanes soll dafür sorgen,

---

61 Einen zusammenfassenden Überblick über Schlüsselfähigkeiten zur Durchführung militärischer Einsätze, insbesondere im Bereich der Petersberg-Aufgaben, gibt *Baumgartner* (Fn 55) 11 (26ff).

62 Siehe Abschnitt III der Erklärung über die Verbesserung der europäischen militärischen Fähigkeiten, Anlage I zum Bericht des Vorsitzes über die Europäische Sicherheits- und Verteidigungspolitik, Dok 15193/01 + COR 1 (de) vom 11. Dezember 2001, der dem Europäischen Rat in Laeken am 14. und 15. Dezember 2001 vorgelegt und von diesem gebilligt wurde.

dass die Umsetzung des Planes breite Unterstützung in der Öffentlichkeit in den Mitgliedstaaten findet.

Im Rahmen des ECAP waren zunächst insgesamt 19 *Arbeitsgruppen* (sog „panels") tätig, um, jeweils unter der Leitung einer „lead-nation", Vorschläge zur Behebung der „shortfalls" zu erarbeiten. Die Arbeitsgruppen schlossen am 1. März 2003 ihre Arbeit ab. Die Ergebnisse wurden in den Fortschrittskatalog 2003 eingearbeitet. In weiterer Folge wurden durch Beschluss der EU-Verteidigungsminister bei ihrem informellen Treffen am 14. und 15. März 2003, der durch den Rat (Allgemeine Angelegenheiten und Außenbeziehungen) am 19. Mai 2003 offiziell bestätigt wurde, zehn, jeweils durch einen EU-Mitgliedstaat geleitete, *ECAP-Projektgruppen* eingerichtet. Bei Bedarf können weitere Projektgruppen eingerichtet werden.[63] Sie sollen jene kurz-, mittel- und langfristigen Lösungen umsetzen, die im Rahmen der ersten Phase des ECAP ermittelt worden waren. Die Einrichtung der Projektgruppen stellt den Beginn der zweiten Phase des ECAP dar, die voraussichtlich bis 2010 abgeschlossen sein wird.

Eine *„Informal Advisory Group"* zur Beratung der EU-Verteidigungsminister, deren Formierung durch das PSK am 10. April 2003 offiziell zur Kenntnis genommen wurde, und die aus diplomatischen und militärischen Vertretern der Mitgliedstaaten zusammengesetzt ist, soll sicher stellen, dass die Lösungsvorschläge, die in den ECAP-Projektgruppen erarbeitet werden, mit entsprechendem (politischen) Nachdruck verfolgt werden.[64]

b) Rüstungskooperation

Grundlage für die Verbesserung der Fähigkeiten ist auch eine, bereits in den Beschlüssen des Europäischen Rates in Köln und Helsinki 1999 geforderte, *Intensivierung der Zusammenarbeit zwischen den EU-Mitgliedstaaten in den Bereichen Rüstungsforschung, -entwicklung und -beschaffung.* Das Schwergewicht der Rüstungskooperation soll – zumindest kurzfristig – auf der Implementierung des ECAP liegen. Auf der Grundlage des ECAP wird derzeit eine Reihe wichtiger

---

63   Per 18. Juni 2003 bestanden folgende Projektgruppen (unter der Leitung von): „Headquarters" (Vereinigtes Königreich), „Combat Search and Rescue" (Deutschland), „Unmanned Aerial Vehicles" (Frankreich), „Nuclear Biological Chemical Units" (Italien), „Air-to-Air-Refuelling" (Spanien), „Special Operation Forces" (Portugal), „Interoperability Issues for Humanitarian and Evacuation Operations" (Belgien), „Tactical Ballistic Missile Defence" (Niederlande), „Strategic Air Lift" (Deutschland), „Space Assets" (Frankreich), „Medical" (Niederlande), „Strategic Sea Lift" (Griechenland), „Attack Helicopters" (Italien), „Support Helicopters" (Italien).

64   Siehe Dok PSK 8397/03 vom 10. April 2003.

Rüstungskooperationsprojekte vorbereitet bzw durchgeführt, wie die Entwicklung des militärischen Großraumtransportflugzeuges Airbus A-400M,[65] des Truppentransporthubschraubers NH 90 oder der neuen Satellitensysteme, optischen Geräte und Radarsysteme Helios II, SAR Lupe und Cosmos Skymed.[66]

Zur Zeit findet die rüstungspolitische Zusammenarbeit zwischen einzelnen Mitgliedstaaten der EU noch außerhalb des EU-Rahmens in verschiedenen, voneinander unabhängigen bi- oder multilateralen Kooperationsforen statt. Zu nennen wären hier zB die _„Westeuropäische Rüstungsgruppe"_ („Western European Armaments Group", WEAG), die 1992 als Nachfolgegremium der 1976 von den europäischen NATO-Staaten als rüstungspolitisches Zusammenarbeitsgremium gegründeten „Independent European Programme Group" geschaffen wurde und der mit Anfang 2002 alle damaligen EU-Mitgliedstaaten mit Ausnahme Irlands, sowie Norwegen, Polen, Tschechien, die Türkei und Ungarn angehörten; weiters die 1996 mittels Beschluss der Teilnehmerstaaten an der WEAG als untergeordnetes Organ der WEU eingerichtete und an deren Rechtspersönlichkeit teilhabende _„Westeuropäische Rüstungsorganisation"_ („Western European Armaments Organisation", WEAO), der mit Anfang 2002 alle damaligen EU-Mitgliedstaaten mit Ausnahme Finnlands, Irlands, Österreichs und Schwedens, sowie Norwegen und die Türkei angehörten, und die den politischen und administrativen Rahmen der Anbahnung und Abwicklung von Forschungs- und Technologieprojekten zwischen teilnehmenden Staaten bzw diesen und der europäischen Verteidigungsindustrie bildet; und schließlich die 1996 von Deutschland, Frankreich, Italien und dem Vereinigten Königreich gegründete _„Gemeinsame Organisation für die Rüstungskooperation"_ („Organisation Conjointe de Cooperation en matière d'Armement", OCCAR), die bereits laufende Rüstungskooperationsprogramme, wie zB den „Eurofighter", oder neue Programme, wie das Großraumtransportflugzeug A400M, auf der Grundlage eines gemeinsamen Managements realisieren helfen soll, sowie die 1998 durch Deutschland, Frankreich, Italien, Schweden, Spanien und das Vereinigte Königreich unterzeichnete _„Absichtserklärung"_ („Letter of Intent", LoI) und das darauf aufbauende _„Rahmenabkommen"_ („Fra-

---

65 Am 27. Mai 2003 haben die „European Aviation and Defence Group" (EADS) und die „Organisation Conjointe de Cooperation en matière d'Armement" (OCCAR) den Industriekontrakt für den A400M unterzeichnet. Dieses Flugzeug wird die europäischen Flotten von Hercules C-130 und Transall C-160 (aus US-Erzeugung) durch eine zwei- bis dreifach größere Transportkapazität ersetzen und eine doppelt so große Reichweite haben. Die ersten 180 A400M sollen 2008 ausgeliefert werden, siehe Atlantic News Nr 3481 vom 28. Mai 2003.

66 Siehe dazu _Hochleitner_, Die Sicherheits- und Verteidigungspolitik der Europäischen Union. Der Vertrag von Nizza und seine Umsetzung, ÖMZ 2002, 267 (272).

mework Agreement"), die eine Restrukturierung und Förderung der europäischen Rüstungsindustrie bewirken sollen.[67]

Aufbauend auf einschlägigen Vorarbeiten, zuletzt auch des Europäischen Konvents zur Ausarbeitung eines Entwurfs eines Vertrags über eine Verfassung für Europa[68], beauftragte der Europäische Rat in Thessaloniki vom 19. und 20. Juni 2003 die zuständigen Ratsgremien, die notwendigen Maßnahmen zu treffen, damit im Laufe des Jahres 2004 eine zwischenstaatliche *Agentur für die Bereiche Entwicklung der Verteidigungsfähigkeiten, Forschung, Beschaffung und Rüstung* geschaffen wird.[69] Mit Beschluss vom 17. November 2003 wurde vom Rat ein Expertenteam ("Agency Establishment Team") eingesetzt, das unter der Leitung des GS/HV mit der Vorbereitung der rechtlichen, administrativen und finanziellen Aspekte der Einrichtung der Agentur beauftragt war.[70] Am 12. Juli 2004 wurde die Europäische Verteidigungsagentur eingerichtet.[71] Zu den Aufgaben dieser Agentur, die dem Rat unterstellt ist und allen Mitgliedstaaten zur Teilnahme offen steht, gehören die Entwicklung der Verteidigungsfähigkeiten auf dem Gebiet der Krisenbewältigung, die Förderung und Verbesserung der europäischen Zusammenarbeit im Rüstungssektor, die Stärkung der industriellen und technologischen Verteidigungsbasis Europas und die Schaffung eines wettbewerbsfähigen europäischen Marktes für Verteidigungsgüter.

c) Streitkräfte-Überprüfungsmechanismus

Um unnötige Duplizierungen zu vermeiden und Transparenz und Kohärenz in den Beziehungen zur NATO sicherzustellen, soll ein *Streitkräfte-Überprüfungsmechanismus* ("Capabilities Development Mechanism") die Erreichung und Einhaltung der operativen und strategischen Planungsziele überwachen helfen und die Transparenz und Kohärenz zwischen dem Verteidigungsplanungsprozess ("Defence Planning Process", DPP) der NATO, dem Planungs- und Überprü-

---

67 Auf die Kooperationspartner im Rahmen von OCCAR und LoI allein entfallen 90 % der europäischen Gesamtproduktion im Bereich der Rüstungsindustrie.

68 Siehe Art III-212 des am 13. Juni und am 10. Juli 2003 im Konsensverfahren angenommenen Entwurfs eines Vertrags über eine Verfassung für Europa, Dok CONV 850/03 vom 18. Juli 2003, der die Einrichtung eines dem Ministerrat unterstellten Europäischen Amtes für Rüstung, Forschung und militärische Fähigkeiten vorsieht.

69 Siehe Pkt 65 der Schlussfolgerungen des Vorsitzes, Europäischer Rat in Thessaloniki, 19. und 20. Juni 2003, http://ue.eu.int/de/Info/eurocouncil/index.htm, auch abgedruckt in EuGRZ 2003, 376 (382).

70 Siehe den Beschluss 2003/834/EG des Rates vom 17. November 2003, ABl 2003 L 318 S 19.

71 Siehe die Gemeinsame Aktion 2004/551/GASP des Rates vom 12. Juli 2004, ABl 2004 L 245 S 17.

fungsprozess („Planning and Review Process", PARP) der Partnerschaft für den Frieden (PfF) und der EU-Streitkräfteplanung sicherstellen.[72] 22 der 25 EU-Mitgliedstaaten sind entweder vollständig in den Verteidigungsplanungsprozess der NATO eingebunden oder am Planungs- und Überprüfungsprozess der PfF beteiligt.[73] Die Notwendigkeit zur Koordinierung dieser Planungsprozesse ergibt sich aus der Tatsache, dass die von den europäischen Staaten gemeldeten Kräfte nur einmal vorhanden sind, dh sowohl im Rahmen der NATO als auch im Rahmen der EU zum Einsatz kommen sollen. Im Frühjahr 2003 hat zum ersten Mal die neu geschaffene *„NATO-EU Capability Group"* getagt, die aus Vertretern der Mitgliedstaaten sowie aus Vertretern beider Organisationen zusammengesetzt ist. Sie soll zur kohärenten Weiterentwicklung von militärischen Fähigkeiten, die für beide Organisationen von Bedeutung sind, beitragen.

C. Einsatzfähigkeit der EU

Angesichts der bestehenden *Lücken* bei den militärischen Fähigkeiten[74] konnte die Erklärung des Europäischen Rates in Laeken im Dezember 2001 zur Einsatzbereitschaft der EU[75] wohl nur als programmatische Erklärung gedeutet werden. Dies galt sowohl für die militärische, als auch für die zivile Krisenbewältigung: Abgesehen davon, dass die neu entwickelten Verfahren und das Zusammenwirken der einzelnen EU-Institutionen zur Vorbereitung von Krisenbewältigungseinsätzen zunächst einmal im Rahmen einer Übung getestet werden mussten,[76] behinderte das Nichtzustandekommmen der erforderlichen *Vereinbarungen mit der NATO* mehr als zwei Jahre lang die Erreichung der (vor allem militärischen) Einsatzfähigkeit der EU. Auf Grund der von der EU getroffenen Entscheidung, beim Aufbau von militärischen Kapazitäten zur Krisenbewältigung unnötige Duplizierungen zu vermeiden und auf bestehende Mittel und Fähigkeiten der

---

72 Siehe die Einleitung des Europäischen Aktionsplans zu den Fähigkeiten, Abschnitt III der Erklärung über die Verbesserung der europäischen militärischen Fähigkeiten, Anlage 1 zum Bericht des Vorsitzes über die Europäische Sicherheits- und Verteidigungspolitik, Dok 15193/01 + COR 1 (de) vom 11. Dezember 2001.
73 Vgl schon *Baumgartner* (Fn 55) 11 (21, Fn 26).
74 Siehe vorstehend auf S. 259ff.
75 Siehe die Erklärung zur Einsatzbereitschaft auf dem Gebiet der Gemeinsamen Sicherheits- und Verteidigungspolitik, Anlage 2 zu den Schlussfolgerungen des Vorsitzes, Europäischer Rat in Laeken, 14. und 15. Dezember 2001, http://ue.eu.int/de/Info/eurocouncil/index.htm.
76 Die erste EU-Krisenmanagement-Übung (CME 02) fand von 22. bis 28. Mai 2002 statt, bei der vor allem die Phase der Entscheidungsvorbereitung im Beschlussfassungsverfahren geübt wurde.

NATO zurückzugreifen, stellten der *gesicherte Zugriff auf Planungskapazitäten der NATO* und eindeutige Regelungen zur *Verfügbarkeit vorab identifizierter NATO-Fähigkeiten und -Mittel für EU-geführte Operationen* eine wesentliche Voraussetzung für die Fähigkeit der EU zur Durchführung militärischer Krisenbewältigungseinsätze dar.[77]

Tatsächlich war die EU erst Anfang 2003 in der Lage, ihren ersten militärischen Krisenbewältigungseinsatz durchzuführen: Die Übernahme der NATO-Mission „Allied Harmony" in der ehemaligen jugoslawischen Republik Mazedonien (FYROM), zu der sich die EU beim Europäischen Rat in Barcelona am 15. und 16. März 2002 bereit erklärt hatte, konnte erst nach einer Einigung mit der NATO über den Zugriff auf NATO-Mittel und -fähigkeiten erfolgen.[78]

Zwar hatte die NATO, nach Überwindung der politischen Differenzen zwischen Frankreich und Großbritannien über die künftige Gestaltung der GSVP,[79] bereits auf ihrem Gipfeltreffen am 24. April 1999 in Washington die grundsätzliche Bereitschaft erklärt, der EU den Rückgriff auf militärische Mittel und Fähigkeiten der NATO, insbesondere auf deren Planungs- und Führungseinrichtungen, zu gewähren (sog „*Berlin plus*"-Vereinbarungen).[80] Doch scheiterten die für einen Rückgriff der EU auf bestehende Mittel und Fähigkeiten der NATO erforderlichen Vereinbarungen über den gesicherten Zugang zu den Planungskapazitäten der NATO, den Zugriff auf bestimmte Mittel und Fähigkeiten der NATO und über die Bestimmung der Führungsoptionen, die der EU von der NATO zur Verfügung gestellt werden, zunächst am *Widerstand der Türkei.*[81]

Die Türkei sah das Problem vor allem darin, dass mögliche EU-geführte Operationen mit hoher Wahrscheinlichkeit im strategischen Umfeld der Türkei stattfinden würden, ohne dass diese bei der Entscheidungsfindung der EU – im Unterschied zur WEU, wo die Beteiligung der assoziierten Staaten, darunter die Türkei, an allen wichtigen Beschlüssen vorgesehen war – die Möglichkeit hat, ihre Interessen zu artikulieren.

---

77 *Baumgartner* (Fn 55) 11 (21).
78 Bei ihrem informellen Treffen in Zaragoza im März 2002 hatten die EU-Verteidigungsminister klar gestellt, dass es keinen Einsatz der EU in FYROM geben werde, bevor eine Einigung mit der NATO über die Verwendung von NATO-Fähigkeiten für EU-geführte Operationen zustande gekommen ist, siehe Atlantic News Nr 3372 vom 28. März 2002.
79 Siehe dazu Fn 38 oben.
80 Vgl Nummer 10 des Kommuniqués von Washington, Atlantic News Nr 3103 vom 27. April 1999. Da diese Zusage ursprünglich – damals allerdings noch gegenüber der WEU – auf dem NATO-Gipfel im Juni 1996 in Berlin gemacht worden war, spricht man auch von „Berlin plus" (bzw „Berlin +").
81 Siehe ua *Hochleitner* (Fn 66) 267 (276).

Ein nach fast zwei Jahren intensiver Verhandlungen ausgehandeltes Kompromisspapier, das von der Türkei akzeptiert werden konnte, wurde schließlich von *Griechenland* blockiert.[82] Griechenland wandte gegen dieses „Ankara-Papier" ein, dass es außerhalb jeglicher Verfahrensvorschrift der NATO bzw der EU ausgearbeitet worden sei, und dass es zudem nicht angehen könne, dass einem Nichtmitglied der EU mehr Mitspracherechte eingeräumt würden als einem Mitglied selbst.[83]

Im Zuge weiterer Verhandlungen im Jahr 2002 musste Griechenland jedoch, nachdem es mit seiner Position bald isoliert war, den Widerstand aufgeben. Der daraufhin beim Europäischen Rat in Brüssel im Oktober 2002 gefasste Beschluss sieht ua vor, dass die EU bei ESVP-Aktivitäten im geographischen Nahbereich eines nicht der EU angehörenden europäischen (NATO-) Bündnispartners von diesem geltend gemachte sicherheitspolitische Interessen berücksichtigen muss. Ferner wird klargestellt, dass die GSVP unter keinen Umständen – auch nicht im Krisenfall – gegen einen Bündnispartner eingesetzt wird, wobei im Gegenzug davon ausgegangen wird. dass im Rahmen der militärischen Krisenbewältigung der NATO nicht gegen die EU oder ihre Mitgliedstaaten vorgegangen wird. Ferner gilt als vereinbart, dass bei keiner Aktion gegen die Grundsätze der SVN verstoßen wird.[84]

Ein weiterer Grund für den Widerstand der *Türkei* war darin zu suchen, dass die Türkei ihre Zustimmung zu den angestrebten EU-NATO-Vereinbarungen von einer konkreten *EU-Beitrittsperspektive* abhängig machte. Erst nachdem der Türkei beim Europäischen Rat in Kopenhagen am 12. und 13. Dezember 2002 eine konkrete Beitrittsoption in Aussicht gestellt wurde,[85] konnte ein entsprechender

---

82 Das Kompromisspapier sah ua vor, dass die GSVP unter keinen Umständen gegen einen NATO-Mitgliedstaat angewendet wird und es bei einer geplanten autonomen Operation der EU in der geographischen Nähe eines NATO-Mitgliedstaates oder bei betroffenen Sicherheitsinteressen dieses Staates Konsultationen zwischen der EU und diesem Verbündeten geben würde. Damit wäre unabhängig vom Rückgriff auf NATO-Mittel eine Beteiligung der nicht der EU angehörenden NATO-Mitglieder gewährleistet worden, siehe *Baumgartner* (Fn 55) 11 (20, Fn 24).

83 Siehe Die Presse vom 23. Mai 2002; siehe auch *Hummer* in diesem Band vorstehend auf S. 159 und S. 165f.

84 Zur Umsetzung der Bestimmungen von Nizza über die Beteiligung der nicht der EU angehörenden europäischen Bündnis-Partner siehe Anlage II zu den Schlussfolgerungen des Vorsitzes, Europäischer Rat in Brüssel, 24. und 25. Oktober 2002, http://ue.eu.int/de/Info/eurocouncil/index.htm.

85 Siehe Pkt 19 der Schlussfolgerungen des Vorsitzes, Europäischer Rat in Kopenhagen, 12. und 13. Dezember 2002, http://ue.eu.int/de/Info/eurocouncil/index.htm.

NATO-Beschluss gefasst werden, der den Abschluss der „Berlin plus"-Vereinbarungen mit der EU gestattete.[86]

Im Anschluss an den Europäischen Rat in Kopenhagen konnte bei einem gemeinsamen Treffen des PSK und des Nordatlantikrats am 16. Dezember 2002 ein *Notenwechsel* zwischen dem Generalsekretär des Rates der EU/Hohen Vertreter und dem Generalsekretär der NATO unterzeichnet und eine *EU-NATO-Erklärung zur ESVP* verabschiedet werden, welche die Grundsätze der Beziehungen zwischen EU und NATO festlegen.[87] Die EU erklärte sich darin im Wesentlichen bereit, europäische NATO-Mitgliedstaaten, die nicht der EU angehören, in Durchführung der einschlägigen Beschlüsse des Europäischen Rates in Nizza und gemäß der Umsetzung der Bestimmungen von Nizza durch den Europäischer Rat in Brüssel vom Oktober 2002 im größtmöglichen Ausmaß an der ESVP teilhaben zu lassen. Im Gegenzug erklärte sich die NATO bereit, die EU gemäß den einschlägigen Beschlüssen des Gipfeltreffens von Washington und den Beschlüssen des Nordatlantikrats vom 13. Dezember 2002 durch die Zurverfügungstellung von NATO-Mitteln und -Fähigkeiten zu unterstützen. Dazu gehören etwa ein NATO-Hauptquartier, einschließlich der entsprechenden Planungs- (SHAPE) und Führungskapazitäten (DSACEUR als „Operation Commander" eines EU-geführten Einsatzes), einschlägige NATO-Infrastruktur und vor allem US-Fähigkeiten, wie satellitengestützte Aufklärungs- und Kommunikationssysteme und luftgestützte Bodenüberwachungs- und Führungssysteme.[88] Die „Berlin plus"-Vereinbarungen sollen nur auf jene Mitglieder der (erweiterten) EU Anwendung finden, die auch der NATO angehören oder an der Partnerschaft für den Frieden (PfP) teilnehmen. Zypern und Malta sind daher von diesen Vereinbarungen ausgenommen.[89]

Auf Grund der im März 2003 finalisierten EU-NATO-Dauervereinbarungen zur Durchführung der „Berlin plus"-Vereinbarungen kann der EU-Militärstab, der in Krisensituationen auf Initiative des PSK vom EU-Militärausschuss beauftragt wird, die militärstrategischen Optionen auszuarbeiten und nach Prioritäten zu ordnen, nunmehr den *gesicherten Zugang zu den Planungskapazitäten der*

---

86 Noch am 13. Dezember 2002 trat der Nordatlantikrat zu einer Sondersitzung zusammen, um ua den ständigen Zugang der EU zu den Planungskapazitäten der NATO für EU-geführte Krisenbewältigungseinsätze mit sofortiger Wirkung zu beschließen und die Bereitschaft zum Abschluss der „Berlin plus"-Vereinbarung sowie eines EU-NATO-Sicherheitsabkommens bis 1. März 2003 zu erklären.

87 Siehe Atlantic News N° 3441 vom 18. Dezember 2002.

88 Siehe dazu *Baumgartner* (Fn 55) 11 (20 mwN).

89 Siehe die Erklärung des Rates (Tagung in Kopenhagen am 12. Dezember 2002), Anlage II zu den Schlussfolgerungen des Vorsitzes, Europäischer Rat in Kopenhagen am 12. und 13. Dezember 2002 http://ue.int/de/Info/eurocouncil/ index.htm.

NATO[90] in Anspruch nehmen, die diese Optionen im Einzelnen analysieren und ausarbeiten. Dies gilt bei einer Operation, bei der auf die Mittel und Fähigkeiten der NATO zurückgegriffen wird, auch für den designierten „Operation Commander", der den gesicherten Zugang zu den Planungskapazitäten der NATO in Anspruch nehmen kann, um die für die Operation erforderlichen Planungsdokumente zu erstellen. Für den Fall, dass der DSACEUR der EU mitteilt, dass es ihm unmöglich ist, gleichzeitig die Anforderung der EU und die Arbeiten der NATO an einem Einsatz, der nicht nach Artikel V des NATO-Vertrages beschlossen wurde, zu bewältigen, findet auf der entsprechenden Ebene eine enge Konsultation zwischen den beiden Organisationen statt, um hinsichtlich der Prioritätenzuweisung und der Bereitstellung von Kräften eine für beide Organisationen annehmbare Lösung zu finden, wobei die letzte Entscheidung der NATO vorbehalten bleibt.[91]

Bei einer *Operation, bei der auf die Mittel und Fähigkeiten der NATO zurückgegriffen wird*, treten Sachverständige der beiden Organisationen im Benehmen mit dem die strategische Koordinierung wahrnehmenden DSACEUR zusammen, um festzulegen, welche der vorausschauend bestimmten Mittel und Fähigkeiten der NATO für diese Option relevant sind. Nachdem die im Rahmen der Operation einzusetzenden, vorab identifizierten Mittel und Fähigkeiten bestimmt sind, stellt die EU einen entsprechenden Antrag an die NATO. Schließlich wird in einer Sitzung von PSK und Nordatlantikrat vereinbart, welche vorab identifizierten Mittel und Fähigkeiten der NATO für die EU-Operation eingesetzt werden und nach welchen Modalitäten sie zur Verfügung gestellt werden, einschließlich etwaiger Rückrufbedingungen.[92] Grundsätzlich werden die Mittel und Fähigkeiten der EU für die gesamte Dauer der Operation zur Verfügung gestellt, es sei denn, die NATO muss eine Operation nach Artikel V NATO-Vertrag durchführen, oder eine Operation, die nicht auf Artikel V beruht, wird nach Konsultation zwischen den beiden Organisationen als prioritär erachtet.[93]

Findet eine Krisenbewältigungsoperation der EU *ohne Rückgriff auf NATO-Mittel* statt, oder führt die NATO eine Krisenbewältigungsoperation durch, so

90 „Gesichert" bedeutet ohne Einzelzustimmung seitens der NATO, vgl den Anhang zur Anlage VII zum Bericht des Vorsitzes über die Europäische Sicherheits- und Verteidigungsdoktrin, Europäischer Rat in Nizza, 7., 8. und 9. Dezember 2000, http://ue.eu.int/de/Info/eurocouncil/index.htm.

91 Siehe den Anhang zur Anlage VII zum Bericht des Vorsitzes über die Europäische Sicherheits- und Verteidigungsdoktrin, Europäischer Rat in Nizza, 7., 8. und 9. Dezember 2000, http://ue.eu.int/de/Info/eurocouncil/index.htm.

92 Siehe Anlage VII zum Bericht des Vorsitzes über die Europäische Sicherheits- und Verteidigungsdoktrin, Europäischer Rat in Nizza, 7., 8. und 9. Dezember 2000, http://ue.eu.int/de/Info/eurocouncil/index.htm.

93 Siehe den Anhang (Fn 91).

stellen beide Organisationen einen stetigen Informationsaustausch über den Gesamtverlauf der jeweiligen Operation sicher.[94]

Eine weitere Voraussetzung für den Rückgriff der EU auf Mittel und Fähigkeiten der NATO war der Abschluss einer Vereinbarung zwischen der EU und der NATO über die Sicherheit von klassifizierten Informationen. Am 14. März 2003 ist mit der Unterzeichnung durch den griechischen Ratsvorsitzenden Papandreou und durch NATO-Generalsekretär Robertson ein *Abkommen zwischen der EU und der NATO über den Geheimschutz* in Kraft getreten.[95] Die Vereinbarung regelt den Austausch von klassifizierten Informationen und von klassifiziertem Material zwischen den Parteien. Sie löst die Interimsvereinbarung in Form eines Notenwechsels zwischen dem Generalsekretär des Rates der EU und dem Generalsekretär der NATO vom 26. Juli 2000 ab und stellt, neben den oben zitierten EU-NATO-Dauervereinbarungen, den zweiten Pfeiler der Umsetzung der „Berlin plus"-Vereinbarungen dar.

Damit waren die notwendigen Voraussetzungen für die Durchführung (erster) militärischer Krisenbewältigungseinsätze durch die EU geschaffen: Auf Basis der Gemeinsamen Aktion vom 27. Jänner 2003[96] konnte der Rat der EU am 18. März 2003 die Einleitung der militärischen Operation der EU in der ehemaligen jugoslawischen Republik Mazedonien (FYROM), der sog *Operation CONCORDIA*, einer EU-geführen Operation unter Rückgriff auf Mittel und Fähigkeiten der NATO, beschließen.[97] Der am 31. März 2003 eingeleitete Einsatz stützt sich auf ein diesbezügliches Ersuchen des mazedonischen Präsidenten Trajkovski und auf Resolution 1371 (2001) des SR der VN. Ziel der Operation ist es, Frieden und Stabilität in FYROM sichern zu helfen.

Bei der Vorbereitung und Durchführung des Einsatzes stützte sich die EU auf Planungs- und Führungsstrukturen der NATO. Das „Operation Headquarters" (OHQ) wurde durch das NATO-Hauptquartier „Supreme Headquarters Allied Powers Europe" (SHAPE) in Mons, Belgien, unter Beiziehung von Offizieren aus Belgien, Deutschland, Finnland, Frankreich, Griechenland, Italien, Österreich, Schweden, Spanien und dem Vereinigten Königreich gestellt und als „Operation Commander" fungierte der stellvertretende Oberbefehlshaber der alliierten Streitkräfte in Europa (DSACEUR), der deutsche Generalstabsoffizier Admiral

---

94 Siehe Anlage VII (Fn 92).
95 Siehe den Beschluss 2003/211/GASP des Rates vom 24. Februar 2003, ABl 2003 L 80 S 35.
96 Siehe den Beschluss 2003/92/GASP des Rates vom 27. Jänner 2003, ABl 2003 L 34 S 26.
97 Siehe den Beschluss 2003/202/GASP des Rates vom 18. März 2003, ABl 2003 L 76 S 43.

Feist.[98] Das „Force Headquarters" (FHQ) wurde von Frankreich als Rahmennation gestellt. Rund 380 Soldaten aus 27 Staaten nahmen am Einsatz teil. Die Rechtsstellung der EU-geführten Einsatzkräfte in FYROM war in einer nach Art 24 EUV geschlossenen Übereinkunft mit der Regierung von FYROM geregelt.[99]

Ende Juli 2003 hat der Rat der EU – nach einem entsprechenden Beschluss der NATO über die weitere Zurverfügungstellung von NATO-Mitteln an die EU[100] auf Grund eines diesbezüglichen Ersuchens von Präsident *Trajkovski* beschlossen, die EU-Operation CONCORDIA bis 15. Dezember 2003 zu verlängern.[101] Danach wurde die Operation durch eine Polizeimission nach dem Vorbild der EUPM in Bosnien und Herzegowina abgelöst.[102]

Auf Grundlage der Resolution 1484 (2003) des SR der VN und der Gemeinsamen Aktion vom 5. Juni 2003[103] hatte der Rat der EU am 12. Juni 2003 die Einleitung eines weiteren militärischen Krisenbewältigungseinsatzes, der sog *Operation ARTEMIS* in der Demokratischen Republik Kongo, beschlossen.[104] Bei dieser Operation wurde die EU erstmals autonom, ohne Rückgriff auf NATO-Mittel und -Fähigkeiten, tätig und arbeitete erstmals mit den VN im Zuge eines Einsatzes zusammen. Die etwa 1.500 Mann starke EU-Truppe, die die VN bei ihrer friedenserhaltenden Mission in der kongolesischen Ost-Provinz Ituri unterstützte, stand unter französischem Oberkommando und umfasste Kontingente aus 17 verschiedenen Staaten.[105] Zweck des Einsatzes war die Sicherung der Stadt Bunia und des dazugehörenden Flughafens, bis der Übergang des UN-Kontingents MONUC I auf MONUC II stattgefunden hatte. Die Operation ARTEMIS konnte am 7. September 2003 erfolgreich beendet werden.

---

98   Siehe Atlantic News Nr 3500 vom 7. August 2003.

99   Siehe den Beschluss 2003/222/GASP des Rates vom 21. März 2003, ABl 2003 L 82 S 45, betreffend den Abschluss des Abkommens zwischen der EU und der ehemaligen jugoslawischen Republik Mazedonien über den Status der EU-geführten Einsatzkräfte (EUF) in der ehemaligen jugoslawischen Republik Mazedonien.

100   Siehe Atlantic News Nr 3500 vom 7. August 2003.

101   Siehe den Beschluss 2003/563/GASP des Rates vom 29. Juli 2003, ABl 2003 L 190 S 20.

102   Siehe nachstehend auf S 274.

103   Siehe den Beschluss 2003/423/GASP des Rates vom 5. Juni 2003, ABl 2003 L 143 S 50.

104   Siehe den Beschluss 2003/432/GASP des Rates vom 12. Juni 2003, ABl 2003 L 147 S 42.

105   Siehe dazu den Beschluss 2003/500/GASP des Rates vom 1. Juli 2003, ABl 2003 L 170 S 19, den Beschluss 2003/529/GASP des Rates vom 11. Juli 2003, ABl 2003 L 184 S 13 sowie den Beschluss 2003/605/GASP des PSK vom 31. Juli 2003, ABl 2003 L 206 S 32.

Für Ende 2004 plant die EU die *Übernahme einer Nachfolgeoperation der SFOR.*[106] Dies setzte, neben dem Einverständnis Bosnien und Herzegowinas, die Zustimmung der NATO, vor allem der USA, voraus. Ferner finden Überlegungen hinsichtlich der Durchführung einer Operation der EU unter einem Mandat der OSZE in *Moldawien* statt. Sollte es tatsächlich zur Durchführung dieser Einsätze kommen, wird sich die Fähigkeit der EU zur Durchführung militärischer Krisenbewältigungseinsätze, zumindest im unteren Spektrum der Petersberg-Aufgaben, weiter festigen.

Gestützt auf eine gleichlautende Beurteilung durch die EU-Verteidigungsminister[107] stellte der Europäische Rat in Thessaloniki am 19./20. Juni 2003 fest, dass die *EU nun im gesamten Spektrum der Petersbergaufgaben einsatzfähig* ist, wobei es *Einschränkungen und Zwänge aufgrund anerkannter Lücken* gibt, die sich durch die Weiterentwicklung der militärischen Fähigkeiten der EU, ua durch die Einsetzung von ECAP-Projektgruppen, mindern lassen.[108] Auf Grund des vorgegebenen Planziels wird die EU nach Auffassung von Militärexperten jedoch auch bei dessen voller Erreichung nicht in der Lage sein, gewisse Kampfeinsätze zur Friedensschaffung durchzuführen, die zB die Intensität des Golfkrieges 1991 erreichen, weil bei einem Pool von 60.000 Soldaten nur etwa 20.000 Soldaten als Kampftruppe zur Verfügung stünden (der Rest entfällt auf Logistikkräfte und auf Kampfunterstützungstruppen). Daraus lässt sich ableiten, dass schon auf Grund der vorgegebenen Personalstärke militärische Einsätze zur Erfüllung bestimmter Petersberg-Aufgaben *nur bis zu einer gewissen Intensität* durchführbar sein werden.[109]

III. Zivile Krisenbewältigung

Die Vorbereitung und Durchführung von Maßnahmen der zivilen Krisenbewältigung findet sowohl im Bereich der 1. Säule (unter Federführung der

---

106 Siehe die Gemeinsame Aktion 2004/570/GASP des Rates vom 12. Juli 2004, ABl 2004 L 252 S 10. Die milirärische Operation der EU in Bosnien und Herzegowina (Operation ALTHLA) wird unter Rückgriff auf Mittel und Fähigkeiten der NATO durchgeführt.

107 Am 19. Mai 2003 verabschiedeten die EU-Verteidigungsminister eine *Erklärung betreffend die militärischen Fähigkeiten der EU*, in der sie feststellen, dass die EU nunmehr über die operationelle Einsatzfähigkeit im gesamten Spektrum der Petersberg-Aufgaben verfügt, eingeschränkt durch gewisse erkannte „shortfalls".

108 Siehe Pkt 56 der Schlussfolgerungen des Vorsitzes, Europäischer Rat in Thessaloniki, 19. und 20. Juni 2003, http://ue.eu.int/de/Info/eurocouncil/index.htm, auch abgedruckt in EuGRZ 2003, 376 (381).

109 *Baumgartner* (Fn 55) 11 (18 mwN).

Kommission, finanziert aus Gemeinschaftsmitteln) als auch im Bereich der 2. Säule (unter Federführung des Rates, überwiegend durch Mittel der Mitgliedstaaten finanziert) statt. Im Zusammenhang mit dem Aufbau von personellen und operativen Fähigkeiten der EU für Kriseneinsätze im Bereich der GSVP legte der Europäische Rat in Feira im Juni 2000 und in Göteborg im Juni 2001 *vier prioritäre Bereiche* fest, in denen die zivilen Fähigkeiten der Union gestärkt bzw weiterentwickelt werden sollten: Polizei, Rechtsstaatlichkeit, Zivilverwaltung und Bevölkerungsschutz. Dabei wurden *Planziele* definiert, deren Erfüllung es der EU ermöglichen sollte, bis 2003 volle Handlungsfähigkeit für (zivile) Kriseneinsätze zu erlangen.[110] Vorrang hatte zunächst der Aufbau von personellen und operativen Fähigkeiten im Bereich *Polizei*.

A. Polizei

Das in Feira gesteckte Ziel, bis 2003 bis zu 5.000 Polizisten aus den Mitgliedstaaten bereitstellen zu können, wovon bis zu 1.000 in weniger als 30 Tagen verlegbar sind, wurde bereits im Zuge einer Beitragskonferenz der Innenminister der Mitgliedstaaten im November 2001 erreicht, ja sogar leicht überschritten.[111]

Die weiteren Arbeiten im Bereich Polizei konzentrierten sich auf die Umsetzung des vom Europäischen Rat in Göteborg im Juni 2001 beschlossenen Aktionsplans für die Polizei,[112] insbesondere auf die Ausbildung, die rasche Einsatzverfügbarkeit und die Verbesserung der Interoperabilität. Anfang 2001 wurde die Europäische Polizeiakademie (EPA) gegründet, die Kurse für leitende Polizeibeamte durchführt.[113]

---

110 Siehe die konkreten Ziele für die Polizeikräfte, Anlage 4 zu Anlage I zu den Schlussfolgerungen des Vorsitzes, Europäischer Rat in Feira, 19. und 20. Juni 2000, http://ue.eu.int/de/Info/eurocouncil/index.htm, und die konkreten Ziele für die Bereiche Rechtsstaatlichkeit, Zivilverwaltung und Bevölkerungsschutz, Anlage III der Anlage zu den Schlussfolgerungen des Vorsitzes, Europäischer Rat in Göteborg, 15. und 16. Juni 2001, http://ue.eu.int/de/Info/eurocouncil/index.htm.

111 Siehe dazu Anlage II zum Bericht des Vorsitzes über die Europäische Sicherheits- und Verteidigungspolitik, Anlage 4 zu den Schlussfolgerungen des Vorsitzes, Europäischer Rat in Laeken, 14. und 15. Dezember 2001, http://ue.eu.int/de/Info/euro council/index.htm.

112 Siehe Anlage I zum Bericht des Vorsitzes über die Europäische Sicherheits- und Verteidigungspolitik, Anlage III zu den Schlussfolgerungen des Vorsitzes, Europäischer Rat in Göteborg, 15. und 16. Juni 2001, http://ue.eu.int/de/Info/ eurocouncil/index.htm.

113 Siehe den Beschluss 2000/820/JI des Rates vom 30. Dezember 2000, ABl 2000 L 336 S 1, in der Fassung der Beschlüsse 2004/566/JI und 2004/567/JI des Rates vom 26. Juli 2004, ABl 2004 L 251 S 19f.

Am 1. Jänner 2003 startete die EU ihren ersten zivilen Krisenbewältigungseinsatz: Die *EU-Polizeimission (EUPM)* übernahm in *Bosnien und Herzegowina*,
mit Zustimmung dieses Staates, die Aufgaben der „International Police Task
Force" der VN, deren Mandat Ende 2002 abgelaufen war. Die Einrichtung der
EUPM war mit Beschluss des Rates vom 11. März 2002[114] erfolgt und vom SR
der VN in dessen Resolution 1396 (2002) ausdrücklich begrüßt worden. Die
rechtlichen Rahmenbedingungen für den Einsatz, insbesondere die Rechtsstellung des Personals der EUPM in Bosnien und Herzegowina, sind in einem Abkommen zwischen der EU und Bosnien und Herzegowina vom 4. Oktober 2002
geregelt.[115] Der Einsatz ist auf drei Jahre befristet.

Die EUPM besteht aus einem Hauptquartier in Sarajevo und 24 Beobachterteams, die auf der mittleren und höheren Ebene der verschiedenen Polizeistrukturen Bosnien und Herzegowinas eingesetzt sind. Rund 500 EU-Poli-
zeibeamte aus insgesamt 33 Staaten führen dort im Wesentlichen Beobachtungs-,
Beratungs- und Überprüfungstätigkeiten durch. Ziel der Mission ist es, ein den
europäischen Standards entsprechendes Polizeisystem in Bosnien und Herzegowina aufzubauen.

Seit 15. Dezember 2003 führt die EU auch eine Polizeimission in der ehemaligen jugoslawischen Republik Mazedonien (EUPOL „Proxima") durch.[116]

B. Rechtsstaatlichkeit

Im Bereich der *Rechtsstaatlichkeit* sollen EU Richter, Staatsanwälte und Straf-
vollzugsexperten bereitgestellt werden, um in Krisengebieten beim (Wieder-)
Aufbau rechtsstaatlicher Strukturen, insbesondere eines funktionierenden Ge-
richts- und Strafvollzugswesens, zu helfen. Die beim Europäischen Rat in Göteborg im Juni 2001 gesteckten Ziele, bis 2003 bis zu *200 Rechtsexperten* aus den
Mitgliedstaaten bereitstellen zu können, die, falls sie polizeiliche Krisenre-
aktionseinheiten ergänzen, innerhalb von 30 Tagen einsatzfähig sein sollten,

---

114 Siehe die Gemeinsame Aktion 2002/210/GASP vom 11. März 2002 über die Po-
     lizeimission der Europäischen Union, ABl 2002 L 70 S 1, sowie die diese ergänzen-
     den Gemeinsamen Aktionen 2003/141/GASP vom 27. Februar 2003, ABl 2003 L 53
     S 63 und 2003/188/GASP vom 17. März 2003, ABl 2003 L 73 S 9.
115 Siehe den Beschluss 2002/845/GASP des Rates vom 30. September 2002, ABl 2002
     L 293 S 2.
116 Siehe die Gemeinsame Aktion 2003/681/GASP des Rates vom 29. September 2003,
     ABl 2003 L 249 S 66.

wurden erreicht. Die zugesagten Kapazitäten haben die Vorgaben von 200 Experten deutlich überstiegen.[117]

Seit 15. Juli 2004 führt die EU ihre erste Mission zur Stützung der Rechtsstaatlichkeit im Rahmen der ESVP durch, die Mission EUJUST THEMIS in Georgien.[118]

C. Zivilverwaltung

Im Bereich *Zivilverwaltung* wurde ein Expertenpool für die Gebiete allgemeine Verwaltung (wie Kommunalverwaltung, Steuer- oder Zollverwaltung), Sozialfunktionen (Bildungswesen, Sozialdienste und Gesundheitsdienste) und Infrastrukturfunktionen (Wasserversorgung, Energieversorgung, Telekommunikation, Abfallbewirtschaftung) geschaffen. Die EU-Experten sollen beratend tätig werden oder in gewissen Fällen, wie zB beim Fehlen lokaler staatlicher Einrichtungen, Verwaltungsaufgaben direkt übernehmen. Ferner sollen sie die Ausbildung von lokalen Bediensteten der Zivilverwaltung übernehmen.[119]

Die beim Europäischen Rat in Göteborg im Juni 2001 gesteckten Ziele, bis 2003 die Stärkung der EU-Fähigkeiten insgesamt (Expertenpool) und die Stärkung der Fähigkeiten in den Bereichen Schulung und Beurteilung zu erreichen, wurden nicht nur erreicht, sondern sogar überschritten.[120]

Für Experten im Bereich Rechtsstaatlichkeit und Zivilverwaltung werden zur Zeit gemeinsame Trainingsmodule durch eine Gruppe ziviler Ausbildungszentren der Mitgliedstaaten mit Unterstützung der Kommission ausgearbeitet, die die Grundlage für gemeinsame europäische Pilotkurse bilden sollen. Weitere Arbeiten finden vor allem im Bereich der Ausbildung des Personals sowie der Erstellung von Leitlinien und Konzepten, etwa für die Verwaltung von Gemeinden, statt.

---

117 Siehe dazu die Ergebnisse der Beitragskonferenz zum Bereich Rechtsstaatlichkeit vom 16. Mai 2002, Anhang I zum Bericht des Vorsitzes über die Europäische Sicherheits- und Verteidigungspolitik, Anhang VIII zu den Schlussfolgerungen des Vorsitzes, Europäischer Rat in Sevilla, 21. und 22. Juni 2002, http://ue.eu.int/de/Info/eurocouncil/index.htm.

118 Siehe die Gemeinsame Aktion 2004/523/GASP des Rates vom 28. Juni 2004, ABl 2004 L 228 S 21.

119 Siehe *Brewka* (Fn 25) 47.

120 Vgl die Ergebnisse der Beitragskonferenz für die zivile Krisenbewältigung vom 19. November 2002.

D. *Bevölkerungsschutz*

Die beim Europäischen Rat in Göteborg im Juni 2001 gesteckten Ziele, bis 2003 zwei bis drei Beurteilungs- und/oder Koordinierungsteams mit bis zu zehn Experten (aus einem Pool von bis zu 100 Experten, die jederzeit abrufbar sind) innerhalb von drei bis sieben Stunden in betroffene Gebiete entsenden zu können, sowie bis zu 2.000 Personen kurzfristig für Einsatzteams zur Verfügung stellen und zusätzliche Ressourcen binnen zwei Tagen bis zu einer Woche verlegen zu können, wurden nicht nur erreicht, sondern sogar überschritten.[121]

Weitere Arbeiten finden vor allem im Bereich der Ausbildung des Personals sowie der Harmonisierung und Koordinierung der Entscheidungsabläufe statt. Ein Ausbildungsprogramm im Bereich Katastrophenschutz sieht spezifische Trainingseinheiten für internationale Kriseneinsätze vor.[122]

Einen Prioritätsbereich beim Bevölkerungsschutz bilden Katastrophenschutzmaßnahmen im Rahmen von Krisenbewältigungseinsätzen. Hier beabsichtigt die EU, ihre Fähigkeiten im Zusammenhang mit dem weiteren Ausbau der GSVP zu verstärken.[123] Das Schwergewicht der Arbeiten lag zuletzt auf der Festlegung der Modalitäten für den Einsatz des *Gemeinschaftsverfahrens* zur Förderung einer verstärkten Zusammenarbeit bei Katastrophenschutzeinsätzen im Rahmen der EU-Krisenbewältigung.

IV. Strukturen zur Krisenbewältigung

Die Erlangung der Fähigkeit zur autonomen Konfliktverhütung und Krisenbewältigung im Rahmen der Petersberg-Aufgaben setzt auch geeignete *Beschlussfassungsgremien* voraus.[124] Der Europäisch Rat in Köln im Juni 1999 hat daher beschlossen, innerhalb des Rates neue ständige politische und militärische Gremien zu schaffen, damit eine politische Kontrolle und eine strategische Lei-

---

121 Vgl die Ergebnisse der Beitragskonferenz für die zivile Krisenbewältigung vom 19. November 2002.

122 Siehe *Brewka* (Fn 25) 47.

123 Siehe Anhang III zum Bericht des Vorsitzes über die Europäische Sicherheits- und Verteidigungspolitik, Anlage VIII zu den Schlussfolgerungen des Vorsitzes, Europäischer Rat in Sevilla, 21. und 22. Juni 2002, http://ue.eu.int/de/Info/eurocouncil/index.htm, der die Anwendung des Gemeinschaftsverfahrens zur Förderung der Zusammenarbeit bei solchen Katastrophenschutzeinsätzen vorsieht.

124 Siehe Punkt 2 des Berichts des Vorsitzes über die Stärkung der Gemeinsamen europäischen Sicherheits- und Verteidigungspolitik, Anhang III zu den Schlussfolgerungen des Vorsitzes, Europäischer Rat in Köln, 3. und 4. Juni 1999 http://ue.eu.int/de/Info/eurocouncil/index.htm.

tung EU-geführter Petersberg-Operationen gewährleistet ist.[125] Zudem wurde es
als notwendig erachtet, dass die EU auch die Fähigkeit zur Lageanalyse, Zugang
zum Nachrichtenwesen und die Fähigkeit zu einer einschlägigen strategischen
Planung besitzt, um solche Operationen effektiv beschließen und durchführen zu
können.

Neben dem *Europäischen Rat* und dem *Rat* (Allgemeine Angelegenheiten
und Außenbeziehungen), in dessen Rahmen seit Mai 2002 nunmehr auch die *Verteidigungsminister* der EU-Mitgliedstaaten zusammenkommen können,[126] wurden neue ständige politische und militärische Gremien eingerichtet: Ein Politisches und Sicherheitspolitisches Komitee (PSK), bestehend aus Vertretern mit
politischer/militärischer Expertise, ein EU-Militärkomitee (EUMK), bestehend
aus militärischen Vertretern, die gegenüber dem PSK Empfehlungen aussprechen, ein EU-Militärstab (EUMS), ein Lagezentrum (SITCEN) sowie ein Satellitenzentrum (SATCEN) und ein Institut für Sicherheitsstudien (ISS). Für die zivilen Aspekte der Krisenbewältigung wurde ein Komitee für die zivilen Aspekte
der Krisenbewältigung, ein Polizeistab und ein Koordinierungsmechanismus für
die zivilen Aspekte der Krisenbewältigung eingerichtet.

Darüber hinaus wurden Strukturen für einen Dialog über sicherheits- und verteidigungspolitische Fragen sowie Fragen der Krisenbewältigung mit Drittstaaten
sowie mit internationalen Organisationen geschaffen.

---

125 Siehe Punkt 3 des Berichts des Vorsitzes über die Stärkung der Gemeinsamen euro-
     päischen Sicherheits- und Verteidigungspolitik, Anhang III zu den Schlussfolge-
     rungen des Vorsitzes, Europäischer Rat in Köln, 3. und 4. Juni 1999 http://ue.eu.int/
     de/Info/eurocouncil/index.htm.
126 Nach einer Reihe von informellen Verteidigungsministertreffen – ein erstes der-
     artiges Treffen hatte unter österreichischem Vorsitz im November 1998 stattgefun-
     den – konnte im Frühjahr 2002 eine Kompromissformel für formelle Treffen der
     Verteidigungsminister gefunden werden: Seit 13. Mai 2002 tagen die Verteidi-
     gungsminister auch formell, allerdings nicht als eigener Rat, sondern im Rahmen des
     Rates Allgemeine Angelegenheiten und Außenbeziehungen, um Tagesordnungs-
     punkte zu militärischen Fragen zu behandeln. Zur Frage der Schaffung eines eige-
     nen Rates der Verteidigungsminister siehe auch *Hummer* in diesem Band auf
     S. 180f.

A. Gemeinsame Strukturen (für militärische und zivile Krisenbewältigung)

1. Politisches und Sicherheitspolitisches Komitee (PSK)

Das PSK wurde auf der Grundlage der Beschlüsse des Europäischen Rates in Nizza im Dezember 2000[127] durch Beschluss des Rates vom 22. Jänner 2001[128] als ständiges Ratsgremium in Brüssel eingerichtet (nachdem es als interimistisches Gremium bereits seit März 2000 tätig gewesen war). Es besteht aus diplomatischen Vertretern der 15 EU-Mitgliedstaaten auf Botschafterebene. Bei Bedarf kann es auch in der Zusammensetzung der Politischen Direktoren der Aussenministerien der 15 EU-Mitgliedstaaten zusammentreten. Das PSK wird vom Vertreter des jeweiligen Vorsitzes im Europäischen Rat geleitet. Vor allem im Krisenfall kann der Generalsekretär/Hohe Vertreter für die GASP[129] nach Konsultation des Vorsitzes unbeschadet des Artikels 18 EUV den Vorsitz im PSK übernehmen. An den Sitzungen des PSK nimmt erforderlichenfalls der Vorsitzende des Militärkomitees teil.

Nach dem beim Europäischen Rat in Helsinki im Dezember 1999 vereinbarten Konzept soll das PSK als „Motor" der GSVP und der GASP fungieren und sich mit allen Aspekten der GASP, einschließlich der GSVP, befassen. Dem PSK kommt unbeschadet des Artikels 207 des Vertrags zur Gründung der Europäischen Gemeinschaft (EGV) eine zentrale Rolle bei der Festlegung der Reaktion der EU auf eine Krise und deren Umsetzung zu.

Gemäß Art 25 EUV hat das PSK die internationale Lage in den Bereichen der GASP zu verfolgen, auf Ersuchen des Rates oder von sich aus Stellungnahmen zur Festlegung der Politiken zu verfassen, einschlägige Entwürfe für Schlussfolgerungen des Rates (Allgemeine Angelegenheiten) zu prüfen und den anderen GSVP-Gremien, insbesondere dem Militärkomitee und dem Komitee für die nichtmilitärischen Aspekte der Krisenbewältigung, bzw deren Arbeitsgruppen, Leitlinien vorzugeben. Dem PSK kommt auch, unter Aufsicht des Rates, die poli-

---

127 Siehe dazu sowie zum folgenden Anlage III zum Bericht des Vorsitzes über die Europäische Sicherheits- und Verteidigungsdoktrin, Europäischer Rat in Nizza, 7., 8. und 9. Dezember 2000, http://ue.eu.int/de/Info/eurocouncil/index.htm.

128 Siehe den im Vorgriff auf das Inkrafttreten des Vertrages von Nizza (siehe jetzt Art 25 EUV) auf der Grundlage von Art 28 EUV und Art 207 EGV gefassten Beschluss 2001/78/GASP des Rates vom 22. Jänner 2001, ABl 2001 L 27 S 1.

129 Die Funktion des Hohen Vertreters für die GASP, die vom Generalsekretär des Rates wahrgenommen wird, wurde mit dem Vertrag von Amsterdam geschaffen (vgl Art 26 EUV). Der Hohe Vertreter unterstützt den Ratsvorsitz, der die Union in Fragen der GASP zu vertreten hat, und trägt zur Formulierung, Ausarbeitung und Umsetzung der politischen Entscheidungen des Rates bei. Er kann im Namen des Rates und auf Aufforderung durch den Vorsitz den politischen Dialog mit Dritten führen.

tische Leitung der Entwicklung der militärischen Fähigkeiten zu. Dabei kann es sich auf die Stellungnahme des vom Europäischen Militärstab unterstützten Militärkomitees stützen.

Im Krisenfall schlägt das PSK dem Rat die von der Union zu verfolgenden politischen Ziele vor und empfiehlt Optionen, mit denen zur Beilegung der Krise beigetragen werden soll. Es kann insbesondere eine Stellungnahme ausarbeiten, in der es dem Rat die Annahme einer Gemeinsamen Aktion empfiehlt. Die Kompetenz, rechtlich bindende Beschlüsse zu fassen, kommt allerdings allein dem Rat, dessen Beratungen vom Ausschuss der Ständigen Vertreter (AStV)[130] vorbereitet werden, und der Kommission, im Rahmen ihrer jeweiligen Zuständigkeiten nach den in den Verträgen festgelegten Verfahren, zu. Die Kommission unterrichtet das PSK von den Maßnahmen, die sie getroffen hat oder zu treffen beabsichtigt. Auch die Mitgliedstaaten informieren das PSK über die Maßnahmen, die sie auf nationaler Ebene getroffen haben oder zu treffen beabsichtigen. Unbeschadet der Rolle der Kommission überwacht das PSK die Umsetzung der beschlossenen Maßnahmen und beurteilt deren Wirkungen.

Das PSK nimmt insbesondere auch die *politische Kontrolle und strategische Leitung* der *militärischen* Reaktion der Union auf eine Krise wahr. Hierzu beurteilt es insbesondere auf der Grundlage der Stellungnahmen und Empfehlungen des Militärkomitees die wesentlichen Elemente (militärstrategische Optionen, einschließlich Befehlskette, Operationskonzept, Operationsplan), die dem Rat zu unterbreiten sind. Im Hinblick auf die Einleitung einer Operation richtet das PSK nach den üblichen Verfahren zur Vorbereitung der Arbeiten des Rates eine Empfehlung an den Rat, die sich auf die Stellungnahmen des Militärkomitees stützt. Auf dieser Grundlage entscheidet der Rat über die Einleitung der Operation im Rahmen einer Gemeinsamen Aktion. Im Verlauf der Operation ist der Rat anhand von Berichten des PSK, die vom Generalsekretär/Hohen Vertreter als Vorsitzendem des PSK vorgelegt werden, zu unterrichten.

2. Zivil/militärisches Lagezentrum (SITCEN)

Zur Analyse aller für GSVP-Zwecke benötigten militärischen und zivilen Informationen wurde ein dem Generalsekretär/Hohen Vertreter unterstelltes zivil/militärisches Lagezentrum (SITCEN) eingerichtet.[131] Der Generalsekretär/Hohe Ver-

---

130 Der AStV erfüllt die ihm durch Artikel 207 EGV und durch Artikel 19 der Geschäftsordnung des Rates übertragenen Aufgaben. Hierzu wird er rechtzeitig vom PSK befasst.

131 Siehe Anlage III zum Bericht des Vorsitzes über die Europäische Sicherheits- und Verteidigungsdoktrin, Europäischer Rat in Nizza, 7., 8. und 9. Dezember 2000, http://ue.eu.int/de/Info/eurocouncil/index.htm.

treter gibt auf der Grundlage der Arbeiten des PSK die Richtung für die Arbeiten des SITCEN vor. Das SITCEN ist rund um die Uhr besetzt. Es beobachtet internationale Entwicklungen, sorgt für Frühwarnung, empfängt Informationen und wertet sie aus. Das SITCEN unterstützt das PSK und stellt ihm Informationen bereit. Es verstärkt die übrigen für den GSVP-Bereich zuständigen Dienststellen des Ratssekretariats, insbesondere die Strategieplanungs- und Frühwarneinheit und die Generaldirektion E (Außenbeziehungen).

B. Militärische Strukturen

1. Militärkomitee (EUMK)

Das EUMK wurde auf der Grundlage der Beschlüsse des Europäischen Rates in Nizza im Dezember 2000[132] durch Beschluss des Rates vom 22. Jänner 2001[133] als ständiges Ratsgremium in Brüssel eingerichtet (nachdem es als interimistisches Gremium bereits seit März 2000 tätig gewesen war). Das EUMK setzt sich aus den *Generalstabschefs* („Chiefs of Defence", CHODs) der EU-Mitgliedstaaten zusammen, die durch ihre *militärischen Delegierten* (MILREP) vertreten werden. Falls erforderlich, tritt das EUMK auf der Ebene der CHODs zusammen. Den Vorsitz im EUMK führt ein Vier-Sterne-General/Admiral, vorzugsweise ein ehemaliger CHOD, eines EU-Mitgliedstaates, der von den CHODs der Mitgliedstaaten bestimmt und vom Rat auf Empfehlung des auf Ebene der CHODs zusammentretenden EUMK ernannt wird.[134] Seine Amtszeit beträgt grundsätzlich drei Jahre. Der erste Vorsitzende des EUMK war der ehemalige finnische Generalstabschef General *Hägglund*.[135] Am 19. Mai 2003 wurde der italienische Generalstabschef General *Mosca Moschini* zum neuen Vorsitzenden des EUMK bestellt.[136]

---

132 Siehe dazu sowie zum folgenden Anlage IV zum Bericht des Vorsitzes über die Europäische Sicherheits- und Verteidigungsdoktrin, Europäischer Rat in Nizza, 7., 8. und 9. Dezember 2000, http://ue.eu.int/de/Info/eurocouncil/index.htm.

133 Siehe den im Vorgriff auf das Inkrafttreten des Vertrages von Nizza (Art 25 EUV neu) auf der Grundlage von Art 28 EUV und Art 207 EGV gefassten Beschluss 2001/79/GASP des Rates vom 22. Jänner 2001, ABl 2001 L 27 S 4.

134 Siehe Art 3 des Beschlusses 2001/79/GASP des Rates vom 22. Jänner 2001, ABl 2001 L 27 S 4.

135 Siehe den Beschluss 2001/309/GASP des Rates vom 9. April 2001, ABl 2001 L 109 S 1.

136 Er hat seinen Dienst am 9. April 2004 angetreten und wird diese Funktion für drei Jahre ausüben, siehe den Beschluss 2003/401/EG des Rates vom 19. Mai 2003, ABl 2003 L 139 S 34.

Der Vorsitzende des EUMK führt den Vorsitz in den Sitzungen des EUMK auf Ebene der militärischen Delegierten und der CHODs und leitet die Arbeiten des EUMK. Als Sprecher des EUMK nimmt er gegebenenfalls an den Sitzungen des PSK teil und beteiligt sich an dessen Beratungen. Ferner nimmt er an den Tagungen des Rates teil, wenn Beschlüsse mit verteidigungspolitischen Bezügen zu fassen sind. Schließlich fungiert der Vorsitzende des EUMK als militärischer Berater des Generalsekretärs/Hohen Vertreters in allen militärischen Angelegenheiten.

Das EUMK ist das Forum für die militärische Konsultation und Kooperation zwischen den Mitgliedstaaten der Union im Bereich der Konfliktverhütung und der Krisenbewältigung. Das EUMK berät das PSK in allen militärischen Angelegenheiten und gibt diesem gegenüber einschlägige Empfehlungen ab, und zwar insbesondere im Hinblick auf die militärischen Aspekte von Krisenbewältigungsoperationen (zu diesem Zweck erhält es vom Lagezentrum die Ergebnisse von dessen Arbeiten) und die Veranschlagung der Kosten für Einsätze und Übungen. Ferner legt das EUMK militärische Leitvorgaben für den EU-Militärstab (EUMS) fest.

Im Krisenfall erteilt das EUMK auf Ersuchen des PSK dem Generaldirektor des EUMS (DGEUMS) eine Grundsatzweisung, militärische Optionen auszuarbeiten und vorzulegen, nimmt eine Beurteilung der vom EUMS ausgearbeiteten militärstrategischen Optionen vor und leitet diese zusammen mit seiner Beurteilung und seinen militärischen Empfehlungen hinsichtlich des vom Kommandanten des Einsatzes („Operation Commander") ausgearbeiteten Operationskonzepts (CONOPS) und des vom „Operation Commander" erstellten Entwurfs eines Operationsplans (OPLAN) dem PSK zu. Auf der Grundlage der militärischen Option, für die sich der Rat entscheidet, genehmigt das EUMK eine grundsätzliche Planungsweisung für den „Operation Commander". Die Durchführung des militärischen Einsatzes erfolgt auf Beschluss des Rates, unter der strategischen Leitung des PSK, nach Vorgaben durch das EUMK (das hierbei durch den EUMS unterstützt wird).

Im Verlauf einer Operation überwacht das EUMK die ordnungsgemäße Durchführung militärischer Operationen unter der Verantwortung des „Operation Commander". Die Mitglieder des EUMK nehmen an den Sitzungen des Ausschusses der zur Operation beitragenden Länder teil oder haben einen Vertreter in diesem Ausschuss.

Das EUMK wird von einer (militärischen) Arbeitsgruppe (EUMCWG) unterstützt. Als erster Vorsitzender der EUMCWG fungierte der österreichische Generalstabsoffizier Brigadier Lubenik.[137]

2. Militärstab (EUMS)

Der EUMS wurde auf der Grundlage der Beschlüsse des Europäischen Rates in Nizza im Dezember 2000[138] durch Beschluss des Rates vom 22. Jänner 2001[139] als ständiges Gremium eingerichtet (nachdem er als interimistisches Gremium bereits seit März 2000 tätig gewesen war). Der EUMS ist eine unmittelbar dem Generalsekretär/Hohen Vertreter unterstellte Abteilung des Ratssekretariats. Er setzt sich aus von den Mitgliedstaaten abgeordnetem Militär- und Zivilpersonal zusammen, das im Rahmen eines vom Rat ausgearbeiteten Statuts in internationaler Funktion tätig ist.[140] Der EUMS wird vom Generaldirektor des EUMS, einem 3-Sterne-General/Admiral, geleitet und auf Weisung des EUMK tätig. Der erste Generaldirektor des EUMS war der deutsche Generalstabsoffizier Generalleutnant *Schuwirth*. Dieser wurde mit Wirkung vom 1. März 2004 vom französischen General *Perruche* abgelöst.[141]

Der EUMS erfüllt drei operative Hauptfunktionen: *Frühwarnung, Lagebeurteilung* und *strategische Planung*. Er stellt den Gremien der Union, besonders dem Generalsekretär/Hohen Vertreter, gemäß den Weisungen des EUMK sein militärisches Fachwissen zur Verfügung, er überwacht potenzielle Krisensituationen, wobei er sich auf einschlägige nationale und multinationale Fähigkeiten zur Aufklärung stützt, und versorgt das Lagezentrum mit militärischen Informationen (und erhält von diesem die Ergebnisse seiner Arbeiten). Er

---

137 Der zunächst im Dezember 2001 (auf Grund des Widerstands einiger Mitgliedstaaten gegen einen ständigen Vorsitzenden) für eine Probezeit von 18 Monaten bis 30. Juni 2003 bestellte Vorsitzende der EUMCWG, Bgdr *Lubenik*, wurde schließlich vom Rat zum ständigen Vorsitzenden für die Funktionsperiode von 1. Juli 2003 bis 31. Dezember 2004 bestellt.

138 Siehe dazu Anlage V zum Bericht des Vorsitzes über die Europäische Sicherheits- und Verteidigungsdoktrin, Europäischer Rat in Nizza, 7., 8. und 9. Dezember 2000, http://ue.eu.int/de/Info/eurocouncil/index.htm.

139 Siehe den im Vorgriff auf das Inkrafttreten des Vertrages von Nizza (Art 25 EUV neu) auf der Grundlage von Art 28 EUV und Art 207 EGV gefassten Beschluss 2001/80/GASP des Rates vom 22. Jänner 2001, ABl 2001 L 27 S 7.

140 Siehe den Beschluss 2001/496/GASP des Rates vom 25. Juni 2001 über die Regelung für die Angehörigen der Streitkräfte der Mitgliedstaaten, die zum Generalsekretariat des Rates abgestellt werden, um den Militärstab der Europäischen Union zu bilden, ABl 2001 L 181 S 1, in der Fassung des Beschlusses 2003/400/EG des Rates vom 19. Mai 2003, ABl 2003 L 139 S 33.

141 Siehe Atlantic News Nr 3553 vom 27. Februar 2004.

unterstützt das EUMK bei der Lagebeurteilung und hinsichtlich der militärischen Aspekte der strategischen Planung für alle EU-geführten Operationen, ungeachtet dessen, ob die Union auf Mittel und Fähigkeiten der NATO zurückgreift oder nicht. Ferner befasst sich der EUMS mit den militärischen Aspekten der strategischen Vorausplanung für Petersberg-Aufgaben. Er trägt zum Prozess der Präzisierung, Beurteilung und Überprüfung der Fähigkeitsziele bei und gibt Empfehlungen ab hinsichtlich der Streitkräfte und Fähigkeiten, die die Mitgliedstaaten der EU zur Verfügung stellen. Er unterhält Verbindungen zu den nationalen Hauptquartieren und den multinationalen Hauptquartieren der multinationalen Streitkräfte sowie ständige Beziehungen zur NATO.

Im *Krisenfall* unterstützt der EUMS das EUMK bei dessen Beiträgen zu den grundsätzlichen Planungsrichtlinien und Planungsweisungen des PSK. Insbesondere entwickelt der EUMS mit Prioritätsfestlegung versehene militärstrategische Optionen, die als Grundlage für die militärische Beratung des PSK durch das EUMK dienen. Er stellt in Abstimmung mit den nationalen Planungsstäben und gegebenenfalls der NATO die Streitkräfte fest, die an eventuellen EU-geführten Operationen teilnehmen könnten, und unterstützt den „Operation Commander" beim technischen Austausch mit Drittländern, die militärische Beiträge zu einer EU-geführten Operation leisten wollen, sowie bei der Vorbereitung der Streitkräfteplanungskonferenz. Der EUMS erstellt Optionen, keine Einsatzpläne. Diese werden von dem für den jeweiligen Einsatz festgelegten operativen Hauptquartier (OHQ) ausgearbeitet.

3. Satellitenzentrum (SATCEN)

Das ursprünglich als Einrichtung der WEU geschaffene SATCEN in Torrejón, Spanien, wurde mit Wirkung vom 1. Jänner 2002 von der EU übernommen[142] und mit einem eigenen Personalstatut und einer eigenen Finanzregelung versehen. Das SATCEN, dessen Leitung dem Generalsekretär/Hohen Vertreter obliegt, trägt zur Frühwarnung bei.

---

142 Siehe die auf der Grundlage von Art 14 EUV vom Rat am 20. Juli 2001 beschlossene Gemeinsame Aktion 2001/555/GASP, ABl 2001 L 200 S 5. Zur Übernahme von Einrichtungen bzw Kapazitäten der WEU durch die EU im Allgemeinen siehe die Beiträge von *Hummer* in diesem Band auf S. 148ff und von *Schroeder* auf S. 209ff.

4. Institut für Sicherheitsstudien (ISS)

Das ursprünglich als Einrichtung der WEU geschaffene ISS in Paris wurde mit Wirkung vom 1. Jänner 2002 von der EU übernommen[143] und mit einem eigenen Personalstatut und einer eigenen Finanzregelung versehen.

C. Zivile Strukturen

Neben den militärischen Strukturen zur Krisenbewältigung wurden im Rahmen der EU auch spezielle Strukturen für die zivilen Aspekte der Bewältigung internationaler Krisen geschaffen.

1. Komitee für die zivilen Aspekte der Krisenbewältigung (CIVCOM)

Im Rahmen seines Selbstorganisationsrechts hat der Rat mit Beschluss vom 22. Mai 2000 auf der Grundlage von Art 28 EUV und Art 207 EGV das CIVCOM geschaffen.[144] Schwerpunkt der Tätigkeit des CIVCOM ist der Aufbau von zivilen Personalkapazitäten für Interventionen zur Überwindung von Krisen und gewaltsamen Konflikten. Das CIVCOM trägt zum Aufbau von Mechanismen für den Austausch von Informationen, für die Koordinierung und für die rasche Reaktion zwischen der EU und den Mitgliedstaaten bei und hilft, ein höheres Maß an säulenübergreifender Kohärenz der zivilen Aspekte der EU-Krisenbewältigung sicher zu stellen.

2. Polizeistab

Beim Generalsekretariat des Rates wurde im Jahr 2001 ein Polizeistab eingerichtet, um die EU in die Lage zu versetzen, Polizeieinsätze zu planen und durchzuführen (ua durch integrierte Planung und Koordinierung, Lagebeurteilung, Vorbereitung von Übungen und Ausarbeitung von rechtlichen Rahmenregelungen und Rechtsvorschriften).[145]

---

143 Siehe die auf der Grundlage von Art 14 EUV vom Rat am 20. Juli 2001 beschlossene Gemeinsame Aktion 2001/554 GASP, ABl 2001 L 200 S 1. Vgl dazu die Zitate in Fn 142.

144 Siehe den Beschluss des Rates 2000/354/GASP vom 22. Mai 2000, ABl 2000 L 127 S 1.

145 Siehe Anlage II zum Bericht des Vorsitzes über die Europäische Sicherheits- und Verteidigungspolitik, Anlage 4 zu den Schlussfolgerungen des Vorsitzes, Europäi-

Der Polizeistab unterstützt auch das Lagezentrum (SITCEN) bei der Erfassung und Auswertung von Informationen insbesondere zu Fragen der öffentlichen Sicherheit und zu kriminalistischen Fragen im Zusammenhang mit potenziellen Krisen und trägt somit zur Frühwarnung und Lagebeurteilung bei. Erforderlichenfalls arbeitet der Polizeistab mit den Fachkollegen aus der Generaldirektion H (Justiz und Inneres) zusammen.

3. Koordinierungsmechanismus für die zivilen Aspekte der Krisenbewältigung

Die Mitgliedstaaten übermitteln dem beim Generalsekretariat des Rates eingerichteten *Koordinierungsmechanismus für die zivilen Aspekte der Krisenbewältigung*[146] regelmäßig Informationen über die verfügbaren Mittel der Mitgliedstaaten zur zivilen Krisenbewältigung, einschließlich Informationen darüber, ob diese einsatzbereit sind bzw sich bereits im Einsatz befinden, sowie über etwaige bilaterale Beiträge. Diese Informationen werden in einer Datenbank zusammengefasst und unter anderem dem CIVCOM zur Verfügung gestellt. Der Koordinierungsmechanismus wirkt auch in vollem Umfang mit den Dienststellen der Kommission zusammen.

D. Strukturen für Konsultationen mit Drittstaaten

Auf der Grundlage der Leitlinien des Europäischen Rates in Helsinki im Dezember 1999 und des Europäischen Rates in Feira im Juni 2000 wurde beim Europäischen Rat in Nizza im Dezember 2000 eine *einheitliche umfassende Struktur* für einen Dialog über sicherheits- und verteidigungspolitische Fragen sowie Fragen der Krisenbewältigung mit gewissen Drittstaaten geschaffen.[147] Zu diesen Drittstaaten gehörten bis zur EU-Erweiterung am 1. Mai 2004 die sechs europäischen NATO-Staaten, die nicht der EU angehörten, sowie jene neun Staaten, die sich um den Beitritt zur EU bewarben.

---

scher Rat in Laeken, 14. und 15. Dezember 2001, http://ue.eu.int/de/Info/euro council/ index.htm.

146   Der Beschluss zur Einrichtung eines solchen Koordinierungsmechanismus geht auf den Europäischen Rat in Helsinki zurück, siehe Anlage 2 zu Anlage IV zu den Schlussfolgerungen des Vorsitzes, Europäischer Rat in Helsinki, 10. und 11. Dezember 1999, http://ue.eu.int/de/Info/eurocouncil/index.htm.

147   Siehe dazu sowie zum Folgenden Anlage VI zum Bericht des Vorsitzes über die Europäische Sicherheits- und Verteidigungsdoktrin, Anlage VI zu den Schlussfolgerungen des Vorsitzes, Europäischer Rat in Nizza, 7., 8. und 9. Dezember 2000, http://ue.eu.int/de/Info/eurocouncil/index.htm.

Außerhalb von Krisenzeiten fanden unter jedem Vorsitz in der Regel mindestens zwei *Treffen in der Zusammensetzung EU + 15* sowie zwei Treffen *in der Zusammensetzung EU + 6* zu GSVP-Angelegenheiten und deren eventuellen Auswirkungen auf die betreffenden Staaten, in der Regel auf Ebene des PSK, statt. Jeweils ein Treffen pro Vorsitz wurde auf *Ministerebene* abgehalten. Daneben waren mindestens zwei Treffen pro Vorsitz auf Ebene der Vertreter im *Militärausschuss* sowie ein Meinungsaustausch auf Ebene der *Militärsachverständigen* (insbesondere ein Austausch über die Präzisierung der Fähigkeitsziele) vorgesehen. Diese Treffen ergänzten die Begegnungen im Rahmen des verstärkten politischen Dialogs über GASP-Fragen. Zur Erleichterung der Einbindung jener Drittstaaten, die dies wünschten, in die militärischen Aktivitäten der Union konnten diese einen *beim EUMS akkreditierten Offizier* bestimmen, der als Kontaktperson fungierte. Für diese Offiziere der 15 und der 6 wurden unter jedem Vorsitz mindestens zwei Informationstreffen anberaumt.

Seit Frühjahr 2002 bestehen auch Dauervereinbarungen über die Konsultation und die Zusammenarbeit im Bereich der Krisenbewältigung jeweils zwischen der EU einerseits und *Kanada*[148], *Russland*[149] und der *Ukraine*[150] andererseits.

Im Rahmen des politischen Dialogs führt die EU auch mit sonstigen Drittstaaten einen Informationsaustausch über die GSVP und die (militärische) Krisenbewältigung durch. Diese Kontakte finden je nach Bedarf statt.

Zeichnet sich eine *Krise* ab, so ist gemäß den Schlussfolgerungen von Helsinki und Feira der Dialog und die Konsultation in der Zeit vor dem Ratsbeschluss auf allen Ebenen – einschließlich der Ministerebene – zu intensivieren. Bei Ausbruch einer Krise ermöglicht diese *Intensivierung der Konsultationen* einen Meinungsaustausch über die Lagebeurteilung und eine Aussprache über die in den betroffenen Staaten herrschenden Befürchtungen, insbesondere, wenn diese ihre Sicherheitsinteressen für gefährdet halten. Wird die Möglichkeit einer *EU-geführten Krisenbewältigungsoperation* erwogen, so soll durch diese Konsultationen gewährleistet werden, dass die Staaten, die möglicherweise einen Beitrag zu

---

148 Siehe Anhang V zum Bericht des Vorsitzes über die Europäische Sicherheits- und Verteidigungspolitik, Anlage VIII zu den Schlussfolgerungen des Vorsitzes, Europäischer Rat in Sevilla, 21. und 22. Juni 2002, http://ue.eu.int/de/Info/euro council/index.htm.

149 Anhang IV zum Bericht des Vorsitzes über die Europäische Sicherheits- und Verteidigungspolitik, Anlage VIII zu den Schlussfolgerungen des Vorsitzes, Europäischer Rat in Sevilla, 21. und 22. Juni 2002, http://ue.eu.int/de/Info/ eurocouncil/index.htm.

150 Anhang VI zum Bericht des Vorsitzes über die Europäische Sicherheits- und Verteidigungspolitik, Anlage VIII zu den Schlussfolgerungen des Vorsitzes, Europäischer Rat in Sevilla, 21. und 22. Juni 2002, http://ue.eu.int/de/Info/ eurocouncil/index.htm.

einer EU-geführten Krisenbewältigungsoperation leisten, über die Absichten der Union informiert werden, insbesondere über die erwogenen Optionen.

Sobald der Rat das Einsatzkonzept unter Berücksichtigung des Ergebnisses der Konsultationen mit den Drittstaaten, die sich möglicherweise an der Operation beteiligen werden, angenommen hat, werden die betreffenden Staaten *förmlich eingeladen*, gemäß den in Helsinki vorgesehenen Bestimmungen[151] *an der Operation teilzunehmen*. Die betreffenden Staaten übermitteln der EU erste Angaben zu ihrem Beitrag. Mittels dieser Kontakte kann festgestellt werden, ob die vorgeschlagenen nationalen Beiträge sinnvoll sind und inwieweit sie den Erfordernissen der EU-geführten Operation entsprechen. Die betreffenden Staaten bestätigen die Ebene und die Beschaffenheit ihres nationalen Beitrags auf der *Planungskonferenz*, nach deren Abschluss die Operation förmlich eingeleitet und der Ad-hoc-Ausschuss der beitragenden Länder eingerichtet wird.

Der *Ad-hoc-Ausschuss der beitragenden Länder* wird durch die zuständigen EU-Gremien ausführlich über die Operation informiert, befasst sich mit Fragen betreffend den Verlauf der Operation und den Kräfteeinsatz, gibt Stellungnahmen und Empfehlungen zu den Anpassungen ab, die gegebenenfalls in Bezug auf die operative Planung vorgenommen werden müssen, einschließlich zu eventuellen Anpassungen bei Zielen, die die Lage der Streitkräfte beeinträchtigen können, und nimmt zur Planung der Beendigung der Operation und zum Abzug der Kräfte Stellung.[152] Das PSK, dem die politische Kontrolle und strategische Leitung der Operation obliegt, trägt den Standpunkten des Ausschusses der beitragenden Länder in diesen Bereichen Rechnung. Die Arbeiten des Ad-hoc-Ausschusses der beitragenden Länder werden unbeschadet der Konsultationen durchgeführt, die im Rahmen der einheitlichen Struktur fortgesetzt werden.

Bei den ersten Krisenbewältigungseinsätzen der EU leisteten Drittländer wertvolle Beiträge: So beteiligten sich im Jahr 2003 18 Nicht-EU-Staaten an der EU-Polizeimission in Bosnien und Herzegowina,[153] 13 Nicht-EU-Staaten an der

---

151 Siehe dazu Anlage 1 zu Anlage IV zu den Schlussfolgerungen des Vorsitzes, Europäischer Rat in Helsinki, 10. und 11. Dezember 1999, http://ue.eu.int/de/Info/ eurocouncil/index.htm.

152 Vgl zB den Beschluss FYROM/1/2003 des PSK vom 18. Februar 2003 zur Einsetzung des Ausschusses der beitragenden Länder für die militärische Operation der EU in FYROM, ABl 203 C 62 S 1 oder den Beschluss DRK/2/2003 des PSK vom 11. Juli 2003 zur Einsetzung des Ausschusses der beitragenden Länder für die militärische Operation der EU in der Demokratischen Republik Kongo, ABl 2003 L 184 S 13.

153 Nämlich Bulgarien, Estland, Island, Kanada, Lettland, Litauen, Norwegen, Polen, Rumänien, die Russische Föderation, die Schweiz, die Slowakische Republik, Slowenien, die Tschechische Republik, die Türkei, die Ukraine, Ungarn und Zypern.

Militär-Operation CONCORDIA in FYROM[154] sowie 5 Nicht-EU-Staaten an der Militär-Operation ARTEMIS in der Demokratischen Republik Kongo.[155] Bilaterale, auf der Grundlage von Art 24 EUV geschlossene Abkommen zwischen der EU und dem betreffenden Drittland regelten jeweils die rechtlichen Rahmenbedingungen der Beteiligung.[156]

E. Strukturen für Konsultationen mit internationalen Organisationen

Dauervereinbarungen über die Konsultation und die Zusammenarbeit zwischen der EU und der *NATO* sehen einen regelmäßigen Dialog zwischen den beiden Organisationen auf der Grundlage der Entscheidungsautonomie der beiden Organisationen und der Nicht-Diskriminierung von Staaten, die nur einer der beiden Organisationen angehören, vor, insbesondere durch gemeinsame Tagungen von PSK und Nordatlantikrat (NAC) sowie auf Ministerebene.[157]

Unter jedem EU-Vorsitz finden mindestens dreimal gemeinsame Tagungen von PSK und NAC[158] und mindestens einmal EU-NATO-Ministertagungen statt. Jede der beiden Organisationen kann erforderlichenfalls die Einberufung zusätzlicher Tagungen beantragen.

---

154 Nämlich Bulgarien, Estland, Island, Lettland, Litauen, Norwegen, Polen, Rumänien, die Slowakische Republik, Slowenien, die Tschechische Republik, die Türkei und Ungarn; vgl dazu den Beschluss des PSK über die Annahme von Beiträgen von Drittstaaten zur militärischen Operation der EU in FYROM, EJRM/2/2003 vom 10. März 2003, ABl 2003 L 170 S 15, in der Fassung der Beschlüsse EJRM/3/2003 vom 11. März 2003, ABl 2003 L 170 S 17 und EJRM/4/2003 vom 17. Juni 2003, ABl 2003 L 170 S 18.

155 Nämlich Brasilien, Kanada, Südafrika, Ungarn und Zypern.

156 Vgl zB den Beschluss 2003/663/GASP des Rates vom 10. Dezember 2002 betreffend den Abschluss der Abkommen zwischen der EU und Bulgarien, Zypern, der Tschechischen Republik, Estland, Ungarn, Island, Lettland, Litauen, Norwegen, Rumänien, der Slowakischen Republik, Slowenien, der Schweiz, der Türkei und der Ukraine über die Beteiligung dieser Staaten an der Polizeimission der Europäischen Union (EUPM) in Bosnien und Herzegowina, ABl 2003 L 239 S 1 samt den ebendort, S 2, veröffentlichten Abkommenstexten.

157 Zum gemeinsamen Konsultationsmechanismus siehe ua den Anhang zur Anlage VII zum Bericht des Vorsitzes über die Europäische Sicherheits- und Verteidigungsdoktrin, Europäischer Rat in Nizza, 7., 8. und 9. Dezember 2000, http://ue.eu. int/de/Info/eurocouncil/index.htm.

158 Ein erstes Treffen des (damals noch interimistischen) PSK mit dem NAC fand im September 2000 auf Botschafterebene statt, siehe *Vukovich*, Die Gemeinsame Europäische Sicherheits- und Verteidigungspolitik, in: *Hummer* (Hrsg), Rechtsfragen in der Anwendung des Amsterdamer Vertrages (2001) 175.

Bei Bedarf können auch gemeinsame Sitzungen der Militärausschüsse der NATO und der EU sowie Sitzungen nachgeordneter Gremien stattfinden. Ergänzt wird dieser Dialog durch die Einladung von NATO-Vertretern, etwa des NATO-Generalsekretärs bei Ministertagungen, insbesondere solchen, an denen die Verteidigungsminister teilnehmen, oder des Vorsitzenden des NATO-Militärausschusses sowie des Stellvertretenden Obersten Alliierten Befehlshabers Europa (DSACEUR) bei Sitzungen des Militärausschusses der EU.

Stete Kontakte zwischen den Generalsekretären, den Sekretariaten und den Stäben der EU und der NATO sollen Transparenz sowie den Austausch von Informationen und Dokumenten sicherstellen.[159] In Krisensituationen werden die Kontakte und Sitzungen intensiviert.

Weiters arbeitet die EU mit den *VN*, insbesondere im Bereich der Konfliktverhütung und der Krisenbewältigung, zusammen.[160] Die Übernahme der Polizeimission der VN in Bosnien und Herzegowina durch die EU Anfang 2003[161] und die Militär-Operation ARTEMIS in der Demokratischen Republik Kongo[162] boten die Gelegenheit, die Zusammenarbeit mit den VN in der Praxis zu vertiefen.

Darüber hinaus unterhält die EU auch Kontakte zu *anderen internationalen oder regionalen Organisationen* (zB OSZE oder Europarat) sowie auch zu *Nichtregierungsorganisationen* (NGOs) und arbeitet mit diesen in geeigneter Weise zusammen.

V. Bewertung und Ausblick

Zusammenfassend lässt sich feststellen, dass die EU große Fortschritte im Bereich der GSVP gemacht und viele der in den Beschlüssen des Europäischen Rates in Köln und Helsinki 1999 (für den militärischen Bereich) bzw in Feira 2000 und Göteborg 2001 (für den zivilen Bereich) gesteckten Ziele erreicht hat. So ist es der EU gelungen, die zur Vorbereitung und Durchführung von (zivilen und militärischen) Krisenbewältigungseinsätzen erforderlichen politischen und militärischen *Strukturen* (wie insbesondere das PSK, das EUMK und den EUMS) sowie die notwendigen Einsatzkonzepte und Verfahren zu schaffen. Eine erste Prü-

---

159 Siehe Fn 90.
160 Siehe dazu die Schlussfolgerungen des Rates (Allgemeine Angelegenheiten) über die Zusammenarbeit zwischen EU und VN bei der Konfliktverhütung und Krisenbewältigung, Anlage III zu den Schlussfolgerungen des Vorsitzes, Europäischer Rat in Göteborg, 15. und 16. Juni 2001, http://ue.eu.int/de/Info/eurocouncil/index.htm.
161 Siehe dazu vorstehend auf S. 273f.
162 Siehe dazu vorstehend auf S. 265ff.

fung dieser Verfahren ist im Zuge der Krisenbewältigungsübung CME02 erfolgt. Ferner konnten *Regelungen mit der NATO* (insbesondere „Berlin plus") für eine umfassende Konsultation und Zusammenarbeit zwischen beiden Organisationen sowie Vorkehrungen für *Beiträge von Drittstaaten* und für die Zusammenarbeit mit internationalen Organisationen getroffen werden.

Die *Einsatzfähigkeit* der EU ist im Jahr 2003 durch die Einleitung von drei GSVP-Operationen, nämlich der Polizeimission EUPM in Bosnien und Herzegowina, der Militär-Operation CONCORDIA in FYROM und der Militär-Operation ARTEMIS in der Demokratischen Republik Kongo, unter Beweis gestellt worden.[163]

Dennoch ist insbesondere im militärischen, aber auch im zivilen Bereich an einer Verbesserung der Fähigkeiten weiter zu arbeiten. Dazu gehört etwa der Aufbau einer etwa 5.000 Mann starken EU-"*Rapid Reaction Force*" bzw von „*Rapid Response Elements*", die innerhalb von 5 bis 30 Tagen einsetzbar sind.[164] Derartige Kräfte sind zwar quantitativ vorhanden, doch scheitert deren kurzfristige Einsetzbarkeit an den zeitaufwändigen Entscheidungsabläufen innerhalb der EU bzw in den Mitgliedstaaten sowie am Mangel an strategischem Transportraum.

Vor allem die Fähigkeit der EU zu autonomen militärischen Einsätzen ohne Rückgriff auf NATO-Mittel und -Fähigkeiten, insbesondere zur Durchführung von *Kampfeinsätzen zur Friedensschaffung*, wird auf absehbare Zeit sehr beschränkt bleiben, solange die EU-Mitgliedstaaten nicht ihre militärischen Fähigkeiten erheblich verbessern und ihre Abhängigkeit von US-Mitteln reduzieren. Die Verstärkung der Zusammenarbeit im Rüstungsbereich und vor allem die Schaffung einer Verteidigungsagentur, welche die vereinzelt bestehenden Kooperationsforen auf EU-Ebene zusammenführt, stellen wichtige Schritte auf diesem Weg dar.

---

163 Siehe Pkt 58 der Schlussfolgerungen des Vorsitzes, Europäischer Rat in Thessaloniki, 19. und 20. Juni 2003, http://ue.eu.int/de/Info/eurocouncil/index.htm, auch abgedruckt in EuGRZ 2003, 376 (381); vgl *Hummer* in diesem Band auf S. 167ff.

164 Siehe dazu die Schlussfolgerungen des Rates (Allgemeine Angelegenheiten) zur ESVP in Vorbereitung des Europäischen Rates in Thessaloniki am 19. und 20. Juni 2003, Dok 9174/03.
Vgl auch die einschlägige Initiative im Rahmen der NATO, eine NATO-"Response Force" (NRF) zu schaffen, die aus einer stehenden, auf dem Rotationsprinzip beruhenden, teilstreitkräfteübergreifenden, multinationalen Luft-, Land-, See- und Spezialeinsatztruppe bestehen soll, die in der Anfangsphase 9.000 Mann umfassen wird und innerhalb von fünf Tagen nach Erhalt des Einsatzbefehls eingesetzt werden kann. Die NRF soll im Oktober 2004 ihre erste Einsatzbereitschaft und zwei Jahre später die volle Einsatzbereitschaft erlangen, vgl dazu Atlantic News Nr 3517 vom 17. Oktober 2003.

Die Verbesserung der Fähigkeiten im Bereich der militärischen und nicht-militärischen Krisenbewältigung im Rahmen der GSVP unter besonderer Berücksichtigung der „Petersberg-Aufgaben" ist ein fortlaufender Prozess. Jede Präsidentschaft übernimmt von der vorhergehenden eine Reihe von laufenden Vorhaben in diesem Bereich, schließt einige erfolgreich ab und fügt auf Grund der gewonnenen Erfahrungen neue hinzu.

Zu den neuen Themen zählt etwa der *Terrorismus*. Seit den Ereignissen des 11. September 2001 befasst sich die EU verstärkt mit der Bedrohung durch den internationalen Terrorismus, auch im Bereich der GASP bzw der GSVP. Auf der Grundlage der Schlussfolgerungen des Europäischen Rates in Sevilla im Juni 2002 wird ua an einer Analyse der vom Terrorismus ausgehenden Bedrohungen und deren Auswirkungen auf die Beziehungen der EU zu Drittländern, an der – auch säulenübergreifenden – Umsetzung von Maßnahmen zur Bekämpfung des Terrorismus, oder an der Verwendung der militärischen Mittel und Fähigkeiten der EU zum Schutz der Zivilbevölkerung vor den Folgen von Terroranschlägen, einschließlich chemischer, biologischer und nuklearer Anschläge, gearbeitet.[165] Zuletzt schlug der Hohe Vertreter für die GASP, Generalsekretär *Solana*, in seinem dem Europäischen Rat in Thessaloniki im Juni 2003 vorgelegten Strategiepapier „*A Secure Europe in a Better World*" eine Ausweitung des Spektrums möglicher EU-Missionen, zusätzlich zu den „Petersberg-Aufgaben", etwa um Einsätze zur Unterstützung von Drittländern bei der Bekämpfung des Terrorismus oder bei der Reform ihres Sicherheitssektors, vor. Dieser Vorschlag wurde nicht nur in der vom Europäischen Rat im Dezember 2003 angenommenen *Europäischen Sicherheitsstrategie* sondern auch bei der Formulierung der einschlägigen Bestimmungen des EU-Verfassungsvertrages berücksichtigt.[166]

Der von manchen vertretenen Ansicht, dass das größte Manko für den Aufbau einer effizienten GSVP darin liegt, dass diese nach wie vor „intergouvernementalistisch" und nicht „integrationistisch" – dh als multilaterale und nicht als integrierte Streitmacht – aufgebaut wird,[167] ist entgegenzuhalten, dass es bei der GSVP gerade nicht um die Schaffung einer europäischen Armee geht, was letztlich einen Integrationsschritt (auch im nicht-militärischen Bereich) voraussetzen würde, den die Mitgliedstaaten der EU bislang nicht zu gehen bereit waren.

---

165 Siehe zuletzt den Bericht des Vorsitzes an den Europäischen Rat über das außenpolitische Handeln der EU bei der Terrorismusbekämpfung (GASP, einschließlich ESVP), Anlage 1 zu den Schlussfolgerungen des Vorsitzes, Europäischer Rat in Thessaloniki, 19. und 20. Juni 2003, http://ue.eu.int/de/Info/eurocouncil/index.htm.

166 Siehe vor allem Art III-309 Abs 1 des von der Konferenz der Vertreter der Regierungen der Mitgliedstaaten angenommenen Vertrags über eine Verfassung für Europa, Dok CIG 87/04 vom 6. August 2004.

167 So etwa *Hummer* in diesem Band auf S. 154ff.

Vielmehr geht es bei der GSVP um die Verbesserung, auch im Sinne einer Koordinierung und Harmonisierung, der einzelstaatlichen europäischen Krisenreaktionskapazitäten, die im Anlassfall unter EU-Führung, mit oder ohne Rückgriff auf NATO-Fähigkeiten und -mittel, zur (militärischen oder nicht-militärischen) Krisenbewältigung eingesetzt werden.

Vermutlich steht – unter der Voraussetzung, dass die EU-Mitgliedstaaten ihre Defizite militärischer Schlüsselfähigkeiten bei gleichzeitiger Modernisierung ihrer Streitkräfte in Material, Ausrüstung und Struktur beheben – erst ab 2008 (negative Einschätzungen gehen sogar von einem Zeitraum bis 2012 aus) jene Substanz zur Verfügung, die ein autonomes Handeln ohne Rückgriff auf NATO-Mittel und -Fähigkeiten im gesamten Spektrum der Petersberg-Aufgaben ermöglicht.[168]

Jedenfalls stellen die *Erweiterung* der EU vom 1. Mai 2004 und die Weiterentwicklung der rechtlichen Rahmenbedingungen der GSVP durch einen neuen *EU-Verfassungsvertrag* zusätzliche Herausforderungen, aber auch Chancen für eine konstruktive Weiterentwicklung der GSVP in nächster Zeit dar.

---

168 Vgl *Baumgartner* (Fn 55) 11 (34). Kritisch auch *Hummer* in diesem Band auf S. 154ff.

Teil III

Das dauernd neutrale Österreich in der aktuellen universellen und regionalen Sicherheitsarchitektur – völkerrechtliche, verfassungsrechtliche und gesetzliche Problemlagen

Karl Zemanek

Dauernde Neutralität und internationale Sicherheit zu Beginn des XXI. Jahrhunderts

Ich möchte etwas vorausschicken: Ich habe die Themenstellung als Auftrag zur Grundlagenforschung verstanden, als Aufforderung, die Funktion der Neutralität in der sich zwar rasch und zunehmend ändernden, in einigen Grundlinien aber dennoch verfestigten politischen Umwelt der Gegenwart zu analysieren. Wer eine Diskussion der österreichischen innenpolitischen Befindlichkeit zu diesem Thema erwartet, wird enttäuscht werden: eine solche liegt nicht in meiner Absicht. Letztlich hat mich Shakespeare davor gewarnt, der in *Measure for Measure*[1] sagen läßt:

„...My business in this state
Made me a looker-on here in Vienna
Where I have seen corruption boil and bubble
Till it o'er-run the stew; laws for all faults,
But faults so countenanced, that the strong statutes
Stand like the forfeits in a barber's shop,
As much in mock as mark."

Ich gebe allerdings zu, dass aus meinen grundsätzlichen Überlegungen Schlüsse auf angemessenes Handeln gezogen werden können; dies aber allenfalls zu tun wäre Sache der österreichischen Politik und nicht die meine.

I. Vom „ius ad bellum" zum universellen Gewaltverbot

Trotz der auf Gegenwart und Zukunft gerichteten Fragestellung muss ich mit Geschichtlichem beginnen, weil sich das formal auch noch heute geltende Neutralitätsrecht im XIX. Jahrhundert ausgeformt hat und von der damaligen Einstellung zum *ius ad bellum* geprägt ist. Das XIX. Jahrhundert verstand den Krieg als Fortsetzung der Politik mit anderen Mitteln, oder wie *Clausewitz*[2] das ausgedrückt hat: „Der Krieg ist [...] ein Akt der Gewalt, um den Gegner zur Erfüllung unseres Willens zu zwingen." Das bedeutete nun nicht, dass es für Kriege keine nachvollziehbaren Gründe – man denke an Elsass-Lothringen oder an die „Rache für Sa-

---

1   5. Akt, 1. Szene.
2   V*on Clausewitz*, Vom Kriege (1963) 13.

dowa" – oder spektakuläre Anlässe (etwa den Mord in Sarajewo) gegeben hätte. Aber der Unterschied zur Gegenwart lag im Fehlen jeglicher rechtlichen Wertung der militärischen Gewaltanwendung, die ausschließlich unter dem Gesichtpunkt politischer Zweckmäßigkeit betrachtet wurde.[3]

Daher wurde auch die Frage, ob man in einem Krieg neutral sein sollte, nach dem gleichen Gesichtspunkt entschieden und die Stellung war politisch und moralisch weder mit besonderem Glanz ausgestattet noch mit einem Odium behaftet; ein Neutraler konnte schließlich morgen wieder Verbündeter sein.[4] Diesem Wechselspiel entzogen sich nur die dauernd Neutralen Belgien, Schweden und die Schweiz, vorwiegend aus Gründen, die in ihrer geographischen Lage zwischen potentiellen Kriegsparteien und somit in der Gefahr, Kriegsschauplatz zu werden, zu suchen waren. Was aber nur bedeutete, dass sie in den strategischen Plänen der anderen Staaten mit einem entsprechenden Kalkül eingesetzt werden konnten. Ein besonderer Schutz erwuchs aus solch dauernd neutralem Zustand allerdings nicht, wie der so genannte *„Schlieffen-Plan"* des deutschen Generalstabs, der den Einmarsch in Belgien vorsah und im Ersten Weltkrieg auch tatsächlich durchgeführt wurde, deutlich beweist.

Da das Führen eines Krieges mit keinem Makel behaftet war, baute das Neutralitätsrecht auf der Gleichbehandlung der Kriegführenden auf. Sie waren eben, Angreifer wie Angegriffener, gemessen an den damals herrschenden gesellschaftlichen Vorstellungen, gleich.

Diese Epoche und die mit ihr verbundene Auffassung vom *ius ad bellum* ging mit dem Ersten Weltkrieg zu Ende. Danach zeichnen sich zwei Entwicklungslinien ab, die bis heute fortwirken, wenngleich sich ihre Gewichtung verändert hat. Es sind dies die zunehmende Ächtung der Gewaltanwendung in den zwischenstaatlichen Beziehungen einerseits und die wachsende Ideologisierung der Politik andererseits. Diese Entwicklungen verdienen eine nähere Untersuchung.

Schon im Völkerbundpakt wurde die Möglichkeit, einen Krieg zu beginnen, prozedural eingeschränkt und im *Briand-Kellogg* Pakt verzichteten die Vertragsparteien 1928 schließlich gänzlich auf den Krieg als Werkzeug staatlicher Politik. Das hat zwar den Zweiten Weltkrieg nicht verhindern können, führte aber nach seinem Ende zur Verschärfung des zwischenstaatlichen Gewaltverbots in der Satzung der Vereinten Nationen (Art 2 Abs 4). Da aber die Verfügungsgewalt über die militärischen Machtmittel weiterhin bei den Staaten verblieb, konnte dem Sicherheitsrat kein Machtmonopol geschaffen werden – wie es etwa dem einer Regierung im Staat entsprochen hätte – sondern nur das Monopol zur *Legitimierung*

---

3   Vgl *Grewe*, The Epochs of International Law (2000) 530.
4   Ibid, 535.

militärischer Gewaltanwendung. Nach dem Willen des Systems sollte es aber im Falle unautorisierter Gewaltanwendung jedenfalls eine klare Unterscheidung zwischen Rechtsbrecher und Opfer geben.

II. Neutralität versus kollektive Sicherheit

Dieses Konzept stellte die Möglichkeit zur Neutralität in Frage und dauernd neutrale Mitglieder der Vereinten Nationen vor Probleme. Österreich vertrat anfangs die These, dass der Sicherheitsrat seinen besonderen Status achten müsse und es daher gem Art 48 SVN von damit im Widerspruch stehenden Aktionen ausnehmen werde, wodurch der neutrale Status auch in der Organisation gewahrt werden könne. Tatsächlich bewahrte die Paralysierung des Sicherheitsrates durch den Kalten Krieg Österreich lange vor einer Bewährungsprobe, denn die Randfälle Rhodesien und Südafrika ließen sich mittels juristischer Hilfskonstruktionen bewältigen. Aber bei „Desert Storm" (1991) war damit Schluss. Österreich war gezwungen, die Pflichten aus der Satzung der Vereinten Nationen vor die der Neutralität zu stellen und seine innerstaatliche Rechtslage den neuen Gegebenheiten anzupassen.[5]

Mit dieser Anpassung stand Österreich allerdings nicht alleine da. Nur Schweden hatte von Anfang an seine mehr als Bündnisfreiheit denn als Neutralität verstandene Staatsdoktrin nicht als Hindernis für die volle Mitwirkung an Maßnahmen der Vereinten Nationen betrachtet. Die Schweiz hingegen wollte sich ursprünglich, wohl auch in Reaktion auf die Zurückweisung im Jahre 1945, völlig abseits halten, mußte aber schon bei den Rhodesiensanktionen erkennen, dass eine solche Haltung bei entsprechendem Nachdruck des Sicherheitsrates nicht durchzuhalten war. Anlässlich von „Desert Storm" wurde sie denn auch von Anfang an nicht versucht, weil – wie Außenminister *Felber* vor dem Schweizer Parlament begründete – sich die Schweiz andernfalls „praktisch und moralisch auf die Seite des Irak" gestellt und damit total isoliert hätte.[6] Die Einsicht in die geänderten Verhältnisse drückt sich wohl auch in dem positiven Votum des Schweizer Volkes (!) für den Beitritt der Schweiz zu den Vereinten Nationen aus. Eine der Realität verpflichtete Analyse muss also festhalten, dass unter den gegenwärtigen Bedingungen Neutralität, im Sinne der Anwendung des Neutralitätsrechts auf in militärische Kampfhandlungen verwickelte Staaten, dann nicht praktiziert wird und vermutlich auch nicht praktiziert werden kann, wenn der Sicher-

---

5   Siehe *Zemanek*, The Changing International System: A New Look at Collective Security and Permanent Neutrality, AJPIL 42 (1991) 277.
6   Ibid, 285.

heitsrat selbst eine militärische Operation durchführt oder einen oder mehrere Staaten zur militärischen Gewaltanwendung gegen einen anderen Staat ermächtigt.

III. Neutralität und Ideologisierung der Politik

Eine zweite Entwicklungslinie wird durch die Ideologisierung der Politik im XX. Jahrhundert vorgegeben. Diese Ideologisierung führte neuerlich zu einer wertenden Beurteilung des Krieges, aber nicht etwa im Sinne der *bellum iustum* Lehre der Scholastik oder ihrer theoretischen Erneuerer im XX. Jahrhundert (*Strisower, Kelsen, Verdross*), für die nur die Durchsetzung des Völkerrechts ein „gerechter" Kriegsgrund sein konnte. Nein, die Ideologien beanspruchen von vorneherein und ohne weitere Begründung, dass die Verwirklichung ihrer ideellen Ziele „gerecht" sei und daher auch Kriege legitimiere. Dadurch wurde ein *a priorisches* Freund – Feindverhältnis konstruiert, wie etwa von *Carl Schmitt*, dem juristischen Apologeten der Großmachtansprüche des nationalsozialistischen Deutschland. Auf der gleichen Linie liegen aber auch die absurden Rechtfertigungen des sowjetischen Einmarsches in Ungarn (1956) und später in der Tschechoslowakei (1968), die dogmatisch behaupteten, der „Sozialismus" sei eine höhere Stufe der gesellschaftlichen Entwicklung, weshalb es legitim sei, einen drohenden Rückfall in den Kapitalismus auch mit militärischer Gewalt zu verhindern (*Breschnew Doktrin*).

Es bedarf keiner großen Vorstellungskraft um zu erkennen, dass in der Auseinandersetzung zwischen Ideologien der Wunsch eines Dritten, sich ihnen gegenüber „neutral" zu verhalten, für die Protagonisten keine wünschenswerte Option darstellt. Der Anspruch der Ideologien ist absolut: Wer nicht mit ihnen ist, ist gegen sie. Wieso, wird man fragen, ist es dann aber gerade in einer Periode ideologischer Spannung zur *Entstehung* der österreichischen Neutralität gekommen?

Das erklärt sich aus der damaligen Machtkonstellation in Europa,[7] in der sich zwei der damaligen, konträre Ideologien verkörpernde, Supermächte (und ihre Verbündeten) in Österreich gegenüberstanden. Da die für jede Seite beste Lösung, nämlich Österreich in den jeweils eigenen Machtbereich einzubeziehen, mit dem Risiko einer militärischen Konfrontation mit dem Gegner verbunden war, musste die Neutralität als zweitbeste Lösung erscheinen, um Österreich nicht völlig dem anderen zu überlassen. Dass die USA, angesichts der Neigung der österreichischen Bevölkerung zum Westen, diese Lösung nie liebten, ist durch den lang anhaltenden Widerstand des damaligen Secretary of State, *John Foster Dul-*

---

7 Vgl *Zemanek*, Austria and the European Community, GYIL 33 (1990) 130.

les, der erst in letzter Minute einlenkte, belegt. Für die Sowjetunion war sie hingegen ein Gewinn, da sie die NATO in einem entscheidenden Abschnitt Europas von der äußeren Grenze ihres Glacis fernhielt. Gleichwohl haben beide Seiten die dauernde österreichische Neutralität nicht als Dauerzustand, sondern nur als Zwischenlösung, als ein zeitweiliges Stillhalten in der europäischen Machtauseinandersetzung, gesehen; das ist durch die mittlerweile wenigstens zum Teil bekannt gewordenen Operationspläne der NATO und des Warschauer Pakts[8] für den Fall eines militärischen Konflikts in Mitteleuropa deutlich geworden.

Es ist aber unbestreitbar, dass diese Konstellation Österreich durch das Ausbleiben eines militärischen Konflikts einen großen Spielraum in der Gestaltung seiner Neutralitätspolitik erlaubte und dadurch diesem Status eine scheinbare Bedeutung verlieh, der viele Leute immer noch nostalgisch nachhängen. Andererseits ist es dadurch aber nicht gelungen, in Österreich ein realistisches Bewusstsein der Möglichkeiten und Grenzen der Neutralität und der notwendigen Voraussetzungen für ihre Bewahrung während einer in der Nachbarschaft ausgetragenen militärischen Auseinandersetzung zu schaffen. Oder anders gesagt: Die Österreicher fühlten – und fühlen sich anscheinend auch jetzt – allein schon durch das Mantra „Neutralität" sicher.[9]

IV. Neutralität in einem unipolaren System

Aber auch diese Epoche ging mit dem Zusammenbruch der Sowjetunion, der den Verlust ihrer Stellung als gleichberechtigte Supermacht zur Folge hatte, zu Ende. Nun gibt es zwar immer noch Leute, die von einer multipolaren Staatenwelt träumen und ihre Existenz manchmal geradezu beschwörend herbeireden wollen; ich meine aber, wir sollten der Realität ins Auge sehen: Unter dem Gesichtspunkt militärischer Macht sind von den Supermächten nur die USA geblieben und diese entwickeln seither, besonders unter Präsident *George W. Bush*, eine ausgesprochen hegemoniale Tendenz, die sich in dem oft gebrauchte Schlagwort „Unilateralismus" ausdrückt. Die Art, wie die „Allianz gegen den Terror" von den Vereinigten Staaten trotz des vorgeblichen Multilateralismus tatsächlich gehandhabt wird, scheint mir das ebenso zu belegen wie zahlreiche andere Beispiele, etwa die von Präsident *Bush* als Ersatz für das abgelehnte Kyoto-Protokoll verkündeten Pläne zum Klimaschutz oder die Einführung von Schutzzöllen für Stahl.

---

8   Vgl *Landesverteidigungsakademie/Militärwissenschaftliches Büro* (Hrsg), Österreichs Neutralität und die Operationsplanungen des Warschauer Paktes (1999).
9   Vgl *Landesverteidigungsakademie/Militärwissenschaftliches Büro* (Hrsg), Die Meinungen der Österreicher zur Neutralität, Sicherheit und NATO (1999).

Unter diesen Umständen sehe ich keinen Raum für selbstgestaltete Neutralität, womit ich die Möglichkeit meine, in einer militärischen Konfliktsituation frei über die eigene Haltung und daher auch über eine allfällige Abstinenz zu entscheiden, es sei denn, die USA oder die EU – worüber noch zu sprechen sein wird – seien an der Konfliktsituation nicht unmittelbar interessiert, was nicht sehr häufig vorkommen dürfte. Wenn aber ein Interesse der Vereinigten Staaten besteht, dann wird der von ihnen ausgeübte Druck eine freie Entscheidung nicht zulassen, auch dafür ist die „Allianz gegen den Terror" ein Beispiel. Wollte man sich in einer solchen Situation „neutral" verhalten, also beispielsweise Überfluggenehmigungen verweigern, würde man riskieren, als „Feind" der Hegemonialmacht eingestuft zu werden.

Wie passt nun die Europäische Union in dieses Szenario? Will man diese Frage im Hinblick auf die Neutralität beantworten, so muss man zwei Aspekte unterscheiden: Einerseits die Stellung eines Neutralen als Unionsmitglied und andererseits die Positionierung der Union in der Weltpolitik.

V. Neutralität und Gemeinsame Sicherheits- und Verteidigungspolitik der EU

Über die Bedeutung der so genannten „*Petersberg Aufgaben*", also des Programms des Art 17 Abs 2 EUV, für die neutralitätsrechtliche Beurteilung der Mitgliedschaft ist schon viel geschrieben[10] und gesagt worden; ich kann mich daher kurz fassen. Falls dieses Programm in einem konkreten Fall in die Tat umgesetzt werden sollte, es also zu einem Kampfeinsatz zur Bewältigung einer Krise käme, wäre die Mitwirkung eines dauernd neutralen Staates daran – abhängig von der Sachlage, also der Art des Konfliktes und der Qualität der daran Beteiligten – möglicherweise sogar eine Neutralitätsverletzung. Denn abseits aller Auffassungsunterschiede über den Inhalt der Rechtspflichten der dauernden Neutralität besteht wohl Konsens, dass es einem Staat mit solchem Status verwehrt ist, aus eigenem in einen Krieg einzugreifen oder ihn zu beginnen. Ein Staat, der eine solche Möglichkeiten eröffnende internationale Verpflichtung eingeht, kann nicht

---

10 Beispielsweise *Hafner*, Die Europäische Union und ihr Einfluss auf Österreichs völkerrechtliche Stellung, in: *Glaesner* (Hrsg), Außen- und sicherheitspolitische Aspekte des Vertrages von Maastricht und seine Konsequenzen für neutrale Beitrittswerber, Schriftenreihe des Forschungsinstituts für Europarecht der *Karl-Franzens*-Universität Graz, 3 (1993) 89; *Zemanek*, Österreichs Neutralität und die GASP, ÖJIP 11 (1994) 1; *Griller*, Vom Wandel der immerwährenden Neutralität, in: Österreichische Parlamentarische Gesellschaft (Hrsg), FS 75 Jahre Bundesverfassung (1995) 729.

erwarten, von außenstehenden Staaten als dauernd neutral angesehen zu werden; er wird mit der Gemeinschaft, in der diese Pflicht besteht, identifiziert. Ich teile daher die Meinung *Theo Öhlingers*[11], dass in Falle Österreichs bestenfalls von einer aufrechten Bündnisfreiheit gesprochen werden kann. Selbst das aber nur dann, wenn man den Begriff „Bündnis" eng fasst, also auf *Verteidigungsbündnisse* beschränkt. Eine weniger wohlwollende Interpretation könnte im Art 17 EUV sogar ein *Aktivbündnis* sehen, also eine Absprache zu aktivem militärischen Eingreifen ohne vorheriger Genehmigung des Sicherheitsrates, und damit die Frage aufwerfen, ob eine solche Verpflichtung, vorausgesetzt Art 2 Abs 4 SVN enthält zwingendes Recht, überhaupt gültig sei.

Es lässt sich nicht eindeutig klären, ob der Union die Absicht zu aktivem militärischen Eingreifen ohne Mandat des Sicherheitsrates unterstellt werden kann.[12] Der auf dem Europäischen Rat von Helsinki vom 10./11. Dezember 1999 beschlossene Text ist zu unbestimmt. Er lautet:

„Die Union wird im Einklang mit den Grundsätzen der Charta der Vereinten Nationen ihren Beitrag zum Weltfrieden und zur internationalen Sicherheit leisten. Die Union anerkennt die Hauptverantwortung des Sicherheitsrats der Vereinten Nationen für die Wahrung des Weltfriedens und der internationalen Sicherheit.

Der Europäische Rat unterstreicht seine Entschlossenheit, die Union in die Lage zu versetzen, autonom Beschlüsse zu fassen und in den Fällen, in denen die NATO als Ganzes nicht beteiligt ist, als Reaktion auf internationale Krisen EU-geführte militärische Operationen einzuleiten und durchzuführen. Dabei ist unnötige Duplizierung zu vermeiden. Dieser Prozeß impliziert nicht die Schaffung einer europäischen Armee."

Der Verweis auf die Grundsätze der Satzung der Vereinten Nationen und auf die Hauptverantwortung des Sicherheitsrates für die Aufrechterhaltung des Weltfriedens und der internationalen Sicherheit schließen nicht jeglichen Zweifel aus, dass die Union ein militärisches Eingreifen ins Auge fassen könnte, wenn der Sicherheitsrat angesichts einer schweren Verletzung der Grundsätze der Satzung, etwa des Schutzes der Menschenrechte, untätig bliebe.

Letzten Endes wird also alles davon abhängen, wie sich die Union in der Weltpolitik positioniert, welche Rolle sie also für sich in Anspruch nehmen und welche Mittel sie sich verschaffen wird, um diese Rolle auch tatsächlich ausfüllen zu können.

---

11   *Öhlinger*, Bundesverfassungsgesetz vom 26. Oktober 1955 über die Neutralität Österreichs, in: *Korinek/Holoubek* (Hrsg), Österreichisches Bundesverfassungsrecht. Textsammlung und Kommentar (2000) Rz 25.

12   In der Literatur wird das aber öfter getan, vgl bspw *Fleuß*, Die operationelle Rolle der westeuropäischen Union in den neunziger Jahren (1996) 265.

Die Europäische Union hat im Bereich der Sicherheitspolitik ein ambitiöses Programm vorgelegt, das zu einer eigenständigen, von der NATO unabhängigen Eingreiftruppe führen soll, sozusagen zum martialischen Rückgrat des künftigen außenpolitischen Krisenmanagements. Die Wahrscheinlichkeit, dass dieses Programm voll verwirklicht wird und die EU dadurch zu einem sicherheitspolitischen Global Player wird, ist allerdings nicht sehr hoch. Es sprechen zwei Gründe dagegen.

VI. Die USA als Hegemon

Erstens werden die Vereinigten Staaten den Einfluss – um nicht zu sagen: die Kontrolle – den sie über die NATO auf die europäische Sicherheitspolitik ausüben, gerade in einer Periode, in der sie einzige Hegemonialmacht sind, nicht aufgeben wollen (man denke beispielsweise an ihren Widerstand gegen die geplanten europäischen Aufklärungssatelliten) und sie werden daran, eben wegen ihrer Stellung, auch festhalten können. Zweitens aber sprechen die hohen Kosten dagegen, die für Aufklärung und Logistik, wohl aber auch für die Entwicklung neuer Waffensysteme, aufgewendet werden müssten, um eine glaubwürdige Interventionstruppe zu schaffen. Gegenwärtig mangelt es an Lufttransportkapazität und Beobachtungssatelliten. Man kann sich aber nur schwer vorstellen, dass die zur Verbesserung notwendigen finanziellen Mittel angesichts der Budgetsituation in fast allen europäischen Staaten und angesichts der von diesen anders als in den USA gesetzten gesellschaftspolitischen Prioritäten in naher Zukunft aufgebracht werden könnten.

Wie gravierend sich die Mängel auswirken zeigt der Widerstand gewisser Kreise in den USA gegen „Combined Operations" mit europäischen Streitkräften, sei es nun im Rahmen der NATO oder in einer losen Koalition ausgewählter Partner. Als Grund wird ua die zumindest um eine Generation der europäischen Waffentechnologie überlegene amerikanische genannt, eine Überlegenheit, die sich in Afghanistan und im Irak eben wieder erwiesen habe und zu Inkompatibilitäten führe. Die Kritik richtet sich aber auch gegen die operative Entscheidungsfindung in Komitees, die als zu schwerfällig empfunden wird, wobei besonders auf die Objektauswahl für Luftangriffe durch den NATO-Rat anlässlich der Jugoslawienoperation als abschreckendes Beispiel hingewiesen wird.

Es ist daher eher zu vermuten, dass den USA in der EU mittelfristig kein global agierender sicherheitspolitischer Rivale erwachsen wird, sondern dass die EU als regionale Ordnungsmacht in Absprache mit den USA tätig sein wird, wobei das Operationsfeld durchaus auch die an das geographische Europa anschließenden Randgebiete mit umfassen könnte. Allerdings legt die Reaktion der israelischen Regierung auf die Initiativen der EU im Nahen Osten in dieser Beziehung eine gewisse Skepsis nahe: Das außenpolitische Gewicht der EU steht bei anderen offenbar nicht sehr hoch im Kurs. Dem hegemonialen Einfluss der USA wird sich die EU auf sicherheitspolitischem Gebiet nicht entziehen können, man wird Helfer oder Stellvertreter bleiben, so wie eben in Mazedonien die EU die NATO ersetzt, indem sie am 31. März 2003[13] eine EU-geführte Militäroperation in der FYROM einleitete.[14]

Wie lange diese Periode amerikanischer Hegemonie dauern wird ist unbestimmt. Eine Hegemonialmacht unterliegt ihren eigenen Gesetzen. Wie der amerikanische Historiker *Paul Kennedy* in seinem berühmten Buch „The Rise and Fall of the Great Powers"[15] nachgewiesen – und kürzlich in einem Artikel in der *Financial Times* in Bezug auf die Vereinigten Staaten wiederholt – hat, beginnt der Abstieg eines Hegemons durch „overstrech", dann nämlich, wenn die verfügbaren Ressourcen in einem so großem Maß für Sicherheit eingesetzt werden, dass dadurch die Wirtschaftskraft geschädigt wird. Der Zusammenbruch der Sowjetunion scheint mir ein eindrucksvoller Beweis für die Richtigkeit der These *Kennedys* zu sein.

Henry Kissinger hat das jüngst so ausgedrückt:[16]

„Amerika wird bei der Lösung vieler Probleme eine Rolle spielen, doch werden die Vereinigten Staaten ihre psychologischen und materiellen Ressourcen verausgaben, wenn sie nicht lernen, zwischen dem, was sie tun müssen, dem was sie gerne tun würden, und dem was über ihre Leistungsfähigkeit hinausgeht, zu unterscheiden."

VII. Der Stellenwert der Neutralität im XXI. Jahrhundert

Lassen Sie mich nun zusammenfassen und zu Schlussfolgerungen betreffend den Stellenwert dauernder Neutralität zu Anfang des XXI. Jahrhunderts kommen.

Es scheint nicht so, als könnte oder müsste man in dieser Zeitspanne mit einer Schwächung der amerikanischen Hegemonialmacht rechnen. Wenn dem so ist, dann wird sich die sicherheitspolitische Bedeutung der Vereinten Nationen nicht verbessern. Der Sicherheitsrat wird weiterhin nicht eigenständig die ihm übertra-

---

13 Beschluss 203/202/GASP des Rates vom 18. März 2003 über den Beginn der Militäroperation, ABl 2003 L 76 S 43.

14 Gemeinsame Aktion 2003/92/GASP des Rates vom 27. Jänner 2003 über die militärische Aktion der EU in der ehemaligen jugoslawischen Republik Mazedonien, ABl 2003 L 34 S 26.

15 *Kennedy*, The Rise and Fall of the Great Powers (1989).

16 *Kissinger*, Die Herausforderung Amerikas. Weltpolitik im 21. Jahrhundert (2002) 349.

gene Friedenssicherung wahrnehmen können, sondern bestenfalls als Instrument zur Legitimierung von Operationen der Hegemonialmacht eingesetzt werden, andernfalls untätig oder zahnlos bleiben. Wo es Initiativen geben wird, werden sie von der Hegemonialmacht ausgehen, gegebenenfalls im Zusammenwirken mit der NATO, der EU, oder ausgewählter Verbündeter. Aber ohne die Vereinigten Staaten geht nichts, wie sich an der Lage im Nahen Osten erweist.

Sowohl im Falle einer militärischen Operation gegen einen Staat – wie im Falle des Irak – als auch in der Form eines militärischen „Krisenmanagements" eines Bürgerkriegs, fällt es schwer, an die Möglichkeit neutralen Verhaltens zu glauben. Entweder unter dem Druck der Hegemonialmacht oder in Folge rechtlicher Verpflichtungen aus dem EU Vertrag wird Österreich gezwungen sein, sich mit den Maßnahmen politisch wie wirtschaftlich zu identifizieren, sich gegebenenfalls sogar daran zu beteiligen. Wie schon angemerkt, ist es fraglich, ob im Falle der Verwirklichung des Programms der EU zur Krisenbewältigung dann selbst noch von einer Bündnisfreiheit gesprochen werden könnte. Übrig bliebe dann eine innerstaatliche Rechtslage ohne außenpolitische Substanz, möglicherweise sogar eine offenkundige Diskrepanz zwischen dem innerstaatlichen Postulat und der völkerrechtlichen Realität.[17]

Man muss sich allerdings auch fragen, welche Rolle es denn unter den vorher geschilderten Umständen für einen Neutralen überhaupt noch geben sollte.[18] Die Pufferfunktion der Schweiz zwischen Frankreich und Deutschland, oder die Österreichs zwischen den beiden Allianzorganisationen, ist angesichts der politischwirtschaftlichen Verhältnisse in Europa nicht mehr gefragt. Geographisch inmitten von NATO-neu gelegen, sind Neutrale vielleicht lästig, sicherheitspolitisch aber nicht signifikant.

An wirtschaftliche Gleichbehandlung eines mit den Vereinigten Staaten oder der EU in einen bewaffneten Konflikt verwickelten Staates, ja selbst von zwei außereuropäischen Kriegführenden, ist angesichts der durch die Globalisierung bewirkten wirtschaftlichen Verflechtung, ganz abgesehen von der institutionalisierten Integration in der EU, nicht zu denken, nicht einmal in Bezug auf die Schweiz, wie sich schon anlässlich der Rhodesiensanktionen erwies. Selbst im Zweiten Weltkrieg bestand diese Möglichkeit schon nicht mehr, wie der vor kurzem veröffentlichte Bericht der 1996 eingesetzten Schweizer Historikerkommis-

---

17　Siehe *Öhlinger* (Fn 11) und *Griller*, Verfassungsfragen der österreichischen EU Mitgliedschaft, ZfRV 36 (1995) 89.

18　Vgl *Zemanek*, The Chaotic Status of the Laws of Neutrality, in: *Haller* ua (Hrsg), Im Dienst an der Gemeinschaft, FS *Schindler* (1989) 443; und *ders*, Ändert sich das völkerrechtliche Neutralitätsrecht und mit ihm die österreichische Neutralität?, ÖJZ (1992) 177.

sion[19] kritisch feststellte und damit manche liebgewordene Legende über die Rolle der Schweiz in diesem Krieg zerstörte.[20]

Aber wenigstens die Vermittlerrolle der Neutralen müsse erhalten bleiben, sagen manche. Ich habe diese, insbesondere von meinem Freund *Rudolf Bindschedler* gelobten „Guten Dienste" der Schweiz[21] immer ein wenig skeptisch betrachtet. Es mag schon zutreffen, dass die Schweiz als „Schutzmacht" des Roten Kreuzes manchmal dazu Gelegenheit hatte. Aber seit dem Desaster des IKRK in Biafra dürften sie wohl nicht mehr so gefragt sein.

Österreichische Vermittlungen von einiger Bedeutung sind mir nicht bekannt. Einige Kleinere, wie die Vereinbarung von Gefangenenaustauschen, fanden statt, hatten aber nichts mit Neutralität zu tun, sondern mit den persönlichen Beziehungen der handelnden Personen. Es ist bezeichnend, dass der Beginn des mühseligen Verständigungsprozesses zwischen Israel und den Palästinensern von Norwegen vermittelt (Oslo, 1993) und in Camp David (2000) fortgeführt wurde. Auch den kürzlichen Waffenstillstand zwischen der ceylonesischen Regierung und tamilischen Rebellen vermittelte wiederum Norwegen.

Es hat den Anschein, als ob die Mitgliedschaft in der EU eine stärkere Gruppenidentität erzeuge als die Mitgliedschaft in der NATO, vielleicht weil letztere seltener zu politischen Situationen in anderen Staaten öffentlich Stellung bezieht als die erste. Daher werden NATO Mitglieder, so scheint es zumindest, irrationalerweise eher als unbeteiligt wahrgenommen als EU Mitglieder, selbst wenn sich letztere als neutral bezeichnen.

Die von einigen[22] den Neutralen angedichtete „traditionelle Rolle [...] der pazifistischen Kriegsverweigerung", verbunden mit dem Aufruf, sich „als Anwalt einer Sicherheitspolitik zu verstehen, die auf Zivilmacht setzt und [...] sich gegen eine Militarisierung der internationalen Beziehungen wendet", lasse ich außer Betracht, weil sie angesichts der sicherheitspolitischen Bedeutungslosigkeit der aufgeforderten „Neutralen" eine gewisse Realitätsferne verrät.

Außerdem muss man bedenken, dass sich seit einiger Zeit neben der staatlichen Machtausübung mit militärischen und wirtschaftlichen Mitteln eine weitere Machtebene in den internationalen Beziehungen etabliert hat. Banken, die elektronisch täglich weltweit Summen bewegen, die die Höhe der meisten Staatsbudgets überschreiten, Terroristen, die aus dunklen Quellen alle Arten von Waffen,

---

19 Zur Erinnerung und zur Mahnung, NZZ vom 23. März 2002, 91.

20 Vgl dazu auch *Gervais*, La pratique de la neutralité dans la seconde guerre mondiale, FW 48 (1948) 4.

21 ZB *Probst*, Die Schweiz und die „guten Dienste", in *Riklin/Haug/Probst* (Hrsg), Neues Handbuch der schweizerischen Außenpolitik (1992) 659.

22 ZB Gastkommentar von *Mader*, Der Streit, um den es wirklich geht, Die Presse vom 22. April 1995.

bis hin zu ABC Waffen, beziehen können, „Hacker" die Internettransaktionen lahm legen – sie alle entziehen sich jeder staatlichen Kontrolle. Rapid gesunkene Kommunikationskosten, transnationale Aktionsebenen wie das Internet und eine „Demokratisierung", um nicht zu sagen „Banalisierung" von Waffentechnologien haben Gruppen und Individuen eine bisher nie gekannte Macht zur Störung staatlicher und zwischenstaatlicher Tätigkeiten in die Hand gegeben. Diese Art von destruktiver Macht ist weit gestreut, sie ist die finstere Seite der „civil society". Gegenüber ihren Attacken, gerade auch wenn sie gewaltsam sind, greift Neutralität als zwischen*staatliches* Konzept nicht, ganz abgesehen davon, dass der Gedanke daran schon allein deshalb verworfen werden müsste, weil die Attacken die internationale Ordnung an sich betreffen und man ihnen gegenüber daher nicht abseits stehen kann, ohne sich von der Ordnung auszuschließen.

Alles in allem ist also nicht zu sehen, wie Neutralität der Außenpolitik Österreichs – oder irgendeines anderen europäischen Staates – zu Beginn des XXI. Jahrhunderts ein besonderes Profil verleihen könnte. Diese Institution des XIX. Jahrhunderts sieht keinen rosigen Zeiten entgegen.

Theo Öhlinger

Die österreichische Neutralität aus verfassungsrechtlicher Sicht

I. Zur Abänderbarkeit oder Aufhebbarkeit der immerwährenden Neutralität

A. Der verfassungsrechtliche Aspekt

Im Bundesverfassungsgesetz vom 26. Oktober 1955 erklärte Österreich seine „immerwährende" Neutralität und verspricht, „in aller Zukunft" keinem militärischen Bündnis beizutreten. Das hat im verfassungsrechtlichen Schrifttum Anlass zur Frage gegeben, inwieweit damit unabänderliches – eben: immerwährendes – Verfassungsrecht geschaffen worden sei.[1]

Derartige Spekulationen sind freilich unhaltbar. Die österreichische Bundesverfassung kennt kein unabänderliches Verfassungsrecht;[2] sie sieht explizit ein Verfahren vor, in dem selbst die Grundprinzipien dieser Verfassung geändert werden können (Art 44 Abs 3 B-VG). Den zitierten Worten des Neutralitäts-BVG – die auf das Moskauer Memorandum zurückgehen – muss daher ein anderer Sinn unterstellt werden: „Immerwährende" Neutralität meint offensichtlich das Institut der dauernden oder permanenten Neutralität im völkerrechtlichen Sinn. Eine solche dauernde Neutralität ist aber nicht unaufhebbar.

Das NeutralitätsBVG hat nicht einmal ein Grundprinzip der Bundesverfassung im Sinne des Art 44 Abs 3 B-VG geschaffen. Zwar wurde eine gegenteilige Auffassung seit den sechziger Jahren immer wieder vertreten.[3] Sie konnte sich aber nicht durchsetzen und wird von der Verfassungsrechtslehre heute einhellig abgelehnt.[4] Die dauernde Neutralität kann daher durch ein Bundes-

---

1   *Lippold*, Strukturfragen der Verfassung am Beispiel der immerwährenden Neutralität Österreichs, ZÖR 1991, 295 (302).

2   Dies ist freilich heute bestritten; siehe dazu zuletzt *Hiesel*, Gibt es in Österreich unabänderliches Verfassungsrecht?, ÖJZ 2002, 121. Allerdings beziehen sich derartige Überlegungen auf ganz andere Themen und haben mit der Problematik der „immerwährenden" Neutralität nichts zu tun.

3   So vor allem von *Pahr*, Der österreichische Status der dauernden Neutralität und seine Rückwirkung auf das interne Recht des dauernd neutralen Staates, 3. ÖJT II/2 (1967), 25.

4   Siehe *Adamovich/Funk/Holzinger*, Österreichisches Staatsrecht, 1 (1997), Rz 09.016; *Öhlinger*, Verfassungsrecht[4] (1999) Rz 97; *Walter/Mayer*, Grundriß Bundesverfassungsrecht[9] 2000, Rz 170.

verfassungsgesetz abgeändert oder aufgehoben werden; ein solches Bundesverfassungsgesetz unterliegt nicht einer obligatorischen Volksabstimmung nach Art
44 Abs 3 B-VG. Eine fakultative Volksabstimmung wäre selbstverständlich zulässig. Sie könnte von einem Drittel der Mitglieder des Nationalrats oder des
Bundesrats verlangt werden.

B. *Völkerrechtliche Aspekte*

Fraglich ist, inwieweit die verfassungsgesetzliche Aufhebung oder Abänderung
der dauernden Neutralität Österreichs völkerrechtlichen Schranken unterliegt.
Dazu sei hier nur Folgendes angemerkt.

Meine 1999 formulierte Position, im gegenwärtigen internationalen Kontext
könne nicht ernstlich bezweifelt werden, dass Österreich seine dauernde Neutralität selbständig und einseitig definieren und auch aufheben dürfte,[5] war wohl allzu
salopp formuliert.[6] Der Inhalt des NeutralitätsBVG wurde bekanntlich ab November 1955 allen Staaten, mit denen Österreich damals diplomatische Beziehungen unterhielt, mit dem Ersuchen um Anerkennung notifiziert. Lange Zeit war
es unbestritten, dass dadurch eine völkerrechtliche Verpflichtung Österreichs zu
dauernder Neutralität begründet wurde, der ein Rechtsanspruch der Staatenwelt
auf Erfüllung dieser Verpflichtung korrespondiert.

Fraglich ist jedoch, ob diese – meines Erachtens ursprünglich richtige – Auffassung angesichts des radikal veränderten internationalen Kontextes seit etwa
1990 noch aufrechterhalten werden kann. Die österreichische Neutralität ist ein
Produkt des Kalten Krieges. Mit dessen Ende hat sich die Bedeutung dieser
Neutralität drastisch reduziert. Mehr noch: es haben sich auch die diesbezüglichen Erwartungen der Staatenwelt verändert. Es besteht, wie es *Zemanek*
treffend formuliert hat, keine Nachfrage nach der Neutralität Österreichs mehr.
Insofern ist es jedenfalls in einem faktischen Sinn richtig, dass Österreich keinen
ernsthaften Widerstand der Staatenwelt befürchten müsste, wenn es seine Neutralität einseitig aufkündigte.

Ob diese veränderte Erwartungshaltung freilich auch zu einem gleichartigen
normativen Schluss – Österreich darf seine dauernde Neutralität einseitig aufheben – berechtigt, ist damit noch nicht ausreichend bewiesen. Man hat mit guten

---

5   *Öhlinger*, BVG Neutralität, in: *Korinek/Holoubek* (Hrsg), Bundesverfassungsrecht,
    Kommentar 1999, Rz 3.
6   Richtig *Geistlinger*, Völkerrechtliche Bindung an GASP und immerwährende Neut-
    ralität, in: *Köck/Hintersteininger* (Hrsg), Europa als Sicherheits- und Wertege-
    meinschaft (2000) 333 (336).

Gründen dargelegt,[7] dass diese auf die *clausula rebus sic stantibus* rückführbare Argumentation in Analogie zur Wiener Vertragsrechtskonvention 1969 (Art 62 Abs 1) eine – neuerliche – Notifikation von Seiten Österreichs erfordern würde, der gegenüber auch ein Einspruch erhoben werden könnte. Demgegenüber ist aber darauf hinzuweisen, dass Österreich – mit seinem Beitritt zur EU, jedenfalls aber mit seiner Mitwirkung am Amsterdamer Vertrag und den korrespondierenden verfassungsrechtlichen Akten (Art 23f B-VG)[8] – seine Neutralität tatsächlich einseitig verändert, aus völkerrechtlicher Sicht[9] vielleicht überhaupt aufgegeben hat. Die Staatenwelt hat dies ohne ernsthaften Widerspruch zur Kenntnis genommen und damit anscheinend die einseitige Änderung der Neutralität akzeptiert. Im Ergebnis halte ich daher meine 1999 etwas locker formulierte These nach wie vor für richtig.

II. Der Inhalt der dauernden Neutralität

A. Das *NeutralitätsBVG* als dynamische Verweisung auf das Völkerrecht

„Immerwährende Neutralität" im Sinne des NeutralitätsBVG bedeutet, wie zuvor dargelegt, „dauernde Neutralität" im Sinne des Völkerrechts. Das Neutralitäts-BVG verweist damit auf das Völkerrecht: Es rezipiert die einschlägigen Regeln des Völkerrechts, und zwar – im Sinne einer dynamischen Verweisung – in ihrem jeweils geltenden Gehalt. Das NeutralitätsBVG verpflichtet die zu außenpolitisch relevantem Handeln zuständigen Organe der Republik Österreich, sich entsprechend den jeweils geltenden Regeln des völkerrechtlichen Neutralitätsrechts zu verhalten.[10]

Als Rezeptor (Transformator) fungiert das Neutralitäts-BVG selbst. Es ist, wie das allerdings im Schrifttum häufig geschieht,[11] nicht erforderlich, dazu auch

---

7   *Griller*, Die GASP und das Ende der immerwährenden Neutralität, in: *Hummer* (Hrsg), Rechtsfragen in der Anwendung des Amsterdamer Vertrages (2001) 261 (278f).

8   Vgl dazu nachstehend auf S. 313f.

9   Siehe dazu noch nachstehend auf S. 316ff.

10 Näher *Öhlinger* (Fn 5) Rz 16.

11 Siehe etwa *Adamovich/Funk/Holzinger* (Fn 4) Rz 09.016; *Hummer*, Die WEU als „operativer Arm" der EU, in: *Köck/Hintersteininger* (Hrsg), Europa als Sicherheits- und Wertegemeinschaft (2000) 241 (289); *Zemanek*, Ändert sich das völkerrechtliche Neutralitätsrecht und mit ihm die österreichische Neutralität?, ÖJZ 1992, 177.

noch Art 9 Abs 1 B-VG[12] zu bemühen. Es lassen sich daher die vielen theoretischen Probleme ersparen, mit denen Art 9 Abs 1 B-VG belastet ist.[13] Im Besonderen ist durch die Deutung des NeutralitätsBVG als alleiniger Rezeptor klargestellt, dass das völkerrechtliche Neutralitätsrecht in Österreich den Rang von Bundesverfassungsrecht besitzt.

B. Der Wandel der Interpretation der dauernden Neutralität

Dieses völkerrechtliche Neutralitätsrecht wurde in Österreich seit den 1960er-Jahren – nach einer zunächst durchaus zurückhaltenden Phase[14] – äußerst extensiv interpretiert. Was man in den siebziger und achtziger Jahren als neutralitätsrechtlich geboten postulierte, ging über das ursprüngliche Neutralitätsverständnis deutlich hinaus. Im Besonderen trifft dies auf die sog „Vorwirkungen" zu, die das Charakteristikum der dauernden Neutralität ausmachen.

Damit liegt hier das Beispiel eines „schleichenden Verfassungswandels" vor – ein Phänomen, dem die österreichische Verfassungstheorie im Allgemeinen mit großer Reserviertheit gegenübersteht.

Demgegenüber kam es um 1990 zu einem Bruch des bis dahin (in eine Richtung) entwickelten Neutralitätsverständnisses. Er manifestierte sich in der Umkehrung der sog „*Verdroß*-Doktrin" (in Bezug auf das Verhältnis von Neutralität und Mitgliedschaft in der UN),[15] in der Abkehr von der Auffassung, dass der Status dauernder Neutralität eine Mitgliedschaft in der E(W)G ausschließe, sowie ganz allgemein in einer restriktiven Interpretation der Pflichten eines (dauernd) neutralen Staates.

Für Verfassungsjuristen ist diese Wandlungsfähigkeit eines Verfassungsbegriffes ein erstaunliches Phänomen. Sie ist im konkreten Fall allerdings – empirisch – dadurch erklärbar, dass außenpolitisches Handeln, sieht man von Staatsverträgen ab (Art 140a B-VG), praktisch keiner verfassungsgerichtlichen Kontrolle unterliegt. Dass der VfGH dem Bruch des Neutralitätsverständnisses in

---

12 „Die allgemein anerkannten Regeln des Völkerrechtes gelten als Bestandteile des Bundesrechtes."

13 Dazu *Öhlinger*, Art 9 Abs 1 B-VG, in: *Korinek/Holoubek* (Hrsg), Bundesverfassungsrecht, Kommentar 2002.

14 Siehe dazu etwa *Luif*, Austria's Permanent Neutrality – Its Origins, Development, and Demise, in: *Bischof/Pelinka/Wodak* (Hrsg), Neutrality in Austria (2001) 129 (134).

15 Vgl *Hummer*, Der internationale Status und die völkerrechtliche Stellung Österreichs seit dem Ersten Weltkrieg, in: *Neuhold/Hummer/Schreuer* (Hrsg), Österreichisches Handbuch des Völkerrechts 1 (1997) 530 Rz 2858.

den frühen neunziger Jahren – hätte er nur Gelegenheit zu einer Stellungnahme gehabt – so ohne weiteres gefolgt wäre, ist jedenfalls sehr zweifelhaft. Heute könnte er sich diesem Verständniswandel allerdings kaum mehr entziehen – zu sehr hat dieser Wandel in der österreichischen Staatspraxis seinen Niederschlag gefunden. Die Wandlungsfähigkeit der verfassungsrechtlich verankerten Neutralität ist damit ein interessantes Studienobjekt für Starrheit und Wandlungsfähigkeit von Verfassungsrecht unter dem Einfluss seiner gerichtlichen Kontrolle.[16]

III. Dauernde Neutralität und Mitgliedschaft in der EU

A. Die ursprüngliche Auffassung

Die vorbehaltlose Mitgliedschaft in der EWG galt, wie schon gesagt, lange Zeit als mit der dauernden Neutralität unvereinbar. Es wurden dafür eine Reihe von Gründen angegeben, die zum Teil die zuvor erwähnte Tendenz zur extensiven Interpretation der Neutralitätspflichten widerspiegeln.[17] Genauere Analysen konnten die potentiellen Konfliktfelder im Wesentlichen auf die Möglichkeit eines vom Rat mit qualifizierter Mehrheit beschlossenen Handelsembargos im Zusammenhang mit einem militärischen Konflikt (Art 113 EGV alte Fassung) eingrenzen.[18]

Österreich ist jedenfalls trotz engster handelspolitischer Verflechtungen nicht Mitglied der EWG geworden, sondern hat sich, gemeinsam mit Schweden und der Schweiz 1960 an der Gründung der EFTA beteiligt. Aus Anlass der Aufnahme von Gesprächen über ein „Arrangement" mit der EWG legten sich diese drei Staaten 1962 auf folgenden Standpunkt fest: Die neutralen Staaten müssten die Möglichkeit behalten, mit dritten Staaten auch selbständige wirtschaftliche Beziehungen aufrecht zu erhalten („treaty-making power"); sie müssten im Fall eines unmittelbar drohenden oder bereits bestehenden bewaffneten Konflikts oder wenn dies sonst zur Aufrechterhaltung der dauernden Neutralität unerlässlich erscheint, den Vertrag mit der EWG teilweise oder ganz suspendieren oder kündi-

---

16 Dazu auch *Öhlinger,* Constitutional Review, The Austrian Experience as seen from a Comparative Perspective, ZÖR 53 (1998) 421 (431f).

17 Näher *Öhlinger* (Fn 5) Rz 25.

18 *Zemanek,* Austria and the European Community, GYIL 1990, 130 (145ff); *Fischer,* Neutralität und Beitritt zu den Europäischen Gemeinschaften (1991) 20; *Griller,* Vom Wandel der immerwährenden Neutralität, FS 75 Jahre B-VG (1995) 727 (744f).

gen können; sie müssten schließlich schon in Friedenszeiten kriegswirtschaftliche Vorsorgemaßnahmen treffen können.[19]

Auch in der Vorbereitungsphase des Beitrittes (etwa 1987-1993) blieb zunächst die Auffassung bestimmend, dass Österreich die Wahrung seiner neutralitätsrechtlichen Pflichten mit der EG durch eine Art Neutralitätsvorbehalt vertraglich – auf der Ebene des EG-Primärrechtes – absichern müsse. In diesem Sinn ist auch die Formulierung im Beitrittsantrag vom 4. Juli 1989 zu verstehen, Österreich gehe „bei der Stellung dieses Antrages von der Wahrung seines international anerkannten Status der immerwährenden Neutralität ... sowie davon aus, dass es auch als Mitglied der Europäischen Gemeinschaft aufgrund des Beitrittsvertrages [!] in der Lage sein wird, die ihm aus seinem Status als immerwährend neutraler Staat erfliessenden rechtlichen Verpflichtungen zu erfüllen und seine Neutralitätspolitik als spezifischen Beitrag zur Aufrechterhaltung von Frieden und Sicherheit in Europa fortzusetzen".[20] Die Neutralität galt zunächst als größte Hürde eines Beitritts.

B. Vorkehrungen im Rahmen des EU-Beitritts

Erst knapp vor und während der offiziellen Beitrittsverhandlungen setzte sich innerösterreichisch die Auffassung durch, dass eine Mitgliedschaft nicht nur in der EG, sondern auch in der – im Hinblick auf die GASP neutralitätsrechtlich noch um einiges problematischeren – EU mit der Neutralität prinzipiell vereinbar sei.[21] Auf völkerrechtlicher und EU-rechtlicher Ebene wurde auf jede Absicherung der Neutralität verzichtet. Vielmehr gibt es eine in der Schlussakte zum Beitrittsvertrag enthaltene Gemeinsame Erklärung Nr 1 zur Gemeinsamen Außen- und Sicherheitspolitik,[22] wonach ua

- die neuen Mitgliedstaaten ab dem Zeitpunkt ihres Beitritts bereit und fähig sein werden, sich in vollem Umfang und aktiv an der Gemeinsamen Außen- und Sicherheitspolitik, so wie sie im Vertrag über die Europäische Union definiert ist, zu beteiligen;

---

19 Siehe *Mayrzedt/Hummer*, 20 Jahre österreichische Neutralitäts- und Europapolitik (1955-1975), 1 (1976) 367.

20 Vgl *Hummer*, Ziele, Methoden und Ergebnisse der österreichischen Integrationspolitik, in: *Koppensteiner* (Hrsg), Der Weg in den Binnenmarkt (1991) 67.

21 Diesen Wandel dokumentiert ausführlich *Zemanek*, Österreichs Neutralität und die GASP, Vorträge, Reden und Berichte aus dem Europa-Institut der Universität des Saarlandes 315 (1995) 5.

22 ABl 1994 C 241 S 381.

- die neuen Mitgliedstaaten mit dem Beitritt alle Ziele des Vertrags, die Bestimmungen in Titel V des Vertrags und die ihm beigefügten einschlägigen
Erklärungen vollständig und vorbehaltlos übernehmen werden.

Diese Erklärung würde einem neutralitätspolitisch begründeten Abseitsstehen
oder Veto Österreichs im Rahmen der GASP nicht in jedem Fall entgegenstehen.
Der Spielraum zu einer eigenständigen österreichischen Politik ist in dieser Hinsicht nicht kleiner als der jedes anderen EU-Mitgliedes. Mit dieser Erklärung wäre aber ein ständiges Insistieren Österreichs auf seine Neutralität und eine daraus
resultierende Obstruktion einer gemeinsamen Außen- und Sicherheitspolitik der
EU zweifellos – nicht nur politisch, sondern auch rechtlich – nicht vereinbar.[23]

Österreich könnte somit – es hängt dies von der faktischen Entwicklung der
GASP ab – innerhalb dieser „zweiten Säule" der Union irgendwann einmal zu einem neutralitätsrechtswidrigen Verhalten gezwungen sein. Das gilt etwa für wirtschaftliche Boykottmaßnahmen, sofern man – entgegen der nunmehr herrschenden restriktiven Interpretation der Neutralität – wirtschaftliche Neutralitätspflichten noch anerkennt.[24] Es würde dies auch für militärische Maßnahmen gelten – wie sie seit dem Vertrag von Amsterdam im Rahmen der „Petersberger
Aufgaben" möglich sind –, sofern diese nicht durch einen Sicherheits-
ratsbeschluss legitimiert erscheinen. Dagegen lässt sich einwenden, dass auch die
Mitgliedstaaten der EU – und insofern die Union selbst – an die UNO-Satzung
gebunden sind. Es gibt allerdings in diesem Punkt einen großen Bereich einer
„Grauzone", worauf noch zurückzukommen ist.

C. Verfassungsrechtliche Vorkehrungen

Österreich hat diesen – gewiss vorerst nur sehr begrenzten – Möglichkeiten einer
Kollision seiner aus der EU-Mitgliedschaft resultierenden Verpflichtungen mit
seinem Neutralitätsstatus verfassungsrechtlich durch die Schaffung des Art 23f
B-VG Rechnung getragen, und zwar mit der Intention, „der von Österreich beab-
sichtigten und erwarteten aktiven solidarischen Mitwirkung an der Gemeinsamen
Außen- und Sicherheitspolitik außerhalb des Kernbestandes der österreichischen
Neutralität eigenständig eine sichere Rechtsgrundlage zu geben".[25] 1998 wurde

---

23   Wie hier auch *Griller* (Fn 7) 267.
24   Dazu *Hummer* (Fn 11) 283 (287ff); *Leidenmühler*, Österreichs dauernde Neutralität
     und die Gemeinsame Außen- und Sicherheitspolitik der Europäischen Union, in:
     Strohmer/Lutzenberger (Hrsg), Neutralität oder Verteidigungsbündnis (2000) 37
     (57).
25   So der Ausschussbericht zum EU-Beitritts-BVG, 1600 BlgNR 18. GP 13.

Art 23f B-VG an den Amsterdamer Vertrag und im Besonderen an die „Petersberger Aufgaben" (humanitäre Aufgaben und Rettungseinsätze, friedenserhaltende Aufgaben sowie Kampfeinsätze bei der Krisenbewältigung einschließlich friedensschaffender Maßnahmen) in Art 17 Abs 2 EUV angepasst. Der schon in der ursprünglichen Fassung enthaltene erste Satz („Österreich wirkt an der Gemeinsamen Außen- und Sicherheitspolitik der Europäischen Union auf Grund des Titels V des Vertrages über die Europäische Union mit") wurde durch folgende neugefasste Formulierung ergänzt: „Dies schließt die Mitwirkung an Aufgaben gemäß Art 17 Abs 2 dieses Vertrages sowie an Maßnahmen ein, mit denen die Wirtschaftsbeziehungen zu einem oder mehreren dritten Ländern ausgesetzt, eingeschränkt oder vollständig eingestellt werden."

Wortlaut, Entstehungsgeschichte[26] und Kontext des Art 23f B-VG lassen keinen wirklichen Zweifel daran offen, dass mit dieser Bestimmung das österreichische Ratsmitglied von der Bindung an das NeutralitätsBVG entbunden wird. Österreich kann daher in der GASP mitwirken, ohne dabei auf das NeutralitätsBVG Bedacht nehmen zu müssen. Noch einmal: Das schließt selbstverständlich nicht aus, dass Österreich in einem konkreten Fall einen neutralitätspolitischen Standpunkt durchzusetzen versucht und dabei auch von den Möglichkeiten einer „konstruktiven Enthaltung" gem Art 23 Abs 1 UAbs 2 EUV oder sogar eines Vetos Gebrauch macht. Ob Österreich dies tut bzw. tun soll, ist aber eine politische, keine verfassungsrechtliche Frage. Verfassungsrechtlich besteht zu einer solchen Politik Österreichs im Rahmen der GASP keine Verpflichtung mehr. Dem NeutralitätsBVG wurde in diesem Sinn durch Art 23f B-VG partiell derogiert.

Aus der rein verfassungsrechtlichen Perspektive ist auch noch anzumerken, dass der zuvor zitierte zweite Satz des Art 23f Abs 1 B-VG nicht unter dem Vorbehalt eines Sicherheitsratsmandates steht. Unter einem solchen Vorbehalt wäre diese Bestimmung nach der 1994 (Maastricht-Fassung) und jedenfalls 1998 (Amsterdam-Fassung des Art 23f B-VG) herrschenden Auffassung vom Vorrang der UN-Satzung vor der österreichischen Neutralität ganz überflüssig gewesen. Es ist also die Mitwirkung an wirtschaftlichen Boykott- und Embargomaßnahmen ebenso wie an den Petersberg-Aufgaben unabhängig von ihrer allenfalls gegebenen völkerrechtlichen Problematik verfassungsrechtlich legitimiert.[27] Jedenfalls aber in der zuvor angesprochenen „Grauzone" unterliegt Österreich aus verfassungsrechtlicher Sicht keinen strengeren völkerrechtlichen Regeln als andere EU-Staaten.

---

26 Dazu näher *Griller* (Fn 7) 269.
27 Anders *Hummer* (Fn 11) 291.

IV. Ist Österreich noch ein dauernd neutraler Staat?

A. Die völkerrechtliche Perspektive

Ich habe die Ansicht vertreten, dass Österreich bereits seit seinem Beitritt zur EU nicht mehr dauernd neutral im strengen Sinn ist.[28] Ein Staat, der sich zu einer organisierten Kooperation mit anderen (selbst nicht dauernd neutralen) Staaten in Fragen der Außen- und Sicherheitspolitik verpflichtet hat – eine Sicherheitspolitik, zu der auf längere Sicht auch die „Festlegung einer gemeinsamen Verteidigungspolitik gehört, die zu einer gemeinsamen Verteidigung führen könnte"[29] – ist in einem strikten rechtlichen Sinn weder „immerwährend" noch auch nur „dauernd" neutral. Gewiss handelt es sich dabei nur um eine programmatische Bestimmung, und sie wird überdies durch Art 17 Abs 1 UAbs 3 EUV abgeschwächt, demgemäß die GASP den Charakter der Sicherheits- und Verteidigungspolitik bestimmter Mitgliedstaaten unberührt lässt.[30] Dennoch verbleibt die Verpflichtung Österreichs zur loyalen Kooperation bei der Entwicklung einer gemeinsamen Sicherheitspolitik in Richtung einer gemeinsamen Verteidigung. Und allein diese Verpflichtung ist mit einer „integralen" Neutralität auf Dauer nicht vereinbar, mag auch deren Kern zumindest vorerst unberührt bleiben. Für Griller[31] ist dieses „Ende der immerwährenden Neutralität" erst – aber eben inzwischen auch – mit dem Vertrag von Amsterdam und seinen „Petersberger Aufgaben" erreicht worden.

Mit dem restriktiven Gehalt des neueren (seit etwa 1990 entwickelten) Neutralitätsverständnisses (Unterordnung der Neutralität unter die UN-Satzung sowie restriktive Auslegung der Neutralitätspflichten überhaupt) auf der einen Seite und der nicht gerade stürmischen Entwicklung der GASP auf der anderen Seite ist diese These faktisch noch nicht ernstlich auf eine Probe gestellt worden. Insofern konnte Österreich vorerst an einer Neutralitätspolitik festhalten. Von einem rechtlichen Status eines dauernd neutralen Staates lässt sich allerdings seit dem

---

28 *Öhlinger* (Fn 5) Rz 25.
29 So Art J.7 Abs 1 EUV idF des Vertrags von Maastricht; siehe nunmehr Art 17 Abs 1 EUV.
30 Ob dazu auch Österreichs Neutralität gehört, ist allerdings strittig: bejahend *Schweitzer*, GASP und dauernde Neutralität Österreichs, FS *Everling* (1995) 1388; verneinend *Hafner*, Die Europäische Union und ihr Einfluss auf Österreichs völkerrechtliche Stellung, in: *Glaesner/Gilsdorf/Thürer/Hafner* (Hrsg), Außen- und sicherheitspolitische Aspekte des Vertrages von Maastricht und seine Konsequenzen für neutrale Beitrittswerber (1993) 89 (124f).
31 *Griller* (Fn 7) 280.

EU-Beitritt oder jedenfalls seit dem Inkrafttreten des Vertrages von Amsterdam[32] nur mehr unter dem Vorbehalt sprechen, dass in der EU künftig nichts anderes beschlossen werden sollte. Österreich müsste sich einem solchen (neutralitätswidrigen) Beschluss der EU in verfassungsrechtlicher Perspektive nicht entziehen und dürfte dies aus unionsrechtlicher Perspektive auf Dauer auch gar nicht. Ob man diesen eingeschränkten Status dennoch als dauernde Neutralität bezeichnen will, ist eine terminologische Frage. Es ist dies jedenfalls nicht mehr jene dauernde Neutralität, wie sie von der Völkerrechtslehre zwischen 1955 und 1990 definiert wurde.

B. Die verfassungsrechtliche Perspektive

a. Das bedeutet allerdings nicht, dass dem NeutralitätsBVG jede normative Relevanz abhanden gekommen wäre. Dem NeutralitätsBVG ist, wie gesagt, partiell, es ist ihm aber nicht vollständig derogiert worden.

Zum einen gilt das NeutralitätsBVG noch uneingeschränkt bei militärischen Konflikten zwischen dritten Staaten, in die weder die UNO noch die EU involviert sind (Beispiel: die Aktionen der NATO im Kosovo 1999). Selbst wenn man dagegen Zweifel mit der Überlegung anmelden wollte, dass das Völkerrecht keine (permanente) Neutralität *à la carte* kennt und daher durch den Beitritt zur EU oder jedenfalls durch den Amsterdamer Vertrag der dauernden Neutralität Österreichs aus völkerrechtlicher Sicht zur Gänze derogiert wurde, verbleibt auf verfassungsrechtlicher Ebene Art 1 Abs 2 NeutralitätsBVG, dem gemäß Österreich „keinen militärischen Bündnissen beitreten und die Errichtung militärischer Stützpunkte fremder Staaten auf seinem Gebiet nicht zulassen" werde. Diese verfassungsrechtlich explizit normierten Elemente der österreichischen Neutralität – die sich mit dem harten Kern der Neutralität auch im völkerrechtlichen Sinn decken – sind durch Art 23f B-VG keinesfalls suspendiert worden. Der Beitritt zu einem Militärbündnis und die Einräumung fremder Stützpunkte auf österreichischem Territorium bedürfen daher – als weitere Einschränkung oder gänzliche Aufhebung (wenn schon nicht der dauernden Neutralität selbst, so doch jedenfalls) des NeutralitätsBVG – der Verfassungsmehrheit im Nationalrat. In dieser Bindung jeder weiteren Reduktion der österreichischen Neutralität (selbst wenn diese völkerrechtlich gar nicht mehr vorhanden sein sollte) liegt der aktuelle normative Gehalt des NeutralitätsBVG. Darüber hinaus stellt auch Art 23f B-VG in seinem letzten Satz des ersten Absatzes klar, dass Beschlüsse des Europäi-

---

32   Zur aktiven Mitwirkung Österreichs an der Aufnahme der Petersberger Aufgaben in den Vertrag von Amsterdam siehe *Hummer* (Fn 11) 242.

schen Rates zu einer gemeinsamen Verteidigung sowie zu einer Integration der WEU in die EU einer parlamentarischen Genehmigung mit Verfassungsmehrheit bedürften. Was ein Militärstützpunkt in diesem Sinn ist, dürfte keine besonderen Rechtsfragen aufwerfen. Nicht ganz so eindeutig ist der Begriff des militärischen Bündnisses. Dass darunter ein System kollektiver Selbstverteidigung – wie die NATO in ihrer ursprünglichen (und auch noch aktuellen) Gestalt – fällt, ist wohl klar. Strittig könnte werden, inwieweit sich die NATO zu einem regionalen System kollektiver Sicherheit entwickelt und als solches nicht mehr ein militärisches Bündnis im Sinne des NeutralitätsBVG darstellt.

Strittig ist auch, inwieweit eine „gemeinsame Verteidigung" im Sinn des letzten Satzes in Art 23f Abs 1 B-VG eine integrierte Verteidigungskapazität voraussetzt oder ob auch ein Militärbündnis ohne integrierte Verteidigungskapazität unter diese Bestimmung fällt.[33] Man wird im Zusammenhang mit dem NeutralitätsBVG von dem weiteren Begriffsverständnis ausgehen müssen und daher auch für einen Ratsbeschluss, der eine gemeinsame Verteidigung ohne integrierte Verteidigungskapazität enthält, die parlamentarische Genehmigung mit Verfassungsmehrheit verlangen müssen.[34]

b. Eine weitere Frage wirft auch der Abs 2 des Art 23f B-VG auf. Diese Bestimmung stellt außer Streit, dass die in Art 23e B-VG geregelte Mitwirkung des Nationalrates und des Bundesrates an „Vorhaben im Rahmen der EU" auch für Beschlüsse im Rahmen der GASP (und des PJZS) gilt.[35] Zweck dieser „Klarstellung" ist es offensichtlich, dem Nationalrat ein Vetorecht in Bezug auf die Neutralität zu sichern.[36] Fraglich ist aber, ob bei einem – aus völkerrechtlicher Sicht – neutralitätswidrigen Beschluss der GASP die Regelung des Art 23e Abs 2 oder Abs 3 B-VG gilt. Art 23e Abs 3 B-VG verpflichtet das österreichische Ratsmitglied, das von einer bindenden Stellungnahme des Nationalrates im Sinne des Art 23e Abs 2 B-VG abweichen will, den Nationalrat über diese Absicht zu informieren. Soweit allerdings „der in Vorbereitung befindliche Rechtsakt der Europäischen Union eine Änderung des geltenden Bundesverfassungsrechts bedeuten

---

33   Siehe *Stadler*, Österreichs Weg von der Neutralität zur Europäischen Sicherheits-
      und Verteidigungspolitik, in: *Köck/Hintersteininger* (Hrsg), Europa als Wer-
      tegemeinschaft (2000) 365 (399f); vgl dazu den Beitrag von *Hummer* auf S. 138,
      140, 199, 204f.

34   Wie hier schon *Thun-Hohenstein*, Der Vertrag von Amsterdam (1997) 66, vgl auch
      den Beitrag von *Schroeder* auf S. 217; zu neutralitätsrechtlichen Schranken der Mit-
      wirkung an Systemen kollektiver Selbstverteidigung und kollektiver Sicherheit auch
      Hummer (Fn 11) 247.

35   Dazu näher *Öhlinger*, Art 23f B-VG, in: *Korinek/Holoubek* (Hrsg), Bundesverfas-
      sung, Kommentar (1999) Rz 14.

36   Siehe *Öhlinger* (Fn 35) Rz 14.

würde, ist eine Abweichung jedenfalls nur zulässig, wenn ihr der Nationalrat innerhalb angemessener Frist nicht widerspricht". Mit anderen Worten: der Nationalrat kann bei (aus österreichischer Sicht) „verfassungsändernden" Beschlüssen der EU – nach Art 23f Abs 2 B-VG: auch solchen im Rahmen der GASP – das österreichische Ratsmitglied zwingend an seine Stellungnahme binden.

Wenn, wie zuvor dargelegt, im Rahmen der GASP das NeutralitätsBVG nicht mehr gilt, erscheint der Schluss zwingend, dass im Fall eines neutralitätswidrigen GASP-Beschlusses eine „Änderung des geltenden Bundesverfassungsrechts" gar nicht mehr vorliegt. Eine Argumentation, die sich weniger auf den Wortlaut als auf die vermutliche Absicht des Verfassungsgesetzgebers stützt, könnte allerdings zu einem anderen Schluss kommen: Es spricht einiges dafür, dass mit der erst im Ausschuss formulierten Bestimmung des Art 23f Abs 2 B-VG dem Nationalrat ein Vetorecht gerade gegenüber neutralitätswidrigen (für Österreich verbindlichen) Beschlüssen der GASP gesichert werden sollte.[37] Die Parlamentarier scheinen dabei die Konsequenzen des Art 23f Abs 1 B-VG in Bezug auf die Reichweite des NeutralitätsBVG nicht gesehen zu haben. Das alles spricht nicht für eine restriktive, sondern eher für eine extensive Interpretation des Art 23f B-VG in Bezug auf die österreichische Neutralität.

V. Die Verpflichtung zur „geistigen" Verteidigung der Neutralität

Zum Abschluss möchte ich noch kurz auf eine andere Bestimmung verweisen, die ua auch deshalb bemerkenswert ist, weil mit ihr die Neutralität im Text des „Stammgesetzes" der Bundesverfassung verankert wurde: Art 9a B-VG.

Diese Bestimmung aus 1975 ist ein typisches Produkt des zuvor angesprochenen extensiven Verständnisses der Neutralität in den 1970er Jahren. Mit ihr „bekennt sich" Österreich zur umfassenden Landesverteidigung. Als eine ihrer Aufgaben wird die Verteidigung der immerwährenden Neutralität formuliert (Abs 1). Zur umfassenden Landesverteidigung gehört nach Art 9a Abs 2 B-VG auch die geistige Landesverteidigung. Somit ist nach Art 9a B-VG die immerwährende Neutralität auch geistig zu verteidigen.

Fraglich ist, wer die Adressaten dieser Verpflichtung sind. Zweifellos gehören dazu die staatlichen Organe (was – denkt man an die Vergleiche der österreichischen Neutralität mit Lipizzanern und Mozartkugeln – gelegentlich an höchster Stelle vergessen worden zu sein scheint). Ebenso zweifelsfrei sind Privatpersonen keinesfalls unmittelbare Adressaten des Art 9a B-VG. Fraglich kann aber sein, ob

---

37   Siehe *Khol*, Demokratieabbau durch Regierungsgesetzgebung?, in: Österreichische Parlamentarische Gesellschaft (Hrsg), 75 Jahre B-VG (1995) 271 (282).

Art 9a B-VG den Gesetzgeber ermächtigt, Privatpersonen zu einer geistigen Verteidigung der Neutralität zu verpflichten. Denkbar ist allenfalls ein *soft law* nach Art schulischer Lehrpläne. Sanktionierte Verpflichtungen von Privatpersonen zur geistigen Verteidigung der Neutralität wären dagegen mit den Grundstrukturen der österreichischen Verfassungsordnung – zu denen auch die Differenzierung von Staat und Gesellschaft gehört – nicht vereinbar.

Art 9a B-VG ist freilich nur das typische Beispiel einer Staatszielbestimmung, deren normativer Gehalt gering ist. Eine solche Bestimmung kann ideologische oder politische Ideen unterstützen. Verlieren solche Ideen ihre Überzeugungskraft, dann geraten auch die sie in Recht transformierenden Bestimmungen leicht in Vergessenheit. Rechtsmittel gegen ein solches Vergessen gibt es nicht. Insofern riskiert ein Politiker heute wenig, wenn er die dauernde Neutralität Österreichs nicht mehr „geistig zu verteidigen" bereit ist.

Hans Winkler[1]

Die einfachgesetzliche Umsetzung der österreichischen Neutralität

I. Vorbemerkung

Die schriftliche Niederlegung des Referats, das beim XXVII. Österreichischen Völkerrechtstag im Juni 2002 in Meran gehalten wurde, hat sich aus verschiedenen Gründen einige Zeit verzögert. Das ist zwar bedauerlich, hat aber den Vorteil, dass die jüngste Praxis bei der Anwendung einfachgesetzlicher Regelungen im Zuge der Irakkrise berücksichtigt werden kann. Vor allem das relativ neue und bis dahin noch unerprobte Truppenaufenthaltsgesetz 2001 bietet dabei im Zusammenhang mit Überflügen und Durchfuhren von Truppen und militärischem Material interessante Einblicke in die praktische Umsetzung des einschlägigen österreichischen rechtlichen Instrumentariums.

Der folgende Beitrag ist praktisch zur Gänze an Hand von Aktenmaterial, das im Völkerrechtsbüro des Bundesministeriums für auswärtige Angelegenheiten aufliegt und die Jahre ab 1955 abdeckt, entstanden.[2] Dieses bislang der Forschung nicht zugängliche Material hat sich nicht zuletzt in historischer Hinsicht als so spannend erwiesen, dass die vorliegende Arbeit, entgegen der ursprünglichen Absicht, zu einem guten Teil zu einer rechtshistorischen Darstellung wurde. Es ist zu hoffen, dass diese – zumindest teilweise – „Themenverfehlung" durch das Interesse, das eine Beobachtung der Veränderungen in der Einstellung zur Neutralität, die fast 50 Jahren legislativer und administrativer Geschichte umfasst, zu vermitteln vermag, aufgewogen wird. Wegen dieses primär historischen Ansatzes in der Darstellung wird keine „horizontale Methodik" angewendet, sondern die einzelnen Materien werden jeweils von ihrem Anfang bis zur heutigen Zeit verfolgt. Es dürfte aber nicht schwer sein, auch bei dieser Form der Darstellung die jeweiligen zeitlichen Bezugspunkte zu erkennen.

---

1   Das Manuskript wurde Anfang März 2003 fertig gestellt. Der Beitrag drückt die persönliche Meinung des Autors aus.

2   Es können daher auch keine Quellenangaben gemacht werden. Sollte Interesse an einer eingehenderen wissenschaftlichen Aufarbeitung des vorhandenen Aktenmaterials bestehen, so könnte auf Ersuchen im Rahmen der gesetzlichen Vorschriften Akteneinsicht in den Räumen des VRB gewährt werden.

II. Einleitung

Jeder Staat, egal welche sicherheitspolitische Strategie er auch verfolgt, zB Bündnisfreiheit oder Bündniszugehörigkeit, hat im Rahmen seiner eigenen Möglichkeiten und seiner innenpolitisch und gesetzlich vorgegebenen Parameter den für die Sicherheit des Landes und seiner Bürger optimalen Weg einzuschlagen. Das bedeutet keinesfalls puren Egoismus, im Gegenteil. Solidarität und Kooperation mit der Staatengemeinschaft werden, noch dazu für einen Staat von der Größe und geopolitischen Lage Österreichs, im wohlverstandenen Eigeninteresse stets eine wesentliche Determinante der nationalen Außen- und Sicherheitspolitik sein.[3]

Die österreichische Neutralität ist kein zeitloses Kunstwerk. Sie ist eine von Österreich aus den Umständen der Geschichte und wohl auch aus äußeren Zwängen heraus gewählte Variante einer bestimmten sicherheitspolitischen Strategie, die in einem gegebenen verfassungs- und völkerrechtlichen Rahmen den ihr innewohnenden Spielraum je nach den nationalen und internationalen Gegebenheiten im Interesse des Landes maximal auszuschöpfen hat.

Angesichts der dramatischen Veränderungen der weltpolitischen Situation, die in den bald 48 Jahren seit Annahme des BVG über die Neutralität Österreichs vom 26. 10. 1955 (Neutralitätsgesetz)[4] eingetreten sind – wobei die letzten 13 Jahren die davor liegenden um einiges an Dynamik übertroffen haben –, wäre es geradezu sträflich gewesen, hätte die österreichische Neutralität und ihr Niederschlag in der eigenen Staatenpraxis nicht auch grundlegende Veränderungen erfahren. Dies ist stets im Einklang mit den Erwartungen, die die internationale Staatengemeinschaft in Österreich und seinen besonderen Status gesetzt hat, geschehen. Dabei ist unbestritten, dass der im Neutralitätsgesetz Österreichs enthaltene Verweis auf das Völkerrecht dynamisch und nicht versteinert zu verstehen ist.

Die einfachgesetzliche Umsetzung der verfassungsrechtlich und völkerrechtlich verankerten Neutralität hat verschiedene Phasen durchlaufen. Ohne eine wissenschaftlich fundierte Katalogisierung zu wagen, können als Anhaltspunkte doch die folgenden Phasen in den gesetzlichen Umsetzungsschüben unterschieden werden:

---

3   Für den Spannungszustand zwischen Neutralität und internationaler Solidarität vgl
     Köck, Neutralität versus Solidarität, in: *Hummer* (Hrsg), Paradigmenwechsel im
     Völkerrecht zur Jahrtausendwende (2002) 85.

4   BGBl 1955/211.

- In den ersten Jahren beschäftigte man sich nur wenig mit der Frage der Schaffung der gesetzlichen Voraussetzungen, um den neutralitätsrechtlichen Verpflichtungen im Aktualisierungsfall nachkommen zu können. Man sah offenbar auch keine Notwendigkeit, in neutralitätspolitischer Hinsicht ein entsprechendes gesetzliches Instrumentarium zu schaffen.
- In die Zeit von etwa 1965 an (dem Jahr der Schaffung der gesetzlichen Grundlage für die Entsendung österreichischer Einheiten zu Einsätzen im Dienste der Vereinten Nationen im Ausland) bis zur Kuwaitkrise des Jahres 1990 und der bewaffneten Auseinandersetzung mit dem Irak im folgenden Jahr fällt die größte Zahl der gesetzlichen Umsetzungsmaßnahmen. Es ist dies auch die Zeit der restriktivsten Betrachtungsweise der Neutralität.
- 1990 stellt, wie auszuführen sein wird, eine wichtige Zäsur im österreichischen Neutralitätsverständnis dar. Es ist die Zeit der Hoffnung, dass das System der kollektiven Sicherheit der Satzung der Vereinten Nationen auch tatsächlich so – oder zumindest grundsätzlich so – funktioniert, wie dies die Gründerväter vorgesehen hatten. Diese Illusion wird aber, beginnend mit dem Balkankonflikt und dem sich nicht zuletzt wegen dieser Tragödie herausbildenden System einer einzigen Hegemonialmacht und den nachfolgenden internationalen Krisen, zerstört, was auch Auswirkungen auf die Neutralität Österreichs haben musste.
- Seit 1997 und der Schaffung des *Bundesverfassungsgesetzes über Kooperation und Solidarität bei der Entsendung von Einheiten und Einzelpersonen in das Ausland (KSE-BVG)*[5] wird der Solidarität mit der internationalen Staatengemeinschaft und einer aktiven Partnerschaft in der Europäischen Union Vorrang eingeräumt.

III. Die einzelnen Regelungsmaterien

A. Neutralitätsgefährdung

Die strafrechtliche Absicherung der Neutralitätspflichten war die erste einfachgesetzliche Regelung, die zur Umsetzung des Neutralitätsgesetzes diskutiert, allerdings längere Zeit nicht umgesetzt wurde.

---

5   BGBl I 38/1997 idF BGBl I 35/1998; streng genommen, dürfte das KSE-BVG in diesem Beitrag, weil keine einfachgesetzliche Regelung, nicht aufscheinen. Dies erschiene aber wenig sinnvoll, weshalb auch dieses Gesetz in die Betrachtungen einbezogen wird.

Schon unmittelbar nach Annahme des Neutralitätsgesetzes hat sich die Fach-
literatur mit den Auswirkungen des neuen völkerrechtlichen Status auf das Straf-,
Zivil- und Verwaltungsrecht Österreichs befasst. Es wurde dabei sehr gründlich
untersucht, welche gesetzlichen Bestimmungen rasch erforderlich wären, um die
neugeschaffene immerwährende Neutralität im In- und Ausland rechtlich abzusi-
chern. Von den Autoren der 1956 erschienenen einschlägigen Abhandlungen[6]
wurde auf die absolute Notwendigkeit spezifischer Strafbestimmungen hingewiesen und der Darstellung des bezüglichen Schweizer Strafrechts breitester Raum
gegeben, gleichzeitig wurden aber die historischen, verfassungsrechtlichen und
gesetzestechnischen Unterschiede hervorgehoben, die eine kopienhafte Übernahme des eidgenössischen Neutralitätsstrafrechts nicht als wünschenswert erscheinen ließen.

Das offizielle Österreich hat sich mit diesem Thema kaum befasst.

Erst im Zuge der Arbeiten der beim BMJ Ende der 50-er Jahre eingerichteten
Kommission zur Ausarbeitung eines neuen StGB hat man sich – allerdings keineswegs prioritär – auch mit Fragen auseinandergesetzt, die mit der Absicherung
des neuen völkerrechtlichen Status Österreichs zu tun hatten.

Der damalige Leiter der „Abteilung VR" (des heutigen Völkerrechtsbüros) im
damaligen BKA-AA, Gesandter Dr. *Rudolf Kirchschläger*, schlug 1959 vor, mit
Bezug auf den Tatbestand des „Hochverrats" eine Formulierung zu finden, aus
der sich eindeutig ergeben sollte, dass unter „Verfassung des Bundes" auch das
Bundesverfassungsgesetz über die immerwährende Neutralität zu verstehen ist.
Der erste Entwurf enthielt außerdem einen Vorläufer des heutigen § 320 StGB
(damals „Neutralitätsverletzung" genannt), nach dem bestraft werden sollte „wer
vorsätzlich während eines Krieges zwischen anderen Staaten einer Vorschrift
zuwider handelt, die zum Schutz der Neutralität des Bundes erlassen worden ist".
Wie *Kirchschläger* dazu feststellte, griff der Entwurf der damals geltenden
Rechtslage vor, weil Vorschriften, die zum Schutz der Neutralität erlassen worden sind, noch nicht bestanden. *Kirchschläger* sah darin aber keinen Nachteil,
weil er offenbar erwartete, dass solche Vorschriften bald, jedenfalls vor Fertig-
stellung des neuen StGB, erlassen würden. Wenig später änderte sich offenbar
die Meinung und man subsumierte unter den Begriff „Vorschriften" nunmehr
nicht nur die österreichischen Gesetze (dh das Neutralitätsgesetz), sondern auch
alle einschlägigen völkerrechtlichen Normen, wie zB die beiden Haager Übereinkommen (1907)[7], nämlich das V. Haager Übereinkommen, betreffend die

---

6   Zu verweisen ist ua auf *Moser*, Die Auswirkungen der dauernden Neutralität auf das
     Straf- und Zivilrecht, ÖJZ 1956, 85 (113ff); *Liebscher*, Österreichs Neutralität und
     ihr strafrechtlicher Schutz, JBl 1956, 597 (633ff).
7   Vgl Fn 8.

Rechte und Pflichten der neutralen Mächte im Falle eines Landkrieges und das XIII. Übereinkommen betreffend die Rechte und Pflichten der Neutralen im Falle eines Seekrieges, und auch das Völkergewohnheitsrecht. Allerdings wurde ausdrücklich festgestellt, dass man nur auf solche Handlungen Bedacht nehmen wollte, die von einzelnen Normunterworfenen (vor allem Staatsorganen) begangen werden konnten. Ein von *Kirchschläger* daraufhin 1960 vorgeschlagener Entwurf lautete:

„§ x (1) Wer vorsätzlich von Österreich aus während eines Krieges, an dem Österreich nicht beteiligt ist, zugunsten eines der Kriegführenden ein Freiwilligenkorps bildet oder daran teilnimmt, oder eine Werbestelle errichtet, an die Streitkräfte eines der Kriegführenden militärisch bedeutsame Nachricht übermittelt oder zu diesem Zweck eine Sende- oder Empfangsanlage errichtet oder gebraucht, einzelne Personen, ein Schiff oder ein Luftfahrzeug ausrüstet oder bewaffnet, damit sie an den kriegerischen Unternehmungen teilnehmen können, einen Rüstungsbetrieb oder ein Depot von Kriegsmaterial, die von einem der Kriegführenden unmittelbar oder mittelbar betrieben oder gehalten werden oder werden sollen, errichtet oder unterhält, einem der Kriegführenden für militärische Zwecke Finanzkredit gewährt oder zu seinen Gunsten eine öffentliche Sammlung veranstaltet, wird mit Gefängnis bis zu .... Jahren bestraft.

(2) Ebenso wird bestraft, wer eine der in Absatz 1 bezeichneten Handlungen in Zeiten unmittelbarer Kriegsgefahr oder im Falle eines bewaffneten Konfliktes begeht."

Die Aufnahme eines strafrechtlichen Schutzes der Neutralität in das neue StGB war keineswegs unumstritten, was auch im Zusammenhang mit der Debatte über ein „Neutralitätsschutzgesetz" bzw „Staatsschutzgesetz" stand – *Kirchschläger* befürwortete stets ein derartiges Gesetz. Die Befürworter einer umfassenden gesetzlichen Regelung sahen in Art 5 des V. Haager Übereinkommens von 1907[8] eine Verpflichtung, bestimmte Handlungen und Duldungen eines neutralen Staates unter Strafe zu stellen – „Eine neutrale Macht darf auf ihrem Gebiet keine der in den Art 2 bis 4 bezeichneten Handlungen dulden". Die Gegner einer gesetzlichen Regelung verwiesen darauf, dass in einschlägigen Gesetzen, wie zB dem Waffengesetz, Außenhandelsgesetz, Fernmeldegesetz sowie im § 92 des geltenden StG („Wer ohne Bewilligung der Regierung einen österreichischen Staatsbürger für fremde Kriegsdienste anwirbt oder fremden Kriegsdiensten zuführt, wird wegen Verbrechens der unbefugten Werbung mit Kerker bis zu fünf Jahren und wenn er die Tat zur Kriegszeit begeht, mit schwerem Kerker von fünf bis zehn Jahren bestraft") ohnehin schon alle Handlungen, die der Neutrale zu verbieten hat, sanktioniert wären.

---

8   RGBl 181/1913, Art 2 regelt den Durchmarsch von Truppen, Art 3 die Einrichtung von funktelegraphischen Einrichtungen und Art 4 die Einrichtung von Korps, von Kombattanten und Werbestellen.

In den folgenden Jahren konnte das Vorhaben eines neuen StGB nicht verwirklicht werden. Erst 1965 ging es dann wieder um die Formulierung einer Bestimmung über die Neutralitätsverletzung. Dabei tauchte eine Formulierung auf (woher sie kam ist aus den Akten des VRB nicht zu eruieren), die bereits den späteren Ziffern 1-3 des Abs 1 des § 320 StGB entspricht. Das VRB (immer noch unter der Leitung von Ges. *Kirchschläger*) wollte übrigens die Ersetzung des Begriffes „Kampfmittel" durch „Kriegsmaterial". Einer der Gründe war, einer „künftigen Neutralitätsgesetzgebung" nicht allzu enge Grenzen zu ziehen.

In den nächsten fünf Jahren kam es immer noch nicht zu einem neuen StGB, erst 1970 wurden die Arbeiten beschleunigt. Im Lichte eines grundlegenden Artikels von *Karl Zemanek*[9] – ein Beitrag, der überhaupt einen ganz wesentlichen Einfluss auf die österreichische Praxis hinsichtlich der Neutralität ausübte – wurde die Streichung des Verbots der Finanzkreditgewährung und der öffentlichen Sammlung für militärische Zwecke einer kriegsführenden Partei angeregt. Der damals schon als Außenminister amtierende Dr. *Kirchschläger* war einverstanden, verwies aber neuerlich auf die Notwendigkeit eines „Neutralitätsgesetzes", das auch die Neutralitätspolitik (ua auch Unterbindung der Kreditgewährung durch Private aus neutralitätspolitischen Erwägungen) festlegen sollte.

1974 wurde schließlich ein neues StGB vom Parlament beschlossen, das die Bestimmung des § 320 unter dem Titel „Neutralitätsgefährdung" enthielt.[10] Damit wurde einerseits auf den Neutralitätsfall während eines Krieges oder bewaffneten Konflikts direkt Bezug genommen und andererseits wurden damit aus neutralitätspolitischen Erwägungen auch Situationen, in denen der Neutralitätsfall droht, umfasst. Dies sei, so die erläuternden Bemerkungen zur RV, keine Erfüllung völkerrechtlicher Verpflichtungen und schon gar nicht als Erfüllung irgendwelcher Wünsche potentieller oder aktueller Antagonisten anzusehen, sondern einzig und allein das wohlverstandene Interesse des Neutralen, um die Beachtung seiner Neutralität durch andere sicherzustellen.

1991 sind im Zuge des berüchtigten *Noricum* Verfahrens (ausgehend von einem – nicht publizierten – Gutachten von *Felix Ermacora*) Zweifel an der Verfassungsmäßigkeit des § 320 StGB aufgetaucht. Der OGH unterbrach im Oktober 1991 den Prozess und beantragte beim Verfassungsgerichtshof die Aufhebung des § 320 Abs 1 Z 3 (und der §§ 1, 2 und 7 des Kriegsmaterialgesetzes) in der damals geltenden Fassung als verfassungswidrig mit der von *Ermacora* über-

---

9   *Zemanek*, Der völkerrechtliche Status der dauernden Neutralität und seine Rückwirkungen auf das interne Recht der dauernd neutralen Staaten, JBl 89 (1967) 281.

10   Der Titel wurde gegenüber dem Entwurf („Neutralitätsverletzung") geändert, weil die Neutralitätsverpflichtungen nicht durch die Handlungen der Privatpersonen selbst verletzt werden können, sondern die Neutralitätsverletzung in der Duldung dieser Handlungen durch den Staat gelegen ist (siehe Erläuterungen zu § 320 StGB).

nommenen Begründung, die Strafdrohung sei so unbestimmt und für den Rechts-unterworfenen so unpräzise formuliert, also „unterdeterminiert" und das Straf-ausmaß an sich so widersprüchlich, dass kein „fair trial" im Sinne des Artikels 6 der EMRK garantiert werden könne. Der Verfassungsgerichtshof verwarf aber die Beschwerde.

1991 wurde dem § 320 StGB, im Zuge der Diskussion im Zusammenhang mit dem Konflikt Irak – Kuwait gemeinsam mit einer analogen Novellierung des Kriegsmaterialgesetzes, ein 2. Absatz hinzugefügt, um der in der Zwischenzeit eingetretenen Änderung in der österreichischen Haltung Rechnung zu tragen. Die Bestimmung lautete wie folgt:

„(2) Abs. 1 ist in den Fällen nicht anzuwenden, in denen der Sicherheitsrat der Vereinten Nationen als Organ der kollektiven Sicherheit das Vorliegen einer Bedrohung des Frie-dens, eines Friedensbruches oder einer Angriffshandlung feststellt und militärische Maß-nahmen nach Kapitel VII der Satzung der Vereinten Nationen zur Aufrechterhaltung oder Wiederherstellung des Weltfriedens und der internationalen Sicherheit beschließt."

1998 erfolgte eine weitere Novellierung des § 320 StGB, ebenfalls wieder in Angleichung an die anderen in der Zwischenzeit eingetretenen einschlägigen ge-setzlichen Änderungen. Der neugefasste Absatz 2 lautete nunmehr:

„(2) Abs. 1 ist in den Fällen nicht anzuwenden, in denen

1. der Sicherheitsrat der Vereinten Nationen als Organ der kollektiven Sicherheit das Vorliegen einer Bedrohung des Friedens, eines Friedensbruches oder einer Angriffs-handlung feststellt und militärische Maßnahmen nach Kapitel VII der Satzung der Vereinten Nationen zur Aufrechterhaltung oder Wiederherstellung des Weltfriedens und der internationalen Sicherheit beschließt,

2. Maßnahmen der Friedenssicherung einschließlich der Förderung der Demokratie, der Rechtsstaatlichkeit und des Schutzes der Menschenrechte im Rahmen der Organisati-on für Sicherheit und Zusammenarbeit in Europa (OSZE) getroffen werden oder

3. ein Beschluss des Rates der Europäischen Union, gegen den Österreich nicht ge-stimmt hat, auf Grund des Titels V des Vertrages über die Europäische Union in der Fassung des Vertrages von Amsterdam nach Maßgabe des Artikels 23f des Bundes-Verfassungsgesetzes in der Fassung von 1929 durchgeführt wird."

Der § 320 StGB ist stets den Veränderungen in den anderen einschlägigen Gesetzen gefolgt, weshalb auch im Strafrechtsänderungsgesetz 2002[11], eine An-passung an die anderen einschlägigen Gesetze – vor allem an das Kriegs-materialgesetz, mit dem naturgemäß ein besonderer Zusammenhang besteht –,

---

11 BGBl I 134/2002.

vorgenommen wurde. Geändert wurde zunächst der Titel im Sinne der systematischen Vermeidung einer ausdrücklichen Bezugnahme auf die Neutralität im Zusammenhang mit den völkerrechtlichen Verpflichtungen Österreichs, und zwar von „Neutralitätsverletzung" in „Verbotene Unterstützung von Parteien bewaffneter Konflikte". Des weiteren erfolgte eine Anpassung an das Kriegsmaterialgesetz, indem jetzt nur mehr auf „Beschlüsse des Sicherheitsrates" – ohne Berufung auf Kapitel VII – Bezug genommen und der Ausnahmetatbestand der „humanitären Intervention" hinzugefügt wurde. Die Bestimmung lautet in ihrer derzeit geltenden Fassung daher wie folgt:

„Verbotene Unterstützung von Parteien bewaffneter Konflikte

§ 320. (1) Wer wissentlich im Inland während eines Krieges oder eines bewaffneten Konfliktes, an denen die Republik Österreich nicht beteiligt ist, oder bei unmittelbar drohender Gefahr eines solchen Krieges oder Konfliktes für eine der Parteien

1. eine militärische Formation oder ein Wasser-, ein Land- oder ein Luftfahrzeug einer der Parteien zur Teilnahme an den kriegerischen Unternehmungen ausrüstet oder bewaffnet,

2. ein Freiwilligenkorps bildet oder unterhält oder eine Werbestelle hiefür oder für den Wehrdienst einer der Parteien errichtet oder betreibt,

3. Kampfmittel entgegen den bestehenden Vorschriften aus dem Inland ausführt oder durch das Inland durchführt,

4. für militärische Zwecke einen Finanzkredit gewährt oder eine öffentliche Sammlung veranstaltet oder

5. unbefugt eine militärische Nachricht übermittelt oder zu diesem Zweck eine Fernmeldeanlage errichtet oder gebraucht,

ist mit Freiheitsstrafe von sechs Monaten bis zu fünf Jahren zu bestrafen.

(2) Abs. 1 ist in den Fällen nicht anzuwenden, in denen

1. ein Beschluss des Sicherheitsrates der Vereinten Nationen,

2. ein Beschluss auf Grund des Titels V des Vertrages über die Europäische Union,

3. ein Beschluss im Rahmen der Organisation für Sicherheit und Zusammenarbeit in Europa (OSZE) oder

4. eine sonstige Friedensoperation entsprechend den Grundsätzen der Satzung der Vereinten Nationen, wie etwa Maßnahmen zur Abwendung einer humanitären Katastro-

phe oder zur Unterbindung schwerer und systematischer Menschenrechtsverletzungen, im Rahmen einer internationalen Organisation durchgeführt wird."

B. Truppenentsendung

Wie schon erwähnt, gehört diese Materie streng genommen nicht zum Gegenstand dieses Referats, weil es sich um eine verfassungsgesetzliche Regelung handelt. Es dient aber wohl dem besseren Verständnis, auch diese Materie in die Überlegungen einzubeziehen.

Anlass für das erste Gesetz, das diese Materie regelte – überhaupt das erste Gesetz, das in Umsetzung des Neutralitätsgesetzes erlassen wurde –, nämlich das Bundesverfassungsgesetz vom 30. Juni 1965 über die Entsendung österreichischer Einheiten zur Hilfeleistung in das Ausland auf Ersuchen internationaler Organisationen,[12] war die österreichische Beteiligung an friedenserhaltenden Maßnahmen der Vereinten Nationen in den Fällen der Kongo-Krise (1960) (mit einem Sanitätskontingent) und des Zypernkonflikts (1964) (mit einem Sanitätskontingent und durch die Entsendung von Polizei- und Gendarmeriebeamten). Ein Verfassungsgesetz war deswegen notwendig, weil die Verfassungslage es nicht erlaubte, dem Ersuchen der Vereinten Nationen um Unterstützung durch die Entsendung geschlossener Kontingente des Bundesheeres oder der Bundespolizei und der Bundesgendarmerie zu entsprechen. Solche Einsätze für die Vereinten Nationen konnten nämlich nicht unter die Bestimmungen der Artikel 79 bis 81 B-VG, die die Aufgaben des Bundesheeres regeln, subsumiert werden. Die Bundespolizei und die Bundesgendarmerie sind als österreichische Staatsorgane nur auf dem Gebiet der Republik Österreich zur Aufrechterhaltung der öffentlichen Ruhe, Ordnung und Sicherheit berufen. Da die Satzung der Vereinten Nationen aber vom Nationalrat zwar als politischer, nicht aber als verfassungsändernder Staatsvertrag genehmigt wurde, konnte sie daher die dargelegte Verfassungslage nicht ändern. Die österreichischen Militärpersonen und Angehörigen des Bundesheeres oder der Wachkörper, die an Aktionen der Vereinten Nationen teilnahmen, konnten daher nicht als Träger österreichischer Hoheitsgewalt im Ausland auftreten. Es wurde vielmehr mit ihnen jeweils ein Sondervertrag seitens des Bundes abgeschlossen; im Außenverhältnis traten sie ohnehin als Organe der Vereinten Nationen und nicht als Organe der Republik Österreich auf.

Das war natürlich unbefriedigend, weshalb eine verfassungsrechtlich saubere Grundlage geschaffen werden musste. Das Entsendegesetz (1965) selbst regelte

---

12   BGBl 173/1965, außer Kraft gesetzt durch Art 9 KSE-BVG (Fn 5).

allerdings nur jene Fragen, die auf Verfassungsstufe geregelt werden mussten. Alle anderen Regelungen wurden einfachgesetzlich geregelt. Das Entsendegesetz (1965) funktionierte nach folgendem Schema:

- Es musste ein Ersuchen einer internationalen Organisation um Hilfeleistung vorliegen;
- die Bundesregierung beschließt im Einvernehmen mit dem Hauptausschuss des Nationalrates diesem Ersuchen durch Entsendung einer Einheit, bestehend aus Angehörigen des Bundesheeres oder der Wachkörper des Bundes oder sonstigen Personen, die sich vertraglich verpflichtet haben, wobei grundsätzlich nur freiwillige Meldungen in Betracht kommen, zu entsprechen;
- die Bundesregierung hat dabei auf die immerwährende Neutralität Österreichs Bedacht zu nehmen – das entsprach der zunächst in allen einschlägigen Gesetzen verwendeten Formulierung.

Interessant ist die Konstruktion, die für die Weisungserteilung geschaffen wurde. Wie schon gesagt, handeln die österreichischen Soldaten und Polizisten im Ausland nicht als österreichische Staatsorgane, sondern als Organe einer internationalen Organisation. Das Gesetz verfügte daher, dass ein Vorgesetzter zu bestellen ist, der auch für die Aufrechterhaltung der Ordnung und Disziplin innerhalb der Einheit zuständig ist. Dieser Vorgesetzte hat seinerseits die Weisungen der Organe der internationalen Organisation zu befolgen – wobei das Weisungen im Sinne des Artikels 20 B-VG sind –, so es solche gibt. Ist das nicht der Fall, so hat die Bundesregierung dem Vorgesetzten im Rahmen des Entsendebeschlusses die entsprechenden Weisungen zu erteilen. Gibt es einen Befehl des Vorgesetzten, der mit einer Weisung des Organs der internationalen Organisation im Widerspruch steht, so haben die Untergebenen die Weisung des österreichischen Vorgesetzten zu befolgen, dieser hat sich aber unverzüglich um die Auflösung des Widerspruchs zu bemühen.

Das Entsendegesetz (1965) hat der Republik relativ lange unverändert gute Dienste geleistet. Erst 1991 – mehr als 30.000 Österreicher hatten bis dahin an 15 Operationen der Vereinten Nationen teilgenommen und 1991 war Österreich der viertgrößte Truppensteller weltweit – hat man sich ernsthaft eine Novellierung bzw Neuerlassung des Entsendegesetzes überlegt.

Verschiedene Gründe waren für diese Novellierungsbestrebungen maßgebend:

Neben der geographischen Ausweitung der friedenserhaltenden Operationen hatte auch eine Diversifizierung der Einsatzszenarien stattgefunden. Es waren nicht mehr nur die klassischen Einsatzarten gefragt, auch zivile Hilfselemente (humanitäre Hilfe, Wiederaufbauhilfe, Wahlbeobachtung etc) waren hinzugetreten. Schließlich kamen auch Typen von Einsätzen, wie etwa „Peace Enforcement" Maßnahmen, zB UNSOM (an der sich Österreich ebenfalls beteiligte) hinzu, die das bestehende Gesetz überforderten.

Man nahm daher eine umfassende Novellierung in Aussicht, die allerdings in den folgenden Jahren nicht verwirklicht werden konnte, vor allem deswegen, weil die der Neufassung zugrunde liegenden Änderungen politische bzw ideologische Fragen aufwarfen, welche die beiden Koalitionspartner SPÖ und ÖVP damals, noch dazu in Wahlzeiten, nicht mehr gemeinsam lösen konnten. Der Umgang mit der Neutralität stand dabei ebenso zur Diskussion wie die Beteiligung an militärischen Operationen, die nicht oder zumindest nicht eindeutig durch einen Beschluss des Sicherheitsrates nach Kapitel VII SVN gedeckt waren. Nach 1995 stellte sich auch die Frage einer Beteiligung an Aktionen, die von EU Organen beschlossen wurden und schließlich bedurfte auch die Beteiligung an Operationen, Übungen etc im Rahmen der NATO Partnerschaft für den Frieden (PfP) einer Regelung.

1997 konnten sich die Regierungsparteien dann – wohl auch gedrängt durch einfach nicht mehr (auch nicht durch eine noch so extensive Gesetzesinterpretation) zu überwindende praktische Schwierigkeiten bei Auslandseinsätzen auf ein neues Bundesverfassungsgesetz einigen.

Schon der Titel des neuen Gesetzes war Programm. Tatsächlich stammte die Formulierung des entscheidenden § 1 Abs 1, aus dem auch der Titel entlehnt ist, dem Regierungsprogramm der beiden Regierungsparteien. Das „Bundesverfassungsgesetz über Kooperation und Solidarität bei der Entsendung von Einheiten und Einzelpersonen in das Ausland, KSE-BVG"[13], behält zwar die Grundkonstruktion des alten EntsendeG (1965) (Entsendung durch die Bundesregierung oder den zuständigen Minister im Einvernehmen mit dem Hauptausschuss des Nationalrates) sowie den allgemeinen Vorbehalt der „völkerrechtlichen Verpflichtungen" (ohne allerdings die Neutralität ausdrücklich zu erwähnen – es ist dies der erste von mehreren Schritten zur Eliminierung des Wortes „Neutralität" als Qualifikant der „völkerrechtlichen Verpflichtungen" in den einschlägigen Gesetzen) bei, ist aber von einem anderen Ansatz als das alte EntsendeG (1965) geleitet.

Die Solidarität mit der internationalen Staatengemeinschaft wird großgeschrieben, sie tritt gegenüber der von Österreich jahrzehntelang geübten Neutralitätspolitik in den Vordergrund. Es ist die Erwartung der Staatengemeinschaft in ein solidarisches Verhalten des neutralen Österreich, das die außenpolitische Linie bestimmen soll und nicht ein abstrakter Verhaltenskodex, der diesen Erwartungen geradezu zuwiderlaufen würde. Das betrifft in erster Linie die Neutrali-

---

13   Vgl Fn 5.

tätspolitik, greift aber auch in die Interpretation neutralitätsrechtlicher Verpflichtungen – etwa durch die Aufnahme der „humanitären Intervention" als Ausnahmetatbestand – ein.
Die neuen Elemente im KSE-BVG (1997) sind die folgenden:

-   Für die Entsendung ist jetzt kein „Ersuchen" mehr notwendig, womit die
    manchmal akrobatischen Interpretationsübungen – wenn Österreich an einer
    Aktion teilnehmen wollte, aber kein „Ersuchen" im eigentlichen Sinn vorlag –
    ein Ende hatten. Abgestellt wird vielmehr auf den Zweck der Maßnahme ei-
    ner internationalen Organisation – und zwar jeder Organisation, sowie der
    OSZE, die keine internationale Organisation im völkerrechtlichen Sinn ist,
    was bei der Teilnahme an deren Aktionen, zB in Berg-Karabach immer wie-
    der auf erhebliche Schwierigkeiten gestoßen war. Dabei geht es gemäß § 1
    KSE-BVG um Maßnahmen der „Friedenssicherung einschließlich der Förde-
    rung der Demokratie, Rechtsstaatlichkeit und Schutz der Menschenrechte".
    Hinzu kommen Maßnahmen der humanitären Hilfe und Katastrophenhilfe
    oder der Such- und Rettungsdienste und schließlich Übungen und Aus-
    bildungsmaßnahmen im Bereich der militärischen Landesverteidigung.
-   Einem lang von der Bundesregierung verfolgten Ziel wird endlich ent-
    sprochen: es gibt jetzt ein Dringlichkeitsverfahren und rein zeitliche Ver-
    längerungen von Missionen bedürfen nicht mehr der Genehmigung durch den
    Hauptausschuss des Nationalrates, wenn dieser das bei der ersten Zu-
    stimmung ausdrücklich so beschließt.
-   Es können jetzt auch Einzelpersonen entsandt werden, ebenfalls eine seit län-
    gerem aus praktischen Erwägungen erhobene Forderung.

C. Kriegsmaterialgesetz

Am Beginn eines österreichischen Kriegsmaterialgesetzes steht ein politischer
Skandal. Nachdem in den sechziger und siebziger Jahren im Bereich der verstaat-
lichten Industrie schrittweise wieder eine Rüstungsindustrie aufgebaut worden
war, der österreichische Markt – was Kriegsmaterial, das Privatpersonen ja nicht
besitzen dürfen, betrifft –, aber naturgemäß über eine zu geringe Nachfrage verfügte, waren die Unternehmen gezwungen, sich Exportmärkte zu suchen. Der
„*Kürassier*" Panzer von *Steyr-Daimler-Puch* und die – später berühmt-berüchtigt
gewordene – Kanone GHN 45 der Liezener Firma „*Noricum*" konnten sich auch
relativ rasch einen guten Ruf in aller Welt erwerben.
Am 4. Dezember 1976 beschlagnahmten Zollorgane am Schwechater Flughafen eine für Syrien bestimmte Lieferung von 600 Scharfschützengewehren und

400.000 Stück dazugehörender Munition aus den Beständen des österreichischen Bundesheeres, die im Verlauf des libanesischen Bürgerkrieges in Erscheinung getreten waren. Die Folgen waren die Einsetzung eines parlamentarischen Untersuchungsausschusses und der Rücktritt des damaligen Verteidigungsministers *Karl Lütgendorf.*

Eine Folge des Skandals war der Auftrag an das zuständige Innenministerium, sofort mit der Ausarbeitung eines neuen, modernen Kriegsmaterialgesetzes zu beginnen. Wegen der offenkundigen Verknüpfung mit neutralitätsrechtlichen und -politischen Fragen war auch das Außenministerium von Anfang an in die Ausarbeitung des Gesetzes eingebunden und gestaltete es auch entscheidend mit.

Eigentlich ist es verwunderlich, dass gerade dieser Bereich, der wohl eine offenkundige Relevanz für die österreichische Neutralität aufwies, nicht schon früher einer gesetzlichen Regelung zugeführt worden war. Denn das bis zur Erlassung eines eigenen Kriegsmaterialgesetzes geltende deutsche Gesetz über Aus- und Einfuhr von Kriegsgerät vom 6. November 1935 – das mit nur 4 Paragraphen auskam und keine Bestimmung über die Kriterien für eine grundsätzlich vorgesehene Bewilligung enthielt – erwies sich spätestens, nachdem österreichische Firmen (darunter noch dazu verstaatlichte Unternehmen) begannen, Kriegsmaterial zu exportieren, für einen immerwährend neutralen Staat als völlig unzulänglich. Es ist daher nicht überraschend, dass der schon erwähnte parlamentarische Untersuchungsausschuss die Empfehlung abgab, „eine den Bedürfnissen der immerwährenden Neutralität besser entsprechende und wirksamere gesetzliche Neuregelung dieses Rechtsgebiets" in Angriff zu nehmen.

An dieser Stelle soll erwähnt werden, dass der Werdegang des Kriegsmaterialgesetzes, wie aus den Akten hervorgeht, sehr wesentlich von unserem unvergessenen Kollegen *Winfried Lang,*[14] der mit gutem Grund als einer der Väter des Kriegsmaterialgesetzes 1977 bezeichnet werden kann, mitbestimmt worden ist.

Abgesehen vom politischen Anlass, der zur Forderung des parlamentarischen Untersuchungsausschusses führte, das neue Gesetz solle effizienter sein und vor allem klare Behördenzuständigkeiten und Kontrollmaßnahmen aufweisen, stand im Vordergrund der Überlegungen, „ein Instrumentarium zu schaffen, dass den Kriegsmaterial genehmigenden Behörden klare Vorgaben und Kriterien an die Hand geben sollte, um vor allem den neutralitätsrechtlichen und auch neutralitätspolitischen Notwendigkeiten gerecht werden zu können" (Empfehlung des parlamentarischen Untersuchungsausschusses). Von Anfang an wurde aber auch der Versuch unternommen, nicht nur zur Wahrung der Neutralität im Kriegsfall

---

14   Vgl *Hummer,* Die österreichische Völkerrechtslehre und ihre Vertreter, in: *Hummer* (Hrsg), Paradigmenwechsel im Völkerrecht zur Jahrtausendwende (2002) 394.

unbedingt notwendige Regelungen zu treffen, sondern auch politische und ideologische Fragen miteinzubeziehen – zur Erinnerung: es war dies die Zeit der absoluten Mehrheit der SPÖ, die mit *Bruno Kreisky* den Bundeskanzler stellte. Es ist zweifellos ein Verdienst von *Winfried Lang*, dass er eine noch ärgere Vermengung von völkerrechtlichen und politischen Fragen, wie sie letztlich im Kriegsmaterialgesetz ohnehin enthalten sind, vermeiden konnte, so dass die Unterscheidung von dem, was neutralitätsrechtlich geboten war und dem, was neutralitätspolitisch damals für sinnvoll gehalten oder politisch gewünscht wurde, nicht aus den Augen verloren wurde.

Das Bundesgesetz über die Ein-, Aus- und Durchfuhr von Kriegsmaterial (KMG),[15] trat am 1. Jänner 1978 in Kraft. Es folgte bei der Regelung der Zuständigkeiten dem alten deutschen und in Österreich mit den entsprechenden Behörden übergeleiteten Gesetz und der bisherigen Behördenpraxis. So wie das deutsche Gesetz verfügte es, dass grundsätzlich alle Exporte und Importe von Kriegsmaterial der Genehmigung bedürfen, anders als das deutsche Gesetz nennt es aber die Umstände, unter denen die Einfuhr, Ausfuhr oder Durchfuhr zu untersagen ist. Diese Kriterien waren neben der „Beachtung der völkerrechtlichen Verpflichtungen oder außenpolitischen Interessen der Republik Österreich unter besonderer Bedachtnahme auf die immerwährende Neutralität" auch sicherheitspolizeiliche oder militärische und „andere diesen vergleichbare gewichtige Bedenken". Hinter diesen „anderen Gründen" verbargen sich, wie in den Erläuternden Bemerkungen zur RV zum Ausdruck gebracht wurde, zB Bedenken humanitärer Art, wenn etwa Grund zur Annahme bestand, dass eine Kriegsmateriallieferung im Bestimmungsland zur Unterdrückung der Menschenrechte verwendet werden soll. Diese Gründe bildeten in den kommenden Jahren der Anwendung des Kriegsmaterialgesetzes dann auch die politisch umstrittensten Fälle von Genehmigung bzw Verweigerung von Kriegsmateriallieferungen. Man erinnere sich nur daran, dass der Export von Panzern zwar nach Argentinien genehmigt, nach Chile aber wegen der Unterdrückung von Menschenrechten untersagt wurde, was auch zu entsprechenden Protesten der chilenischen Regierung führte.

Über besonderes Betreiben des Außenministeriums wurde in § 4 des Gesetzes eine Verordnungsermächtigung an die Bundesregierung aufgenommen – nach Anhörung des Rates für Auswärtige Angelegenheiten (das war ungewöhnlich) – zur Wahrung außenpolitischer Interessen die Ausfuhr von Kriegsmaterial sowie von zivilen Waffen und ziviler Munition in bestimmte Staaten zu untersagen. Diese Bestimmung war für die Umsetzung des Waffenembargos gegen Südafrika von großer Bedeutung. Allerdings war, wie sich herausstellte, diese Bestimmung nicht weit genug, weil bestimmte Geschäfte mit Südafrika, die vom UN-Embargo

---

15 BGBl 540/1977.

erfasst waren, nicht unter die Verordnungsermächtigung subsumiert werden konnten, wie zB die Lieferung von Anlagen zur Herstellung von Waffen oder Leichtflugzeuge, die zur „crowd control" eingesetzt wurden.

Das Gesetz enthält – wie auch schon das deutsche Gesetz – Strafbestimmungen, die bis zu 2 Jahren Gefängnis reichen.

Von Anfang an heftigst umstritten war die Frage der Definition des Begriffs „*Kriegsmaterial*". Das Innenministerium machte sich für eine Verwendung der Kriegsmaterialliste des Staatsvertrages stark, das Außenministerium – das sich in dieser Frage letztlich durchsetzte – wollte wegen der größeren Flexibilität und leichteren Anpassungsmöglichkeit eine eigene Liste im Gesetz bzw in einer Verordnung der Bundesregierung. Eine *Kriegsmaterial-Verordnung* wurde dann schließlich gleichzeitig mit dem Gesetz erlassen.[16] Mit seiner Forderung auf Aufnahme auch von Faustfeuerwaffen, wie es vom damaligen Außenminister *Willibald P. Pahr* gewünscht worden war, konnte sich das Außenministerium dagegen nicht durchsetzen.

1982 wurde das KMG erstmals novelliert. Im Wesentlichen waren es zwei Gründe, die vor allem sozialdemokratische Abgeordnete (damaliger Klubobmann *Heinz Fischer*) dazu veranlassten, eine Novellierung vorzuschlagen:

- Die Menschenrechtsbestimmung des KMG, die, wie erwähnt, nur indirekt in den Erläuternden Bemerkungen verankert war, hatte sich angesichts der zunehmenden Kriegsmaterialexporte in Länder der dritten Welt, vor allem nach Lateinamerika, als unzureichend erwiesen und sollte in das Gesetz selbst aufgenommen werden und
- angesichts des 1977 vom Sicherheitsrat verhängten Waffenembargos gegen Südafrika, dem sich Österreich unter Abgabe der schon bei den Rhodesiensanktionen praktizierten Vorgangsweise (Abgabe einer Neutralitätserklärung) angeschlossen hatte, sollten Sanktionsbeschlüsse des Sicherheitsrates als Versagungsgrund in das KMG aufgenommen werden.

Vor allem die zweite Forderung, die im Klubvorschlag der SPÖ in einer kategorischen Weise ohne qualifizierende Bedingungen formuliert war, stieß im BMaA auf Widerstand. Eine bedingungslose, gesetzlich normierte automatische Unterwerfung unter ein vom Sicherheitsrat verhängtes Waffenembargo würde der seit den Rhodesiensanktionen 1967 vertretenen österreichischen Doktrin, wonach eine Befolgung der Anordnungen des Sicherheitsrates als autonome österreichi-

---

16 Diese 1977 gleichzeitig mit dem KMG beschlossene Kriegsmaterialverordnung (BGBl 624/1977) gilt bis heute unverändert.

sche Entscheidung anzusehen ist,[17] widersprechen. Der Wortlaut dieses sog.
„Neutralitätsvorbehalts" – der natürlich kein Vorbehalt im eigentlichen Sinn war,
sondern vielmehr eine Notifikation an den Generalsekretär der Vereinten Nationen in Form einer Verbalnote darstellte – lautete im Fall Rhodesien wie folgt:
„without prejudice to the question of principle, whether Austria as a permanently
neutral State Member of the United Nations is automatically bound by decisions
of the Security Council regarding mandatory sanctions – a question which in the
opinion of the Federal Government of Austria can only be decided in each single
case on the basis of the specific situation and with due regard to the obligations
which result on the one hand from the membership of Austria in the United Nations and on the other hand from its permanent neutrality which had previously
been notified to all States Members of the United Nations – the Federal Government of Austria has in this particular case and under the given circumstances decided as follows...". Es folgt dann eine Aufzählung der Maßnahmen, die Österreich in einem „*autonomen Nachvollzug*" der Sanktionsmaßnahmen des SR der
VN ergriffen hatte.

Die vom BMaA geäußerten Bedenken führten schließlich zu einer Kompromissformel, die in die KMG-Novelle 1982[18] aufgenommen wurde. Sie lautete:
(bei der Bewilligung eines Kriegsmaterialexports ist ua Bedacht zu nehmen auf)
„Embargobeschlüsse des Sicherheitsrates der Vereinten Nationen unter Bedachtnahme auf die immerwährende Neutralität Österreichs".

Die Bedenken des BMaA in diesem Punkt wurden auch vom Völker-
rechtsberater des Außenministeriums, o. Univ.-Prof. Dr. *Karl Zemanek*, geteilt,
wie dies in einem Schreiben an den Klubobmann der SPÖ, *Heinz Fischer*, vom
15. April 1982 zum Ausdruck kommt. Daneben machte *Zemanek* in einem inter-
nen Papier aber auch Bedenken gegen die Aufnahme der Menschenrechtsklausel
in das Gesetz geltend, weil dies zu einer Verletzung des Gleichbehandlungs-
gebots gemäß Artikel 9 in Zusammenhang mit Artikel 7 des V. Haager Abkommen von 1907[19] und damit zu einer Neutralitätsverletzung führen könnte,
falls an einen Staat Waffen geliefert würde, der dann – in einem gewissen zeitlichen Zusammenhang – in einen Kriegszustand mit einem anderen Staat gerät,
an den wegen Menschenrechtsverletzungen kein österreichisches Kriegsmaterial
geliefert werden dürfte. *Zemanek* verwies dabei auf den zur damaligen Zeit

---

17 *Türk*, Neutralität und Mitgliedschaft bei den Vereinten Nationen, FS *Zemanek*
    (1994) 439; *Cede*, Österreichs Neutralität und Sicherheitspolitik nach dem Beitritt
    zur Europäischen Union, ZfRV 4 (1995) 142.
18 BGBl 382/1982.
19 Vgl Fn 8.

durchaus nicht unrealistischen Fall eines Krieges zwischen Chile und Argentinien wegen dreier Inseln im Beagle-Kanal.[20]

Den Bedenken *Zemaneks* hinsichtlich der Menschenrechtsklausel wurde nicht Rechnung getragen und diese Klausel schließlich in die vorstehend zitierte KMG-Novelle 1982 in der Formulierung der Erläuternden Bemerkungen zum ursprünglichen Gesetz 1977 übernommen.

Die bis dahin einschneidendste Veränderung des offiziellen österreichischen Neutralitätsverständnisses, die in weiterer Folge auch Niederschlag in den entsprechenden Gesetzen fand, erfolgte im Zusammenhang mit der Kuwaitkrise 1990 und dem im Jahr darauf folgenden bewaffneten Konflikt mit dem Irak.

Nach der gewaltsamen Besetzung Kuwaits durch den Irak hatte der Sicherheitsrat in einer bis dahin nicht gekannten Einmütigkeit mit einer klaren Verurteilung reagiert (Resolution 660/1990 vom 2. August 1990). Als nach 6 Monaten der Irak auf die mehrfachen Aufforderungen des Sicherheitsrates (auch unter Verhängung von Sanktionen), seine völkerrechtswidrige Okkupation zu beenden, nicht reagierte, ermächtigte der Sicherheitsrat in der Resolution 678 (1990) vom 29. November 1990 eine Gruppe von Staaten, angeführt von den USA, dem Aggressor mit Waffengewalt entgegenzutreten und ihn zu einem Verhalten in Entsprechung der verschiedenen Resolutionen des Sicherheitsrates zu zwingen[21]. Es war dies der erste Fall, in dem das System der kollektiven Sicherheit des Kapitels VII SVN – wenn auch nicht genau in der in der Satzung vorgesehenen Weise – funktionierte. Anders als bei den verbindlichen Sanktionen gegen Rhodesien und Südafrika, wo es nur um nicht-militärische Maßnahmen des Sicherheitsrates ging, trat nunmehr ab den Morgenstunden des 17. Jänner 1991 (pikanterweise genau zu jener Zeit – nach Mitternacht – als der Justizausschuss des Nationalrates den Vorschlag einer KMG-Novelle beriet) durch den militärischen Angriff der Allianz ein Zustand ein, der für sich betrachtet, die österreichische Neutralität aktiviert hätte. Die erste Konsequenz wäre gewesen, dass Österreich mit sofortiger Wirkung die Überflüge amerikanischer Militärmaschinen, die seit August 1990 – mit dem Hinweis, es handle sich nicht um einen Krieg im völkerrechtlichen Sinn, der das Neutralitätsrecht aktiviert hätte und unter Betonung der internationalen Solidarität angesichts der Beschlüsse des Sicherheitsrates – genehmigt worden waren, nunmehr hätte verbieten müssen. Angesichts der interna-

---

20 *Hummer*, Rechtsfragen in zwischenstaatlichen Krisen- und Konfliktslagen in Lateinamerika, Zeitschrift für Lateinamerika 17 (1980) 52.

21 Der Wortlaut dieser die Gewaltanwendung autorisierenden Bestimmung (op. para 2) der Resolution 678 lautete: „Authorizes Member States co-operating with the Government of Kuwait...to use all necessary means to uphold and implement resolution 660 (1990) and all subsequent relevant resolutions and to restore international peace and security in the area."

tionalen Solidarität gegen den Aggressor Irak wäre das aber politisch nicht durchzustehen gewesen. Österreich hätte sich auf seinen in den Sanktionsfällen der Vergangenheit eingenommenen Standpunkt – durch verbindliche Sicherheitsratsresolutionen nur insoweit gebunden zu sein, als diese mit der österreichischen Neutralität vereinbar sind –, zurückziehen müssen, was von der Staatengemeinschaft aber sicher nicht so widerspruchslos hingenommen worden wäre wie in den früheren Fällen, wo die österreichischen Haltung weitgehend unbemerkt akzeptiert wurde.

Aus heutiger Sicht mutet es seltsam an, dass man nicht die Position eingenommen hat, die heute vertreten wird: Beschlüsse des Sicherheitsrates unter Berufung auf Kapitel VII und in entsprechender Diktion sind gemäß Artikel 25 SVN für alle Mitgliedstaaten der UNO verbindlich und gehen deshalb im Sinne von Artikel 103 SVN allen anderen Verpflichtungen, auch den Verpflichtungen aus der Neutralität, vor.

Man muss aber die damalige Sicht berücksichtigen. Der Grundsatz, dass Österreich wegen seiner Neutralität nicht verpflichtet ist, Beschlüssen des Sicherheitsrates automatisch nachzukommen, war so etwas wie eine heilige Kuh, die zu schlachten man zu jener Zeit – noch – nicht bereit war. Immerhin hatte man noch ein Jahr zuvor in der österreichischen Antwort an den Generalsekretär der Vereinten Nationen in Entsprechung der Resolution 661 (1990) vom 6. August 1990, mit der verbindliche Sanktionen gegen den Irak verhängt worden waren, neuerlich einen „Neutralitätsvorbehalt" aufgenommen, wenn auch in etwas abgeschwächter Form. [22] Es wurde lediglich darauf verwiesen, dass die Durchführung von Sanktionen „auch im Zusammenhang mit dem international anerkannten Status Österreichs als immerwährend neutraler Staat gesehen werde". Im Übrigen nahm man einfach auf die früheren Noten in den Sanktionsfällen Rhodesien und Südafrika Bezug und „bekräftigte" diese. In der zweiten Note, die in Entsprechung der Resolutionen 678 (1991) und 700 (1991) nach Beginn der militärischen Aktion an den Generalsekretär der Vereinten Nationen gerichtet wurde, war dann dieser Hinweis auf den Status Österreichs erstmals überhaupt nicht mehr enthalten.

Interessant in diesem Zusammenhang ist, dass der Irak gegen eine behauptete Verletzung der österreichischen Neutralität durch Befolgung der Sanktionen ausdrücklich protestiert hatte. In einer Presseaussendung der irakischen Botschaft in Wien vom 19. August 1990 wurde mit Befremden und großem Bedauern die Entscheidung der Bundesregierung zur Kenntnis genommen, Militärflugzeugen der USA eine vorläufige Genehmigung zum Überfliegen Österreichs zu erteilen. Diese Maschinen seien auf dem Weg, aggressive Maßnahmen gegen den Irak zu er-

---

22 Vgl dazu die in Fn 17 zitierte Literatur.

greifen, der ein Freund Österreichs ist. Die Entscheidung der Bundesregierung stehe nicht in Übereinstimmung mit der Neutralität Österreichs und sei durch keine UNO-Resolution gedeckt. Sie sei ein ungeheuerlicher Verstoß gegen die bekannte österreichische Politik und bremst deren Möglichkeit für eine positive Intervention. Diese Erklärung erfolgte noch vor Beginn der Feindseligkeiten. Der Irak hat sie zu einem späteren Zeitpunkt nicht mehr wiederholt. So weit sich aus den Akten und der persönlichen Erinnerung des Autors ergibt, hat Österreich auf diese irakische Äußerung nicht reagiert.

Man hat sich also nicht auf den Vorrang der Verpflichtungen aus der Satzung der Vereinten Nationen berufen, sondern eine Lösung über den Weg des völkerrechtlichen Kriegsbegriffes gefunden, um etwa Überflüge weiterhin genehmigen zu können. Die militärische Aktion auf Grund der Ermächtigung des Sicherheitsrates wurde als internationale „*Polizeiaktion*" bezeichnet (ein Ausdruck, der dann schnell bei den Medien besonders beliebt wurde), die keinen „Krieg" im völkerrechtlichen Sinn darstellte, weshalb auch das Neutralitätsrecht nicht aktualisiert wurde.

Die Sprachregelung, die zur damaligen Zeit verwendet wurde, um die österreichische Position zu umschreiben, lautete in logischer Konsequenz des Gesagten daher wie folgt:

„Eine bewaffnete Auseinandersetzung, die sich im Rahmen einer Ermächtigung des Sicherheitsrates bewegt, wäre als „Polizeiaktion" der Vereinten Nationen gegen einen Aggressor zu qualifizieren und nicht als Krieg im völkerrechtlichen Sinn, der das Neutralitätsrecht aktualisiert (...) Österreich (könne sich) gegenüber derartigen (dh vom Sicherheitsrat ermächtigten) Kampfhandlungen nicht neutral verhalten. Andernfalls könnte im Übrigen die Ergreifung von Maßnahmen gegen Österreich, sei es seitens des Sicherheitsrates oder einzelner UN-Mitgliedstaaten, nicht ausgeschlossen werden."

Eine der logischen Konsequenzen der neuen österreichischen Haltung zu verbindlichen Beschlüssen des Sicherheitsrates war das dringende Bedürfnis einer Novellierung des Kriegsmaterialgesetzes (1977 idF 1982) und des Tatbestandes der „Neutralitätsgefährdung" in § 320 StGB. Die Novellierungen beider Gesetze traten schließlich mit dem BG, mit dem das Strafgesetzbuch und das Bundesgesetz über die Ein-, Aus- und Durchfuhr von Kriegsmaterial geändert werden[23] bereits am 22. Jänner 1991 in Kraft und fügten sowohl dem KMG als auch dem § 320 StGB Ausnahmebestimmungen für den Fall des Vorliegens eines verbindlichen Beschlusses des Sicherheitsrates hinzu.

Die Hoffnung, dass die Konstruktion des Irakkonflikts – verbindlicher Beschluss des Sicherheitsrates, mit dem ein oder mehrere Staaten autorisiert wer-

---

23   BGBl 30a/1991.

den, militärische Maßnahmen gegen einen Aggressor zu setzen – in ähnlichen
Fällen in Hinkunft ebenso funktionieren würde, hat sich bekanntlich nicht erfüllt.
Der Balkankonflikt, die Kosovo-Intervention und zuletzt auch die Militäraktion
der USA und einiger ihrer Verbündeten gegen das Talibanregime in Afghanistan
liefen nach anderen Mustern ab und stellten Österreich in den Bereichen, von denen hier die Rede ist, vor schwierige politische und rechtliche Probleme. Was
den derzeit aktuellen Konfliktherd Irak betrifft, ist zum Zeitpunkt der Endredigie-
rung dieses Beitrags noch nicht endgültig abzusehen, welche völkerrechtlichen
Grundlagen für eine allfällige Gewaltanwendung vorliegen werden. Schon in der
Vorbereitungsphase, die zum Aufbau einer im Lichte der SR Resolution 1441
(2002) durchaus legitim erscheinenden Drohkulisse gegen den Irak führte, traten
jedenfalls trotz geänderter Rechtslage schwierige Fragen für Österreich und seinen Umgang mit der Neutralität – Stichwort: Überflüge und Durchfuhren von
Truppen und Material – auf.

Vor allem der Kosovokonflikt des Jahres 1999 machte die Unzulänglichkeit
der österreichischen Rechtslage deutlich. Insbesondere die Anwendbarkeit des
KMG bei landungslosen Überflügen und Durchfuhren von Truppen, die Kriegsmaterial mit sich führen, erwies sich als eine wesentliche Einengung des politischen Spielraumes. Man nahm daher im Jahre 2001 eine Änderung der Gesetzeslage insofern vor, als die Problematik der Vermengung von Überflügen und
Durchfuhren von Truppen und Material legistisch durch ein gleichzeitig mit der
KMG-Novelle 2001 erlassenes „Bundesgesetz über den Aufenthalt ausländischer
Truppen auf österreichischem Hoheitsgebiet" – Truppenaufenthaltsgesetz[24] – gelöst wurde.

Was die Novellierung des KMG betrifft, so hat man die Erwägungsgründe
des § 3 (Bestehen oder Gefahr eines ausbrechenden Konflikts, gefährliche Spannungen, Menschenrechte), die in der Vergangenheit, auch wegen der Vermengung von völkerrechtlichen mit rein politischen Beweggründen, immer wieder
Anlass zu Schwierigkeiten gegeben hatten, in Abwägung der politischen Vor-
und Nachteile letztlich beibehalten, ihr Anwendungsbereich wurde allerdings
durch die Schaffung des Truppenaufenthaltsgesetzes und die Erweiterung der
Ausnahmetatbestände – bisher nur Kapitel VII-Beschlüsse des Sicherheitsrates,
jetzt alle Beschlüsse des Sicherheitsrates, GASP-Beschlüsse, OSZE-Beschlüsse
und humanitäre Intervention – wesentlich eingeschränkt. Die ausdrückliche Erwähnung der immerwährenden Neutralität in den Ziffern 1 und 4 von Absatz 1
(in dessen Einleitungssatz weiterhin von den „völkerrechtlichen Verpflichtungen"

---

24   Siehe auch Fn 27.

die Rede ist), wurde gestrichen und der Wortlaut damit an das KSE-BVG[25] (das noch zur Zeit der früheren Koalition erlassen worden war), angepasst. Die Ausnahmetatbestände stehen wie bisher unter dem Generalvorbehalt „dass dem keine völkerrechtlichen Verpflichtungen oder überwiegende außenpolitische Interessen der Republik Österreich entgegenstehen". Damit wird der Ball sozusagen wieder an das Völkerrecht zurückgespielt, was diese Bestimmung zugegebenermaßen schwer anwendbar, aber auch ausreichend flexibel macht.

D. Truppenaufenthaltsgesetz

Überflüge von Militärflugzeugen – wie jeder Einflug, Ausflug und landungsloser Überflug ausländischer Privatluftfahrzeuge im nichtgewerbsmäßigen Verkehr – wurden bis 2001 und der Erlassung des „Truppenaufenthaltsgesetz"[26] – durch die Grenzüberflugsverordnung vom 29. Mai 1987[27] (eine Verordnung des Verkehrsministers auf Grundlage des Luftfahrtgesetzes) geregelt. Demnach bedurfte auch der Überflug ausländischer Staatsluftfahrzeuge einer Bewilligung des Bundesamtes für Zivilluftfahrt, bei ausländischen Militärluftfahrzeugen einer solchen durch den Bundesminister für Landesverteidigung. Das einzige Kriterium für die Erteilung der Bewilligung war ein allenfalls entgegenstehendes „öffentliches Interesse".

Das Problem war aber nicht die Grenzüberflugsverordnung, sondern das Kriegsmaterialgesetz, das auch auf die „Durchfuhr" von Kriegsmaterial (Bordkanonen, Raketen, von Soldaten mitgeführtes Kriegsmaterial etc) im Luftwege anwendbar war. Eine Genehmigung konnte nämlich dann nicht erteilt werden, wenn das Ziel des Überflugs bzw der Durchfuhr ein Gebiet war, „in dem ein bewaffneter Konflikt herrscht, ein solcher auszubrechen droht oder sonstige gefährliche Spannungen bestehen". Angewendet auf den Kosovokonflikt – der wohl unzweifelhaft zumindest eine „gefährliche Spannung" darstellte – bedeutete dies, dass Überflugsgenehmigungen nicht erteilt werden konnten (unabhängig davon, ob man solche aus politischen Gründen überhaupt hätte genehmigen wollen), obwohl nach österreichischer Auffassung die Aktionen der zehn NATO-Mitglieder das Neutralitätsrecht nicht aktualisiert hatten, weil es sich nicht um einen Krieg im völkerrechtlichen Sinn handelte. Die Ausnahmebestimmung eines Beschlusses des Sicherheitsrates, die 1991 im Lichte des Irakkonflikts in das

25   Siehe Fn 5.

26   Bundesgesetz über den Aufenthalt ausländischer Truppen auf österreichischem Hoheitsgebiet (Truppenaufenthaltsgesetz – TrAufG), BGBl 57/2001.

27   BGBl 249/1987 idF BGBl 103/1992.

KMG eingefügt worden war, konnte wiederum nicht zum Tragen kommen, weil ja bekanntlich kein solcher Beschluss vorlag.

Zweifellos war die durch diese Situation hervorgerufene Optik in außenpolitischer Hinsicht für Österreich problematisch, weil der Eindruck erweckt werden konnte, Österreich würde sich aus der Solidarität der internationalen Staatengemeinschaft davonstehlen wollen. Die Bundesregierung sah dies letztlich auch so und vereinbarte daher grundsätzlich, für dieses Problem nach den Wahlen eine Lösung im Sinne des Vorrangs der Solidarität zu finden. Im Regierungsprogramm der neuen ÖVP-FPÖ Koalition wurde eine solche Lösung dann auch festgeschrieben, was zu der schon behandelten bisher letzten Novellierung des Kriegsmaterialgesetzes und zur Annahme eines neuen Truppenaufenthaltsgesetzes[28] führte.

Die wesentliche Neuerung stellt die komplette Herauslösung der Überflugsproblematik aus dem Anwendungsbereich des Kriegsmaterialgesetzes und die Regelung dieser Materie im Truppenaufenthaltsgesetz dar. Unter „Aufenthalt" ist dabei auch das Überqueren der Grenze zu verstehen, so dass Überflüge ebenfalls erfasst sind. Die Anwendung des Kriegsmaterialgesetzes wird ausdrücklich ausgeschlossen, dagegen finden luftfahrtrechtliche Bestimmungen nach wie vor Anwendung, das heißt, Staatsluftfahrzeuge bedürfen nach wie vor auch einer luftfahrtrechtlichen Bewilligung.

Der „Aufenthalt" von Truppen – ein „Aufenthalt" umfasst das Überqueren der Grenze zu, den vorübergehenden Aufenthalt in und das Verlassen von österreichischem Hoheitsgebiet – ist gemäß § 2 Abs 1 TrAufG zu genehmigen, soweit nicht „völkerrechtliche Verpflichtungen oder überwiegende außenpolitische Interessen der Republik Österreich entgegenstehen". Es folgen dann beispielhaft aufgezählt verschiedene Beweggründe, die „insbesondere" zu einer Genehmigung des Überflugs führen können. Diese Beweggründe umfassen im Wesentlichen die gleichen Erwägungen, wie sie als Ausnahmebestimmungen im KMG genannt sind.

Eine wesentliche Konsequenz des neuen rechtlichen Regimes ist die Bestimmung des § 3 TrAufG, wonach auf den „Aufenthalt von Truppen und auf das von diesen mitgeführte Kriegsmaterial und auf mitgeführte Waffen" verschiedene Gesetze, darunter das KMG und das Waffengesetz, keine Anwendung finden. Überflüge und Durchfuhren in einer Situation vom „Typ Kosovo" könnten also genehmigt werden, wenn man zu dem Schluss kommt, dass völkerrechtliche Verpflichtungen nicht berührt werden, also bezogen auf die Verpflichtungen aus der Neutralität, kein „Krieg" im völkerrechtlichen Sinn vorliegt und daher das Neutralitätsrecht nicht aktualisiert wird. Der Aufenthalt von Truppen (Überflüge und

---

28   Vgl Fn 27.

Durchfuhren) ist dann absolut ausgeschlossen, wenn Kriegsmaterial mitgeführt wird, dessen „Entwicklung oder Herstellung oder Einsatz nach österreichischer Rechtsordnung unzulässig ist", also hauptsächlich atomare, chemische oder bakteriologische Waffen im Spiel sind (§ 2 Abs 2 TrAufG).

Den ersten Praxistest musste das TrAufG im Zusammenhang mit dem aktuellen Irakkonflikt zum Stand Anfang März 2003 bestehen und man kann bereits sagen, dass sich die Neuerungen – vor allem der Wegfall einer eigenen Genehmigung nach dem KMG für mitgeführtes Kriegsmaterial – bewährt haben. Trotz des unzweifelhaften Vorliegens einer „gefährlichen Spannung" im Sinne des KMG in der Region des Golfes und des Nahen Ostens konnten amerikanische und britische Anträge auf Überflüge von Militärmaschinen zunächst ohne Beschränkung genehmigt werden.[29]

Im Gefolge immer deutlicher werdender Ankündigungen seitens der USA, man schließe einen Militärschlag gegen den Irak auch ohne Mandat des Sicherheitsrates nicht aus, entschieden der für die Genehmigung nach dem TrAufG primär zuständige Bundesminister für Landesverteidigung und die Bundesministerin für auswärtige Angelegenheiten (deren Einvernehmen für eine Genehmigung herzustellen ist) aus politischen Gründen „Überflüge oder Durchfahrten von Truppen nicht zu genehmigen, wenn die Truppen oder das Material für Militäraktionen gegen den Irak bestimmt sind, die nicht durch ein UNO Mandat autorisiert sind."[30] Diese Haltung entsprach im übrigen auch dem vom Nationalen Sicherheitsrat in dessen Sitzung vom 29. Jänner 2003 einstimmig angenommenen Beschluss, der Bundesregierung zu empfehlen, „sowohl in der EU als auch in den Vereinten Nationen klarzustellen, dass Österreich eine ausdrückliche Ermächti-

---

29   Die große Mehrheit dieser Flüge fand im Zusammenhang mit der Operation „Enduring Freedom" statt. An dieser Operation, die von den USA im Gefolge der Attacke vom 11. September 2001 gegen den weltweiten Terrorismus („War on Terrorism") initiiert wurde, nehmen in der Zwischenzeit über 70 Staaten in einer Anti-Terror-Allianz teil. Aus den SR Resolutionen 1368 (2001), 1373 (2001) und 1377 (2001) lässt sich eine allgemeine Verpflichtung der Staaten zur Setzung von Maßnahmen zur Bekämpfung des internationalen Terrorismus und zur Zusammenarbeit zu diesem Zweck ableiten. Als eine vom Sicherheitsrat mandatierte Operation kann „Enduring Freedom" aber nicht angesehen werden. Allerdings besteht auch eine Verbindung zwischen der Operation „Enduring Freedom" und der mit SR Resolution 1386 (2001) eingerichteten „International Security Assistance Force (ISAF)" in Afghanistan. Bei Anträgen auf Überflüge mit dem angegebenen Zweck „Enduring Freedom" war es daher nicht immer von vornherein klar, welche Destination letztlich tatsächlich angeflogen werden sollte. Das spielte aber bei der Frage der Genehmigung der beantragten Überflüge keine Rolle, da keine völkerrechtlichen Verpflichtungen vorlagen, die einer Genehmigung entgegenstanden wären, auch wenn nicht Afghanistan Ziel des Fluges gewesen wäre.

30   APA Meldung vom 14. Februar 2003.

gung durch den Weltsicherheitsrat als Voraussetzung für eventuelle militärische Aktionen gegen den Irak betrachtet".[31]

Das TrAufG hat sich zwar bisher durchaus bewährt und den politischen Handlungsspielraum der Regierung bzw der zuständigen Bundesminister erweitert. Es sind allerdings auch Interpretationsfragen bei der praktischen Anwendung aufgetaucht. Die wichtigste dieser Fragen betrifft die Frage der Anwendbarkeit des KMG in jenen Fällen von Überflügen oder Durchfuhren, in denen nicht der *Truppentransport*, sondern ganz klar der *Durchtransport* von *Kriegsmaterial* im Vordergrund steht. Es geht also um die Interpretation des Ausdruckes „...das von diesen (Truppen) mitgeführte Kriegsmaterial." Wie die Praxis zeigte, kann es zu Fällen kommen, wo die Frage der Anwendbarkeit des einen oder anderen Regimes (KMG oder TrAufG) nicht eindeutig geklärt werden kann. Man könnte dabei unter gewissen Umständen durchaus auch zum Schluss kommen, dass Genehmigungen nach beiden Gesetzen erforderlich sind. In der Praxis könnte dies wegen der verschiedenen Kriterien für eine positive Erledigung der Anträge dann dazu führen, dass zwar eine Genehmigung nach dem TrAufG, nicht aber nach dem KMG (das viel weiter gehendere Versagungsgründe enthält) erteilt wird.

E. Andere Gesetze

Der Vollständigkeit halber sei noch erwähnt, dass auch noch andere einfache Gesetze dazu bestimmt sind, die Neutralitätspflichten im Aktualisierungsfall – aber auch neutralitätspolitische Anliegen – durchzusetzen. In erster Linie ist da an das *Außenhandelsgesetz* 1995[32] zu denken, das im § 5[33] die Möglichkeit eröffnet, durch Verordnung die Ein- oder Ausfuhr von bestimmten Waren im Handelsverkehr mit bestimmten Staaten vorübergehend für bewilligungspflichtig zu erklären, ua zur Erfüllung internationaler Verpflichtungen oder zur Durchführung einer von Österreich mitgetragenen Maßnahme zur Beschränkung des Warenverkehrs mit bestimmten Staaten oder Gebieten.

Das *Seeschifffahrtsgesetz* (1981)[34] enthält in seinem § 5 eine Ermächtigung an den Verkehrsminister, durch Verordnung oder Bescheid die erforderlichen Maßnahmen zu treffen, „um zu verhindern, dass durch ein österreichisches See-

---

31   Aktuelle Meldung des Bundespressedienstes im BKA vom 29. 1. 2003.
32   BGBl 172/1995.
33   Diese Bestimmung wurde zuletzt durch BGBl 429/1996 geändert, um bestimmten gemeinschaftsrechtlichen Erfordernissen Rechnung zu tragen.
34   BGBl 174/1981 idF BGBl I 32/2002.

schiff die immerwährende Neutralität beeinträchtigt wird, zB das Anlaufen bestimmter Häfen oder die Lieferung bestimmter Güter.

Auch das Rohrleitungsgesetz (1975)[35] enthält in seinem § 5 eine Bestimmung, wonach eine Konzession für eine grenzüberschreitende Rohrleitung (Pipeline) nicht erteilt werden darf, wenn die österreichische Neutralität gefährdet wird.

Schließlich ist noch darauf zu verweisen, dass Österreich in einigen völkerrechtlichen Verträgen einen ausdrücklichen Neutralitätsvorbehalt angebracht hat. Dies ist der Fall beim Übereinkommen über das Verbot der Entwicklung, Herstellung und Lagerung bakteriologischer (biologischer) Waffen und von Toxinwaffen sowie die Vernichtung solcher Waffen, dem Österreich 1975 beigetreten ist und dem Übereinkommen über das Verbot der militärischen oder einer sonstigen feindseligen Nutzung umweltverändernder Techniken, das Österreich 1990 ratifiziert hat. In beiden Fällen lautet der Vorbehalt:

„Auf Grund der Verpflichtungen, die sich aus ihrer Stellung als immerwährend neutraler Staat ergeben, erklärt die Republik Österreich, dass ihre Mitarbeit im Rahmen dieses Übereinkommens nicht über die durch den Status der immerwährenden Neutralität und die Mitgliedschaft bei den Vereinten Nationen gezogenen Grenzen hinausgehen kann".

IV. Schlussbemerkung

Es wurde versucht, einen Überblick über jene gesetzlichen Regelungen, die primär, oft aber keineswegs ausschließlich, dazu geschaffen wurden, um die Verpflichtungen aus der österreichischen Neutralität umsetzen zu können. Vor allem in der ersten Zeit nach Annahme des Neutralitätsgesetzes wurde auch danach getrachtet, die Grundlage für neutralitätspolitische Maßnahmen zu schaffen. Mit der Wandlung der Vorstellungen über die Rolle und Aufgabe der Neutralität haben sich auch die gesetzlichen Bestimmungen gewandelt. Die heutige Gesetzeslage erlaubt es den politischen Entscheidungsträgern zweifellos im wesentlich höheren Maße – allerdings unter Beibehaltung der gegenwärtigen verfassungs- und völkerrechtlichen Rahmenbedingungen – den Erwartungen der Staatengemeinschaft auf ein solidarisches Verhalten auch des neutralen Österreich gerecht zu werden. Allfällige noch weitergehende Schritte, letztlich also die Aufhebung des Neutralitätsgesetzes, standen im Rahmen dieses Beitrags nicht zur Debatte.

---

35   BGBl 411/1975 idF BGBl I 151/2001.

Abkürzungsverzeichnis

aA	=	andere(r) Ansicht
aaO	=	am angeführten Ort
ABl	=	Amtsblatt
ABM	=	anti-ballisticmissile
Abs	=	Absatz
ADD	=	Addendum
AET	=	Agency Establishment Team
AJIL	=	American Journal of International Law
AJPIL	=	Austrian Journal of Public and International Law
ao	=	außerordentliche(r)
APA	=	Austria Presse Agentur
APSR	=	American Political Science Review
arg	=	argumento (folgt aus)
ARIEL	=	Austrian Review of International and European Law
Art	=	Artikel
ASEAN	=	Association of Southeast Asian Nations
AStV	=	Ausschuss der Ständigen Vertreter
AU	=	African Union
Aufl	=	Auflage
AVR	=	Archiv des Völkerrechts
AWACS	=	Airborne Warning and Control System
Bd	=	Band
Bde	=	Bände
BerDGVR	=	Berichte der Deutschen Gesellschaft für Völkerrecht
BG	=	Bundesgesetz
BGBl	=	Bundesgesetzblatt
Bgdr	=	Brigadier
BKA	=	Bundeskanzleramt
Blg	=	Beilage(n)
BlgNR	=	Beilage(n) zu den Stenographischen Protokollen des Nationalrates
BMaA	=	Bundesministerium für auswärtige Angelegenheiten
BMJ	=	Bundesministerium für Justiz
BR	=	Bundesrepublik
BSP	=	Bruttosozialprodukt
bspw	=	beispielsweise
Bstb	=	Buchstabe(n)
BullEG	=	Bulletin der Europäischen Gemeinschaft
BVerfG	=	Bundesverfassungsgericht
BVerfGE	=	Entscheidungen des Bundesverfassungsgerichts
BVG	=	Bundesverfassungsgesetz

B-VG	=	Bundes-Verfassungsgesetz 1920 idF von 1929
BYIL	=	British Yearbook of International Law
bzw	=	beziehungsweise

ca	=	circa
C³ + I	=	Command, Control, Communication and Intelligence
CEPOL	=	College of the European Police
CHOD's	=	Chiefs of Defence
CIA	=	Central Intelligence Agency
CIVCOM	=	Committee for Civilian Aspects of Crisis Management
CME/CMX 03	=	Joint EU/NATO Crisis Management Exercise
CNN	=	Cable News Network
CoC	=	Committee of Contributors
CONOPS	=	Concepts of Operations
COREPER	=	Comité des Représentants Permanents des Etats Membres
CTBT	=	Comprehensive Test Ban Treaty
CTC	=	Counter Terrorism Committee

ders	=	derselbe
DGEUMS	=	Director General of the European Union Military Staff
dh	=	das heißt
dBGBl	=	Deutsches Bundesgesetzblatt
DiplArb	=	Diplomarbeit
Doc	=	Document
Dok	=	Dokument
DPP	=	Defence Planning Process
Dr	=	Doktor
DSACEUR	=	Deputy Supreme Allied Command(er) Europe

EA	=	Europa-Archiv
EADS	=	European Aviation and Defence Group
EAPC	=	Euro-Atlantic Partnership Council
EAPR	=	Euro-Atlantischer Partnerschaftsrat
ebd	=	ebenda
ECAP	=	European Capabilities Action Plan
ECHO	=	European Commission's Humanitarian Aid Office
ECMM	=	European Community Monitoring Mission
ECOWAS	=	Economic Community of West African States
EEA	=	Einheitliche Europäische Akte
EFTA	=	European Free Trade Association
EG	=	Europäische Gemeinschaft(en)
EGKS	=	Europäische Gemeinschaft für Kohle und Stahl
EGKSV	=	Vertrag zur Gründung der Europäischen Gemeinschaft für Kohle und Stahl
EGV	=	Vertrag zur Gründung der Europäischen Gemeinschaft
EJIL	=	European Journal of International Law
EJRM	=	ehemalige jugoslawische Republik Mazedonien
em	=	emeritiert

EMRK	=	Europäische Menschenrechtskonvention
endg	=	endgültig
EPA	=	Europäische Polizeiakademie
EPG	=	Europäische Politische Gemeinschaft
EPIL	=	Encyclopedia of Public International Law
EPZ	=	Europäische Politische Zusammenarbeit
ESA	=	European Space Agency
ESDP	=	European Security and Defence Policy
ESVP	=	Europäische Sicherheits- und Verteidigungspolitik
etc	=	et cetera
EU	=	Europäische Union
EUF	=	European Union-led forces
EuGH	=	Gerichtshof der Europäischen Gemeinschaften
EuGRZ	=	Europäische Grundrechte Zeitschrift
EUMA	=	Militärausschuss der EU
EUMC	=	EU Military Committee
EUMCWG	=	EU Military Committee Working Group
EUMK	=	EU-Militärkomitee
EUMM	=	European Union Monitoring Mission
EUMS	=	EU Military Staff
EUPM	=	European Union Police Mission
EUPOL Proxima	=	European Union Police Mission PROXIMA
EuR	=	Europarecht
EUROFOR	=	European Operational Rapid Force
EUROMAFOR	=	European Marine Force
EUV	=	Vertrag über die Europäische Union
EVG	=	Europäische Verteidigungsgemeinschaft
EWG	=	Europäische Wirtschaftsgemeinschaft
EWR	=	Europäischer Wirtschaftsraum
f	=	folgende
FAWEU	=	Forces Answerable to the Western European Union
FAZ	=	Frankfurter Allgemeine Zeitung
ff	=	fortfolgende
FHQ	=	Force Headquarters
Fn	=	Fußnote
FPÖ	=	Freiheitliche Partei Österreichs
FS	=	Festschrift
FW	=	Friedens-Warte
FYROM	=	Former Yugoslav Republic of Macedonia
G	=	Gesetz
GAOR	=	General Assembly Official Records
GASP	=	Gemeinsame Außen- und Sicherheitspolitik
GATT	=	General Agreement on Tariffs and Trade
gem	=	gemäß
GESVP	=	Gemeinsame Europäische Sicherheits- und Verteidigungspolitik
GG	=	Grundgesetz

GO	=	Geschäftsordnung
GP	=	Gesetzgebungsperiode
GS	=	Generalsekretär
GSVP	=	Gemeinsame Sicherheits- und Verteidigungspolitik
GUS	=	Gemeinschaft Unabhängiger Staaten
GV	=	Generalversammlung
GYIL	=	German Yearbook of International Law
hM	=	herrschende(r) Meinung
Hrsg	=	Herausgeber
HV	=	Hauptversammlung
ibid	=	ibidem
IBRD	=	International Bank for Reconstruction and Development
ICBM	=	Intercontinental Ballistic Missiles
ICC	=	International Criminal Court
ICJ	=	International Court of Justice
ICLQ	=	International and Comparative Law Quarterly
ICM	=	International Civilian Mission
ICTR	=	International Criminal Tribunal for Rwanda
ICTY	=	International Criminal Tribunal for the former Yugoslavia
idF	=	in der Fassung
idgF	=	in der geltenden Fassung
IEPG	=	Independant European Programme Group
ieS	=	im enge(re)n Sinn
IFOR	=	Implementation Force
IGH	=	Internationaler Gerichtshof
IKRK	=	Internationales Komitee vom Roten Kreuz
ILA	=	International Law Association
ILC	=	International Law Commission
ILM	=	International Legal Materials
Indian JIL	=	Indian Journal of International Law
INF	=	Intermediate-Range Nuclear Forces
INTERFET	=	International Force in East Timor
Int'l L FORUM	=	International Law FORUM
IPTF	=	International Police Task Force
ISAF	=	International Security Assistance Force
iSd	=	im Sinne des, - der
iSe	=	im Sinne eines, - einer
ISIS	=	Institut für Informationssicherheit
ISQ	=	International Studies Quarterly
ISS	=	Institut für Sicherheitsstudien
iSv	=	im Sinne von
IV	=	Informationsverarbeitung
iVm	=	in Verbindung mit
IWF	=	Internationaler Währungsfonds
iwS	=	im weiteren Sinn

JBl	=	Juristische Blätter
Jh	=	Jahrhundert
JIH	=	Journal of Interdisciplinary History
Jr	=	Junior
JRP	=	Journal für Rechtspolitik
jun	=	Junior
JuS	=	Juristische Schulung
Kap	=	Kapitel
KFOR	=	Kosovo Force
KMG	=	Bundesgesetz über die Ein-, Aus- und Durchfuhr von Kriegsmaterial
KRK	=	Krisenreaktionsstreitkräfte
KSE-BVG	=	Bundesverfassungsgesetz über Kooperation und Solidarität bei der Entsendung von Einheiten und Einzelpersonen in das Ausland
KSZE	=	Konferenz über Sicherheit und Zusammenarbeit in Europa
lit	=	litera
LoI	=	Letter of Intent
MICIVIH	=	Mission Civile Internationale en Haiti
MILREP	=	Military Representative
MINURSO	=	United Nations Mission for the Referendum in Western Sahara
Mio	=	Million(en)
MR	=	Ministerialrat
Mrd	=	Milliarde(n)
MONUC	=	Mission de l'Organisation des Nations Unies en République Démocratique du Congo
mwN	=	mit weiteren Nachweisen
NAC	=	Nord Atlantic Council
NAFTA	=	North American Free Trade Assoziation
NATO	=	North Atlantic Treaty Organization
NGO	=	Non-Governmental Organization
NGOs	=	Non-Governmental Organizations
NILR	=	Netherlands International Law Review
NJIL	=	Nordic Journal of International Law
NJW	=	Neue Juristische Wochenschrift
NMOG	=	Neutral Military Observer Group
N+N	=	Neutral and Non-Aligned
NORDCAPS	=	Nordic Coordinated Agreement For Military Peace Support
Nr	=	Nummer
NRF	=	NATO Response Force
NSA	=	National Security Agency
NYIL	=	Netherlands Yearbook of International Law
NZZ	=	Neue Zürcher Zeitung

o	=	ordentliche(r)
OAS	=	Organization of American States
OAU	=	Organization of African Unity
OCCAR	=	Organisation Conjointe de Cooperation en matière d'Armement
OECD	=	Organization for Economic Cooperation and Development
OEEC	=	Organization for European Economic Co-operation
OGH	=	Oberster Gerichtshof
OHQ	=	Operation Headquarters
ÖJIP	=	Österreichisches Jahrbuch für Internationale Politik
ÖJP	=	Österreichisches Jahrbuch für Politik
ÖJT	=	Österreichischer Juristentag
ÖJZ	=	Österreichische Juristen-Zeitung
ÖMZ	=	Österreichische Militärische Zeitschrift
OP	=	Operativparagraph
OPEC	=	Organization of Petroleum Exporting Countries
OPLAN	=	Operation Plan
OSZE	=	Organisation für Sicherheit und Zusammenarbeit in Europa
OTAN	=	Organisation du traité de l'Atlantique Nord
ÖVRT	=	Österreichischer Völkerrechtstag
ÖVP	=	Österreichische Volkspartei
Para	=	Paragraph
PARP	=	Planning and Review Process
PfF	=	Partnerschaft für den Frieden
PfP	=	Partnership for Peace
PIC	=	Peace Implementation Council
PJZS	=	Polizeiliche und justitielle Zusammenarbeit in Strafsachen
PKO	=	Peacekeeping Operations
Pkt	=	Punkt
PSK	=	Politisches und Sicherheitspolitisches Komitee
PVS	=	Politische Vierteljahresschrift
RdC	=	Recueil des Cours (de l'Académie de droit international)
RDI	=	Revue de Droit International
Rdnr	=	Randnummer
Res	=	Resolution
RGBl	=	Reichsgesetzblatt
RGDIP	=	Revue Générale de Droit International
RL	=	Richtlinie
Rs	=	Rechtssache
RV	=	Regierungsvorlage
Rz	=	Randziffer
S	=	Seite
S	=	Satz
SACEUR	=	Supreme Allied Commander Europe
SATCEN	=	EU-Satellitenzentrum
sen	=	senior

SFOR	=	Stabilization Force
SHAPE	=	Supreme Headquarters Allied Powers Europe
SITCEN	=	Joint Situation Center der EU
SLBM	=	Submarine-Launched Ballistic Missiles
Slg	=	Sammlung
sog	=	sogenannt, -e, -er, -es
Sp	=	Spalte
SPÖ	=	Sozialdemokratische Partei Österreichs
SR	=	Sicherheitsrat
START	=	Strategic Arms Reduction Talks
StG	=	Strafgesetz
StGB	=	Strafgesetzbuch
St	=	Sankt
SVN	=	Satzung der Vereinten Nationen
SZIER	=	Schweizerische Zeitschrift für internationales und europäisches Recht
TrAufG	=	Truppenaufenthaltsgesetz
TT	=	Tiroler Tageszeitung
ua	=	und andere, -s, unter anderem
UAbs	=	Unterabsatz
uam	=	und andere, -s mehr
UN	=	United Nations
UNAMSIL	=	United Nations Mission in Sierra Leone
UNDOF	=	United Nations Disengagement Observer Force
UNFICYP	=	United Nations Peacekeeping Force in Cyprus
UNHCR	=	United Nations High Commissioner for Refugees
UNIFIL	=	United Nations Interim Force in Lebanon
UNIKOM	=	United Nations Iraq-Kuwait Observation Mission
Univ-Prof	=	Universitätsprofessor
UNMEE	=	United Nations Mission in Ethiopia and Eritrea
UNMIBH	=	United Nations Mission in Bosnia and Herzegovina
UNMIK	=	United Nations Interim Administration Mission in Kosovo
UNMISET	=	United Nations Mission of Support in East Timor
UNMOGIP	=	United Nations Military Observer Group in India and Pakistan
UNMOP	=	United Nations Mission of Observers in Prevlaka
UNO	=	United Nations Organization
UNODC	=	United Nation Office on Drugs and Crime
UNOMIG	=	United Nations Observer Mission in Georgia
UNOSOM	=	United Nations Operation in Somalia
UNPROFOR	=	United Nations Protection Force
UNTAC	=	United Nations Transitional Authority in Cambodia
UNTAES	=	United Nations Transitional Administration in Eastern Slavonia, Baranja and Western Sirmium
UNTS	=	United Nations Treaty Series
UNTSO	=	United Nations Truce Supervision Organization
US	=	United States

US$	=	US-Dollar
USA	=	United States of America
uU	=	unter Umständen
v	=	von
VfGH	=	Verfassungsgerichtshof
vgl	=	vergleiche
VN	=	Vereinte Nationen
VO	=	Verordnung
vol	=	Volume
VR	=	Völkerrecht
VRB	=	Völkerrechtsbüro
vs	=	versus
WEAG	=	Western European Armaments Group
WEAO	=	Western European Armaments Organisation
WEU	=	Westeuropäische Union
WTO	=	World Trade Organisation
WVRK	=	Wiener Vertragsrechtskonvention
WVO	=	Warschauer Vertragsorganisation
WWU	=	Wirtschafts– und Währungsunion
YILC	=	Yearbook of the International Law Commission
Z	=	Zahl, Ziffer
ZaöRV	=	Zeitschrift für ausländisches öffentliches Recht und Völkerrecht
zB	=	zum Beispiel
ZER	=	Zentrum für Europäisches Recht
ZfRV	=	Zeitschrift für Rechtsvergleichung
ZIB	=	Zeitschrift für Internationale Beziehungen
Ziff	=	Ziffer(n)
ZÖR	=	Zeitschrift für öffentliches Recht
ZRP	=	Zeitschrift für Rechtspolitik

Autorenverzeichnis

Dr. Thomas Desch
Ml, Bundesministerium für Landesverteidigung, Wien

Univ.-Prof. Dr. Gerhard Hafner
Institut für Völkerrecht und Internationale Beziehungen, Universität Wien

o. Univ.-Prof. DDDr. Waldemar Hummer
Institut für Völkerrecht, Europarecht und Internationale Beziehungen, Universität Innsbruck

Dr. Thomas Mayr-Harting
ehemaliger österreichischer Botschafter in Belgien, Ständiger Vertreter bei der NATO und WEU; nunmehriger Politischer Direktor im Bundesministerium für auswärtige Angelegenheiten, Wien

o. Univ.-Prof. Dr. Hanspeter Neuhold
Institut für Völkerrecht und Internationale Beziehungen, Universität Wien

o. Univ.-Prof. Dr. Theo Öhlinger
Institut für Staats- und Verwaltungsrecht, Universität Wien

Jean Monnet Univ.-Prof. Dr. Werner Schroeder
Institut für Völkerrecht, Europarecht und Internationale Beziehungen, Universität Innsbruck

Dr. Hans Winkler
Botschafter, Leiter des Völkerrechtsbüros im Bundesministerium für auswärtige Angelegenheiten, Wien

em. Univ.-Prof. Dr. Karl Zemanek
Institut für Völkerrecht und Internationale Beziehungen, Universität Wien

Peter Lang · Europäischer Verlag der Wissenschaften

Gunther Hauser

Sicherheitspolitik und Völkerrecht

Frankfurt am Main, Berlin, Bern, Bruxelles, New York, Oxford, Wien, 2004. 376 S.
ISBN 3-631-52480-3 · br. € 74.50*

Sicherheitspolitik und Völkerrecht sind – im Sinne des umfassenden sicherheits-
politischen Ansatzes – interdependent. Das Völkerrecht legt den rechtlichen
Rahmen zur Vermeidung und Regelung von Konflikten fest. Umfassende
Sicherheitspolitik zielt ebenso auf die Vermeidung struktureller Ursachen
von Konflikten, so u.a. durch Gewaltvermeidung in der Einräumung von
Menschen- und Minderheitenrechten, durch die Herstellung und Erhaltung
stabiler wirtschaftlicher Verhältnisse und durch die Vermeidung ökologischer
Katastrophen. Dennoch liegen Spannungen vor – verursacht durch Interessen
staatlicher Akteure. Dieses Buch – es richtet sich an Studierende und Praktiker –
erläutert und analysiert das Wesen und Wirken des Völkerrechts im Hinblick auf
sicherheitspolitische Entscheidungsprozesse.

Aus dem Inhalt: Sicherheitspolitik · Völkerrecht – Einführung · Internationales
Wirtschaftsrecht · Umweltrecht · Internationales Seerecht · Internationales
Luftfahrtrecht · Internationale Rüstungskontrolle · Internationale Streitbeilegung ·
Humanitäres Völkerrecht/Kriegsvölkerrecht/Internationales Strafrecht · Nationale
Sicherheitsstrategie der USA · Europäische Sicherheitsstrategie · Wesen und
Wirken internationaler Organisationen wie UNO, NATO, WEU, OSZE und EU

Frankfurt am Main · Berlin · Bern · Bruxelles · New York · Oxford · Wien
Auslieferung: Verlag Peter Lang AG
Moosstr. 1, CH-2542 Pieterlen
Telefax 00 41 (0) 32 / 376 17 27

*inklusive der in Deutschland gültigen Mehrwertsteuer
Preisänderungen vorbehalten
Homepage http://www.peterlang.de